高等学校经济与工商管理系列教材

企业融资学

（第3版修订本）

主 编 肖 翔

清 华 大 学 出 版 社
北京交通大学出版社
·北京·

内容简介

本书共 8 章：第 1 章是对融资基本概念的介绍和界定；第 2 章介绍了企业的权益融资，包括内源融资和外源权益融资；第 3 章介绍了主要的负债融资方式，包括贷款和发行债券，以及较新的短期融资券和中小企业集合债券；由于租赁是应用还不普遍但具有广阔发展空间的重要债务融资方式，故单独在第 4 章介绍；第 5 章专门介绍了有别于传统融资的项目融资；第 6 章重点介绍了中小企业特别是高新技术企业近年来应用的风险投融资方式；第 7 章介绍了资本结构理论及企业资本结构的优化；第 8 章介绍了融资风险的管理与规避。

本书理论联系实践，每章都附有内容摘要、案例、思考题，适合作为经济管理尤其是财务管理专业本科生、研究生、MBA、MPAcc 及其他相关专业的教材，也可作为各级政府管理部门、企事业单位、社会中介机构等从事投融资研究和管理的工作人员的参考书。

图书在版编目（CIP）数据

企业融资学/肖翔主编．—3 版．— 北京：北京交通大学出版社：清华大学出版社，2019.3（2024.2 重印）
（高等学校经济与工商管理系列教材）
ISBN 978－7－5121－3718－9

Ⅰ．①企…　Ⅱ．①肖…　Ⅲ．①企业融资-高等学校-教材　Ⅳ．①F275.1

中国版本图书馆 CIP 数据核字（2018）第 212158 号

企业融资学
QIYE RONGZIXUE

责任编辑：黎　丹
出版发行：清 华 大 学 出 版 社　邮编：100084　电话：010－62776969　http：//www.tup.com.cn
　　　　　北京交通大学出版社　邮编：100044　电话：010－51686414　http：//www.bjtup.com.cn
印 刷 者：北京鑫海金澳胶印有限公司
经　　销：全国新华书店
开　　本：185 mm×260 mm　印张：21　字数：524 千字
版　　次：2019 年 3 月第 3 版　2020 年 2 月第 1 次修订　2024 年 2 月第 5 次印刷
书　　号：ISBN 978－7－5121－3718－9/F・1848
印　　数：12 001～14 000 册　定价：54.00 元

本书如有质量问题，请向北京交通大学出版社质监组反映。对您的意见和批评，我们表示欢迎和感谢。
投诉电话：010－51686043，51686008；传真：010－62225406；E-mail：press@bjtu.edu.cn。

前言

资金是企业的血液，企业经营的各个环节都需要足够的资金。筹措资金即融资对于企业的发展非常重要，特别是对新项目的实施，需要经过投资前的可行性研究、投资和生产三个阶段。根据国际惯例，在投资前的可行性研究中，必须落实项目的资金来源（即融资），否则不能进行。可见，融资是投资的起始阶段，没有融资就没有投资，因此，人们常合称其为“投融资”。而且融资并不仅仅体现在企业和项目运作的初期，而是贯穿于整个经营期间。成功的融资对于企业的顺利经营是非常重要的。特别是近年来，国内外资本市场的并购、上市、双层股权等行为，很多都是融资动机推动的。企业融资是经济管理专业本科生、研究生等的核心课程，国内外许多大学都已经陆续开设了多种有关企业或者项目融资的专业课程，但是全面系统地介绍企业融资方式的专业书籍尚不多。本书正是为了适应这一社会需求而编写的。

本书第 1 章是对融资基本概念的介绍和界定；第 2 章介绍权益融资；第 3 章介绍主要的负债融资方式，包括贷款和发行债券；由于租赁是应用还不普遍但具有广阔发展空间的重要债务融资方式，故单独在第 4 章介绍；第 5 章专门介绍有别于传统融资的项目融资；第 6 章重点介绍中小企业特别是高新技术企业近年来应用的风险投融资方式；第 7 章综述资本结构理论及企业资本结构的优化；第 8 章介绍融资风险的管理与规避。

本书借鉴和吸取了国内外同类著作的经验和教训，具有以下特点。

(1) 进一步强调理论联系实践。书中系统介绍了资本结构理论，并且对于每种融资方式，都配套提供相应的一个或多个国内外经典案例。

(2) 全面性。对常见的不同资金性质、不同类型的企业用到的融资方式进行了全面介绍，按照资金性质分为股权融资和债权融资，按照企业性质分为大型工程企业的项目融资、中小高新技术企业的吸引风险投资。

(3) 前沿性。本书追踪和反映了国内外最新的理论发展动态及最新的实践经验，如基于控制权的资本结构理论、创业板市场、新三板市场、新四板市场、中小企业债券、项目融资中的 PPP 实践、AB 双层股权、PE、VC 等。

(4) 系统性。每章前有内容摘要，后有思考题，使读者能把握各章要点，自我检验并且及时巩固所学知识。

本书的作者主要是北京交通大学经济管理学院多年从事投融资教学及科研实践活动的教师，他们既有坚实的理论基础，又有较强的实践能力。本书由肖翔主编，具体分工为：第 1、8 章由肖翔和刘天善撰写，第 2、3、4、5、6、7 章由肖翔撰写。苏州科技大学副教授冯丽艳及北京交通大学经管学院博士生赵天骄、张靖、姜钰羡、李晓月、贾丽桓，研究生周星宇、刘青青、卢西等参加了本书的资料收集、初稿撰写和校对工作。

本书借鉴、参考了许多著作、教材和资料等的研究成果，在此，特向所有作者表示感谢和敬意；北京交通大学出版社的编辑黎丹等给予了大量的帮助和支持；同时一并致谢本书编写过程中给予我们帮助的所有老师、亲人和朋友们。

本书配有教学课件和相关的教学资源，有需要的读者可以从网站 http：//www. bjtup. com. cn 下载或者与 cbsld@jg. bjtu. edu. cn 联系。

由于水平和时间有限，书中难免有疏漏与不足之处，敬请各位专家和读者朋友们提出宝贵意见。

编者

2019 年 2 月

目　录

第1章 企业融资概论

内容摘要

企业融资是指企业作为资金需求者进行的资金融通活动。融资与投资是资金活动不可分割的两个环节，融资是投资的前提，是从资金来源的角度反映企业通过哪些方式来筹措满足生产经营活动所需要的资金；投资是融资的目的，是将所融资金投入到生产过程中以获得收益。企业融资有多种方式，如内源融资和外源融资、权益融资和债务融资、一般性传统融资和项目融资等。企业融资需要完善的金融环境和法律环境作为支持。

1.1 企业融资概述

1.1.1 企业融资的定义

关于融资，到目前为止，还没有一个普遍接受的定义。《新帕尔格雷夫经济学大辞典》对融资（financing）的解释是：融资是指为支付超过现金的购货款而采取的货币交易手段或为取得资产而集资所采取的货币手段。《大不列颠百科全书》认为：融资是为任何一种开支筹措资金或资本的过程。企业融资是应用经济学的一种形式，它利用会计、统计工具和经济理论所提供的数量资料，力图使公司或其他工商业实体的目标得以最大化。目前，融资的概念有了更大的拓展，指存在于任何社会经济单位之间，如中央政府、地方政府、企业、家庭、个人之间的资金和物资的流动。

关于融资的定义，国内的看法大同小异。在金融辞书《中华金融词库》中，融资的定义是："货币的借贷与资金的有偿筹集活动。具体表现为银行贷款、金融信托、融资租赁、有价证券的发行和转让等。"另外，有学者将其定义为："融资就是资本的调剂与融通行为，是资金的需求者，即融资主体通过某种方式，运用某种金融工具，从某些储蓄者手中获取资金的过程。"

企业融资是社会融资的基本组成部分，是指企业作为资金需求者进行的资金融通活动。

广义的企业融资是指资金在持有者之间流动，是一种以余补缺的经济行为。这是资金双向互动的过程，包括资金的融入和融出，既包括资金的来源，又包括资金的运用。狭义的企业融资主要是指资金的融入，也就是资金的来源。它既包括不同资金持有者之间的资金融通，也包括某一经济主体通过一定方式在自身体内进行的资金融通，即企业自我组织与自我调剂资金的活动，也就是通常所说的企业筹资。有的学者将企业融资和企业筹资作为不同的概念来理解，认为企业融资是指企业通过某种方式运用金融工具，从潜在投资者手中获得所需资金的过程；而企业筹资不仅包括利用金融工具聚财，还包括通过自身积累实现聚集资金的目的。实质上，企业融资和企业筹资性质相同，本书认为二者属于同一经济行为。

企业融资区别于一般金融机构所进行的金融活动。金融机构是货币资金的中介机构，其任务是聚集社会的闲散资金再贷放出去为全社会的经济运行服务，它筹措资金的目的是运用资金获取利息。企业融资则是为企业自身的生产经营服务，它筹集资金是为自身的再生产或商业活动服务，它运用资金是为了谋求更高的收益。企业的银行融资是现代银行赖以生存和发展的基础，它与银行金融之间具有互补性，形成了一种并立的格局。

1.1.2 企业融资与投资

融资是人们经济活动的重要内容之一，它在社会经济发展中具有重要作用。融资源于储蓄。储蓄是资金供给的源泉。储蓄有国内储蓄和国外储蓄之分：国内储蓄由家庭储蓄、企业储蓄和政府储蓄构成；国外储蓄是指来自国外的储蓄，包括外国官方储蓄和外国私人储蓄，后者包括外国直接投资和外国商业借贷。国内储蓄又有总储蓄和净储蓄之分：总储蓄包括固定资产折旧和净储蓄；净储蓄即国民收入中未用于现期消费的剩余部分。融资过程是融资者即融资主体借助于融资工具动员储蓄并将其导入投资领域的过程，对储蓄者来说，是其储蓄转移的过程，是储蓄者的投资过程，因而储蓄者就是投资者，即投资主体；对融资者，即融资主体来说，是其吸收、利用他人储蓄的过程。可以说，资金流的两头，一头是储蓄者作为投资主体进行投资，另一头是融资主体融通或筹集资金。

一方面，对资金流动的两个主体 A 和 B 而言，资金流出方 A 是投资主体，进行的是投资行为，而资金流入方 B 是融资主体，进行的是融资行为，二者是同一资金流的两端，如图 1-1 所示。

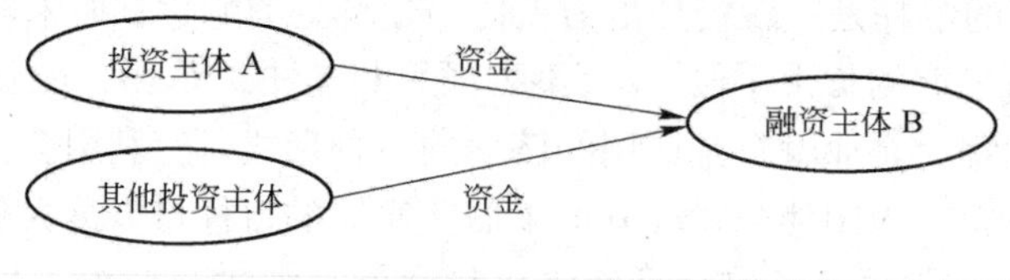

图 1-1 不同企业主体的投融资过程

另一方面，对于资金流入方 B 而言，其融资的目的必然是进行投资活动。

企业通过各种融资方式取得资金后，就要考虑这些资金如何使用以获取一定收益的问题，这便构成了企业的投资活动。所谓投资，是指企业为获得一定的预期报酬或避免风险而投入一定财产或资金的行为，包括扩大再生产投资、技术改造投资、资本保值投资等。因此，从广义的投资定义来看，投资的行为过程，既包括一定量货币的投入，也包括货币转化为资产，也就是说，就生产经营性投资运动而言，经历着投资资金的筹集与形成、分配与使用、回收与增值三个阶段的循环周转运动，而融资正是投资循环周转运动的第一个阶段，即投资资金的筹集与形成。因此，融资是投资过程的第一个环节，是投资的起点。在同一个投资过程中，投资的概念包含融资。投资主体有双重身份，在融资过程中B是融资主体，而从另一投资主体A或更多的投资主体那里采用一定的融资方式筹集了足够的资金开始投入项目营运时，B又成为投资主体。

因此，对同一资金循环来说，B既是融资主体也是投资主体。任何一项涉及资金投入的经济活动，首先需要考虑资金的来源和方式，即如何融资。即使投资者自身有足够的资金投入，不需要向其他储蓄者融资，那也体现为从投资者内部融资，即内源融资，只有融来资金才有可能进行投资活动，如图1-2所示。因此，融资规模决定于投资规模，反过来，融资规模、融资方式、融资成本等又影响投资的规模和效益。

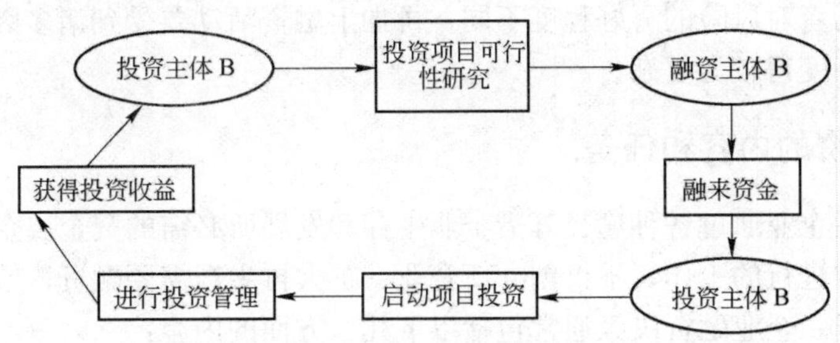

图1-2 同一企业主体的投融资全过程

可见，融资与投资的关系极为密切，融资与投资研究的对象就是一个企业同其他企业之间资金流动的规律和途径，或者说是企业资金由不平衡向平衡运动的过程。融资与投资是资金运动过程不可分割的部分：投资和融资既是两个不同主体之间的相对经济活动，同时又是同一主体在同一经济活动过程中不同阶段的表现。由于投资和融资的关系非常密切，因此人们经常用“投融资”这个概念来描述广义的投资过程。

融资行为是由融资制度决定的。融资制度是社会资金的配置方式，即融资采取什么方式来实现社会资金配置。因此，融资制度的内容主要包括三方面：一是资金流两头的融资主体和投资主体；二是融资渠道；三是融资方式。即谁是融资主体和投资主体，资金来源是哪些，采取什么融资方式来融资。

我国过去在计划经济体制下实行财政统收统支，投资的资金来源是单一的国家财政拨款，即政府储蓄，可以说是既定的，不需要进行融资，也不可能或不允许从其他地方筹集资金。因此，那时的融资过程被淡化了，投资似乎只是投资管理，即投资的分配与使用、回收与增值的循环周转运动两个阶段。随着改革开放的不断深化和扩大及社会主义市场经济体制的逐步建立，投资资金早已打破了单一的财政拨款格局，财政投资所占比重已非常之小，投资主体在进行投资时，首先需要进行广泛的社会融资，即从政府储蓄以外的其他储蓄广泛筹资。投资者在市场经济中首先要考虑钱从哪里来的问题，也就是说，“用钱，首先得有钱”，所以，投资主体首先要成为融资主体。融资过程联结着储蓄和投资，影响着储蓄、投资流量的大小，因而对社会资金积累的规模和速度产生着深刻的影响。融资问题日显突出和重要，融资在投资周转运动中的地位不断提高。

企业融资是投资的前提，是从资金来源的角度反映企业通过哪些方式来筹措满足生产经营活动所需要的资金；投资是融资的目的，是从资金运用的角度来描述企业资金的使用状况和实力。因此，可以说研究融资与投资之间的关系是融资战略选择的基础。有了这个基础，不仅有利于保证融资与投资在数量上达到平衡、在时间上做到衔接，而且有利于合理选择企业资产寿命和资金来源期限之间的匹配关系（即融资战略），权衡风险和收益，有效地实现企业的财务管理目标。融资与投资的关系有 3 种：一是匹配战略，即资金来源可用期限与所投资资产寿命相匹配的战略关系，长期稳定投资由长期稳定资金支持，临时性流动资产由临时性资金（短期借款）支持，该战略可以减少不协调的风险；二是稳健战略，该战略为了减少风险，将一部分临时性流动资产用长期稳定资金来支持；三是进取战略，该战略为了降低资金成本、减少利息支出，将一部分长期稳定投资用临时性资金来支持，这种战略的利率风险和偿债风险均大于前两种。从理论上讲，匹配战略是最为理想的一种融资战略，但在实际工作中，由于经营者对风险的喜好程度不同，再加上融资活动要受到诸多因素的影响，从而使得融资战略选择变得较为复杂。

1.1.3　企业融资的内容和任务

企业融资是指企业通过各种途径筹措企业生存和发展所必需的资金。企业融资是企业生产经营活动中经常进行的工作，不仅创办新企业、扩大再生产需要融资，就连维持企业正常的经营也需要融资。企业融资决策通常包括以下几个方面的内容：

① 企业融资规模决策；

② 企业融资的具体融资方式和融资渠道决策；

③ 企业融资的资本结构和融资方案决策。

企业融资的主要任务是：

① 企业在资金短缺时，如何以最小的代价筹措到适当期限、适当额度的资金；

② 通过资金的合理流动与运用，充分发挥资金的效益，扩大企业的经营效果，从而促进经济的发展。

企业以何种方式筹集资金？从何处筹集资金？如何以最小的代价筹集到适当期限、适当额度的资金？如何规避企业融资的风险？这些都是企业融资应该解决的问题。

1.1.4　企业融资的决策程序

企业融资的决策程序是指进行企业融资决策时一般要经过的阶段与步骤。企业融资决策一般必须经过以下阶段。

1. 企业融资的可行性研究阶段

这个阶段从企业融资构想开始到粗线条的决策目标确定为止，其主要目的是为确定决策目标提供依据，主要包括三方面的内容：一是企业内部因素分析；二是企业目标分析；三是企业外部环境因素分析。企业目标分析的内容主要是了解企业所在行业的情况、企业的类型、企业的生产规模与特点、企业的组织形式与再生产形式等，主要解决企业融资的合理性与必要性问题。企业内外部因素分析实际上就是分析企业的融资环境，主要解决企业融资的可能性问题并为以后的决策提供依据。

2. 企业融资的决策阶段

这一阶段从初始目标确立到具体融资方案选定为止，主要包括 3 个方面的内容。

1）确定融资需求，即确定投资方向、投资结构及融资数量

需要把上述对企业目标的分析和对企业内外部因素的分析综合起来，通过财务预测和财务规划，预测企业需要的资金数量、需要时间、企业可以提供的内部资金及外部融资需求量。

融资需求是财务预测的重要内容，财务预测是在对企业过去的财务报表进行分析的基础上，结合宏观经济环境的变化、行业未来的发展前景，以及企业未来的经营战略和市场战略等诸多因素，来预测企业未来的营业收入的增长及资金需求的情况。

融资需求的预测方法主要有以下3种。

(1) 销售百分比法

销售百分比法也叫营业收入百分比法。通常来说，企业的部分资产、负债与营业收入即销售额之间存在一定的函数关系，因此，销售额的预测是融资需求预测的基础，融资需求预测要以销售额预测为起点。销售额预测要分析企业历史资料及当前的财务状况，依据未来的宏观发展、行业发展，特别是企业的产品结构、市场结构的变化来预测。然后，根据历史资料和企业未来的变化求出企业各类资产、负债、所有者权益项目占销售额的百分比，最后依据这些百分比来预测资金的需求量。

测算出总的资金需求量后，扣除企业内部的资金来源，即可求出需要从外部融资的数量。内部资金来源主要是留存收益和在经营过程中能自发增长的商业信用负债，如应付账款、应付票据等。

$$
\begin{aligned}
\text{外部资金需求量} &= \text{资金总需求量} - \text{内部资金来源} \\
&= \text{资产的增加额} - \text{自发性流动负债增加额} - \text{留存收益的增加额} \\
&= \frac{\text{资产}}{\text{销售额}} \times \Delta\text{销售额} - \frac{\text{自发增长的负债}}{\text{销售额}} \times \Delta\text{销售额} - \mathrm{PM} \times \text{预计销售额} \times (1-d)
\end{aligned}
$$

这里的“Δ销售额”是指销售额的增量，“自发增长的负债”是指由于应付账款等商业信用负债随销售额扩增而相应增长的那部分，这些数据都可以从企业历史资料中找出规律，一般用平均值代替；PM是指销售利润率，即净利润/销售收入；d 表示预期股利占净利润的比重，而 $(1-d)$ 通常被看作是留存收益占净利润的比重。

(2) 投资趋势预测法

投资趋势预测法是根据企业的发展趋势来分别预测项目投资额中各组成部分的变化及结果，投资需求就是融资需求。例如工程项目融资量的确定，可以预测工程项目投资额的构成：投资前费用、设备购置费用、设备安装费用、建筑工程费、垫支的营运资金、不可预见费等。

投资趋势预测法有以下几种。

① 逐项测算法。即逐项测算投资组成部分的投资额，然后加总。

② 生产能力估算法。拟建项目投资总额＝同类企业单位生产能力投资额×拟建项目生产能力。

③ 装置能力指数法。指根据有关项目的装置能力和装置能力指数来确定项目投资额。装置能力越大，所需投资额就越多。装置能力是以封闭型的生产设备为主体所构成的投资项

目的生产能力，如制氧生产装置、化肥生产装置等。

(3) 资本习性法

融资需求可以通过总成本的增加获得，可以分别预测企业的固定成本增加额、变动成本增加额，然后加总获得新增资金的需求量。

2) 分析确定融资方案

通过融资总需求量和外部融资量的测算，分析确定融资规模及组合决策。这一步主要是通过上述的测算与分析，收集必要的外部融资环境资料，具体拟订融资方案，确定融资的组合和规模。

3) 选择融资具体方法

将融资方案落实到各种具体方法上。这是决策过程的最后一步。

3. 企业融资实施阶段

这一阶段从确定融资规模、组合及具体方法起到检查评估效果时止，一共包括 3 方面内容：融资计划的编制；融资计划的执行；实施效果的检查与评估。这个阶段是整个融资方案的落实与实施阶段，是把目标变成现实的过程。如果说前两个阶段是融资方案的设计过程，那么这个阶段就是融资方案的执行过程。好的设计方案只有执行得好，才会有好的结果，所以对这个阶段必须重视。忽视了任何一个环节，都会导致整个融资计划的破产。

最后需要指出的是，在融资目标的具体落实过程中，肯定会出现实际与计划的偏差，这就需要进一步收集和分析资料，纠正偏差并反馈到相应的决策层次。

1.2 企业融资方式和融资渠道

1.2.1 企业融资方式分类

随着金融市场的迅猛发展，现代社会中企业的融资方式和融资渠道越来越多，满足了不同企业对资金的需求差异。按照不同的标准，企业融资方式可以进行不同种类的划分。

1. 内源融资与外源融资

这种分类主要是按照资金是否来自企业内部来进行划分的。所谓内源融资，是指企业依靠其内部积累进行的融资，具体包括 3 种形式：资本金、折旧基金转化为重置投资和留存收益转化为新增投资。内源融资对企业资本的形成具有原始性、自主性、低成本性和抗风险性的特点，是企业生存与发展不可或缺的重要组成部分。内源融资数量的多少主要取决于企业创造利润的数额和企业的利润分配政策。内源融资作为一种股权融资方式，具有以下优点。

① 内源融资来自企业内部，不必额外支出利息。

② 将利润再投资可以使股东免除个人所得税。

③ 操作简便。企业要通过留存收益进行融资，只需要在股东大会上做出一个分红决议即可，几乎不发生融资费用。

④ 对于控股股东来说，留存收益可以在不改变股权结构和比例的情况下达到融资目的，因而是一个对自己的控股权完全没有威胁的股权融资方式。

由于以上好处，留存收益成为企业首选的融资来源。企业内源融资能力的大小主要取决于企业的经营规模及盈利能力，同时投资者本身的资金需求也是一个重要的因素。如果投资者需要通过获取红利支付本身的债务，那么就在客观上限制了内源融资能力。

一般来说，只有当内源融资无法满足企业的资金需求时，企业才会转向外源融资。不过，股东大会在审批分红决议的时候，必须权衡“分红”与“留存收益”及其比例的抉择。公司必须说服股东——利润留在公司可以产生比一般的投资更高的回报。因此，企业需要提交一份令人信服的投资计划。

所谓外源融资，是指企业通过一定方式从外部融入资金用于投资。外源融资是企业吸收其他经济主体的储蓄，使之转化为自己的投资的过程。它对企业的资本形成具有高效性、灵活性、大量性和集中性的特点。一般来说，企业外源融资是通过金融媒介机制的作用，以直接融资和间接融资的形式实现的。外源融资的种类和规模主要取决于金融市场的发育程度和资金供给的数量。

2. 短期融资与长期融资

这种分类主要是按照资金的使用及归还年限来进行划分的。所谓短期融资，一般是指融入资金的使用或归还期限在一年以内，主要用于满足企业对流动资金的需求。短期融资包括商业信用、银行短期贷款、票据贴现、应收账款融资、经营租赁等。所谓长期融资，一般是指融入资金的使用或归还期限在一年以上，它主要满足企业购建固定资产、开展长期投资等活动对资金的需求。长期融资方式主要有发行股票、发行债券、银行长期贷款、融资租赁等。

3. 股权融资与债权融资

这种分类主要是按照企业融入资金后是否需要归还来进行划分的。所谓股权融资，是指企业所融入的资金可供企业长期拥有、自主调配使用，无须归还，如企业发行股票所筹集的资金。所谓债权融资，是指企业所融入的资金是企业按约定代价和用途取得的，必须按期偿还，如企业通过银行贷款取得的资金。

4. 直接融资与间接融资

这种分类主要是按照企业融资时是否借助于金融中介机构的交易活动来进行划分的。直接融资是指企业不经过金融中介机构的交易活动，直接与资金供给者协商借款或发行股票、债券等来融入资金。另外，政府拨款、占用其他企业资金、民间借贷和内部集资等都属于直接融资范畴。在直接融资中资金供求双方通过金融市场实现资金的直接转移，融资企业通过公开财务报表等信息接受投资者的监督，融资透明度较高。间接融资是指企业通过金融中介机构间接向资金供给者融通资金，具体的交易媒介包括货币和银行券、存款、银行汇票等非货币间接证券。另外，“融资租赁”“票据贴现”等也都属于间接融资。直接融资与间接融资的区别如表1-1所示。

表1-1　直接融资与间接融资的区别

	直接融资	间接融资
企业	融资范围和金额受到企业信誉的影响	融资金额受企业信誉影响
金融中介机构	不承担或承担很少风险，收益小	收益较高，但风险较大
资金供给者	收益较高，但风险较大	收益稳定，收益和风险相对较小

几种融资方式及其相互关系如表 1 - 2 所示。

表 1 - 2　几种融资方式及其相互关系

<table>
<tr><th>资金性质</th><th>融资渠道</th><th>融资方式</th><th>来　源</th></tr>
<tr><td rowspan="3">自有资金</td><td>资本金</td><td rowspan="5">直接融资</td><td rowspan="3">内源融资</td></tr>
<tr><td>折旧基金</td></tr>
<tr><td>留存利润</td></tr>
<tr><td rowspan="7">外部资金</td><td>发行股票</td><td rowspan="7">外源融资</td></tr>
<tr><td>发行债券</td></tr>
<tr><td>其他企业资金（各种商业信用）</td><td rowspan="5">间接融资</td></tr>
<tr><td>民间资金（民间借贷和内部集资）</td></tr>
<tr><td>外商资金</td></tr>
<tr><td>银行借贷资金</td></tr>
<tr><td>非银行金融机构（租赁、典当）</td></tr>
</table>

5. 一般传统融资与项目融资

一般传统融资都是“为项目而融资”，而项目融资是“以项目来融资”，二者最大的不同是融资的信用基础不同。前者是以整个企业的信用来融资，将来的投资回报和偿还也是以整个企业的收益作为来源，对企业有完全追索权；后者主要是以项目自身未来的收益作为主要的还款和回报来源，以项目自身的资产作为融资基础和保障，对企业只有有限追索权或者无追索权。正因为如此，项目融资往往需要构建一个多方参与的、复杂的担保体系，以确保投资人和贷款人的利益。项目融资是 20 世纪发展起来的，现在常用于大型的资源开采项目、基础设施项目及大型制造业项目。

6. 吸引普通投资与吸引风险投资

一般意义上的吸引普通投资是指企业为了一些项目而吸引各种权益资本。而一些中小企业特别是中小型高科技企业，可以吸引风险投资，其投资的目的是增值。风险投资属于权益投资，但与普通的权益投资又有着诸多不同的特点和投资过程。

企业融资除了上述几种基本分类外，还可按照融资活动的范围是否跨越国界分为国内融资与海外融资；按融资的用途分为固定资产的融资和流动资产的融资；按融资的对象分为向个人、政府、银行、其他企事业单位、保险公司融资和向其他金融机构融资等。

1.2.2　主要外源融资方式

内源融资比较简单，操作也很简单。外源融资则比较复杂，它包括债务融资与股权融资两大类，而每个大类又可具体区分为很多种方式。由于外源融资要求助于外部投资者，从操作上来说也要烦琐一些。

1. 债务融资

债务融资包括银行贷款、民间借贷、债券融资、信托融资、项目融资中的债务融资、商业信用融资与租赁融资等。以下分别简要介绍这几种主要的融资方式。

（1）银行贷款

银行贷款是指由银行以贷款形式向企业提供的融资，它具有以下特点。

① 基本上不需要发行费用。通常银行根据企业的财务报表、审计报表、银行往来情况、担保或抵押情况及用款计划审批有关贷款申请。

② 银行贷款的使用期限不稳定。通常在贷款合同里都规定债权人有权在任何时候收回贷款——只要它认为有必要。银行从来都是晴天给伞、雨天收伞。企业经营情况好的时候，银行追着提供贷款，一旦企业出现危机，银行争相收回贷款，即使有些贷款期限尚未到。

③ 银行提供贷款的时候通常有担保、资产抵押等附带条件，企业所拥有的银行信用有一定的限度。

此外，国内银行还受银监会和中国人民银行的一系列规定限制，如企业不能利用银行贷款进行股权投资或者股权收购等。因此，银行贷款通常无法解决企业所有的资金需要问题。

(2) 民间借贷

随着我国经济的发展和民间金融资产的逐步扩张，民间借贷逐渐活跃起来。企业进行民间借贷通常以私下协议方式与私人或非金融机构拟定融资金额、利率、期限等条件。由于这类融资安排往往回避了正常的金融监管，因此常常需要承担政策风险甚至法律风险，稍有不慎就会碰到“高压线”。同时，由于类似的原因，债权人具有较大风险，作为补偿，债务人需要支付较高的利息，所以民间借贷常常与高利贷同名。

(3) 债券融资

企业债券是指企业按照法定程序发行的、约定在一定期限内还本付息的债务凭证，它代表债券持有人与企业的债权债务关系。债券持有人不能参加企业利润分配，只能按照规定利率收取利息，因此，企业发行债券不影响股东对企业的控制权，它属于一种债务融资。

从企业的利益来说，发行企业债券是一种理想的融资形式。

① 债券融资的利息成本要比银行贷款低。

② 债券融资一般都是长期的，可以根据投资项目的回收期来确定，而且具有相当的稳定性。债券持有人不能要求提前偿还。由于投资人可以通过债券市场套现，因此也不需要债务人提前退回投资。

在发达国家，债券融资是比银行贷款还重要的企业融资方式。但是，中国目前的企业债券市场还非常不成熟，在企业债券发行实行审批制的情况下，只有个别国有大型企业才能够发行企业债券，民营企业基本上不能采用这种融资形式。不过有迹象表明我国将逐步放开企业债券的发行和交易，有一定规模的民营企业发行企业债券将不再遥远。此外，上市公司可以发行公司债券。

(4) 信托融资

信托是指委托人出于对受托人的信任，将其财产权委托给受托人，由受托人按委托人的要求以委托人为受益人，进行管理或者处分的行为。信托公司作为合法从事信托投资业务的机构，可以根据投资市场情况及其管理能力，安排信托计划，向其他投资人募集一定规模的信托资金，然后作为受托人向特定对象投资。

需要指出的是，信托投资可以是股权信托投资，也可以是债券信托投资。如果是前者，那么信托公司作为受托人可以进入投资对象行使股东权利。如果是后者，信托公司则是以债权人代表的身份向投资对象提供贷款，并行使按约定条件收取本息的权力。信托投资是一种很灵活的融资工具，通过一定的安排，信托公司的股权信托投资在一定条件下也可以转化为债券信托投资。比如，信托公司与股权投资对象约定，在一定时间内，其所投入的股权可按照一定条件转让给对方。这样，信托公司的股权投资便可转化为债券投资，从而为其投资提供一个便利的退出通道。

信托融资具有以下优点。

① 信托融资的利率通常较银行利率低一些，但是由于通过信托公司运作，增加了发行费用。考虑这一因素后，信托融资的成本一般高于银行贷款。

② 相对于银行贷款来说，信贷融资的融资期限较长、较稳定，有利于企业的持续发展，可以舒缓短期资金压力。

③ 信托融资和银行贷款相比要求较低，在一些情况下银行贷款不能够解决的问题可由信托融资解决。而且，不同于债券融资的“贵族身份”，信托融资对于民营企业来说也是开放的。

④ 由于信托融资的灵活性，企业可以先以财产信托取得资金，同时再以一定时间后的回购协议“购回”股权，这样企业可以在不提高资产负债率的情况下实现融资，优化企业的资产负债结构。这体现了信托融资的“表外”债务融资功能。

从目前市场上存在的中小企业信托计划来看，参与机构主要涵盖：信托公司、银行、担保公司、风险投资机构及社会投资者。

基本运作模式通常是：信托公司发起结构化信托计划，信托份额分别由政府引导资金、风险投资资金、银行理财资金或者社会闲散资金等进行认购，所募集的资金按照信托贷款或者股权投资的形式投向特定或不特定的中小企业群。当信托计划到期时，企业按照合同约定偿还本息，参与机构按照资金认购的结构和风险承受程度相应地分配收益及承担损失。

中小企业集合信托模式的主要特点是资金来源结构化和风险分散化。在设立和运行过程中，信托制度发挥核心作用。通过信托计划将政府引导资金、社会资金、风险投资资金及担保公司、其他相关金融机构和中小企业组建成一个利益共同体，在资金募集、财产权益分割和风险分散方面灵活运用，使不同的主体在自身风险承受能力范围内获取相应的收益，有效地化解了单个中小企业面临的风险大、成本高等问题。

在基本运作模式下，不同机构的组合设计可以衍生出多种具体的运作模式。例如信托公司可以单独与担保公司合作设立信托计划，由实力雄厚的担保公司进行保底，担保公司采用抵押、质押等反担保措施来控制风险，也可以和其中一个或几个机构合作来衍生出具体的信托运作模式。

(5) 项目融资中的债务融资

项目融资是指对需要大规模资金的项目进行的融资活动。在项目融资中，有大量的债务融资。借款人原则上将项目本身拥有的资金及其收益作为还款资金来源，而且将项目资产作为抵押条件。项目主体的一般性信用能力通常不被作为重要因素考虑。这是因为要么项目主体是不具有其他资产的企业，要么是对项目主体的所有者不能直接追究责任，两者必居其一。项目融资一般应用于现金流量稳定的发电、道路、铁路、机场、桥梁等大规模的基本建设项目，且应用领域在逐渐扩大。

项目融资的方式有两种：无追索权的项目融资和有限追索权的项目融资。

无追索权的项目融资也称为纯粹的项目融资。在这种融资方式下，贷款的还本付息完全依靠项目的经营效益。同时，贷款银行为保障自身的利益必会要求以该项目拥有的资产作为担保。如果该项目由于种种原因未能建成或经营失败，其资产或受益不足以清偿全部的贷款，则贷款银行无权向项目主体追索。

有限追索权的项目融资是指除了以项目的经营收益作为还款来源和取得物权担保外，贷款银行还要求有项目实体以外的第三方提供担保。贷款银行有权向第三方担保人追索，但担保人承担债务的责任，以他们各自提供的担保金额为限。

（6）商业信用融资

商业信用是指企业以赊销方式销售商品时所提供的信用。商业信用是企业短期融资的主要方式。由于它的形成直接与商品生产及流通相关，手续简便，因此很容易成为企业短期资金来源。商业信用融资通常表现为“应收账款”融资和票据融资，此外还有“其他应收账款”融资、“预收账款”融资等。

应收账款融资有两种方式：应收账款抵押贷款和应收账款转售。

应收账款抵押贷款是以应收账款作为贷款担保品，贷款人不仅拥有应收账款的受偿权，而且还可对借款人行使追索权——当购买货物的公司或个人未如期偿还应收账款时，以应收账款作为担保品从银行贷款的公司必须负担因此而产生的损失。因此，采用应收账款抵押贷款的形式来获得贷款时，借款人依旧要承担应收账款的违约风险。进行应收账款抵押贷款时，借款人必须与办理贷款的金融机构签订具有法律约束力的合同，合同上列明借贷双方的法律义务和借贷程序。此后，借款人会定期地将其自客户处所获得的购货发票送到上述金融机构，然后再由此金融机构审查发票的品质，并对借款人的客户进行信用评估。

应收账款转售则是指借款人将其所拥有的应收账款卖给贷款人，并且当借款人的客户不能支付应收账款时，贷款人不能对借款人行使追索权，只能自行负担损失。在应收账款转售的情况下，借款人一般还需将“应收账款的所有权已被转移给贷款人”一事通知购货的公司或个人，并请它们直接付款给金融机构（亦即贷款人）。

票据融资是以票据充当融资工具，促使资金在盈余单位与短缺单位之间流动，实现融通资金的商业信用融资。票据是无条件支付一定金额的有价证券，它是在商品交换和信用活动中产生和发展起来的一种信用工具。票据主要有汇票、本票、支票等。票据融资的主要优点如下。

① 有利于提升商业信用，促进商品交易，达到企业之间融通资金的目的。同时，票据还可以进一步引进银行信用，将银行信用与商业信用有机地结合起来，从而提高票据信用，增加企业信用融资的机会。如企业使用汇票赊购赊销，买方无须即时支付全额现款，可签发一定时期后支付的银行承兑商业汇票，获得资金融通便利；卖方赊销后，如果遇到资金短缺，可以持票向银行申请贴现，及时补充流动资金，也可以将其背书转让，实现资金融通。

② 票据融资简便灵活，不受企业规模的限制。目前银行所谓的信用评级标准主要是按国有大中型企业的标准设定的，资产规模小的中小企业可能达不到信贷标准，而采用银行承兑商业汇票贴现融资则基本不受企业规模的限制。例如销售公司拿到汇票后，若急需资金，可马上到银行办理贴现，可以提前利用这笔资金组织生产、创造效益。

③ 票据融资可以激励企业强化信用意识，规范企业行为。在市场经济中，具备优良信用等级、经营业绩突出、管理规范的企业可以轻而易举地从商业银行获取承兑汇票，而且其签发的商业票据也能得到其他企业和商业银行的广泛认同，流通性较强，使这些企业在票据融资渠道上能轻松地获得资金支持，而那些信用缺失、管理不善的企业，则往往受到票据市场的惩戒和驱逐，失去在票据市场上的融资机会，这就要求广大中小企业应自觉强化信用意识、规范企业行为。

④ 票据融资可以降低企业的融资成本。目前国内银行贷款情况是，信用贷款较少、抵押贷款居多，而办理抵押贷款一般要经过资产评估、登记，手续烦琐、费用较高且效率低下，若规模未达到银行要求，贷款利率还要上浮一定的幅度，这就增加了企业的融资成本。而采用银行承兑商业汇票贴现融资，则一般不需抵押，且贴现利息低于贷款利息。

⑤ 票据融资可促进银企关系，实现银企双赢。采用票据融资，一方面可以方便企业的资金融通；另一方面商业银行可通过办理票据业务收取手续费，还可以将贴现票据在同业银行之间转贴现或向中央银行申请再贴现，既可分散风险，又可从中获取较大的利差收益。由于票据放款比信用放款风险小、收益稳定，因此票据业务必将成为商业银行新的利润增长点。

一般来说，当企业融资渠道不多、经济处于紧缩期、市场上资金供应不足时，商业信用融资的规模会大些，商业信用融资在短期融资中的比重会高些。当然商业信用融资也有一定的局限性，主要表现为商业信用融资规模受到商品流通及交易规模的限制；另外，企业通过商业信用来筹措资金也有一定的成本，这种成本主要与债权人所提供的信用政策有关。在规范的商业信用中，债权人为了控制应收账款的期限和额度，往往要向债务人提出信用政策，包括信用期限、给买方的购货折扣和折扣期，这便是商业信用的成本。要顺利开展商业信用融资，企业需要有强烈的信用意识，减少企业间相互债务的长期拖欠，否则，企业开出的商业票据不被对方所接受，要通过商业信用来筹措资金就相对困难了。

（7）租赁融资

租赁融资是出租人根据与承租人签订的租赁契约，以收取一定的租金为条件，将租赁物在规定的时期内交给承租人使用，其所有权仍属出租人的一种经济行为。租赁融资将借钱和借物融合在一起，既借钱又借物，还的是钱而不是物。租赁物的所有权和使用权分离，在租赁期间，所有权属于出租人，承租人只有使用权。

当企业急需购买某种设备而购买设备的资金不足时，可以考虑租赁融资。租赁融资在那些需要使用昂贵设备的企业（如航空公司），使用非常普遍。租赁融资的主要优点之一，就是企业可以减少固定资产开支，降低固定资产在总资产中的比例，改善资产结构。

2. 股权融资

股票是企业为筹措资金而发行的一种有价证券，它代表了持有者对企业资产享有相应的所有权。按股东承担风险的程度和享有权利的不同，股票可分为普通股与优先股。股权融资即是通过扩大股权规模从而获得更多的公司投资经营资金。

从总体上看通过发行股票融入的资金是企业的资本金，企业与出资者之间体现的是所有权关系，不体现为企业的债务，所以股票融资能改善企业的财务结构状况，降低企业的负债率，使企业财务状况好转，为企业今后负债融资提供更好的基础。但当企业采取股本扩张的方式来扩大资金规模时，会因股权融资增加企业的股份，而新老股东对企业有同样的决策参与权、收益分配权及净资产所有权等，因此在做出此决策前，老股东都会慎重考虑这样做对其长远发展是否有利，特别是企业股本扩张后的经营规模、利润能否同步增长。若企业股本扩张后不能带来利润的同步增长，则新股份将摊薄今后的利润及其他权益，老股东就可能反对这样做，此时增资扩股方式就会无法顺利进行。

股权融资通常有私募（私下募集）和公募（公开募集）两种办法。

（1）私募股权融资

所谓私募股权融资，是相对于公募股权融资而言的，是指通过非公共市场的手段向特定对象引入具有战略价值的股权投资。

一般来说，民营企业在募集资金的时候，都是在保持控股地位的前提下，吸收其他投资者的资金，让他们持有少部分的股权。一般的投资者不容易对某一企业的业务及经营情况有足够的了解和认识，在没有掌握控制权的情况下，投资者也不愿意轻易将资金交给他人管理。因此，一般参与企业私募融资的是如下投资者：控股股东的亲戚朋友、有上下业务往来的客户，以及具有专业投资分析团队的风险投资公司。

（2）公募股权融资

公募股权融资，即公开募集股权融资，主要指公开上市融资。股份有限公司经证监会发行审核委员会批准就可以公开发行股票、筹集资金并让其股权在市场上交易。目前公开募集股权融资可以选择在国内市场进行，也可以在海外的市场如新加坡、美国等地进行。

1.2.3　企业融资渠道

企业融资渠道也称资金来源，是指资金从何而来。目前，我国企业融资的渠道主要有以下几种。

1. 国家财政资金

国家财政资金是指国家以财政拨款的方式投入企业的资金。改革开放以前吸收国家投资一直是我国国有企业获得自有资本的主要来源。目前，除了原有企业的国家拨款和流动基金以外，还有用投产后利润偿还基建借款所形成的固定基金，以及国家财政和企业主管部门拨给企业的专用拨款。随着我国市场经济的进一步发展，尽管国家财政资金在企业自有资金中的比例越来越小，但对于基础性产业、公益性产业等，国家财政资金仍然是企业筹集资金的一个十分重要的渠道。

2. 银行信贷资金

银行的各种贷款，也是各类企业重要的资本来源之一。目前，主要有两类银行提供贷款，一类是商业银行，包括中国工商银行、中国农业银行、中国建设银行、中国银行等国有控股银行，以及为数众多的全国性及地方性的商业银行，如交通银行、华夏银行、民生银行等，它们根据一定的原则为各类企业提供短期贷款和长期贷款；另一类是政策性银行，如中国农业发展银行、中国进出口银行，它们为特定企业提供政策性贷款。

3. 非银行金融机构资金

非银行金融机构包括信托公司、租赁公司、保险公司、证券公司、企业集团的财务公司等，它们有的承销证券，有的融资、融物，有的为了特定目的而积聚资金。这些机构通过一定的途径或方式为一些企业直接提供部分资金或为企业融资提供服务。这种融资渠道的财力比银行小，但资金供应比较灵活方便，发展前景较好。

4. 企业自留资金

企业自留资金又称企业内部积累，主要是指企业利用留用利润转化为经营资本，主要包括提取公积金和未分配利润。另外，企业计提折旧费形成的折旧基金、经常性延期支付款项，也是企业的一项资本来源。企业在生产经营过程中，由于资本运动的规律性和市场情况的变化，往往会有部分暂时闲置甚至长期闲置的资本，如固定资产重置前已提折旧基金、未动用的企业留存利润等，都可以在企业之间进行有偿调剂。调剂形式多种多样，如入股、发行债券、拆借及各种商业信用。市场经济越发达，这种融资渠道也越畅通，并具有强大的生命力。

5. 居民闲置资金

过去，居民的闲置资金大都通过银行再流入资本需求者手中。现在，由于社会公众承担风险的能力有所提高，加上存款利率不断下调，社会公众也开始选择投资方式，股票、债券、基金这些直接融资方式逐步为社会公众所接受。把社会上的闲置消费资金集中起来，用于企业的生产经营，也是一个越来越重要的企业融资渠道。

6. 境外资金

改革开放以来，外商资本流入国内的频率和流量年年增加。利用外资是许多资金短缺国家尤其是发展中国家弥补资本不足、促进本国企业资本积聚和集中、推动经济腾飞的重要手段。从资金来源上，境外资金可分为外国政府贷款、国际金融组织贷款及境外民间资金。目前，我国已批准中外合资经营企业、中外合作经营企业和外商独资企业几十万家，每年利用外商直接投资金额上千亿美元。另外可通过补偿贸易、出口信贷、国际资本信贷、项目融资等方式引进境外民间资金。

同一渠道的资金来源可以利用不同的融资方式来获得，同一融资方式又可适用于不同的融资渠道。如居民储蓄是资金来源，但可以通过发行股票、发行债券等不同融资方式取得；发行债券融资方式则可以通过个人储蓄资金、企业储蓄资金及外资等渠道实现。

1.3 企业融资环境

企业的融资活动受许多因素的影响。在这些因素中，一部分属于企业的内部因素，是受企业控制的，它们构成了企业融资活动的可控环境；另一部分则属于企业的外部因素，是企业本身无法控制的，它们构成了企业融资活动的不可控环境。本节所研究的企业融资环境仅指不可控环境，即存在于企业之外，对企业融资活动产生影响而又不受企业控制的那些因素的集合。

按照环境因素的不同属性，企业融资环境可以划分为硬环境和软环境两大类。硬环境是指企业融资的物质环境，它是由多种物质条件构成的系统。例如，金融机构设施、位置等均属于硬环境。软环境是指企业融资的社会经济政治环境，它是由多种政策、法规、措施、规定及社会的观念、心理、文化等因素构成的非物质形态系统。例如，金融机构的政策、工作效率等均属于软环境。

1.3.1 金融市场

1. 金融市场概述

按照交易的产品类别，市场可分为两大类：一类是产品市场，进行商品和服务的交易；另一类是要素市场，进行劳动力和资本的交易。金融市场属于要素市场，专门提供资本。在这个市场上进行资金融通，实现金融资源的配置，最终帮助实现实物资源的配置。

金融市场，是指以金融资产为交易对象而形成的供求关系及其机制和金融交易场所的总和。这一定义，包括如下三层含义：一是金融市场是金融资产进行交易的一个有形或无形的场所；二是金融市场反映了金融资产的供应者和需求者之间所形成的供求关系；三是金融市场包含了金融资产交易过程中所产生的运行机制，其中最主要的是价格机制。金融市场是资金流交汇的最重要的场所，是企业融资与投资最直接的外部环境。

金融市场对企业融资与投资的作用主要表现在以下几个方面。

① 金融市场是企业融资和投资活动的场所。金融市场上有多种筹集资金的方式，并且比较灵活。资金的供需双方可以通过金融市场上的交易，实现资金的融通：企业需要资金时，可以到金融市场选择适合自己的方式筹资；企业有了剩余的资金，也可以灵活选择投资方式，为其资金寻找出路。金融市场的运作机理如图1-3所示。

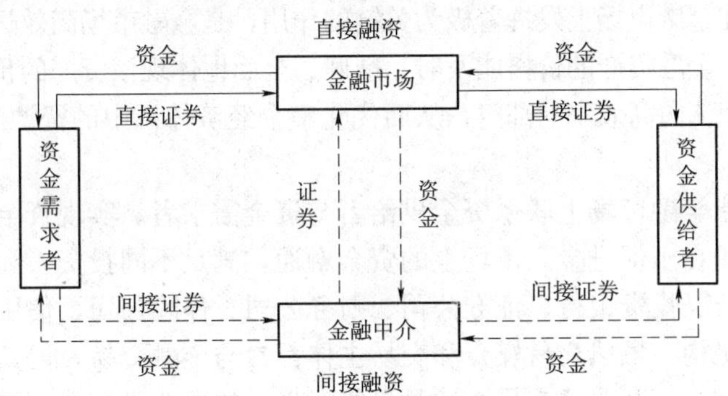

图1-3　金融市场的运作机理

② 企业通过金融市场使长短期资金互相转化。企业持有的股票和债券是长期投资，在金融市场上随时可以转手变现，成为短期资金；远期票据通过贴现，变为现金；大额可转让定期存单，可以在金融市场上卖出，成为短期资金。与此相反，短期资金也可以在金融市场上转变为股票、债券等长期投资。

③ 金融市场为企业融资提供有意义的信息。金融市场的利率变动反映资金的供求状况；金融市场上的证券价格反映投资人对企业经营状况和盈利水平的评价。这些都是企业经营和投资的重要依据。

2. 金融市场的构成要素

金融市场包括交易主体、交易客体、交易价格和交易媒介四个要素。

(1) 交易主体

交易主体，是指金融市场的交易者，即作为资金供给者与资金需求者参与金融市场交易，包括任何参与交易的个人、企业、各级政府和各种金融机构、社会团体等。资金供给者即投资者，通过购买金融工具，将自身暂时不用的闲置资金提供给资金短缺的筹资者。随着资金的流动和经济活动的不断进行，投资者和筹资者之间随时可能发生角色互换。而金融机构作为金融市场的主要参与者，在金融市场的形成和发展中起着决定性的作用。它的存在，加速了资金的流动，降低了融资成本，分散了融资风险，使资金分布更为合理、有效，提高了资金的使用效率。

(2) 交易客体

交易客体，是指金融交易借以实现的载体，即金融市场的交易对象，也就是通常所说的金融工具。衡量一种金融资产质量高低的标准，就是衡量一种金融工具质量高低的标准，通常从流动性、收益性和风险性三方面考虑。流动性是指一种金融资产变现的时间长短、成本高低和便利程度。收益性是指因持有某种金融资产所能获得的货币收益。风险性是指由于某些不确定因素导致金融资产价值损失的可能性。金融资产的流动性和收益性之间是负相关的，如活期存款，容易变现但利率很低；风险性和收益性是正相关的，如果投资者承担的风险越大，他们要求的收益率就越高。

（3）交易价格

交易价格，是指各种金融产品的价格，有时也可以通过利率来反映。每一种金融工具的流动性、收益性和风险性特点决定了其自身的内在价值，从而奠定了这种金融资产的价格基础。此外，金融产品的价格还受供给、需求、其他金融资产价格及交易者心理预期等众多外在因素的影响。交易价格在金融市场上发挥着极为关键的作用，是金融市场高效运行的基础。在一个有效的金融市场上，金融资产的价格能及时、准确、全面地体现该资产的价值，反映各种公开信息，引导资金自动流向高效率的部门，从而优化整个经济体系中的资源配置。

（4）交易媒介

交易媒介，是指金融市场上联系资金供给者与资金需求者、实现资金由供给者向需求者转移的中介。其作用在于促进金融市场上的资金融通，满足不同投资人和筹资人的需要。这些媒介包括商业银行、投资银行、证券公司、财务公司、保险公司、信用合作社、信托公司和其他非银行金融机构。虽然交易媒介和交易主体都参与金融交易，但其目的不同，交易媒介是作为中介赚取佣金，并非像交易主体是最终意义上的资金供给者或需求者。

金融市场四个要素之间关系密切、相辅相成。其中交易主体与交易客体是构成金融市场的最基本要素，是金融市场形成的基础；交易媒介和交易价格是伴随金融交易产生的，也是金融市场不可或缺的要素，对促进金融市场的繁荣和发展具有重要意义。

一个有效的金融市场必须具备相当的广度、深度和弹性。在有广度的市场上，参与者数量众多、类型各异，其入市目标、对风险和金融工具期限的偏好各不相同，市场交易不会出现“一边倒”的局面，被少数人或某些利益集团操纵的可能性也较小。深度是指在当前交易价位上很容易寻找到买者和卖者，市场交易在较稳定的价格上持续不断地进行，并且当市场价格受到突发事件或大额交易影响而大幅波动时，市场能迅速自我调整，不至于长期过冷或过热。

3. 金融市场的分类

金融市场是由许多功能不同的具体市场构成的。对金融市场可以从多角度按不同标准进行分类。

1）货币市场和资本市场

按融资期限的不同，可以把金融市场分为货币市场和资本市场。货币市场也叫短期资本市场，一般融资期限在一年以内，其功能是提供短期货币资金，主要解决短期资金融通问题，包括贴现市场、存款单市场、同业拆借市场和企业间借贷市场等。这类金融资产偿还期限短、流动性较高、风险较小，通常在流通领域起到货币的作用。资本市场也叫长期资本市场，一般融资期限在一年以上，长的可以达数十年，其功能是提供长期货币资金，主要解决长期资金融通问题，包括股票市场、债券市场和投资基金市场。这类金融资产的偿还期限长、流动性较低，因而风险较大，但可以给持有者长期带来收入。

（1）货币市场

货币市场的需求者主要有三类：第一类是企业。企业在生产经营中经常会出现临时性和季节性的资金需要，于是就到货币市场上发行商业票据、公司债券等来筹措所需资金。第二类是商业银行。商业银行发生流动性困难时，就到货币市场上寻觅资金。第三类是政府。政府财政收入有先支后收和季节性因素，有时会出现资金不足，于是就向货币市场发行国库券等筹措短期资金。此外，当政府的一部分长期债务在财政收入低谷时到期时，为了偿还这种债务，政府也会发行短期债券。

货币市场上的资金供给者主要有五类。第一类是商业银行。它们是市场上最活跃的成分，所占的交易量最大，采用的金融工具最多，对资金供求与利率波动的影响也最大。第二类是其他金融机构，如银行以外的信用社、金融公司、财务公司、保险公司和信托公司等。第三类是企业。由于销售收入的集中性会形成企业资金的暂时限制，它们通过购入证券向市场注入资金。第四类是个人。有些国家对货币市场交易有最小规模的限制，个人资金以各种“基金会”“协会”的名义出面，集中资金参加市场交易。第五类是中央银行。中央银行通常采用在公开市场买进有价证券、贴现、再贷款等形式为市场融通资金。

货币市场的主要业务是短期信用工具的交易。短期信用工具主要是指商业票据、银行承兑汇票、政府发行的短期国库券等，期限最短的为1天，一般为6～8个月，最长不超过1年。这些信用工具可以随时变现，流动性很强，近似于货币。

货币市场主要有以下几类。

① 贴现市场。这是以票据贴现业务为主的短期资金市场。在市场上从事贴现业务和供应资金的是贴现商行、商业银行和作为“最后贷款者”的中央银行，市场买卖的对象是商业承兑汇票、银行承兑汇票、其他商业票据及国库券和短期公债。

② 存款单市场。这是以经营可转让存款单为主的市场。发行可转让存款单是商业银行和金融公司吸收大额定期存款的一种方法，其特点是面额大、期限固定、可以自由转让。投资于存款单既可获得定期存款利息，又可随时将其转让，与活期存款一样机动灵活。经营存款单的主要有商业银行和市场经纪商。

③ 同业拆借市场。这是指银行与银行之间相互进行资金拆借的市场，参加者是各类金融机构，包括各种银行和有剩余资金的非银行贷款者。这是一种短期贷款形式，最长不超过7天，其拆借种类有“半日拆借”“隔夜拆借”“定期拆借”“无条件拆借”等。同业拆借并不是真正的现金往来，而是通过中央银行的支票存款户头进行转账。

④ 企业间借贷市场。这是指由企业间财务部门直接商谈或通过经纪人进行借贷的市场。企业间借贷市场的利率比金融市场的利率要高一些，风险也较大。

（2）资本市场

资本市场是指中长期资金融通或中长期金融证券买卖的市场。资本市场的基本功能是促进资本的形成，它有效地动员民众的储蓄，将其合理地分配到经济部门。资本市场影响一国的投资水平、资源的合理分配和使用，从而影响国民经济的协调发展。

在资本市场上交易的金融工具主要有债券、股票、衍生证券和衍生产品等。其中，债券和股票属于基础性证券，它们是以实质资产为基础发行的对资产拥有收益追索权或收益分享权的凭证。各种可转换债券、基金证券、认股权证等衍生证券，是在债券和股票的基础上派生的证券。金融期货和金融期权等金融衍生产品，则是在债券、股票和衍生证券的交易中产生的。资本市场是企业融资的非常重要的场所，本书将对资本市场的主要金融工具——股票、债券等进行深入分析。

2）有形市场和无形市场

从市场活动的特点来看，金融市场可分为有形市场和无形市场。有形市场是指有固定交易场所和固定组织机构的市场，一般指证券交易所、期货交易所等固定的交易场地。而无形市场则是指在证券交易所外进行金融资产交易的、本身没有固定交易场所和固定组织机构的市场。无形市场上的交易一般通过现代通信工具在各金融机构、证券商和投资者之间进行，它是一个无形的网络，金融资产可以在其中迅速转移。

3）发行市场和流通市场

按功能不同，金融市场可分为发行市场和流通市场。发行市场又称为一级市场，主要处理信用工具的发行与最初购买者之间的交易。证券发行是证券买卖、流通的前提。证券发行者与证券投资者的数量多少是决定一级市场规模的关键因素。流通市场又称为二级市场，主要处理现有信用工具所有权转移和变现的交易。二级市场上买卖双方的交易活动，使得金融资产的流动性大大增强，促进了经济的繁荣。

4）资金市场、外汇市场、黄金市场和保险市场

按交易对象不同，金融市场可分为资金市场、外汇市场、黄金市场和保险市场。资金市场以货币和资本为交易对象；外汇市场以各种外汇信用工具为交易对象；黄金市场是集中进行黄金买卖和金币兑换的交易市场；保险市场则从事因意外灾害事故所造成的财产损失和人身损失的补偿，它以保险单和年金单的发行和转让为交易对象，是一种特殊形式的金融市场。

5）现货市场和期货市场

按交割时间不同，金融市场可分为现货市场和期货市场。现货市场是指买卖双方成交后，当场或几天之内买方付款、卖方交出交易标的的交易市场；期货市场是指买卖双方成交后，在双方约定的未来某一特定的时日才交割的交易市场。

6）地方性金融市场、全国性金融市场和国际性金融市场

按地理范围不同，金融市场可分为地方性金融市场、全国性金融市场和国际性金融市场。

7）直接金融市场和间接金融市场

按金融交易中有无交易媒介，金融市场可分为直接金融市场和间接金融市场。直接金融市场是指资金供给者直接向资金需求者进行融资的市场，如企业发行债券和股票进行融资；间接金融市场是指以银行等金融机构为媒介进行资金融通的市场，如存贷款市场。

4. 金融市场的发展趋势

1）资产证券化

所谓资产证券化，是指把流动性较差的资产，如金融机构的一些长期固定利率贷款或企业的应收账款等，通过商业银行或投资银行予以集中及重新组合，以这些资产作抵押来发行证券，实现相关债权的流动。它的特点是将原来不具有流动性的融资变成流动性的市场性融资。

资产证券化起源于20世纪60年代末的美国住宅抵押贷款市场。

中国的资产证券化实践起步较晚。直到2005年，银监会颁布《信贷资产证券化试点管理办法》，中国资产证券化的帷幕才开启。2013年8月，国务院总理李克强召开国务院常务会议，决定进一步扩大信贷资产证券化试点。银行理财产品和信托产品等影子银行业务中蕴含着资产证券化的成分。例如，在银信合作中，银行通过信托公司将信贷资产或新增项目贷

款进行标准化，形成信托受益权凭证，经过“过桥”之后，银行再以发行理财产品募集的资金或自有资金将受益权凭证购回；又如，集合资金信托理财产品通常会构建资产池，并以该资产池产生的未来收益为基础发行不同级的信托理财产品。上述两种影子银行操作其实都是不同程度的证券化。近年来，资产证券化规模有了较大增长。

2）金融自由化

20世纪70年代以来，西方国家特别是发达国家出现了金融自由化的趋势，即金融主管部门逐渐放松甚至取消对金融活动的一些管制措施，主要表现在放宽对金融机构业务活动范围的限制、放宽或取消对银行的利率管制等。金融自由化导致金融竞争更加激烈，这在一定程度上促进了金融业运营效率的提高。在金融自由化过程中产生的许多新型交易工具也大大便利了市场参与者的投融资活动，降低了交易成本；但是也加剧了金融风险的发生并增加了政府监管的难度。

3）金融国际化

首先是金融市场交易国际化，包括国际货币市场的全球化、国际资本市场交易的全球化和外汇市场的全球化三个方面。包括银行和企业在内的各类经济主体进行投融资的范围不再仅局限在一国内部，而是可以进入到国际金融市场中去。

其次是金融市场参与者国际化。在国际金融活动中，传统的以大银行和主权国政府为代表的行为主体正被越来越多样化的国际参与者所代替。大企业、投资银行、保险公司、投资基金甚至私人投资者纷纷步入到国际金融市场中，参与投融资组合。

4）金融工程化

所谓金融工程，是指将工程思维引入金融领域，综合采用各种工程技术方法设计、开发新型的金融产品，创造性地解决金融问题。

在金融工程学没有具体形成以前，人们主要运用三种手段对风险进行管理，分别是资产负债管理、保险、证券投资组合。这三种手段在风险管理中都存在一定的弊端。把这三种管理手段和金融工程相比较，能够发现金融工程在管理过程中具有的优点。

（1）准确性和及时性

市场中基本工具的变化影响着金融产品的价格，而金融工程就是以基本工具为手段滋生而来，变化的趋势存在微妙的规律。金融工程的性质能够让期货交易在逆向相等的操纵下发现金融风险，并且能够在交易过程中准确地防御风险。另外，流动形成的市场能够及时地根据市场价格做出相应的反应，有效地解决了风险管理中的时间滞后现象。

（2）提高了金融市场的交易效率

目前，在市场中主要应用的金融基本工具有：现金、商业票据、债券、股票等，把金融工程的基本工具和金融风险的远期、期货、互换进行结合，形成了现代金融工程应用的基本工具箱。通过各种各样的组合，形成了金融创新产品，扩展了投资者的投资角度、投资类型，也给投资者带来了合理的投资组合机会，能够有效地把风险控制在最小。还因为金融市场中拥有“套利”机会，投资者根据金融创新能够获取没有风险的利润，在这种情况下，金融市场上的商品如果受到其他因素的影响而失去了价格平衡，使用套利这种方法短时间内就能使产品的价格恢复平衡。

（3）合理地避开了系统性风险带来的损失

近年来，发生的一系列系统性风险事件，比如墨西哥金融危机、东南亚金融危机等都说明了传统的控制风险方法已经不能满足于现状，必须开发新的方法来对金融风险进行有效的控制。

从控制风险的思路出发，目前主要有两种控制风险的思路。一种是投资者选择投资项目时，分别投资在几个或者多个项目中，当金融风险产生时，对投资者带来的损失是非常小的，证券投资组合就是这种思路的主要表现，在面对非系统性风险时。这种方法能够较好地减少非系统性风险为投资者带来的损失，但是，当面对系统性风险时，使用这种方法能够收到的成果几乎微乎其微。另一种是把风险转移给有能力承担或者愿意承担风险的投资者，风险越大意味了利益越大，投资者不能承担的系统性风险，可以转移给其他投资者进行处理。金融工程就属于后者，它运用分散风险、转移风险及合理的控制风险等形式，能够让投资者合理地避开系统性风险带来的损失。当前，金融工程已经变成现代金融市场风险管理中最主要的方法。

2004 年 2 月银监会出台了《金融机构衍生产品交易业务管理暂行办法》（以下简称《办法》），而此前出台的《国务院关于推进资本市场改革开放和稳定发展的若干意见》中则指出，这是中国对发展金融衍生品的一个明确信号。《办法》给金融机构从事衍生品交易的风险管理做了一个制度上的准备，同时给金融机构进行金融衍生品创新留出了空间。

企业与金融市场之间的关系并不只限于以企业为主体的金融活动本身，而且还涉及金融市场的各个领域，如关于金融市场对企业金融决策、资本结构、资本运行等各方面的影响等。由于各国市场经济发达程度不同，金融市场本身也存在发达与否、规范与否、开放与否等问题。金融市场效率的高低等在不同程度上影响着企业金融活动的发达程度，直接关系着企业筹资规模的大小、投资活动的成功与否。因此，研究、探讨企业融资问题，离不开对金融市场的分析与研究。

1.3.2 金融机构及金融体系

1. 金融机构及金融体系概述

凡专门从事各种金融活动的中介组织均称为金融机构。金融体系是一个国家资金集中、流动、分配和再分配的整个系统。

商品经济是以信用为基础的借贷经济。金融机构是在克服各经济主体融资困难的基础上产生的。在生产经营过程中，因为资金供求双方在供求时间和数量上的不一致，或者贷方不了解借方的信用能力和经济状况等因素，各经济主体之间难以形成借贷关系。银行作为信用中介人，克服了货币资金在供求时间、数量上的矛盾和双方互不信任的困难。首先银行通过自身的信用行为将分散的、小额的货币资金汇集成一个巨大的资金量，以此满足各种不同的资金需求；其次银行将不同期限的存款供给加以组合，可以满足不同期限的借款需求。在这里，银行一方面代表资金贷出者的利益，另一方面又代表借入者的利益，既表现为借者，又表现为贷者，成为真正的金融中介。

金融机构的产生还可以降低融资成本和提高资金运用的安全性。从融资成本看，由于金融机构是一个高度社会化的服务机构，拥有广泛的信息来源和遍布各地的分支机构，具有金融业务种类齐全、经营规模大等特点，使银行的单位筹资成本比其他企业和部门低。从安全角度讲，金融机构稳定性强、信誉良好、资金雄厚、分散投资等优势，可以减少或控制风险，满足人们追求流动性的要求。因此，对于借贷双方来说，自己做不到或者需要付出较高的代价才能做到的事，通过金融机构却很容易完成。

2. 金融机构的种类

金融机构的种类很多，根据资金来源的方式，目前世界各国通常把它们分成两大类：银行性金融机构和非银行性金融机构。它们在社会资金分配和再分配中协同作用。其中，银行是整个金融机构体系中最基础的环节。

1）银行性金融机构

当今各国都形成了规模庞大、分工明确的金融机构体系。金融机构体系大致由四类不同的机构组成，即中央银行、商业银行、专业银行和政策性银行。

（1）中央银行

中央银行是一国金融体系的核心，具有特殊的地位与功能。其特殊性主要来自其所担负的职能。中国人民银行是我国的中央银行。《中华人民共和国中国人民银行法》规定了中国人民银行的组织机构、业务、法律责任等内容。它具有世界各国中央银行的一般特征：是通货发行的银行、银行的银行、政府的银行、监管的银行。中国人民银行具有国家行政管理机关和银行的双重性质。其主要任务：一是制定和实施货币政策，调控宏观金融；二是实施金融监管，维护银行业的稳健运行。

（2）商业银行

商业银行也称为存款货币银行，即它的经营活动主要以吸收社会公众存款与发放贷款为主要内容，这也是商业银行区别于其他金融机构的主要标志。《中华人民共和国商业银行法》规定了我国商业银行的设立和组织机构、对存款人的保护、贷款和其他业务的基本规则、财务会计、监督管理、接管和终止、法律责任等内容。

我国的商业银行包含国有控股商业银行、股份制商业银行、合作金融组织。其中有四家国有控股商业银行的资产负债规模最大：中国工商银行、中国农业银行、中国银行和中国建设银行。它们都是直属于国务院的经济实体，在业务上接受中国人民银行的领导和管理，也称为“大型银行”。国有控股商业银行是经营存款货币业务的金融中介，业务活动大体类似于世界各国的商业银行或存款货币银行。股份制商业银行是在我国的改革开放中重新组建和诞生的银行，主要包括交通银行、中信银行、光大银行、招商银行、民生银行、华夏银行、兴业银行等。合作金融组织主要指农村信用合作社。农村信用合作社是我国农村集体所有制的合作金融组织。在部分地区，为适应地区经济发展，农村信用合作社逐步转变为农村合作银行和农村商业银行。

（3）专业银行

专业银行，是指具有专门经营范围和提供专门性金融服务的银行。这类银行一般有其特定的客户，如融资性专业银行、投资性专业银行、政策性专业银行、清算银行等。这类银行的存在是社会分工发展在金融领域中的表现。随着社会分工的不断发展，要求银行必须具有某一方面的专门知识和专门职能，从而促进各种各样的专业银行不断出现。专业银行种类甚多，名称各异。

① 储蓄银行。储蓄银行是办理居民储蓄并以吸收储蓄存款为主要资金来源的银行。储蓄银行的类型有互助储蓄银行、信托储蓄银行、邮政储蓄银行等。储蓄银行所汇集起来的储蓄存款较为稳定，因此主要用于长期投资。

② 抵押银行。抵押银行是“不动产抵押银行”的简称，是以土地、房屋等不动产作抵

押办理放款业务的专业银行。这种放贷一般期限较长，属于长期信贷。

③ 投资银行。早期的投资银行是专门针对工商企业办理投资和长期信贷业务的银行。投资银行的资金主要依靠发行自己的股票和债券来筹集。从投资银行所从事的主要业务看，投资银行发挥金融中介和组织作用，使资本市场的各方面参与者，无论是政府、企业、机构和个人，还是金融产品的发行人和各种投资人，都有机地联系在一起。投资银行是资本市场的关键要素和最主要的组织者，它是使整个资本市场得以高效、有序运转的核心力量，市场机制对社会经济资源配置的基础性作用在此得到最充分的体现。

(4) 政策性银行

政策性银行，是指由政府创立和担保，以贯彻国家产业政策和区域发展政策为目的，具有特殊的融资原则，不以盈利为目的的金融机构。政策性银行可以直接或间接地从事政策性融资活动，可以开展投资、担保、利息补贴、保险等一切政策性资金融通业务。政策性银行的主要资金来源是财政拨款、发行债券和央行借款等。因为承担了政策性融资功能，所以投融资时可以享受财政补贴和税收优惠。

政策性银行介于政府财政和商业银行之间，是金融体系的重要组成部分。在政府财力有限的情况下，政策性银行承担了扶持弱势或新兴产业的经济先导功能。对商业银行通常不愿意涉足的高风险但关系到一国经济中长期发展的业务，政策性银行将提供资金支持。总之，政策性银行所开展的业务，社会效益通常大于经济效益。按照从事业务的性质，政策性银行主要分为以下几类：一是开发性政策性银行，比如日本开发银行、韩国产业银行及我国的国家开发银行；二是支持性政策性银行，如中国进出口银行；三是补偿性政策性银行，如中国农业发展银行。

一般来说，大多数国家成立的政策性银行主要包括国家开发银行、农业政策性银行、进出口政策性银行。1994 年，我国组建了三家政策性银行，即国家开发银行、中国进出口银行、中国农业发展银行，均直属国务院领导。三家政策性银行的设立弥补了我国政策性金融机构的空白。三家政策性银行对我国经济发展做出了重大贡献。

2) 非银行性金融机构

一般来说，人们把银行以外的金融机构列入非银行性金融机构，也就是说，它们属于金融机构，但又不是银行。非银行性金融机构与商业银行及专业银行并无本质区别，都是以信用方式集聚资金，并投放出去，以达到盈利的目的。但非银行性金融机构的业务面较为狭窄和专门化，它是为满足社会多元化金融服务的需求而不断产生和发展的。

(1) 保险公司

保险公司是金融机构的一个组成部分，是依法成立的在保险市场上提供各种保险商品，分散和转移他人风险并承担经济损失补偿和保险给付义务的法人组织。各国按照保险种类分别建立了形式多样的保险公司，如财产保险公司、人寿保险公司、再保险公司、存款保险公司等，其中一般以人寿保险公司的规模为最大。

(2) 证券公司

证券公司是依法批准成立的专门从事各种有价证券经营及相关业务的金融企业。证券公司分为综合类证券公司和经纪类证券公司两类。证券公司既是证券交易所的重要组成成员，又是有价证券转让柜台交易的组织者、参与者。证券公司的主要业务包括有价证券自营买卖业务、委托买卖业务、认购业务和销售业务等。

证券公司在金融市场上起着重要的作用。在一级证券市场上，通过取购、代销、助销、包销有价证券，促进发行市场顺畅运行，使发行者能筹集到所需要的资金，促使投资人将所持资金投向新发行的有价证券。在二级证券市场上，通过代理或自营买卖有价证券，使投资双方利用有价证券达到各自的融资目的。

(3) 财务公司

财务公司亦称“财务有限公司”。由于各国的金融体制不同，财务公司承办的业务范围也有所差别。其中，有的专门经营抵押放款业务，有的依靠吸收大额定期存款作为贷款或投资的资金来源，有的专门经营耐用品的租购或分期付款销货业务。在我国，企业集团财务公司（除中外合资的财务公司外）都是依托大型企业集团而成立的，主要为企业集团成员单位的技术改造、新产品开发和产品销售提供金融服务。

(4) 信托公司

信托公司是一种以受托人身份代人理财的非银行金融机构，具有财产管理和运用、融通资金、提供信息及咨询、社会投资等功能。一般来说，信托公司主要经营资金和财产委托、代理资产保管、金融租赁、经济咨询、证券发行及投资等业务。

(5) 租赁公司

租赁公司主要分为经营性租赁公司和融资性租赁公司，融资性租赁公司又称为金融租赁公司。金融租赁是以商品交易为基础的、融资与融物相结合、特殊类型的筹集资本和设备的方式。它既有别于传统租赁，也不同于贷款，是所有权和经营权相分离的一种新的经济活动方式，具有融资、投资、促销和管理的功能。我国租赁公司在借鉴国外先进经验的基础上正在不断规范和发展。

(6) 金融公司

金融公司也是一类重要的金融机构。其资金来源主要是在货币市场上发行商业票据，在资本市场上发行股票、债券，也从银行借款，但比重不大。其资金主要贷放给购买耐用消费品的消费者或小企业。金融公司与一般长期投资公司具有不同的职能，前者主要是满足工商企业对长期资金的需求，后者主要是把小额分散的货币资金集中起来进行证券投资。

(7) 基金管理公司

由于个人投资者的资金有限，不便直接在证券市场上买卖证券，且直接投资的风险和成本都很大，于是证券市场上出现了专门从事证券买卖的机构投资者。最重要的机构投资者是证券投资基金和养老基金。从事证券投资基金和养老基金管理的基金管理公司是证券化市场中越来越重要的一种金融中介机构。证券投资基金又称共同基金、投资信托等，它是将个人的资金集中起来，在证券市场上进行分散投资和组合投资。

(8) 典当行

典当是指典当人将其动产、财产权利或者房地产作为当物抵押给典当行，交付一定比例的费用，取得资金，并在约定期限内支付当金利息、偿还当金、赎回当物的行为。这种经济行为由典当人和典当行双方参与形成。典当行的发展为中小企业提供了快捷、便利的融资手段，促进了生产的发展，繁荣了金融业，同时还在增加财政收入和调节经济等方面发挥了重要的作用。典当行经营的业务种类包括不动产抵押、动产抵押、权利抵押、财团抵押、共同抵押、最高额抵押等。

随着经济的发展，我国典当行也已经进入连锁经营时代。这表明我国的典当行业正处于一个高速发展的时期。典当行在改革开放后，得益于国家政策的支持，从恢复经营到壮大成长取得了长足发展，业务也做得十分宽广。从民品、产权到股权，可以说只要在典当行资金可操作范围内，所有业务基本都可以囊括，并且不受地域限制。

此外，随着现代市场经济的发展和信息经济的到来，金融中介机构种类繁多，作用凸显，如评估类、咨询类、鉴证类等金融服务中介机构发展迅猛。当然这些中介机构在发展过程中也存在一些问题。但是，随着市场经济的发展与完善，我国会很快形成一个比较规范的、与本国实际相适应的金融中介机构体制模式和运行机制，并形成一个行之有效的金融中介组织形式、服务业务体系和管理体制。

3. 金融监管机构

1993 年国务院决定对银行、证券、保险实行分业经营、分业管理。2003 年建立了相应的中国银行业监督管理委员会（以下简称“银监会”）、中国证券监督管理委员会（以下简称“证监会”）和中国保险监督管理委员会（以下简称“保监会”）分业监管体制。

（1）银监会

整个银行体系在支付、组织和分配储蓄方面发挥着重要作用。但是由于信息不对称和制度的缺陷，许多国家银行体系的脆弱性已经威胁到各国乃至世界的金融稳定，国际机构和各国政府越来越强化中央银行对各商业银行及其金融机构的经营管理和业务活动，以及金融市场准入条件的监督管理。第十届人民代表大会第一次会议决定，为健全金融监管体系，加强金融监管，确保金融机构安全、稳健、高效运行，提高防范和化解金融风险的能力，把中国人民银行的监管职能分离出来，设立了中国银行业监督管理委员会（银监会）作为国务院直属机构并和中央金融工委的相关职能进行整合。银监会根据授权，统一监督管理银行、资产管理公司、信托公司及其他存款类金融机构。

银监会的主要职责是：拟定相关银行业监管的政策法规，负责市场准入、运行和退出监督，依法查处违法违规行为等。其目的是：通过审慎有效的监管，保护广大存款人和金融消费者的利益；通过审慎有效的监管，增强市场信心；通过宣传教育工作和相关信息披露，增进公众对现代金融的了解；努力减少金融犯罪，维护金融稳定。

（2）证监会

1992 年 10 月我国成立了国务院证券委员会（简称证券委）和中国证券监督管理委员会（简称证监会）。证券委是国家对证券市场进行统一管理的主管机构。证监会是国务院证券委的监管执行机构，依照法律法规对证券市场进行监管。

证监会的基本职能包括以下几方面。

① 建立统一的证券期货监管体系，按规定对证券期货监管机构实行垂直管理。

② 加强对证券期货业的监管，强化对证券期货交易所、上市公司、证券期货经营机构、证券投资基金管理公司、证券期货投资咨询机构和从事证券期货中介业务的其他机构的监管，提高信息披露质量。

③ 加强对证券期货市场金融风险的防范和化解工作。

④ 负责组织拟定有关证券市场的法律、法规草案，研究制定有关证券市场的方针、政策和规章；制定证券市场发展规划和年度计划；指导、协调、监督和检查各地区、各部门与证券市场有关的事项；对各期货市场试点工作进行指导、规划和协调。

⑤ 统一监管证券业。

（3）保监会

中国保险监督管理委员会（保监会）于 1998 年 11 月 18 日成立，是全国商业保险的主管部门，根据国务院授权履行行政管理职能，依照法律、法规统一监督管理全国保险市场。就监管体系来讲，国家对保险机构的监管是最高层次的刚性监督形式。

保监会的基本职能：规范保险市场的经营行为；调控保险业的健康发展。具体分为四个方面：一是拟定有关商业保险的政策法规和行业发展规划；二是依法对保险企业的经营活动进行监督管理和业务指导，维护保险市场秩序，依法查处保险企业违法违规行为，保护被保险人利益；三是培育和发展保险市场，推进保险业改革，完善保险市场体系，促进保险企业公平竞争；四是建立保险业风险的评价与预警系统，防范和化解保险业风险，促进保险企业稳健经营与健康发展。

根据上述职能，我国内地保险监管的主要目标是：加快培育和发展保险市场，努力建设一个市场主体多元化、市场要素完善、具有开放性的保险市场体系。其目的是维护市场秩序，保证公平竞争，监督保险企业规范经营、具有充足偿付能力，保护被保险人的合法利益，最终促进保险业的健康发展，为国家的改革和发展做出更大的贡献。

2018 年 3 月 13 日，国务院关于提请第十三届全国人民代表大会第一次会议审议国务院机构改革的议案表示，将中国银行业监督管理委员会和中国保险监督管理委员会的职责整合，组建中国银行保险监督管理委员会，作为国务院直属事业单位。

银监会和保监会的合并是为了进一步保护金融消费者的利益，使监管更系统、更协调，进一步杜绝监管的整个职能的交叉、监管真空和重叠，进一步提升监管的效率。

1.3.3　企业融资的法律环境

1. 信贷融资法律环境

与我国商业银行贷款业务相关的法律规范主要包括《中华人民共和国商业银行法》《贷款通则》《个人贷款管理办法》《人民币利率管理规定》《中国人民银行信贷资金管理暂行办法》等，《民法通则》《中华人民共和国合同法》《中华人民共和国担保法》中也有部分相关规定。

《贷款通则》是中国人民银行依法发布的有关贷款业务的专门性金融规章，自 1996 年施行，是中资金融机构开展贷款业务的基本依据。《贷款通则》共 12 章 80 条，对贷款的原则、种类、期限、利率，借款人、贷款人的资格及条件，贷款程序，贷款责任管理，贷款偿还及不良贷款管理等作了较为详细、具体的规定。2017 年，对总则部分及贷款准入的原则和宗旨进行调整，以及贷款的范围进行放宽。

2. 股票融资法律环境

我国现行股票融资立法及政策主要包括以下方面。

① 规范公司行为和证券市场行为的基本法律，主要有《中华人民共和国公司法》（以下简称《公司法》）、《中华人民共和国公司证券法》。

② 规范证券交易机构、证券经营机构及其他证券中介服务机构行为的配套法规，主要有《客户交易结算资金管理办法》《证券交易所管理办法》《证券公司管理办法》《证券公司客户资产管理业务管理办法》《证券公司短期融资券管理办法》《证券公司股票质押贷款管理办法》等。

③ 规范股票市场具体行为的监管制度和管理办法，主要有《股票发行与交易管理暂行条例》《国务院关于股份有限公司境内上市外资股的规定》《中国证监会股票发行核准程序》《上市公司新股发行管理办法》《证券发行上市保荐制度暂行办法》等。

3. 信托融资

目前，我国信托业的现行法律框架由《中华人民共和国信托法》《信托投资公司管理办法》《信托投资公司资金信托管理暂行办法》《中华人民共和国证券投资基金法》《信托投资公司清产核资资产评估和损失冲销的规定》及一些散见于其他法律法规之中的相关条款构成。

4. 企业债券融资

目前，我国规范企业债券的法律、法规主要有《公司法》和国务院于 1993 年 8 月颁布实施的《企业债券管理条例》(以下简称《条例》)，它们对我国企业债券融资管理做了必要规定，形成了企业债券融资的基本框架。

中国证监会在 2015 年 1 月正式公布实施《公司债券发行与交易管理办法》，该办法分总则、发行和交易转让、信息披露、债券持有人权益保护、监督管理和法律责任、附则共 6 章 73 条，取代了施行七年多的《公司债券发行试点办法》。

《公司债券发行与交易管理办法》扩大发行主体范围至所有公司制法人，但不包括地方政府融资平台公司；明确了债券发行的种类，不仅包含了《上市公司证券发行管理办法》《创业板上市公司证券发生管理暂行办法》的上市公司，还包含股票公开转让的非上市公众公司，以及明确了上市公司、股票公开转让的非上市公众公司股东可以发行附可交换成上市公司或非上市公众公司股票条款的公司债券；丰富债券发行方式，公司债券可以公开发行，也可以非公开发行，并对债券公开发行与交易、非公开发行与转让做出专门规定，全面建立非公开发行制度；增加债券交易场所；简化发行审核流程，规定公开发行公司债券实行核准制，另外公开发行公司债券，可以申请一次核准，分期发行。

1.3.4 企业融资环境的改善

1. 塑造高效的信贷体系

① 完善政策性银行体系，建立多层次的融资机构。企业经营客观上需要国家予以融资支持。西方市场经济国家大多建立了政策性金融机构，如日本中小企业局下设中小企业投资基金，法国投资银行下设中小企业投资账户，对中小企业发展给予相应融资支持。中国在改革开放过程中，已建立了中国进出口银行、中国农业发展银行两家政策性银行，但其业务主要针对大型企业。从长远看，要促使企业全面发展，在政策银行体系中加设中小企业开发银行，或者在某政策性银行中设立专门的中小企业信贷机构，是必不可少的金融支持条件。

② 深化国有商业银行体制改革，进一步确定国有商业银行独立的金融市场主体地位，为企业营造规范、平等的信贷环境。现有商业银行运作常常对私有企业实行歧视性待遇，将这类企业置于不利地位。这与国有商业银行产权制度密切相关。从目前现实看，要使商业银行在市场机制作用下有效配置资金，就应加快国有商业银行产权制度改革步伐，避免政府对银行运作进行过多的行政干预，遏制贷款过程中的各种寻租行为，促使商业银行按市场要求规范地、平等地开展信贷业务，从而为各类企业创造出规范、平等的宏

观信贷路径。

③ 发展各种形式的股份制商业银行和外资银行。要从融资方面激活企业，商业银行系统的内部结构就要调整和完善，而其重点应是鼓励股份制银行和外资银行的进一步发展。如果放宽金融市场准入限制，允许和促进股份制银行和外资银行的发展，一方面会形成竞争性金融市场格局，另一方面也能为企业融资开辟一条有效途径。

④ 实施金融工具多元化策略，改革单一的担保制度。企业经营过程中由于资本的流动，常常会出现暂时的流动资金困难，但却有大量的闲置资本。银行系统若能实行金融工具多元化策略，企业就可望通过相应的金融渠道，获取银行贷款。

⑤ 加快信用立法，推动金融机构积极向守信企业放贷。信用贷款是贷款所有权不发生转移且不要求借款人提供抵押物的一种贷款方式。在市场经济发达、信用制度较完善的国家，信用贷款是一种常规的融资方式。而在我国，信用制度尚未建立，银行为避免不必要的风险，很少发放此种贷款，因而增加了企业融资的难度。因此，我国应尽快建立包括国家信用管理制度、企业信用内控制度和社会信用管理制度在内的信用法律体系，提高社会的诚信度和企业的信用等级，降低金融机构的贷款风险，推动其积极向守信企业发放贷款。

2. 进一步发展股票市场，为企业股权融资提供条件和场所

从国际经验看，目前西方很多国家的股票市场均由证券交易所市场和场外交易市场两部分构成。证券交易所市场和场外市场的相互配合，共同推动了西方市场经济国家股份经济的发展。因此，本书认为若要有效解决中国股票市场体系不完备、众多企业难以利用股市实现融资的问题，必须进一步发展和完善股票市场。

3. 加快企业债券市场的建设和发展，为企业利用债券融资提供现实途径

为此应做到：改变目前企业债券的发行办法；建立品种多样、功能齐全、利率灵活的企业债券体系；逐步降低企业内部债券的发行比例，把企业债券发行纳入规范化、社会化轨道，从而拓宽融资范围，提高发行债券成功的可能性；建立健全债券信用评级制度；尽快拓展企业债券交易市场，以增加上市品种、数量，特别是增强债券变现性。

4. 加强民间借贷管理

建立民间借贷利率监测制度，各级政府与中国人民银行建立监测点，实时反映民间借贷资金供求情况，在准确掌握民间借贷资金市场利率后，银行类金融机构就可以根据“市场行情”调节自己的放贷策略，充分利用利率浮动政策来调控宏观经济。

思　考　题

1. 什么是企业融资和投资？它们之间的联系和区别是什么？
2. 简述企业融资方式的分类。
3. 简述主要外源融资方式。
4. 什么是金融市场？金融市场对企业融资与投资的作用有哪些？
5. 简述金融市场的分类。
6. 什么是货币市场？货币市场体系主要包括哪些市场？
7. 简述我国金融机构体系。
8. 改善企业融资环境的措施有哪些？

第 2 章

企业的权益融资

内容摘要

权益融资是企业获得长期使用或永久使用的资金即资本金的融资方式，其性质是形成企业的权益资本。近年来，各种各样的权益融资方法应运而生。除了最基本的内源融资和吸引直接投资融资、发行股票融资外，发行认股权证融资、创业板市场融资等也都越来越多地为企业所采纳。

2.1 企业内源融资

2.1.1 内源融资概述

内源融资也称为内部融资或收益留用融资，是企业不断将自身的留存收益和折旧转化为投资的过程。它是企业筹集内部资金的融资方式，也是企业挖掘其内部资金潜力，提高内部资金使用效率的过程。

从性质上讲，企业通过有效经营实现的收益属于企业的所有者。从会计的角度看，收益的确认和计量建立在权责发生制的基础上，企业不一定有相应数额的现金净流量增加值，因而企业不一定有足够的现金将收益全部分派给所有者。另外，企业的所有者对于企业的再生产、投资机会、控制权、与优先股股东及债权人的契约等有通盘的考虑，当期收益在弥补以前年度亏损之后也不一定将剩余收益全部分掉。此外，法律法规从保护债权人利益、维持企业简单再生产、维持市场经济秩序等角度限制企业将收益分完。有的企业的收益质量很差，稳健性原则几乎不用，这种明盈实亏的企业根本没有能力向所有者分派利润。在大多数情况下企业要将一部分利润留存。企业将实现利润的一部分甚至全部留下来，称为保留盈余或留存收益。

留存收益的具体方式有：当期利润不分配、向股东送红股（即股票股利）、将盈利的一部分用于发放现金股利。至于向股东交付转增股，则是将企业的资本公积转化为生产经营的主要资本，不属于利润分配的范畴。留存收益的实质是所有者向企业追加投资，因而对企业而言是一种融资活动，即内源融资。

内源融资一般是企业首选的融资方式。

20世纪60年代初，哈佛大学的Donaldson对企业如何建立资本结构的问题进行了广泛的调查，结果发现：

① 企业融资偏好企业内部产生的资金，如留存收益、折旧基金等；

② 如果企业有留存收益，它或是投资于有价证券，或是用这些基金偿还债务，如果企业没有足够的留存收益来支持不可取消的投资项目，就会出售其部分有价证券；

③ 如果需要从外部筹资，企业首先会发行债券，不得已才发行股票；

④ 企业股利发放率是建立在正常情况下留存收益加上折旧能适应资本性支出支付要求的水平上，并根据其未来投资机会和预期未来现金流量确定目标股利的发放；

⑤ 股利在短期内具有“刚性”，企业不愿意在现金股利上有较大变动，特别是削减股利，难以让股东满意。

在对这些调查结果进行理论提炼的基础上，形成了啄食顺序理论（the pecking order theory)，其基本原理是：

① 企业实行固定的股利政策；

② 企业偏向于使用内部的资金来源；

③ 企业厌恶发行新股，当企业需要资金进行资本性支出时，首先是使用留存收益，其次是向外部负债筹资，最后才是发行股票。

啄食顺序理论从财务动机上分析是完全合理的，因为留存收益筹资无须支出任何成本，且不需与投资者签订某种协议，也不会受到证券市场变化的影响和其他方面的限制，是成本最低、操作最简便和受限最少的筹资方式。而负债筹资的成本、受到的限制和产生的负面影响，介于内源融资和发行股票之间，所以将其放在筹资顺序的第二位。根据啄食顺序理论，企业没有最佳的资本结构，因为同属权益资本的留存收益和发行新股，筹资顺序截然不同，前者是第一选择，而后者是最后的选择。

2.1.2　内源融资评价

1. 内源融资的优点

① 融资便利。企业通过银行借款间接融资，必须在银行审批同意的情况下才能实现；企业通过发行股票、债券等进行的直接融资，首先要具备发行证券的相关条件，通过证券监管部门的审批，并在证券市场上成功发行后方可实现，不仅手续复杂，而且历时较长。这些融资方式都在很大程度上受制于外部环境条件，只有内源融资几乎不受外部环境的影响。融资便利通常是企业选择内源融资的最主要原因。

② 避免股权的稀释，获取税收上的利益。与发行新股相比，内源融资没有引进新股东，而是维持了老股东的股权比例，不会带来股权被稀释的负面影响，控股股东的控制权不会受到威胁。从税收利益来看，股东如果将企业的盈利以现金股利的方式进行分配，则需要立刻为此支付较高的股利所得税。而内源融资产生的资本利得收益在不征收资本利得税的国家是无须纳税的，即使在征收资本利得税的国家，也可使企业获得延期纳税的好处。

③ 向市场传递利好消息。资本市场通常认为，企业只有在面临投资回报率较高的投资机会时才会进行内源融资，因为如果企业缺乏良好的投资项目和发展机会，则内源融资将会

降低原股东的投资收益水平，股东一般不愿为之。因此，内源融资向市场传递着企业发展的利好消息，这种心理预期将促使股价上升，并提升企业的市场形象与投资价值。

④ 增强公司信誉和融资能力。内源融资以权益资金为主，权益资金的增加将降低负债比例、改善资本结构、增强资金实力、为债权人权益提供更为可靠的保障，从而增强公司信誉和融资能力。股东对因留存收益带来的股利增长预期，只有在企业效益实现实质性增长时才会支付，它并不是法定费用支出，不会给企业带来不能偿付的风险。

2. 内源融资的缺点

融资的有限性是内源融资最大的缺点。受企业自身积累能力的影响，融资规模受到较大限制，从而无法充分满足企业的资金需求。同时，保留盈余的数量也常常会受到某些股东的限制，如果保留盈余过多，股利支付过少，则有可能会影响今后的外部融资，也可能不利于股票价格的上涨，影响企业在证券市场上的形象。

2.2 吸收直接投资融资

2.2.1 资本金制度

1. 资本金及其意义

(1) 资本金和法定资本金的概念

资本金是企业投资者创办企业时投入的资金，是企业得以存在的基础和进行生产经营活动的必要条件。在我国，资本金是企业在工商行政管理部门登记的注册资金。法定资本金是企业在设立时必须筹集的、相关法律所要求的最低资本金数额。

2017 年《公司法》修改了关于公司注册资金的规定，即除对公司注册资本最低限额有另行规定外，取消了有限责任公司、一人有限责任公司、股份有限公司最低注册资本分别应达 3 万元、10 万元、500 万元的限制，不再限制公司设立时股东（发起人）的首次出资比例及货币出资比例。

2017 年《公司法》规定，除法律、行政法规及国务院决定对公司注册资本实缴有另行规定的以外，取消了关于公司股东应自公司成立之日起两年内缴足出资，投资公司在五年内缴足出资的规定；取消了一人有限责任公司股东应一次足额缴纳出资的规定，转而采取公司股东自主约定认缴出资额、出资方式、出资期限等，并记载于公司章程的方式。

资本金按投资主体的不同，可分为国家资本金、法人资本金、个人资本金和外商资本金。与此相适应，股份制企业的股权划分为国家股、法人股、个人股和外资股。这种分类有利于确定企业的所有制结构，保护投资者的合法权益。

(2) 资本金制度

我国实行的资本金制度包括三种：实收资本制、授权资本制和折中资本制。实收资本制下，企业在设立时必须确定资本金总额并一次缴足，实收资本必须等于注册资本；授权资本制下，注册资金为授权资本，即企业有权募集资本的最高限额，实收资本与注册资本可以不一致，未筹足部分可在企业设立之后分期到位，提高了企业增减资本的灵活性；折中资本制下，企业成立时确定资本总额，并规定第一期出资数额或比例及缴足资本金总额的最长期限。

2. 资本金的筹集

(1) 资本金的筹集方式

所有者可以货币方式出资，也可以实物财产、无形资产等方式出资。在所有者以实物财产、无形资产出资的情况下，企业的筹资活动与投资活动实际上已经融为一体了。

(2) 资本金的筹集期限

资本金可以一次筹集或分期筹集。企业筹集资本金是一次筹集还是分期筹集，应根据有关法律法规、合同、章程的规定来确定。

(3) 资本金的验证

企业筹集的资本金是否符合法律法规的规定，作价是否合理，需要进行审核。国际上通用的做法是聘请中介机构进行验资。我国企业在筹集资本金时，必须聘请中国注册会计师验资，出具验资报告之后，工商部门才会签发营业执照，企业据此向所有者发放出资证明书。

(4) 违约责任

资本金的筹集方式、筹集期限等事项均要在投资合同中约定，并在公司章程中做出规定，以确保资本金及时、足额到位。如果某一所有者未按合同、协议和公司章程的约定及时、足额出资，即为违约，企业和其他所有者可以依法追究其违约责任，如要求违约者支付拖延期的利息、赔偿其他所有者的直接损失等。国家工商行政管理部门还要按相关规定对企业和违约者进行处罚。

3. 资本金的管理

国家对资本金的管理主要体现为企业从所有者处取得资本金后，便享有占有、使用和依法处分的权利，而所有者只能与企业共担风险、共享利润，但不能抽回投资。如果某一所有者因自身经济原因陷入困境、与其他所有者合作不愉快或对企业前景担忧等，可依法将其投资转让给其他所有者，但这不改变企业的资本金数额。

2.2.2　吸收直接投资

吸收直接投资是指企业按照“共同投资、共同经营、共担风险、共享利润”的原则吸收国家、法人、个人、外商投入资金的一种融资方式。吸收直接投资与发行股票、留存收益等都属于筹集自有资金的重要方式。发行股票要有股票作为中介，而吸收直接投资则无须发行人和相关的证券发行机构。吸收直接投资中的投资者都是企业的所有人，他们对企业拥有经营管理权，同时共同承担损益。

1. 吸收直接投资的种类

1) 从投资者看

从投资者看，吸收直接投资可以分为以下四类。

(1) 吸收国家投资

国家投资是指有权代表国家投资的政府部门或者机构以国有资产投入企业。吸收国家投资是国有企业筹集自有资金的主要方式。吸收国家投资一般具有以下特点：一是产权归属国家；二是资金数额较大；三是只有国有企业才能采用。

(2) 吸收法人投资

法人投资是指法人单位以其依法可以支配的资产投入企业，形成法人资本金。吸收法人投资一般具有如下特点：一是发生在法人单位之间；二是以参与企业利润分配为目的；三是出资方式灵活多样。

(3) 吸收外商投资

外商投资是指国外投资者将资金投入企业，一般具有以下特点：一是可以筹集外汇资金；二是出资方式比较灵活；三是形成中外合资和中外合作经营企业；四是有利于提高技术水平、扩大产品的国际市场。

(4) 吸收个人投资

个人投资是指社会个人或本企业内部职工以个人合法财产投入企业（如企业内部职工持股）。吸收个人投资一般具有以下特点：一是参加投资的人员较多；二是个人投资数额相对较小；三是以参与企业利润分配为主要目的。其中，企业内部职工投资本企业，还有助于企业利益与职工利益的紧密结合，从而更好地调动职工的积极性。

2) 从出资形式看

从出资形式看，吸收直接投资可以分为吸收现金投资和吸收非现金投资。

(1) 吸收现金投资

吸收现金投资是企业吸收直接投资最主要的方式之一。

(2) 吸收非现金投资

吸收非现金投资分为两类，一类是吸收实物资产投资，即投资者以房屋、建筑物、设备等固定资产和材料、商品等流动资产作价出资；另一类是吸收无形资产投资，即投资者以专利权、商标权、非专有技术、土地使用权等无形资产投资。

2. 吸收直接投资的条件

企业吸收直接投资必须符合一定的条件。企业通过吸收直接投资而取得的实物资产或无形资产，必须符合生产经营、科研开发的需要，在技术上能够消化应用。在吸收无形资产投资时，应符合法定比例。对企业通过吸收直接投资而取得的实物资产和无形资产，必须进行资产评估。

3. 吸收直接投资的程序

① 确定吸收直接投资的数量。

② 选择吸收直接投资的具体形式。

③ 签署决定、合同或协议。

④ 取得资金来源。

4. 吸收直接投资的优缺点

(1) 吸收直接投资的优点

① 所筹集的资金属于自有资金，能够增强企业的信誉和借款能力，对扩大企业的经营规模、壮大企业实力具有重要作用。

② 吸收直接投资能直接获得投资者的先进设备和先进技术，尽快形成生产能力，有利于快速开拓市场。

③ 吸收直接投资根据企业的经营状况向投资者支付报酬。企业经营状况好时，可以较多支付，相反，则可以不支付或少支付，因此比较灵活，财务风险较小。

(2) 吸收直接投资的缺点

① 容易分散企业的控制权。

② 支付的资金成本较高。

我国中外合资企业和中外合作企业的资本金的筹集采用的就是吸收直接投资的方式。中方通常以土地使用权、物资等形式出资，外方以设备、现金等形式出资，按照出资比例或契约分配利润。在实践中的主要问题是：外商的设备、技术等作价过高，中方的资产按面值计价作价过低；外商的资本金及时足额到位率低，中方过于迁就，不索赔、不追讨，不注意掌握控制权，使得高价从国外购买原材料、低价向国外销售商品的现象屡有发生。

2.3　发行股票融资

发行股票是向全社会公开募集资金的一种融资方式。股票属于股份公司为筹集自有资金而发行的有价证券，它证明股东对企业享有相应的所有权。股票可以作为流通交易的对象进行买卖或抵押，是金融市场上主要的长期信用工具之一。

2.3.1　股票的特征

公司的股份一般采用股票的形式，因此股票是股份的一种表现形式。股票具有如下特征。

1. 权利性和责任性

股票所有者作为公司的股东，享有对公司的剩余索取权和剩余控制权。所谓剩余索取权，指的是对公司净利润的要求权。股东的权益在利润和资产分配上表现为索取公司对债务还本付息后的剩余收益。在经营状况良好时，公司有义务向股东分配股息和红利。但在公司破产的情况下股东一般一无所获，且股东应以当初投资入股的这部分资金对公司的债务以相应比例进行清偿，即仅负有限责任，即使公司资产不足以清偿全部债务时，股东个人财产也不受追究。而剩余控制权是指对公司经营决策的参与权。股东有权投票决定公司的重大经营决策，诸如选择经理、企业并购、大型项目投资等。每一份股票拥有的权利相等，拥有越多的公司股票意味着拥有越多的公司控制权。实际上，只有股东持有的股票达到一定数量时，才能真正影响公司的经营决策。总之，股东拥有剩余索取权与剩余控制权，而这两者构成了公司的所有权。

2. 不可返还性

股票持有者不能向公司要求退还股本。因为股票反映的不是债权债务关系，而是所有权关系。但投资者可以在金融市场上出售其股票，抽回资金。但这仅仅是投资者之间的股权转让，对公司而言只是股东的改变，并不会因此而减少公司的资本。

3. 收益性

人们投资股票的根本目的是获利。股票投资者的投资利益来自两个方面：一是公司派发的股息和红利；二是在二级市场上由于股价上涨而获得的价差。

4. 流通性

在资本市场的各种金融工具之间，股票的流通性是较强的。在金融市场上，股票可以随时转让，换取现金；也可以进行抵押融资。这种高度的流通性使投资出现了集中风险分散化、长期投资短期化的特点，吸引了大量闲散资金介入，故它是股票市场繁荣发展的重要基础。

5. 价格波动性和风险性

股票作为交易对象，同商品一样，有自己的市场行情和市场价格。由于股票价格受到诸如公司经营状况、供求关系、银行利率、大众心理等多种因素的影响，其波动有很大的不确定性。

股票投资的相对高收益也带来了相对的高风险。由于经营管理不善，投资者往往不能获得预期的回报甚至造成资本金的损失，也可能因系统性风险等因素使二级市场的投机者因股市波动而造成投资失误。

2.3.2 股票的分类

1. 普通股与优先股

1）普通股

普通股是股份公司发行的、所有股东享有平等而无特别权利的股票。如果一个公司发行的股票只有一种，那么所有的股票都为普通股。普通股是所有股票中最基本和最普遍的一种，具有各种股票的基本性质。持有普通股的股东享有以下权益。

（1）收益权

当公司经营获得利润，而且董事会决定进行利润分配时，所有普通股股东都享有平等的分配权利。当然，如果公司经营未能取得利润，或股东大会通过不分配公司利润的决议，那么普通股股东不能强行要求公司支付股利，除非有充分的证据表明该决议不符合法律规定，进而通过法院判决公司支付股利。所以，普通股股东的收益是不稳定的，具有一定的风险。

（2）参与公司经营管理的权利

普通股股东依据其持有的股份数额可以直接或间接地参与公司的经营管理活动。大股东可以通过股东大会的选举成为公司董事会成员或直接作为经理人员参与到管理中，而中小股东则可以通过参加公司股东大会，并行使其表决权间接地参与公司的经营管理。此外，普通股股东还有权查阅公司的章程、股东大会与董事会的会议记录及公司财务报表，有权监督公司的经营活动，并提出建议和质询。

（3）优先认购公司增发股票的权利

当公司因经营需要或其他原因增发新股时，原有股东可以按照一定的比例优先认购，这就是股东配股。股东配股一般享有一定的优惠条件，同时股东也可以放弃或转让优先认股的权利。

（4）转让股票的权利

普通股股东有权自由地处置其所持有的股票。

（5）平等分配公司剩余财产的权利

公司因各种原因解散清算，在交纳税款、支付职工工资、偿还债务和支付优先股股利之后，倘若还有财产剩余，普通股股东有权平等地参与分配。

2）优先股

优先股是企业为筹措资金而发行的一种混合型证券，兼有股票和债券的双重性。它较普通股在利益分配方面享有一定的优先权，其优先权主要表现在两个方面：一是优先分配股利，即公司的股利分配顺序是先按优先股的约定支付优先股股利，然后再分配普通股股利；二是优先分配公司的剩余财产，即在公司解散清算时，必须先将剩余财产分配给优先股股东，剩余的再在普通股股东中进行分配。

一般来说，优先股的股息率是固定的，股东可以获得稳定的收益。但是，优先股股东一般不享有参与公司经营管理的权利，如控制公司或在股东大会上投票表决的权利。而且，由于股息率固定，优先股股东无法获得公司利润增长所带来的收益。此外，公司经营未能获得利润时，优先股也不能获得股息收入。

根据股份公司发行时对权利的约定，优先股又可以分为以下几类。

（1）参与优先股、部分参与优先股与不参与优先股

参与优先股股东在按约定的股息率分得股息之后，还可以和普通股股东一道平等分配公司的剩余利润；不参与优先股只能按约定股息率分配利润，而不能参与剩余利润分配；部分参与优先股则介于两者之间，即可以参与一定额度的剩余利润分配。

（2）可转换优先股

这种优先股的股东有权在一定的期限内，按照约定的条件将其所持有的优先股转换为普通股。

（3）累积优先股与非累积优先股

在公司经营出现困难，不能发放股息时，累积优先股的股息可累积到下一年度，而非累积优先股的股息不能累积到下一年度。

（4）股息率可调整的优先股

有的公司在发行优先股时并不确定股息率，而是根据银行存款利率和资本市场的收益率随时调整股息率。这种优先股适应了投资者的现实需要，能更为广泛地吸引投资。

2. 记名股与不记名股

记名股是指票面注明持有人的姓名和地址，并登记于公司股东名册的股票。记名股不能私下转让，必须采用背书转让的方式，即转让时要在票面更改股东姓名及地址，而且要在公司股东名册上过户。不记名股则不需要在票面和公司股东名册上记载股东姓名及其他有关情况，采用交付转让方式进行转让，即在转让时只要将股票交付给接收人即可。因此，不记名股的转让较记名股方便，但安全性较差。

3. 表决权股与无表决权股

将股票分为表决权股与无表决权股的主要依据是股票持有者有无对公司的经营管理活动进行表决的权利。表决权股有权在股东大会上对公司的经营管理进行表决，而无表决权股不享有这一权利。表决权股又包括多种情况，如一股一票、一股多票和多股一票等。

无表决权股的出现，一方面是因为所有权与控制权的分离，另一方面是因为在现代社会中，有的投资者并不关心控制权，没有行使表决权的积极性。在通常情况下，无表决权股是优先股。对公司而言，可以根据具体情况选择发行表决权股或无表决权股。

4. 蓝筹股、成长股、收入股与投机股

西方国家按股票的收益水平和风险特征，把股票分为蓝筹股、成长股、收入股和投机股。我国也逐渐引入这种分类观念。

蓝筹股是历史较长、信誉卓著、资金实力雄厚的大公司发行的股票。这种公司一般在行业中占据着龙头地位，具有稳定的长期盈利能力。所以蓝筹股的市场价格稳定并且仍然看涨，能定期发放不菲的股息，是市场上的热门股票。

成长股是由一些正处于高速发展阶段的公司发行的股票。虽然这种公司需要大量的留存资金来满足发展的需要，股息发放较少，但是它们的股票极具成长潜力。投资者坚信它的市场价格能随公司的发展壮大不断提高。

收入股能在当前发放较高的股利。发行收入股的企业一般处于成熟阶段，无须新的投资项目，且具有较好的盈利能力。收入股留存较少，大量的利润被用作股利的分配。因其收益稳定且无须专业投资知识，比较受妇女、老人的欢迎，所以又被称为“老弱妇孺”股票。

投机股由一些盈利情况极不稳定且未来收入难以确定的公司发行。这些股票价格波动大、变化快，适合于偏好高风险的投资者。

5. 我国股票分类

中国的股票市场建立时间较短，尚处于新兴市场发展的初级阶段。除了有与发达国家股市同样的股票分类外，独特的国情使得中国的股票还存在一些较为特殊的分类方法。

一般而言，我国上市公司中的股票又可被分为国家股、法人股、个人股和人民币特种股。

国家股又称国有股，是国家作为企业的所有者持有的股票。国家股大多是由原国有企业改制为股份有限公司时，原企业中的国有资产折股而成的。我国各家上市公司的国家股比例不一，但有相当多处于第一大股东地位。

法人股是股份有限公司创立时，以本企业的自有资金折股而成的。与国家股一样，目前法人股暂时也不能上市流通。在实际操作过程中，市场上存在法人股的场外交易。由于法人股的场外交易能偷逃税金，运作极不规范，因此是不允许的。

个人股，也称社会公众股或 A 股，是真正在证券交易所挂牌交易的股票，是社会公众以私有财产投入公司所持有的股份。

人民币特种股又称 B 股，是指以人民币标明股票面值，以外币认购和进行交易，专门供外国和我国港澳台地区的投资者买卖的股票。

2.3.3 股票发行方式

股票的发行方式主要有两大类：一种是自营发行；另一种是委托代理发行。

1. 自营发行

股票的自营发行是发行人自行办理股票发行事务的股票发行方式。它是指在承销商的协助下，通过私下洽谈直接将股票出售给个人或机构投资者，也称为直接发行。如果在发行时不能募足总股本，则由发行人自己承担责任。这种方式的优点是节省承销费用，发行成本较低。其缺点是往往不能较好地选择发行时机与办法，也就是不能在最有利的时间，采用最有效的办法将股票销售出去。这是因为作为发行人的股份公司或发起人对证券市场的了解有限。这种发行方式的发行时间往往比较长，风险较大。而且，这种发行方式对公司治理结构可能产生较大的影响，因为它容易导致股权集中，从而使一些投资大户控制公司。

2. 委托代理发行

委托代理发行是指发行人委托承销商代理发行股票的发行方式，也称为间接发行。根据承担责任主体的不同，委托代理发行又分为代销和包销两种具体的方式。

代销是指发行人委托有权代理发行的承销商代办股票发行事宜的方式。代销机构只收取手续费和其他有关费用，并不承担股票发行的责任，即不能销售出去的股票要退还给发行人，因而发行风险全部由发行人承担。这种发行方式对发行人来说，可以由承销商负责寻找较好的发行时机，在股票市场较好时能够获得利益，即能够以较高的价格将股票销售出去，获得比较多的溢价收入；不足之处是承担了发行责任，因此风险仍然较大。

包销通常也称余额包销，它是指承销商代理发行人发行股票，若不能在规定的期限内全部销售，则承销商须收购剩余股票的发行方式。这实质上是发行人将全部的股票销售给承销商，再由承销商将其转售给公众投资者，承销商在其中的作用相当于经销商。对发行人来说，包销方式可以转移股票发行的风险，即将股票不能发售出去的风险转移到承销商身上。同时，由于发行人不必直接向承销商支付费用，因此从这个意义上说，发行人的成本较低。但是，发行人不能获得股票市场繁荣所带来的溢价收入，所以在其利益相对稳定的情况下，无法享受到股票市场成长带来的好处。另外，尽管发行人不需要直接向承销商支付费用，但由于这种发行方式一般是先确定公开发行的价格，再以一定的比例折扣出售给承销商，因此实际上还是存在较高的发行成本的。

在股票发行时究竟采用何种方式，大多是发行人与承销商谈判的结果。因为在股票发行时涉及的主要问题是发行风险与发行成本，而这两者恰好是发行人与承销商都必须重视的问题。当股票市场的行情比较好时，由于发行风险较小，因而发行人希望自营发行，承销商则希望能够包销；当股票市场的行情不好时，发行风险较大，发行人希望承销商能包销股票，而承销商则希望代销或完全由发行人自营发行。对发行人和承销商来说，这是矛盾的。所以，实际的情况往往是，两者不断地谈判与讨论，最终找到最优的方式。

2.3.4 股票发行价格

在发行人条件一定的情况下，股票的发行价格对投资者的认购热情与发行人所获得的发行收入有相当大的影响。所以，发行人在发行股票时，要根据法律规定及其他有关情况确定一个合理的、可行的发行价格。根据发行价格与股票面值、股票市场价格的关系，股票的发行价格可以分为以下四类。

1. 溢价发行

溢价发行是指股票的发行价格高于股票面值。采用这种价格，可以使发行人获得较多的溢价收入，实际上也就获得了公司注册资本额以上的实际资产。但是投资者在选择认购这一类公司股票时，必然要考虑公司的发展前景、经营效益等情况。因此，从总的情况来看，溢价发行股票的公司应当是经营业绩和发展前景比较好的公司，而且溢价的高低与公司的发展前景和经营业绩存在正相关关系。溢价发行所获得的溢价收入，计入公司的资本公积。

2. 折价发行

折价发行是指股票的发行价格低于股票面值。在一般情况下，各国是不允许折价发行的，因为折价发行的一个直接结果是导致公司的实际资产低于注册资本，从而造成严重的资信问题，给整个社会经济造成很大的负面影响。所以，除非万不得已，折价发行是不可以实行的。

3. 平价发行

平价发行是指股票的发行价格等于股票面值，所以又称为面额发行。发行人的发展前景一般或经营业绩不太好时，往往采用平价发行。但是，若发行人在短期内急需资金，即使其发展前景与经营业绩都不错，也有可能平价发行股票。

4. 中间价发行

中间价发行是指股票的发行价格介于股票面值与股票的市场价格之间。以中间价发行股票的发行人是已经公开上市的股份公司，其股票已经在证券市场上进行交易，因此存在股票的市场价格。拟设立的股份公司发行股票一般不能采用这种价格，但如果某个拟设立的股份公司与股票已经上市交易的股份公司具有很强的可比性，也可以间接地采用这种价格，也就是参照已上市公司的市场价格确定其发行价格。

2.3.5 股票的定价方式

股票发行定价决策是公司上市发行所面临的最大财务决策。从规范市场运作看，股票定价首先需要测定股票的内在投资价值及价格底线，其次才根据供求关系来决定其发行价格。从定价管理看，有两种基本模式：一是审批制下的定价管理，它是以行政管理为主要特征，我国在 2000 年 3 月之前采用的就是这种模式；二是核准制下的市场化管理，市场供求决定价格是它的主要特征，这是大多数国家或地区普遍采用的模式。

在核准制下，完全由市场供求关系确定的价格，必须以股票的内在价值为定价基础，并通过市场发行价格来体现其内在价值。

1. 必须明确定价基础，即股票内在投资价值

反映股票内在价值的方法通常有未来收益现值法、每股净资产法、清算价值法和市盈率法。

(1) 未来收益现值法

也称为现金流量贴现法，股东购买股票源于凭此得到的股息，因此股票价值等于预期未来可收到的全部现金性股息的现值之和，用公式表示为

$$P=\frac{D_1}{(1+K_e)^1}+\frac{D_2}{(1+K_e)^2}+\cdots+\frac{D_n}{(1+K_e)^n}\qquad (n\rightarrow\infty)$$

式中：P——普通股的内在投资价值；

D_n——第 n 年年底预期得到的每股股息；

K_e——预期普通股收益率，或定义为股票投资者应得的必要报酬率。

在对公司未来收益做出准确判断的条件下，股票的投资价值即可确定为其发行价格，按此确定的价格是能反映市值的均衡价格。

(2) 每股净资产法

每股净资产是所有资产按准确的账面价值，在支付了全部债务（含优先股）后，每股公司所有权的价值，用公式表示为

$$每股所有权价值=\frac{账面总资产-账面负债额}{发行在外普通股平均股数}$$

由于这一价值假定资产是按账面价值确定的，因此普通股它不是每股股票的最低价值，从而可以作为新股发行价格确定的基本依据。

(3) 清算价值法

每股清算价值与每股净资产不同，它是公司资产被出售以清偿公司债务，在支付了债权人和优先股东之后，每一普通股股东期望得到的实际量，用公式表示为

$$每股清算价值=\frac{总资产的实际清算价值-全部债务}{发行在外普通股平均股数}$$

应该说，每股清算价值是每股股票的最低价值，是公司股票发行的底价。

（4）市盈率法

它是根据同行业的参考市盈率，结合公司的盈利预测所确定的股票投资价值的方法，用公式表示为

股票价值＝参考市盈率×预测每股收益

市盈率法所依据的变量有行业参考市盈率和公司盈利预测，这两个变量在预测及质量保证上都有一定的难度。

2. 必须确定股票发行的实际定价方式

（1）固定价格定价方式

固定价格定价方式是指由发行人和主承销商在新股公开发行前商定一个固定价格，然后根据这个固定价格进行公开发售。

固定价格定价方式的优点在于筹资金额确定、定价过程相对简单、周期短，但定价的准确性、灵活度不高是其最大的缺点。

（2）市场询价方式

这种定价方式目前已经得到了广泛应用，当新股销售采用包销方式时，一般采用市场询价方式。这种方式一般包括两个步骤：第一，根据新股的价值（一般用现金流量贴现法等方法确定）、股票发行时的大盘走势、流通盘的大小、公司所处行业股票的市场表现等因素确定新股发行的价格区间；第二，主承销商协同发行人向投资者介绍和推介该股票，并向投资者发送预订邀请文件，征集在各个价位上的需求量，通过对反馈回来的投资者的预订股份单进行统计，主承销商和发行人对最初的发行价格进行修正，最后确定新股的发行价格。

（3）竞价发行

竞价发行是指由各股票承销商或投资者以投标方式相互竞争确定股票发行价格。

我国目前的股票发行定价，逐渐从以固定价格定价方式为主向以市场询价方式为主转变。

2.3.6　选择合适的发行时机

选择合适的发行时机，是股票发行成功的重要保证。因此，发行人和承销商选择发行股票的时机时，一定要考虑到有关因素对发行股票的影响。首先，要考虑投资者是否有较多的闲散资金。当投资者手中的资金充足，有较多的闲散资金需要考虑投资方向时，发行股票应该会较为顺利；而在投资者资金紧张，筹集的资金主要用于解决当前的问题时，股票发行则不大容易成功。其次，利率调整会影响到股票的发行。从某种意义上讲，利率调整的影响是很大的，因为利率的调整会直接影响到机构投资者的资金成本，进而影响到其资金状况。利率提高，将会增加投资者的成本，从而降低其资金使用量；反之，则会降低其资金成本，从而增加资金使用量。同时，个人投资者也会在利率提高时较多地倾向于将资金置于银行储蓄，而在利率降低时则会尽可能多地用于消费和投资。再次，要考虑社会的经济环境。社会经济繁荣、企业高速发展会使社会公众可支配收入增加，因此股票市场的投资总额会增加。当然，通货膨胀会使利率提高，进而减少社会资金总量。总之，在社会经济平稳发展时，发行股票的风险是比较小的。最后，证券市场的情况也会影响到股票的发行。在证券市场活跃，投资者参与市场的热情很高时发行股票是适宜的。

2.3.7 国内主板市场上市融资

1. 普通股融资

普通股是股份公司依法发行的具有管理权并且股利不固定的股票，具有股票的最一般的特征。

1）股票发行的条件

股票发行的条件包括初次发行股票的条件、增资发行股票的条件和配股条件等，了解各种股票发行的条件，对于正在或准备利用股票市场筹资的公司是非常必要的。

（1）初次发行股票的条件

根据我国《公司法》与《证券法》的有关规定，初次发行股票必须符合下列条件。

① 发行人必须是股份有限公司，包括已设立的股份有限公司和经批准拟设立的股份有限公司。

② 拟设立股份有限公司的生产经营方向必须符合国家产业政策的产业导向。

③ 发行人发行的普通股只能有一种，这主要是为了保证同股同权。

④ 发行人认购的股本数额不少于公司拟发行股本总额的35%。

⑤ 在公司拟发行的股本总额中发起人认购的部分不少于人民币3 000万元，但国家另有规定的除外。

⑥ 向社会公众发行的股本不少于已发行股本总额的25%，其中职工认购的股本数额不得超过拟向社会公开发行股本总数的10%，拟发行股本总额超过4亿元的，不得少于10%。

⑦ 发行人在最近3年内无重大违法行为，财务报表无虚假记载。

其他主要条件如图2-1所示。

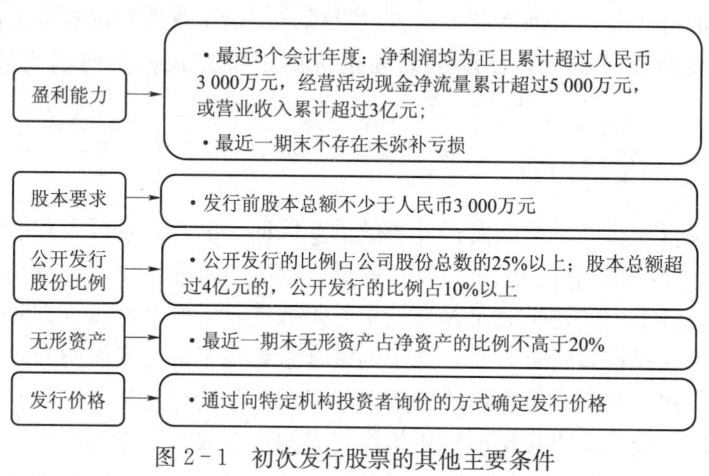

图2-1 初次发行股票的其他主要条件

（2）增资发行股票的条件

已经成立的股份有限公司为了扩大建设规模，可通过发行股票筹集所需资金，这就是股票的增资发行。在我国，增资发行股票除了要符合初次发行股票的条件外，还必须符合以下条件。

① 前一次公开发行的股票所获得的资金用途与其招股说明书所述一致，或者变更用途是经股东大会讨论通过的，并且有合理的理由对此做出解释，筹集资金的使用获得了良好的效益。

② 从前一次公开发行股票到本次申请的一段时期内无重大违法行为。

③ 中国证监会规定的其他条件。

（3）配股条件

股份有限公司向公司原有股东配售股票本来属于增资发行股票的一种，但我国对于上市公司的配股有特别规定，因此综合《公司法》《证券法》及有关政策，上市公司必须符合下列条件才能向股东配售股票。

① 前一次发行的股份已经募足。

② 公司在最近三年内连续盈利。

③ 公司在最近三年内财务会计文件无虚假记载或重大遗漏。

④ 公司预期利润率可达到同期银行存款利率。

⑤ 配股募集资金的用途必须符合国家产业政策。

⑥ 配售对象为公司股东大会决议所确定日期在册的全体普通股股东。

⑦ 公司一次配股发行的股份总数不得超过公司已有普通股股份总数的30%。

同时，引入发行失败机制，规定原股东认购股票的数量未达到拟配售数量的70%，不能配股。

2）股票发行的程序

我国股票发行的程序主要包括以下步骤。

（1）发行准备

这一阶段的主要任务是完成股票发行的基础性工作，包括股票发行与上市的辅导、各种募股文件的准备。首先，公司要制订股票发行计划。股票发行计划的内容包括股票发行的前景与可能的影响因素、发行成本、股票种类、发行时间、发行数量、发行价格、中介机构的聘请等。其次，聘请中介机构并进行股票改造与上市辅导。我国的股票改造现阶段只能采取包销方式，因此要聘请承销商，此外还需要聘请会计师事务所、律师事务所等中介机构帮助发行人准备各种法律文件。由于我国很多企业对股份制与证券市场了解不多，因此需要承销商对准备发行股票的公司或企业进行规范化培训、辅导与监督，期限为一年。另外，承销商、会计师事务所、律师事务所等中介机构还要给发行人准备招股说明书或配股说明书、资产评估报告、审计报告、盈利预测审核意见、法律意见书与律师工作报告及辅导报告等文件或材料。

（2）申请与审批

在发行股票的准备工作完成之后，发行人要向有关部门提出发行申请，且须得到批准方可发行。申请与审批一般要经过下述程序。

① 拟发行股票的发行人在获得地方政府或中央企业主管部门的同意后，向所在地的中国证监会派出机构提出公开发行股票申请。

② 中国证监会的派出机构对发行人所提交的申请报告进行审核，汇总后初步审定发行人的预选资格。

③ 获得中国证监会的核准后，发行人向证券交易所提交有关材料，提出上市申请，证券交易所审查通过后，出具上市承诺书。

④ 中国证监会派出机构对申报材料的完整性、有效性、准确性、真实性及合法性等方面进行全面的审查，通过后报中国证监会复审。

⑤ 证监会发行部对申报材料进行初审，通过后，交由证监会发行审核委员会复审，发行审核委员会以投票方式对发行人的股票发行申请进行表决，并提出审核意见。

⑥ 证监会发行审核委员会通过后，由中国证监会出具批准发行的有关文件，并就股票发行方案进行审核。

(3) 公开发行股票

经中国证监会审核批准后，发行人即可公开发行股票，具体步骤是：发出发售股票的要约（即招股说明书），投资者向发行人认购，发行人与承销商依据一定的规则确认有效认购的投资者，发行人与认购者相互交付款项与交割股份。主要有发售认股权证、储蓄存单、全额预缴比例配售、上网定价发行和上网竞价发行等具体发行。我国以前较多地采用前四种办法，而现在则主要采用上网定价发行和上网竞价发行。在发行日，投资者在各自开户的证券公司向发行人与承销商申购，然后由发行人与承销商按照预定的规则确认有效申购即投资者的认购资格，具有认购资格的投资者在规定的期限内将认股款交到发行人或承销商指定的银行账户上，发行人收到认股款后，即在规定时间内将股票交给投资者。然后，对股东进行登记，发行人将有关发行事项进行公告。首次公开发行股票，即 initial public offering，简称 IPO。

3) 股票上市

股票上市是指已经发行的股票经证券交易所批准后，在交易所公开挂牌交易的法律行为。公开发行股票是股票上市的先决条件。下面介绍一下申请股票上市的有关内容。

(1) 股票上市条件

① A 股的上市条件。根据我国《证券法》第 50 条和《股票发行与交易管理暂行条例》(以下简称《条例》) 第 30 条的规定，A 股股票上市的审批条件如下。

- 其股票经批准已经公开发行。
- 发行后的股本总额，《证券法》规定不少于人民币 3 000 万元，而《条例》规定不少于人民币 5 000 万元。
- 持有人民币 1 000 元以上的个人股东不少于 1 000 人，个人持有的股票面值总额不少于人民币 1 000 万元。
- 社会公众股不少于总股本的 25%；公司总股本超过人民币 4 亿元的，公众股的比例不少于 10%。
- 公司最近 3 年财务会计报告无虚假记载，最近 3 年无重大违法行为。
- 公司最近 3 年连续盈利，原有企业改组设立为股份有限公司，或公司主要发起人为国有大中型企业的，可连续计算。
- 证券主管部门规定的其他条件。

② B 股的上市条件。根据我国《条例》《关于股份有限公司境内上市外资股的规定》和有关法规的要求，B 股的上市审批条件如下。

- 其股票经证券监管部门批准已经发行。
- 发行后的股本总额不少于证券监管部门要求的数额。
- 持有人民币 1 000 元以上的个人股东不少于 1 000 人，个人持有的股票面值总额不少于人民币 1 000 万元。
- A 股股东和 B 股股东所持有的股份不少于公司股份总额的 25%；公司总股本超过人

民币4亿元的，A股和B股所占的比例不少于15%。

- 发起人持有的股份不少于公司股份总额的35%。
- 发起人对股份有限公司的净资产出资额不少于人民币1.5亿元；但是原有股份公司增资发行B股或者《关于股份有限公司境内上市外资股的规定》颁布之前发行完B股的外商投资股份公司，不在此限。
- 公司最近3年财务会计报告无虚假记载，最近3年无重大违法行为。
- 公司最近3年连续盈利。
- 原有企业改组或者国有企业作为主要发起人设立公司的，可以连续计算。
- 所筹资金用途符合国家产业政策和国家有关利用外资的规定。
- 依法已经取得外商投资股份有限公司的资格和能力。
- 证券主管部门规定的其他条件。

(2) 股票上市的申请程序

目前我国的证券交易所对于A股和B股的上市申请程序的规定大体上相同，仅对申请文件的要求有所区别。概括地说，我国股票上市的申请程序主要包括以下几个阶段，如图2-2所示。

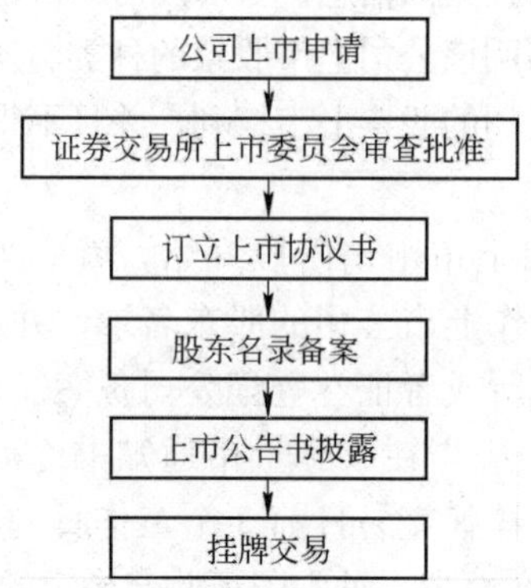

图2-2　我国股票上市的申请程序

① 公司上市申请。根据我国《公司法》和《条例》的规定，发行人在股票发行完毕、召开股东大会，并完成公司登记程序后，可向证券交易所上市委员会提出上市申请。发行人申请股票上市的申报文件，依股票类型和证券交易所要求的不同而有所不同。

A股上市申请的申报文件：上市申请书；股东大会同意股票上市的决议；会计师事务所出具的股本金的验资报告；公司登记注册文件，包括营业执照、公司章程等；经会计师事务所审计的公司近三年和截至上市前一个月的财务报表，以及两名以上注册会计师及其所在事务所签章的审计报告；证券交易所会员的推荐书；最近一次的招股说明书及有关文件；股东名册（软盘）；上市公告书；证券交易所要求提供的其他文件。

上海证券交易所B股上市的申请文件：上市申请书；公司的营业执照与公司章程；招股说明书；与证券承销商签署的承销协议书及主承销商与分承销商签署的分销协议书；主管部门批准股份有限公司设立的文件；如所筹资金投资于固定资产，应取得有关管理部门批准固定资产投资的立项文件；外汇收入来源的年度计划；本次B股发行的可行性研究报告；

证券交易所要求提供的其他文件。

深圳证券交易所B股上市的申请文件：股票发行申请书；有关部门关于设立股份有限公司的批准文件和公司注册文件；资产评估报告，如涉及国有资产，还要有国有资产管理局做出的资产评估确认文件；公司章程；验资报告；经会计师事务所审计的公司财务报表；招股信息备忘录和招股说明书；资金运用的可行性研究报告；股东大会上通过的有关决议；经审核的下一年度的盈利预测；主管部门要求提供的其他文件。

② 证券交易所上市委员会审查批准。证券交易所上市委员会在收到上市申请文件后，应当对申报文件进行审查。由于发行人在发行准备阶段已取得了证券交易所的上市承诺，故此阶段的上市审查主要为形式审查和部分实质审查。根据《条例》的规定，证券交易所上市委员会应自收到申请之日起的20个工作日内做出审批决定。凡批准发行人上市申请的，应当发出上市通知书，确定具体的上市时间。审批文件应当报送中国证监会备案。

③ 订立上市协议书。申请人在收到上市通知后，应当与证券交易所签订上市协议书，以明确相互的权利和义务。其主要内容通常包括：公司应当定期呈报各种财务报表，此类报表应当经有证券业务资格的会计师事务所审计；公司发生有关人事、财务、经营、股权处理等重大事项时，应当及时通知证券交易所；公司应当定期向公众充分公布有关应予以披露的资料和事项，当发生重大变化时，公司应当及时披露该信息；上市公司不得拒绝证券交易所令其提供此类资料的合理要求；上市协议书中应当写明该公司上市股票的种类、发行时间、发行股数、面值及发行价格；证券交易所应当维护上市公司的股票上市权利，并且不得歧视；上市协议书中应当写明有关上市费用的事项。

④ 股东名录备案。申请人自上市申请阶段开始，就应当根据证券交易所提出的格式和程序要求，修改制作或者补充制作上市公司的股东名录，并最迟于上市日的一周前，将制作好的公司股东名录交送证券交易所或者证券登记公司备案。

⑤ 上市公告书披露。申请人应当在收到上市通知书之后，立即安排已经定稿的上市公告书刊登事项，并应当在其股票挂牌交易日前3个工作日内，将简要的上市公告书全文或不超过1万字的上市公告摘要刊登在至少一种中国证监会指定的全国性报刊上。申请人应将上市公告书备置于公司所在地、拟挂牌交易的证券交易场所、有关证券经营机构及其网点，供公众查阅，同时报送证监会一式10份，以供公众查阅。

⑥ 挂牌交易。在上市公告书披露后，申请上市的股票将根据证券交易所的安排和上市公告书披露的上市日期挂牌交易，其上市挂牌价根据上市首日的集合竞价结果来确定。

(3) 股票上市对企业的影响

股票上市对企业既有有利影响，也有不利影响，所以不能只看到有利的一面，而不顾自身的情况去上市。

上市对企业的好处主要表现在以下几个方面。

① 改善其财务状况。企业发行股票可以筹集到大量不必还本付息的资金，并很快地改善公司的财务结构与财务状况。同时，股票上市后既可以使公司从股票市场上筹集到更多的资金，也可以使其在财务状况改善的前提下从银行获得更多的贷款。

② 有利于提高公司的知名度，获取经营上的优势。由于上市公司的股票价格在每个交易日都会向整个社会公众播报，而且公司还要定期或不定期地发布经营和财务状况及其他方面的公告，因而股票上市会使公司的知名度大为提高，特别是对经营与财务状况好、管理有

优势的公司而言，更相当于以很少的投入做了很多的广告，从而在经营上将会获得比非上市公司大得多的优势。

③ 利用股票激励公司员工。通过股票期权或其他的认股办法，将股票发售给公司员工，将会对其产生极强的激励作用，因为股票的市场价格在公司经营状况趋好时会有较大幅度的上涨，员工可以借此获得较多的收入，而且是可以变现的收入，这无疑会改善公司的管理，促进公司文化的形成。

④ 股票市场价格一般能够准确而及时地对公司的经营活动做出反应。

正因为如此，许多企业都积极争取条件上市，以迅速地获得大量的长期资金，具体上市情况见图 2-3。

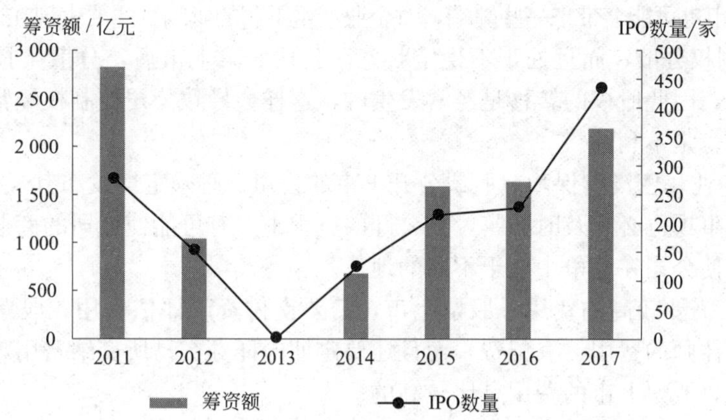

图 2-3　2011—2017 年证券市场首次公开发行股票情况

据中国证监会统计，到 2018 年 2 月，沪深两市发行 A、B 股总共有 3 512 家，仅发行 A 股的上市公司有 3 385 家，发行 B 股的共有 100 家。地域分布覆盖了全国各省、自治区、直辖市；产业结构逐渐转向以机械、冶金、化工、电子等基础原材料工业、支柱产业及交通能源等基础设施产业为主导。由于 2012 年 10 月至 2014 年 1 月期间，IPO 暂停，造成 2013 年首次公开发行公司数为零。2014 年 1 月 IPO 重启后，IPO 数量与融资金额也逐渐恢复，2017 年较 2016 年也有显著上升趋势，新股数量首次突破 400 家。相比传统行业，创新性行业与产业升级行业的融资规模大，反映出了行业发展的新趋势。

表 2-1 是 2011—2017 年证券市场筹资统计情况。

表 2-1　2011—2017 年证券市场筹资统计表

时间	境内外筹资合计/亿元	境内筹资合计/亿元	首次发行金额			再筹资金额					
			A 股/亿元	B 股/亿美元	H 股/亿美元	A 股/亿元				B 股/亿美元	H 股/亿美元
						公开增发	定向增发（现金）	配股	权证行权		
2011	7 506.22	6 780.47	2 825.07	0.00	67.82	132.05	1 664.50	421.96	29.49	0.00	45.36
2012	1 502.12	1 115.60	0.39	0.00	44.32	0.00	258.68	13.36	0.00	0.00	17.16
2013	7 948.72	6 884.83	0.00	0.00	113.17	80.42	2 246.59	475.75	0.00	0.00	59.51

续表

时间	境内外筹资合计/亿元	境内筹资合计/亿元	首次发行金额			再筹资金额						
			A股/亿元	B股/亿美元	H股/亿美元	A股/亿元				B股/亿美元	H股/亿美元
						公开增发	定向增发（现金）	配股	权证行权		
2014	10 630.18	8 412.40	668.89	0.00	128.72	18.26	4 031.30	137.98	0.00	0.00	212.90
2015	28 692.58	29 493.63	1 578.08	0.00	236.19	0.00	6 709.48	42.33	0.00	0.00	227.12
2016	47 927.37	46 236.51	1 633.56	0.00	1 078.80	0.00	16 978.28	298.51	0.00	0.00	528.95
2017	35 416.67	33 588.52	2 186.10	0.00	487.26	0.00	12 871.15	156.56	0.00	0.00	1 341.93

但是股票上市也可能会带来一些弊端，对企业产生不利的影响，主要表现在以下几个方面。

① 公司控制权分散，而且处于不稳定状态。公司股票上市后，分散了控制权，股票具有高度的流动性，因此股权的转移是经常发生的，这样会导致公司控制权经常变动，这对公司的长远发展而言是不利的。

② 公司的商业秘密没有保障。股票公开上市的公司，必须定期发布其经营与财务报告，其他的各种重大事项也必须及时披露。在公开的过程中，有可能使公司的商业秘密为竞争对手所掌握，从而使公司在竞争中处于不利的地位。

③ 股票上市需要较高的费用。股票上市，需要支付资产评估费用、股票承销费用、聘请注册会计师与律师的费用、登记费，而且还要定期向证券交易所交纳费用，要支付各种公告的费用，因此，股票上市的费用是比较高的。

④ 股票市场有时不能准确地反映公司的经营与发展情况，使公司的声誉受到一定的影响。由于股票市场存在投机因素，因此股票的市场价格有时不能准确地反映公司的经营状况与发展前景，致使公司在社会公众中的形象受到损害，对公司的经营活动产生负面的影响。

2. 优先股融资

1）优先股发行的目的及发行时机

股份有限公司发行优先股主要是出于筹集自有资本的需要，此外还有以下动机。

(1) 防止股权分散化

优先股不具有公司的表决权，由于普通股发行会稀释其股权，因此，在资本额一定的情况下，公司发行一定数额的优先股，可以保护原有普通股股东对公司经营权的控制。

(2) 维持举债能力

由于优先股筹资属于股权资本筹资的范围。因此，它可作为公司举债的基础，以提高其负债能力。

(3) 调整资本结构

由于优先股在特定情况下具有“可转换性”和“可赎回性”，因此它在公司安排自有资本与对外负债比例关系时，可借助于优先股的这些特性，来调整公司的资本结构，从而达到公司的目的。

(4) 增加普通股股东权益

由于优先股的股息固定，且优先股对公司留存收益不具有要求权，因此，在公司收益一定的情况下，提高优先股的比重，会相应提高普通股股东的权益，提高每股净收益额，从而具有杠杆作用。

正是出于上述动机的需要，因此，按照国外的经验，公司在发行优先股时都要就某一目的或动机来配合选择发行时机。大体来看，优先股的发行一般选择在以下几种情况：公司初创，急需筹集资本的时期；公司财务状况欠佳，不能追加债务时；公司发行财务重组，为避免股权稀释时，等等。

2）优先股融资的优缺点

优先股融资的优点是：第一，没有固定的到期日，不用偿还本金，相当于一笔无限期贷款。而且大多数优先股附有收回条款，使得使用这种资金更有弹性，当财务状况较差时发行，当财务状况转好时收回，有利于结合资金需求，同时也能控制公司的资本结构。第二，股利的支付既固定，又有一定的弹性。一般而言，优先股都采用固定股利，但固定股利的支付并不构成公司的法定义务，若财务状况不佳，则可暂时不支付优先股股利，优先股股东也不能像债权人一样迫使公司破产。第三，保持普通股股东的控制权。当公司既想向外界获取权益资金，又不想丧失原有股东的控制权时，则发行优先股较为恰当。第四，优先股扩大了权益基础，可适当增加公司的信誉，增强公司的借款能力。

根据优先股特点，未来优先股还可以解决创业公司和中小型企业融资难的问题，这些企业通过优先股可以较高的收益和较低的风险吸引资金，这将大幅降低创业公司及中小企业的融资成本。

同时，优先股融资的缺点也很明显，可以概括为：第一，优先股支付的股利要从税后盈余中支付，无利息的抵税效应，融资成本较高；第二，通常有许多限制条款，如普通股支付的限制、公司借债的限制等；第三，优先股需要支付固定股利，但又不能在税前扣除，盈余下降时会成为一项较重的财务负担。

3）我国优先股发展情况

优先股在我国的出现到消失到再度成为话题，可以简单地分为以下四个阶段。

（1）起步阶段

早在20世纪80年代股份制在我国开始推进的初期，便出现了类似今天的参与性优先股的雏形。股份持有人既能按照当年银行定存的利息获得固定的投资回报，又能按照公司比例参与公司利润的分红。但当时企业通常只发行这一种股票，并不区分普通股和优先股，并且股利是作为企业成本在税前列支的，而不是从公司的税后利润中支付的。

（2）雏形阶段

20世纪80年代末，国内有几家公司先后尝试发行了优先股。其中，深发展在1988年3月、1989年3月先后面向国内企业和个人发行10万股、7.135 8万股港币优先股。金杯汽车、天目药业也分别在1988年和1989年发行过100万股和1 890万元的优先股。（深发展和金杯汽车的优先股均在1992年转为普通股，天目药业的优先股则在2006年启动股改时转为普通股。）

（3）沉寂阶段

1993年的《公司法》中却并未明确优先股的制度。要确立优先股制度，只能通过行政法规或修改公司法的形式。由此，优先股的发展陷入沉寂阶段。

（4）现行阶段

2012年9月发布的《金融业发展和改革“十二五”规划》，其中首次提及“探索建立优先股制度”，“继续深化股票发行制度市场化改革，积极探索发行方式创新”。虽然字数不多，但这是自我国股市建立以来，金融权威部门管理层第一次提出“优先股”的概念。

2014 年浦发银行推出了非公开发行优先股预案，成为首家披露优先股发行预案的银行。目前 16 家 A 股上市银行中已经有 5 家银行披露了发行优先股的进展，总募集资金不超过 1 199亿元。对于绝大多数上市银行来说，发行优先股“补血”已经是其再融资的首要选择。

案例 2-1

中国工商银行发行优先股

2014 年 7 月 25 日，中国工商银行公告披露，该行拟分别于境内和境外发行不超过人民币 450 亿元和不超过等额人民币 350 亿元的优先股。这是继中国银行之后，第二家同时推出境内、境外优先股发行计划的银行，且境内发行优先股与境外发行优先股相互独立，互不构成条件。本次发行方案尚需临时股东大会审议通过，并报银监会批准和证监会核准。

总体上，本次中国工商银行境内优先股每年需要派发的股息对归属于中国工商银行普通股股东的净利润的减少额影响相对有限，不会对普通股股东的现金分红水平造成重大影响。具体来看，中国工商银行拟发行的境内优先股总数不超过 4.5 亿股，每股票面金额人民币 100 元，将向《优先股试点管理办法》规定的合格投资者发行，每次发行对象不超过二百人，且相同条款优先股的发行对象累计不超过二百人。

在股息率的安排上，中国工商银行此次境内优先股与中国农业银行计划最为相似。本次境内优先股拟采用可分阶段调整的票面股息率，即在境内优先股存续期内可采用相同股息率，或设置股息率调整周期，在本次境内优先股发行后的一定时期内采用相同股息率，随后每隔一定时期重置一次。具体而言，该股息率由基准利率加上固定溢价确定，基准利率为发行首日或基准利率重置日前一定数量交易日的特定待偿期限的中国国债收益率，自发行首日起每隔一定时期调整一次；固定溢价为该次境内优先股发行时股息率与基准利率之间的差值，且在存续期内保持不变。

中国工商银行发行境内优先股的重要目的是应对行业监管对资本提出的更高要求，而境内 450 亿元的优先股发行完成后，据中国工商银行测算，以截至 2013 年 12 月 31 日的年度财务数据为基础，假设本次境内优先股于 2013 年 1 月 1 日完成发行，发行规模为人民币 450 亿元、股息率为 6%且全额派息，则发行后中国工商银行一级资本充足率可由 10.57%上升至 10.93%，资本充足率可由 13.12%上升至 13.47%。

但与此同时，普通股股东也将面临分红减少的风险。因为优先股股东按照约定的票面股息率及利润分配条款，先于普通股股东参与分配，因此在支付优先股股息之后，普通股股东可能面临可分配利润减少，从而导致分红减少的风险。

同样，中国工商银行测算，本次境内优先股每年需支付股息不超过人民币 27 亿元，参考 2013 年年报数据，扣除优先股股息后归属于普通股股东的净利润不少于人民币2 599亿元。因此，由于本次境内优先股的派息，归属于普通股股东的净利润减少额将不超过 1.03%。因此总体上说，本次境内优先股每年需要派发的股息对归属于普通股股东的净利润的减少额影响相对有限，不会对普通股股东的现金分红水平造成重大影响。

2.3.8 我国企业境外股票融资情况

20 世纪 80 年代初期，已开始出现中资企业收购香港中小型上市公司的现象，通过收购、资产置换，达到买壳或借壳上市的目的。1993 年 7 月，“青岛啤酒”通过 IPO 募集资金的方式率先在香港上市，拉开了中国企业境外上市的序幕。

1. 境外上市的分类

(1) 境外直接上市

境外直接上市即直接以内地公司的名义向中国香港或国外证券主管部门申请登记注册，并发行股票（或其他衍生金融工具），并向当地证券交易所申请挂牌上市交易，即通常说的 H 股、N 股、S 股等。H 股，取 Hong Kong 第一个字母为名，是指中国内地企业在香港联合交易所发行股票并上市。1993 年 6 月，青岛啤酒股份有限公司在香港联合交易所发行上市，成为中国内地首家在香港上市的 H 股。N 股，取 New York 第一个字母为名，是指中国内地企业在纽约证券交易所发行股票并上市。1994 年 8 月，山东华能发电股份有限公司在纽约证券交易所发行上市，成为中国内地首家在纽约上市的 N 股。L 股，取 London 第一个字母为名，是指中国内地企业在伦敦证券交易所发行股票并上市。1997 年 3 月，北京大唐发电股份有限公司在伦敦证券交易所发行上市，成为中国内地首家在伦敦上市的 L 股。S 股是以 Singapore 第一个字母为名，是指中国内地企业在新加坡证券交易所上市。1997 年 5 月，天津中新药业在新加坡证券交易所发行上市，成为中国内地首家在新加坡上市的 S 股。

通常，境外直接上市都是采用 IPO 方式进行的，程序较为复杂。因为需要经过境内、境外监管机构的审批，成本较高，所聘请的中介机构也较多，花费的时间较长。但是，IPO 有三个方面的优点：公司股价能达到尽可能高的价格；股票发行的范围更广；公司可以获得较高的声誉。所以从公司长远的发展来看，境外直接上市应该是国内企业境外上市的主要方式。

但由于境内外法律法规的不同及对公司的管理、股票发行和交易的要求不同，使得境外直接上市存在一些困难。因此，境外直接上市的公司需通过与中介机构密切配合，探讨出能符合境内外法律法规及证券交易所要求的上市方案。

(2) 境外间接上市

由于境外直接上市程序繁杂、成本高、时间长，所以许多企业，尤其是民营企业为避开国内复杂的审批程序，会以间接方式在境外上市。即境内企业在境外注册公司，境外公司以收购、股权转换等方式取得境内资产的控股权，然后将境内公司拿到境外交易所上市。

境外间接上市主要有两种形式：买壳上市和借壳上市。其本质都是通过将境内资产注入壳公司的方式，达到使境内资产上市的目的。充当壳公司的公司可以是已上市公司，也可以是拟上市公司。境外间接上市的好处是成本较低，花费的时间较短，可以避开国内复杂的审批程序。但有三大问题要妥善处理：向中国证监会上报材料备案，壳公司对境内资产的控股比例问题，以及选择上市时机。

(3) 其他境外上市方式

中国企业在境外上市通常较多采用直接上市和间接上市，但也有少数公司采用存托凭证和可转换债券上市，但这两种上市方式往往是在境外已上市的企业再次融资时采用的方式。

① 存托凭证（depository receipts，DRs）是一种可转让的代表某种证券的证明，包括ADRs（美国存托凭证）和GDRs（全球存托凭证）。

② 可转换债券（convertible bond）是公司发行的一种债券，它准许证券持有人在债务条款中规定的未来的某段时间内将这些债券转换成发行公司一定数量的普通股股票。

2. 主要境外上市证券市场

（1）香港主板市场

1891年2月3日，香港股票经纪协会（也称香港股份总会）成立，成为香港诞生的第一个证券交易所。至1972年，香港共成立了四家证券交易所，形成业务并存的竞争格局。1986年4月20日四个证券交易所正式合并成为香港联合交易所（HKEX），简称香港联交所或香港交易所，成为香港唯一可以开业进行股票交易活动的证券交易所。1986年9月22日香港联交所被国际证券交易所联合会正式接纳为会员，从而确立并巩固了香港证券市场的国际地位和香港国际金融中心的地位。现在，香港已成为仅次于纽约、伦敦、东京、法兰克福和巴黎的世界第六大股票市场。1999年香港联交所开设创业板以后，香港传统的股票市场随之被称为香港主板市场。截至2018年2月底，香港主板上市公司共有1 813家，港股总市值达到34.9万亿港元。

（2）新加坡股票市场

1999年12月1日新加坡股票交易所与新国际金融交易所合并，成立新加坡证券交易所（SGX），简称“新交所”。新交所在国际化方面做了很多工作，包括与澳洲交易所连线交易，与东京交易所结成策略联盟，开放市场引入外国券商，推出新交易品种，如房地产信托投资基金（REIT）、证券出租业务、单只股票期货业务等，目的是吸引更多的投资者参与市场的运作。

3. 中国企业境外上市的基本历程

长期以来，我国利用外资主要采用吸引外商直接投资、建立中外合资企业、对外借款和直接发债等方式，存在融资成本高和承担外汇汇率风险方面的问题。从青岛啤酒首开中国企业境外上市先河以来，中国企业境外上市已二十多年。回顾这二十多年的境外上市历程，中国企业境外上市经历了五起四落几个主要阶段。

（1）第一阶段（1993—1994年下半年）：中国股票首次亮相国际市场

1993年7月，第一家内地企业——青岛啤酒在香港挂牌上市，从而拉开了中国内地企业赴港上市的序幕。随后上海石化、马鞍山钢铁、仪征化纤等八家企业通过主挂牌香港，并同时通过美国存托股和全球存托股方式分别在美国纽约证券交易所和全球各地上市。

（2）第二阶段（1994年下半年—1996年6月）：中国基础设施类股挂牌华尔街

此阶段海外上市是以中国基础设施业为主，如华能国际、中国东航、南方航空、大唐发电等公司。随着中国国民经济的增长，政府加大力度发展基础设施业，海外投资人认为，当时中国基础设施业较为薄弱，中国人均航空里程、人均用电量、人均能源消耗量等均远落后于发达国家，因此这一产业具有广阔的发展空间，具有极大的增长潜力。

（3）第三阶段（1996年6月—1997年10月）：红筹股成为市场新热点

中国概念股以红筹股的形式第三次在华尔街掀起新一轮的浪潮。这次浪潮从1996年年底开始，至1997年10月金融风暴止。所谓红筹股，是我国以某一部门或某一级政府为背景，投资到香港的窗口公司发行的股票。

(4) 第四阶段（1999—2000年2月）：中国高科技和网络概念股紧跟国际市场潮流

中华网、世纪永联、新浪、搜狐、网易、和讯和8848等一批以高科技和互联网为特色的企业抓住时机，在美国NASDAQ股票市场上市，形成了第四次境外上市浪潮。

(5) 第五阶段（2000年2月—　）：国企航母进入国际资本市场

此阶段中国企业境外上市的主体是以石油、电信类为代表的带有垄断性行业的大型企业，如中国联通、中石油、中海油等。在加入WTO的新形势下，以中石油、中国联通上市为标志，境外上市企业的规模越来越大，并涉及一些行业整体的改造。据清科研究中心最新的研究报告显示，2009年前11个月，共有62家中国企业在海外九个市场上市，合计融资203.17亿美元，与2008年同期相比，上市数量增加25家，融资额则增加了1.94倍，而2007年，中国海外上市的数量和融资规模分别是98家和342.08亿美元，从三年的情况看，中国企业海外上市活跃程度呈现"V"形反弹特点。2010年共有476家（其中包括4家由OTCBB转板到NASDAQ的企业）中国企业在境内外资本市场上市，合计融资1 053.54亿美元，平均每家企业融资2.21亿美元，融资额与上市数量均创出历史新高。2017年，中国企业境外上市再掀高潮，全年境外IPO共74起，分布于中国香港和美国两大资本市场，新加坡及其他海外市场未有中国企业IPO。其中50家中国企业在香港市场完成上市（主板35家、创业板15家），24家中国公司在美国上市，纽约证券交易所上市的有9家，纳斯达克上市的有15家。

4. 中国企业境外上市的优缺点

1）境外上市的优点

① 有利于引进和利用外资，直接快速地筹到大量的资金，壮大企业的实力。国有大型企业境外上市，有利于扩大我国引进和利用外资的规模。企业在境外发行股票及上市筹集资金，是我国利用外资的重要方式之一。

② 有利于改善我国企业的资本结构，提高企业筹集新资本的能力。在境外证券市场进行股权融资，不仅可以降低目前国企过大的债务比例，提高企业直接融资的比率，而且境外上市可以改善我国国企目前的股权结构和所有权不合理的现象，提高股票的流动性和股权的分散度，发行者可较为自由地使用筹得的资金，降低企业被新股东控制的风险。同时，在国外证券市场发行股票，能满足对外汇资金的需求。

③ 有利于完善公司治理结构。境外证券市场上市要求普遍严格，这样有利于公司治理结构的完善。上市公司更重视一般投资者的监管和控制能力，一旦不符合法律、法规的要求，企业随时面临巨额赔偿，甚至退市的处罚。因此，通过境外上市，我国企业受到更成熟的国际机构投资者和更规范的市场机制的监督，将大大促进企业自身治理结构和管理水平的提高。

④ 有利于企业经营的国际化，提升企业在国际市场的形象。可以增加发行者的国际声望，提高发行者的地位、信誉和知名度，从而有利于企业开拓国际市场及在对外贸易中取得信贷和服务的优惠。

2）境外上市的缺点

① 企业境外上市融资成本高，境外上市企业运营费用大。我国企业境外上市通常要付出比境内上市更高昂的成本，主要体现在股票发行价格和发行费用两个方面。由于我国企业

的市场主要在境内，海外投资者对我国企业不够熟悉，因而企业难以以较高的价格发行股票。一般来说，国内首次公开发行的募集资金量比境外市场尤其是境外创业板市场大，首次发行市盈率一般为境外市场的两倍左右。企业在境外上市所聘请的承销商一般都是一些实力强、水平高、信誉好的国际性大投资银行，其承销费远远高于国内承销商。而且境外上市企业必须聘请境外有专业资格的公司和人士来担任律师和会计师，成本更高。

② 上市企业再融资困难较大。中国境外上市企业最大的问题就是二级市场表现不尽如人意。除小部分企业外，大部分企业上市后的股价跌到了发行价以下。企业上市后表现差会带来严重的后果，上市企业不可能再增发和配售股票，同时断送了同行业其他企业的上市机会，间接影响到中国企业在境外的形象。

③ 国内市场体系不完善，企业改制的难度加大。行政规定和政府指令成为调控经济活动的主要依据，法律体系建设遭到忽视。虽然在改革开放进程中法律体系得到了改善，市场规则日益发挥重要的作用，政府职能也在逐步转变，且部分法规虽已出台，但在具体执行的可操作性上仍有待完善。同时，国内地区间制度改革的进程和过程存在差异，政府职能的彻底转换必然需要较长的时间。再者，我国资产模式有待完善。虽然我国的国有资产管理模式正从原有的粗放式管理向集约型管理模式转变，但国有资产的具体管理手段、相关评价体系及国有企业的法人治理结构仍低于国际资本市场所要求的水平。

④ 部分国有资产流失。有关人士认为大中型国有企业的境外上市在募集大量资金的同时也导致了国有资产的大量流失。这些企业均是以低市盈率在境外上市，价格比境内资本市场同类企业价格低 20%以上。据统计，1993—2005 年大中型国有企业在境外上市过程中，国有资产流失至少 600 亿美元。

5. 中国企业境外上市未来的走势分析

中央企业的整体上市很难大规模推进，因为很多企业尚未进行股份制改造，更为重要的是，部分集团公司虽然规模很大，但盈利能力有限，所以难以进入证券市场。但值得注意的是，整体上市不仅仅指的是中央企业，而且还包括中小企业，因为整体上市指的是资金的整体上市而不是中央企业的整体上市。因此，在境外上市这一块儿，未来可以预见境外整体上市应该是主流模式之一。而从企业的选择来讲，优秀企业会选择 A 股，更为优秀的企业，应该走到境外。随着中国境内资本市场的发展，必然要和境外发展的资本市场逐渐接轨，这是一个必然的趋势。所以站在这个趋势下，目前看是各有千秋，将来优势会逐渐融合到一起。因此，对于企业来讲，一定要根据自身条件做好充分的准备以迎接挑战。

2.4 权益融资的其他方式

近年来，随着金融创新的飞速发展，企业融资的手段也增添了许多新的内容，为企业从各种可能的渠道合法地获得资金创造了良好的条件，有力地支持了企业的开拓、发展。下面就对一些主要的企业创新融资工具，如认股权证融资、存托凭证融资、创业板市场融资及产业基金等进行简要分析。

2.4.1　认股权证融资

1. 认股权证概述

认股权证是一种以特定的认购价格购买规定数量的普通股的选择权，它规定一个可以购买普通股的认购价格及每一认股权证可以购买普通股的数额。在这种选择权行使以前，它并不拥有普通股股东的权利，其持有人可以行使认股权，也可以不行使认股权，还可以将认股权证转让出去。

认股权证与现行股票价格的关系为：认股权证的价格随着股票价格的上升而上升；除了认股权证被肯定执行外，股票价格的绝对数变化大于相应的认股权证价格的绝对数变化；认股权证价格绝对百分比的变化大于相应股票价格的绝对百分比变化；随着认股权证从无利可图向有利可图转变，股票价格和认股权证价格绝对值变化之间的差额缩小了；当认股权证由无利可图转变为有利可图时，股票价格与认股权证价格之间绝对百分比变化的差额缩小，因此，有利可图认股权证相对更为稳定。

认股权证常被用来改善筹资条件。例如，一些大公司可销售带有认股权证的债券，目的是能够以较低的利率出售债券。新成立和处于发展阶段的公司前途不确定，所以投资者不愿购买这些公司发行的低利率债券，但这时如果发行附在债券上的认股权证，则会改善低利率债券的发行状况。如果公司发展迅速并很快取得成功，它们的普通股价值会增加，那么认股权证就会带给购买者获得较高收益率的机会。另外，认股权证对处在高所得税档次的投资者特别有吸引力，因为他们可以通过行使认股权证购买权取得资本利得，从而负担一部分资本利得税。

2. 发行认股权证的优缺点

（1）发行认股权证的优点

① 发行附有认股权证的债券时，由于认股权证的吸引作用，债券利率可以降低，因而可以降低债券的发行成本。

② 只要认股权证的约定价格低于股票价格，认股权证就会被行使，有利于公司吸引投资者投资。

③ 认股权证行使后，公司发行在外的股票数会增加，公司资本金增加，所有者权益在资产中的比重会上升，从而有助于调整资本结构，扩大股权。

（2）发行认股权证的缺点

① 认股权证被行使后，公司的股东数会增加，分散了股东对公司的控制权。

② 如果普通股股价高于认股权证约定价格较多，则公司的融资成本较高，会出现实际的融资损失。

2.4.2　存托凭证融资

存托凭证是一种可以流通转让的代表投资者对境外证券所有权的证书，它是为方便证券跨国界交易和结算而设立的原证券的替代形式。

存托凭证所代表的基础证券存在于其发行和流通国的境外，通常是公开交易的普通股股票，目前已扩展到优先股证券。它可以像一般证券一样在证券交易所或场外市场进行自由交易，并同时在几个国家的市场上流通，从而可以在多个国家筹集资金。

存托凭证是企业尚未在境外上市的情况下获取境外融资的一个良好的变通手段。目前，发行比较广泛的是欧洲存托凭证（European depository receipts，EDRs）、美国存托凭证（American depository receipts，ADRs）、香港存托凭证（Hong Kong depository receipts，HKDRs）、新加坡存托凭证（Singapore depository receipts，SDRs）和全球存托凭证（global depository receipts，GDRs）等，其中出现最早、运作最规范、流通量最大且最具代表性的是美国存托凭证。

存托凭证可以避开当地法律对外国企业在注册手续、财务报表和信息披露等方面的严格要求，使企业可以比较方便地在国外证券市场获取融资。1993 年上半年，中国引进了国际上比较流行的证券金融工具——存托凭证，同年 8 月上海石化将其 H 股的 50%转化为 ADRs 和 EDRs，分别在美国和欧洲配售，筹资 2.22 亿美元。与此同时，上海氯碱、上海二纺机、深圳特区房地产先后以一级 ADRs 发行；仪征化纤、马鞍山钢铁等以私人配售的形式发行。

2016 年，数据显示全球存托凭证成交量达到 1 521 亿元，在亚太市场上，中国在交易值和交易量排名中均位列第一。

中国存托凭证（CDR）是解决不同国家和地区两地法律、两地监管的有效措施，有利于已上市、海外退市企业回 A 股上市。2018 年 3 月 22 日国务院办公厅发布了《关于开展创新企业境内发行股票或存托凭证试点的若干意见》。

要保证企业发行的 ADRs 被投资者接受、认可，必须注重企业的信息披露、包装和推介，这是建立和维持良好的投资关系的核心所在。关于 ADRs，应该在遵循美国证券法关于信息披露要求的基础上，特别注意以下三个方面。第一，信息披露的充分性和适当性。虽然美国投资者对中国及中国企业显示出了浓厚的兴趣，但毕竟知之甚少，因而多数国有企业在信息披露的充分性方面与其要求颇有差距。第二，企业的形象定位。企业的形象定位包括两个方面，一方面要求企业管理层的经营策略与能力体现使投资者充满信心；另一方面要求企业在本地区、本行业中处于领导地位，主业清晰，并且能够保持稳定增长，前景良好。企业应通过上述两个方面的努力，塑造“优质股”的形象。第三，满足投资需求并建立投资网络。

2.4.3 创业板市场融资

传统的股票市场（也称主板市场）的门槛比较高，对上市公司的资本总额、股权结构、经营业绩等都有非常高的要求，对一些中小型的高科技企业来说，因为其成立时间比较短，资本规模比较小，也缺少有盈利记载的经营业绩，所以这些企业要想通过在主板市场发行股票的方式融资几乎是不可能的。一种新兴市场——创业板市场为中小型企业，特别是中小型高科技企业的融资提供了可能性。

1. 创业板市场概述

创业板市场（second board）又称二板市场、新市场、中小企业市场或小盘股市场，是与主板市场（main board，或称一板市场）相对应的概念，特指主板市场以外的专门为新兴公司和中小企业提供筹资渠道的新型资本市场。它依托计算机网络进行证券交易，并为创业投资提供退出通道，对上市公司经营业绩和资产规模要求较宽松，但对信息披露和主业范围的要求相当严格。各个国家与地区的法律都对公司股票在主板市场上市规定了严格的条件，比如要求公司注册资本达到一定的标准、股权结构要分散到一定程度、已有较长的经营时间、有良好的经营业绩等。在上市程序方面也有相当严格的规定，如要将上市申请提交有关机构进行严格的审核等。这些条件与规定对那些新开办的企业或中小企业来说，无疑是一道难以跨越的门槛，但这些新兴企业与中小企业又存在吸纳社会资本、发展壮大公司的内在需要。在企业自身实力不强的情况下，银行或其他金融机构并不愿意向其发放贷款，从而使企业的资本需求很难得到满足，也就不容易达到主板市场所规定的条件。于是，就产生了一组矛盾，即证券市场要求上市公司必须具备一定的条件，而公司在无法获得充足资本的情况下又很难达到这些要求。创业板市场对上市公司的要求要比主板市场低得多，很多高科技企业与中小企业都可以利用它为所投资的项目筹集资金。创业板市场的意义就在于为那些急于得到资金而又无法达到主板市场要求的企业提供融资机会，是新兴中小企业理想的融资场所。

2. 创业板市场的特征

创业板市场与主板市场相比有很大差异，其特征如下。

① 创业板市场是一个前瞻性的市场。只要公司有较好的发展前景和成长空间，都可以在创业板市场上市。

② 创业板市场是一个相对独立的市场，不是主板市场的第二个层次。创业板市场是一个针对性很强的市场，主要吸纳那些有创意或有增长潜力的公司，或能够提供新产品、新服务的公司。

③ 创业板市场上市标准低。创业板市场对上市公司的资本规模、前期盈利记录、营业期限等方面的规定要相对宽松一些。

④ 创业板市场比主板市场风险高。在创业板上市的公司规模一般都比较小，而且其中有些是新兴的产业，其经营风险、市场风险和技术风险都很大。

⑤ 拥有先进的交易模式。创业板市场有众多相互竞争的做市商（market maker），保证了市场的活跃和交易的深度；另外，创业板市场实行电子化交易，可以满足充分快捷的信息披露。

3. 国际主要的创业板市场

美国的创业板市场是指纳斯达克（NASDAQ）市场，即全美证券交易商协会自动报价系统。纳斯达克市场创立于 1971 年，是由美国全国证券交易商协会建立并管理的场外交易市场。经过 40 多年的发展，纳斯达克市场已成为一个由遍布世界各地的 40 多万台计算机销售终端所组成的电子化交易市场，有 5 500 多家企业挂牌交易，日成交额超过纽约证券交易所，成为世界上最大的电子股票交易市场。如果说以微软、英特尔、雅虎、美国在线为代表的美国高科技企业的成长奇迹反映了 21 世纪知识经济时代的发展趋势，那么纳斯达克市场无疑是这一新的经济模式的孵化器，是世界创业板市场的一面旗帜。它的成功源于以下两个方面。

（1）独特的市场定位和先进的交易方式

纳斯达克市场成立之初是专门为那些尚不具备在证券交易所上市条件的中小企业股票的场外交易服务的。随着不挂牌证券在质量和数量上的大大增加，场外交易日趋活跃，纳斯达克市场也逐步将服务对象定位于中小高科技成长型企业，并针对其特点在企业模式、盈利记录等方面降低了上市标准，促进了金融资本与高新技术的结合，造就了一大批软件、电信、网络、医药、生物技术等行业的高成长企业。纳斯达克市场成立本身就是交易方式的一个创新，它有别于传统的证券交易市场，不需要设立专门的证券交易大厅，而是利用先进的计算机及通信技术，构建了一个无形的网络化的电子交易系统。这样既保证了传输信息的及时准确，又大大降低了交易成本。

(2) 严格的风险控制和监控系统

这主要体现在法制化和程序化的监管手段和措施上。在股票发行、上市方面，通过对上市公司所披露信息的严格审查来确保投资者的利益，维护市场的公平和秩序；在市场交易方面，通过相关电子系统的自动搜索和分析功能实时监控所有的交易活动，以确保交易的真实性。纳斯达克市场允许多个做市商存在，它们既可保荐股票，又可直接买卖股票。但交易完成后必须在 90 秒内向全国证券交易商协会申报，作为将来审计的基础。所有这些措施不但有效控制了风险，而且极大地激发了市场活力。独特、高效、健全的纳斯达克市场创造了一个又一个高科技企业成长壮大的神话，同时也获得了自身的超常规发展。

此后，欧洲、亚洲也相应出现了创业板市场。世界各国创业板市场的发展状况见表 2-2。

表 2-2　世界各国创业板市场的发展状况

洲	创业板市场		产生时间	发展现状
美洲	美国	全美证券商协会自动报价系统（NASDAQ）	1971 年成立	2007 年，纳斯达克所有美国股票交易量的对应市场份额为 29.1%，领先于所有其他美国证券交易所，上市股票对应交易量为 2 508 亿股。截至 2016 年 11 月 18 日，上市公司数量为 2 701 家
		新兴企业市场	由 AMEX 在 1992 年设立	开始时上市公司有 22 家，1993 年年底有 22 家，1994 年有 35 家，1995 年 5 月 11 日关闭
	加拿大	加拿大交易网	1991 年由多伦多证券交易所设立	多伦多证券交易所 2008 年有 3 900 多家上市公司，占全世界上市公司总数的 10%，总市值 2.2 万亿加元。截至 2015 年 12 月底，上市公司数量达到 3 559 家
		加拿大风险交易所	1999 年 11 月 29 日由温哥华证券交易所和 Alberta 证券交易所合并成立	截至 2015 年 12 月底，上市公司数量为 2 183 家，总市值达 234.24 亿加元
欧洲	英国	另类投资市场	1996 年 6 月 16 日由 LSE 推出	截至 2015 年 12 月底，上市公司数量为 1 044 家，总市值约为 730.76 亿英镑
		英国技术股市场	1999 年 11 月由 LSE 推出	1999 年 12 月 31 日上市公司数量为 196 家，2000 年 12 月 31 日上市公司数量为 246 家
		非上市股票市场	1980 年 11 与 10 日推出	开市时 48 家，市值 90 亿英镑，1992 年市值 12.37 亿英镑，公司 1 家，1992 年年末关闭
	法国新市场		由法国证券交易所于 1996 年 2 月 14 日推出	到 2000 年 4 月 30 日上市公司数量为 123 家，其中有 7 家外国公司，累计融资 22.65 亿欧元
	荷兰新市场（NAMX）		由阿姆斯特丹证券交易所在 1997 年 2 月 20 日推出	到 2000 年 6 月 30 日上市公司数量为 27 家，市值 127 亿美元
	德国新市场		1997 年 9 月 30 日由法兰克福证券交易所成立	欧洲二板市场中最成功的市场，到 1999 年 4 月有 80 家上市公司，市值 400 多亿美元，2003 年年底关闭
	比利时新市场		由布鲁塞尔证券交易所在 1997 年 4 月成立	2003 年关闭
	意大利米兰新市场		由意大利米兰证券交易所在 1997 年 8 月设立	2006 年市值 136 亿美元，上市公司数量为 26 家，市场指数 136.21

续表

<table>
<tr><th>洲</th><th colspan="3">创业板市场</th><th>产生时间</th><th>发展现状</th></tr>
<tr><td rowspan="4">欧洲</td><td colspan="3">EASDAQ</td><td>1996年9月30日成立</td><td>欧洲第一个为高成长性和高科技企业融资的独立电子化股票市场，到1999年12月24日，共56家上市公司，市值443亿美元，公司平均资本为11亿欧元</td></tr>
<tr><td colspan="3">瑞士新市场</td><td>由瑞士证券交易所1999年设立</td><td>到2000年3月12日上市公司数量为8家，市值77亿美元</td></tr>
<tr><td colspan="3">阿姆斯特丹官方平行市场</td><td>1982年1月28日由阿姆斯特丹证券交易所推出</td><td>1993年年末关闭</td></tr>
<tr><td colspan="3">法国第二市场</td><td>1983年2月1日由法兰西证券交易所推出</td><td>1989年上市公司数量为300家，1993年关闭</td></tr>
<tr><td>大洋洲</td><td colspan="3">澳大利亚（AUSDAQ）</td><td>1991年推出</td><td>1995年关闭</td></tr>
<tr><td rowspan="13">亚洲</td><td rowspan="2">日本</td><td colspan="2">JASDAQ</td><td>2000年5月8日由大阪证券交易所和札布、软件库两家公司成立</td><td>截至2016年4月12日，上市公司数量为786家</td></tr>
<tr><td colspan="2">MOTHERS</td><td>由东京证券交易所1999年11月11日推出</td><td>截至2016年4月12日，上市公司数量为226家</td></tr>
<tr><td rowspan="2">新加坡</td><td colspan="2">SESDAQ</td><td>1987年12月1日正式启动</td><td>2007年关闭</td></tr>
<tr><td colspan="2">凯利板（Catalist）</td><td>由新加坡证券交易所于2007年11月26日正式推出</td><td>截至2015年12月底，上市公司数量为172家，总市值达95.21亿新加坡元</td></tr>
<tr><td rowspan="2">马来西亚</td><td colspan="2">MESDAQ</td><td>成立于1998年11月</td><td>2006年市值37.45亿美元，上市公司129家，市场指数120.6</td></tr>
<tr><td colspan="2">吉隆坡证券交易所第二板市场</td><td>1988年11月成立</td><td>2007年市值50亿美元，上市公司281家，市场指数120.7</td></tr>
<tr><td colspan="3">韩国（KOSDAQ）</td><td>1996年7月开始运作</td><td>截至2015年12月底，上市公司1 154家，总市值203万亿韩元</td></tr>
<tr><td colspan="3">MAI</td><td>由泰国证券交易所在1999年6月设立</td><td>2016年上市公司数量为139家</td></tr>
<tr><td rowspan="4">中国</td><td rowspan="2">台湾</td><td>场外交易市场（OTC）</td><td>1994年设立</td><td>截至2012年年底，上市公司数量为809家，总市值21.3万亿新台币</td></tr>
<tr><td>报备市场</td><td></td><td>是OTC市场的后备市场</td></tr>
<tr><td colspan="2">香港创业板</td><td>1999年11月开始运作</td><td>截至2018年2月，上市公司数量为349家，总市值达2 584亿港元</td></tr>
<tr><td colspan="2">中国创业板</td><td>2009年5月开始运作</td><td>截至2018年6月1日，上市公司数量为727家</td></tr>
</table>

案例 2-2

纳斯达克：全球创业板市场的旗帜

在20世纪70年代以前，美国只有两个全国性的股票交易所——纽约证券交易所和美国证券交易所，其中始建于1792年的纽约证券交易所（以纽约证券交易所上市公司为成分股的道·琼斯工业股票平均价格指数始于1895年）规模最大。随着信息和服务业的兴起，一个完全采用电子交易、为新兴产业提供竞争舞台、自我监管、面向全球的纳斯达克股票市场在1971年诞生了，目前已成为成长速度最快、规模和重要性与纽约证券交易所不相上下的股市。

纳斯达克（NASDAQ）是全美证券商协会自动报价系统（national association of securities dealers automated quotations）的英文缩写，目前已成为纳斯达克股票市场公司（Nasdaq Stock Market，Inc.）的代名词，其职能是操作并维持纳斯达克报价系统的运转，并提供各种金融服务。纳斯达克股票市场公司隶属于全美证券商协会（NASD）。该协会还有另一家子公司，即全美证券商协会监管公司，根据全美证券商协会自立的证券交易规则和《联邦证券法》对纳斯达克股票市场公司及场外交易进行监管。纳斯达克是全美也是全球最大的股票电子交易市场。全美证券商协会是美国最大的金融自律组织。

在30年不到的时间内，纳斯达克发展成一个上市公司总数和成长速度均超过纽约证券交易所的股票市场，其成交额和市值等指标也与纽约证券交易所处于伯仲之间。目前纳斯达克指数通常同道·琼斯工业股票平均价格指数一起被用来作为市场分析的基本数据。1999年年底，一座8层楼高的纳斯达克数据显示塔在纽约时代广场竖立起来，打破了道·琼斯工业股票平均价格指数多年来独占这一广告要地的局面。因为纳斯达克吸引力强，美国证券交易所已于1998年同它合并，组成了纳斯达克·埃迈克斯市场集团。

1. 成长最快的股票市场

到1999年年底，在纳斯达克上市的公司共有4 829家（纽约证券交易所上市公司有3 025家），总市值5.2万亿美元，比1998年年底增长了1倍（纽约证券交易所市值共12万亿美元）。2000年第一季度末纳斯达克市值6.18万亿美元，比1999年年底增长了11.8%，比1999年同期增长120%（纽约证券交易所总市值同1999年年底持平，比1999年同期只增长6%）。纳斯达克1999年上市公司484家，占整个美国三大全国性股市上市总数的89%（纽约证券交易所全年上市151家）。1999年，在纳斯达克上市的市值超过1亿美元的公司从10年前的496家上升到2 359家，市值10亿美元以上的公司从10年前的82家上升到659家。许多满足了纽约证券交易所上市要求的公司仍然选择留在纳斯达克市场内。到2010年，上市公司数量为3 182家。

纳斯达克还是美国国内新股发行最多和非美国公司最多的市场。自1993年以来平均每年有近500家公司的原始股在纳斯达克上市，纽约证券交易所同期只有80家左右。在纳斯达克上市的外国公司（如1999年年底市值1 170亿美元的爱立信及丰田、富士、路透社等）到1999年年底已达429家，占纳斯达克上市总数的近10%，多于纽约证券交易所和美国证券交易所。到2010年，在纳斯达克上市的外国公司中有156家为中国企业，这一数量超过了以色列，中国成为在纳斯达克上市企业除美国之外最多的国家。

2. 改革创新的企业精神

信息和通信技术在20世纪中叶刚刚露头的时候，并不是所有人都能预见到今天的发展势头。但是就在这一新兴产业诞生不久，一个为其推波助澜的纳斯达克股票市场出现了。在发达国家，欧、日与美国在科技上的差距是众人皆知的，其中一个很重要的原因是缺乏扶持新兴科技的筹资手段，有人甚至认为欧洲的金融市场要比美国落后10年。20世纪90年代美国通过风险基金和原始股上市等途径进行的风险投资每年都在450亿～650亿美元之间，其中纳斯达克吸纳的占半数。

1999年美国《商业周刊》遴选的100家增长最快的公司有87%在纳斯达克上市。当年在纳斯达克上市的前10名市值最高的公司总值达2.14万亿美元，仅微软公司就达6 000亿美元。据2000年第一季度的统计资料显示，纳斯达克市值最高的三类行业分别是：计算机与数据服务，市值1.9万亿美元；计算机制造业，1.05万亿美元；电子元件业，9 523亿美元。2010年纳斯达克市场价值排名前10位的企业及价值如下。

① 微软，2 599亿美元。

② 苹果，2 032亿美元。

③ 谷歌，1 798亿美元。

④ 思科，1 504亿美元。

⑤ 甲骨文，1 276亿美元。

⑥ 英特尔，1 228亿美元。

⑦ 沃达丰（Vodafone），1 198亿美元。

⑧ 高通（QCOM），654亿美元。

⑨ 亚马逊，584亿美元。

⑩ Amgen，562亿美元。

3. 高度发达的电子交易技术

同传统股市相比，纳斯达克的又一个区别是：它是一个没有交易大厅的股票市场，全部运作通过计算机网络进行。目前它每年投资2亿多美元进行技术设备的升级换代，今后还将逐年增加。1999年它同美国著名的通信公司微波世界通信公司合作，使用设备“企业网”，将电子交易网络的速度和容量扩大一倍，达到日成交40亿股的能力，并具有扩充到80亿股的潜力。

4. 严格的市场监管

纳斯达克的经营口号是：保护投资者，保证市场规范。信条是：股市是无价的国家财产，增加就业、提高生活水平等金融市场的终极成果取决于经营者能否赢得投资者的信心和信任。股市必须确保所有参与者都有平等获利的机会，一切弄虚作假、操纵市场、欺诈行为和内幕交易只能摧毁投资人的信心。

4. 中国的创业板市场

1）中小企业板块为我国创业板打下了良好基础

2000年年初，中国证监会将深圳证券交易所定位于创业板资本市场，之后进入紧锣密鼓的准备状态。经国务院批准，中国证监会于2004年5月17日正式发出批复，同意深圳证券交易所在主板市场内设立中小企业板块，并核准了中小企业板块实施方案。中小企业板块是深圳证券交易所主板市场的一个组成部分，它重点安排主板市场拟上市公司中具有较好成长性和较高科技含量的中小企业发行股票和上市。

2）我国创业板推出的意义

创业板的推出是我国证券市场发展的一个重要里程碑，对我国经济社会的发展具有重要的意义。

首先，创业板的建立有助于贯彻落实国家自主创新战略，促进产业结构的调整。改革开放以来，我国的经济发展一直走的是“外向型和外延式”的发展模式，出口对经济增长的贡献率很高，这就使得我国经济对境外市场和资源的依赖程度很高。在当前全球金融危机和环境保护意识逐步加强的国际大背景下，我国不能满足长期充当劳动密集型产品“世界加工厂”的地位，必须为最具创新活力的中小企业提供一个快速发展的平台，增加高新技术产品的数量和比例，成为高附加值的尖端产品的“世界加工厂”。创业板市场的风险共担、利益共享机制，将促进科技资源、金融资源和资本市场的有机结合，形成创新资源与资本市场相互促进的良性循环机制，促进科技创新、科技成果转化及其产业化，推动国家创新体系的建立和完善。通过创业板市场的资源配置功能可以引导社会资源向具有竞争力的企业集聚，促进一批代表经济未来发展方向的高科技创新型企业成长，逐步实现我国产业结构的调整。

其次，创业板的建立有助于建立健全中小企业的金融支持体系，进而缓解我国当前的就业压力。目前，中小企业已经成为我国经济体系中最具活力和增长潜力的部分，对于促进我国经济增长、扩大社会就业、保持社会稳定和建设创新型国家都具有重要的战略意义。但长期以来，“融资难”的问题一直制约着中小企业的发展，在当前全球金融危机的影响下这一问题尤为突出。创业板的推出将撬动民间投资，拓宽风险投资的退出渠道，使创业投资、私募股权投资、银行及其他信贷、担保机构及地方政府等资金进一步汇集和投入到中小企业。同时资本市场有一个杠杆放大的效应，通过这样进入资本市场以后，有助于形成以资本市场为纽带的中小企业金融支持体系。创新型企业发展初期对人力资本的需求很大，稳定这类企业并促进其发展，将有力地保障社会就业。据统计，创业板上市公司上市前员工人数平均只有1 300人不到，上市后2～3年，其平均员工人数就增加到3 400人，增长近1.6倍。

最后，创业板的建立有助于完善我国多层次资本市场体系。伴随着创业板的开板，我国已初步形成了一个由4部分构成的多层次资本市场：深市主板和沪市主板、中小企业板、创业板、代办股份转让系统（俗称三板市场）。随着近年来我国产业结构调整步伐加快，我国企业规模分化日趋明显，不同区域、不同成长阶段的企业迫切要求创新金融服务体系，单一的主板市场和同质化的制度安排已经难以满足资本市场多样化的投融资需求和风险管理的要求。创业板的推出适应了中小创新型企业的多元化融资要求，也满足了广大投资者的不同风险偏好，有利于扩大资本市场服务范围，逐步完善有机联系的多层次资本市场体系。

3）我国创业板的产生、现状及发展

在世界各国，创业板在资本市场中都占据重要地位。

1999年3月2日，中国证监会第一次明确提出“可以考虑在沪深证券交易所内设立高科技企业板块”。

2000年10月，深市停发新股，筹建创业板。

2001年年初，纳斯达克股市狂跌，国内股市也频传丑闻。

2004年5月，中国证监会同意深圳证券交易所设中小板，作为创业板的过渡。

2007年8月，《创业板发行上市管理办法》（草案）于8月22日获得国务院批准。

2008年3月21日，中国证监会正式发布创业板规则征求意见稿和征求意见稿起草说明。

2009年3月31日，中国证监会最终发布《首次公开发行股票并在创业板上市管理暂行办法》，办法自5月1日起正式实施。创业板上市条件比主板市场的门槛有所降低，有利于中小企业，见表2-3。

表2-3　创业板与主板市场的主要上市条件

	主板上市条件	创业板上市条件
盈利能力要求	◆ 最近3年盈利，且净利润累计超过3 000万元； ◆ 营业收入累计超过3亿元	◆ 最近2年盈利，净利润累计超过1 000万元，且持续增长；或最近1年盈利，且净利润不少于500万元 ◆ 最近1年营业收入不少于5 000万元，最近2年营业收入增长率均不低于30%
净资产要求	◆ 发行前股本总额不少于3 000万元，发行后股本总额不少于5 000万元	◆ 发行前净资产不少于2 000万元，发行后股本总额不少于3 000万元

2009年9月17日中国创业板启动，中国证监会于2009年10月23日举行了创业板开板仪式，中国创业板市场首批28家公司集中在深交所挂牌上市（见表2-4）。

表2-4　创业板首批28家挂牌交易公司

简称	代码	发行价/元	市盈率/倍	发行股数/万股
特锐德	30001	23.80	52.76	3 360
神州泰岳	30002	58.00	68.80	3 160
乐普医疗	30003	29.00	59.56	4 100
南风股份	30004	22.89	46.24	2 400
探路者	30005	19.80	53.10	1 700
莱美药业	30006	16.50	47.83	2 300
汉威电子	30007	27.00	60.54	1 500
上海佳豪	30008	27.80	40.12	1 260
安科生物	30009	17.00	46.83	2 100
立思辰	30010	18.00	51.49	2 650
鼎汉技术	30011	37.00	82.22	1 300
华测检测	30012	25.78	59.95	2 100

续表

简称	代码	发行价/元	市盈率/倍	发行股数/万股
新宁物流	30013	15.60	45.48	1 500
亿纬锂能	30014	18.00	54.56	2 200
爱尔眼科	30015	28.00	60.87	3 350
北陆药业	30016	17.86	47.89	1 700
网宿科技	30017	24.00	63.16	2 300
中元华电	30018	32.18	52.62	1 635
硅宝科技	30019	23.00	47.96	1 300
银江股份	30020	20.00	52.63	2 000
大禹节水	30021	14.00	53.85	1 800
吉峰农机	30022	17.75	57.26	2 240
宝德股份	30023	19.60	81.67	1 500
机器人	30024	39.80	62.90	1 550
华星创业	30025	19.66	45.18	1 000
红日药业	30026	60.00	49.18	1 259
华谊兄弟	30027	28.58	69.71	4 200
金亚科技	30028	11.30	45.20	3 700

根据深圳证券交易所发布的数据，截至 2018 年 6 月 1 日，我国创业板上市公司数达到 727 家，总股本为 3 512.93 亿股，流通股本为 2 400.48 亿股，平均市盈率达到 42.79，总市值为 50 669.58 亿元。另外，2017 年创业板 IPO 公司 141 家，较上年增长 80.77%。2017 年累计股票筹资额达到 1 495.69 亿元。同时，自 2009 年我国创业板开板起，许多创业板公司在上市融资、扩大主营业务生产规模的同时进行了行业并购，收购同行业及上下游产业链的企业，金额巨大。

可见，创业板的诞生为原本上市融资无望的公司提供了更大的作为空间。从长期战略价值来看，创业板的推出不仅适应了市场形势变化和市场发展要求，而且充分发挥了资本市场对高科技、高成长等创业企业的“助推器”和“孵化器”功能，是促进经济平稳较快发展的重要举措。

从国际上来看，全世界成功的创业板数量并不多。在发展过程中，各地创业板市场都存在一些共同的问题，比如企业很小、风险很大等。创业板作为一个全新的事物，特别是在中国这样的转型经济发展过程中，应该以特殊的眼光来看待。时间可以证明，创业板发展初期的这些问题都是可以理解的，创业板将会是市场发挥其基础作用的载体，创业板真正契合了国家提高资源配置效能的战略。

2.4.4 产业投资基金

根据《政府出资产业投资基金管理暂行办法》中的定义，产业投资基金（或简称产业基金）是指一种对未上市企业进行股权投资和提供经营管理服务的利益共享、风险共担的集合投资制度，即通过向多数投资者发行基金份额设立基金公司，由基金出资人自任基金管理人或另行委托基金管理人管理基金资产，委托基金托管人托管基金资产，从事创业投资、企业重组投资和基础设施投资等实业投资。

1. 产业投资基金的分类

① 根据组织形式的不同，产业投资基金可划分为公司型基金、信托基金（契约型）和有限合伙型基金。公司型基金依《公司法》成立，通过发行基金股份将集中起来的资金进行投资，基金公司资产为投资者（股东）所有，由股东选举董事会，由董事会选聘基金管理公司，基金管理公司负责管理基金业务。信托基金（契约型）是指依据信托契约，基金管理人是基金的发起人，通过发行受益凭证将资金筹集起来组成信托财产，并根据信托契约进行投资；基金托管人依据信托契约负责保管信托财产；基金投资人即受益凭证的持有人，根据信托契约分享投资成果。有限合伙型基金由两类合伙人组成，即普通合伙人（general partner）和有限合伙人（limited partner）。普通合伙人负责管理合伙企业的投资，对合伙企业的债务承担无限责任；有限合伙人是投资资金的主要提供者，不参与合伙企业的日常管理，以投入的资金为限对基金的亏损和债务承担责任。

② 根据发起人的不同，产业投资基金还可以划分为以下三类：第一类是主权财富基金和准主权财富基金，前者如中国投资公司，后者如中国－比利时直接股权投资基金、中国－瑞典合作基金、中国－东盟中小企业投资基金、中非基金等；第二类是各部门对口支持的特定产业基金，如科技部支持的科技发展基金，交通运输部下的交通基金，水利部下的水务基金，还有核能基金等；第三类是地方政府引导的基金，主要是地市以自己的基金作为“种子”，与市场上的其他基金合作，共同投资于本地区支持的产业。

③ 根据募集方式的不同，产业投资基金还可划分为私募产业投资基金和公募产业投资基金。公募产业投资基金由发行单位向社会公开发行；私募产业投资基金直接卖给投资者，不作宣传。

④ 按照发行总额是否固定，产业投资基金还可划分为封闭式基金和开放式基金。封闭式基金的发行总额固定，开放式基金的发行总额度不固定，可以随时赎回或追加。

2. 产业投资基金的特点

从投资动机来看，产业投资基金的主要经营目标是最大限度地增加被投资企业的价值，然后通过股权转让获得收益，而一般股权投资主要是为了实现公司整体利益最大化。

从投资对象上来看，产业投资基金投资于实体经济中未上市的公司，如从事基础产业建设的企业或高新技术产业公司，而证券类投资基金则主要投资于上市公司的股票、政府或企业公开发行的债权和金融机构的衍生产品。

从投资规模上来看，产业投资基金的投资规模介于证券投资基金和一般股权投资之间。产业投资基金一般会投资于有限的几家企业，所以单笔投资的投资金额一般较大。

从资产的流动性来看，产业投资基金投资项目期限一般在3～7年，投资期限相对较长，并且在产业投资基金与被投资企业签署的投资协议中，一般包含中途不能够随意撤资或者是转让股权的条款，资产流动性较弱。证券投资基金投资期限较短，一般数日或者数十日就有可能出售其资产。一般股权投资则没有具体的投资年限，其投资的长度受公司的战略规划影响。

从运营机制来看，证券投资基金的投资只是资金方面的投资，它们不参与企业的经营管理，而产业投资基金不仅仅是简单的资金投入，它们还有以先进管理经验、运作手段加盟的特点。产业投资基金通过持有股权，有限度地参与企业日常的经营管理，尽最大努力提升企业价值，使产业投资基金持有的股权增值。

从收益来源来看，不同于证券投资基金主要收入来自金融资产的价差，也不同于一般股权投资以集团公司整体的经营收益去获利，产业投资基金的收益一般来自被投资企业的利润分配和退出时的股份转让收入，利润主要来源于股份转让时的收入和初始投资成本之间的差额。

从退出机制来看，产业投资基金的退出机制大体有三种：第一种是被投资企业上市后通过股票市场进行股份转让，实现从被投资企业中退出；第二种是通过转让被投资企业未上市的股份，可以是外部转让也可以是内部转让；第三种是被投资企业经营失败，通过破产清算程序退出被投资企业。而证券投资基金一般通过在股票市场、债券市场、外汇市场等直接售出持有的金融资产退出被投资企业。

3. 我国产业投资基金的发展与现状

产业投资基金在我国的发展大致可以分为四个阶段。

第一阶段：20 世纪 80 年代中期—90 年代初期。在这一时期，我国的产业投资基金尚处于萌芽状态。我国 20 世纪 50 年代中期引入“创业投资”这一概念。1988 年 5 月，我国第一个国家级高新技术开发区——北京市新技术产业开发试验区获准成立，之后很多地区相继成立高新技术产业开发试验区，并在试验区内设立了创业投资基金。

第二阶段：20 世纪 90 年代初—1996 年。这一时期我国的创业投资刚刚起步。创业投资机构呈小幅增长，增长速度缓慢，并且这些创业投资机构普遍存在资本金严重不足的困难，只能进行小规模的投资。在这一时期，国外的创业资本也开始进入我国，在 20 世纪 90 年代以前，产业投资基金在我国的金融领域中应该属于一片空白。国内没有一家真正意义上的产业投资基金。所以境外中国产业投资基金的出现，带动了国内投资基金的升温和发展，可以说是功不可没。

第三阶段：1997—2001 年，这一时期我国的创业投资进入真正的发展时期。1997 年 11 月 14 日国务院证券委员会颁布了《证券投资基金管理暂行办法》，证券投资基金得以规范并发展，同时也标志着我国投资基金发展进入了一个崭新的时期。一项 2001 年 10 月份完成的调查表明，目前我国从事创业投资业务的各类投资机构已经达到 250 家左右，管理的创业资本约为 400 亿元，其中政府资金约占 34%。

第四阶段：2001 年至今，这一时期创业投资基金、房地产投资基金都有特例产生，中外合作创投基金发展尤为迅速。2006 年 12 月 30 日，渤海产业投资基金在天津挂牌成立。在这一阶段我国产业投资基金发展较为迅速，不少产业投资基金都已经进入实际操作。我国目前正式获批并已经运营的产业投资基金有：中国一瑞典合作基金、中国一东盟中小企业投资基金、中国一比利时直接股权投资基金、渤海产业投资基金等。

近年来，为支持新兴产业发展及重大产业转型升级，各类政府引导基金如雨后春笋般涌现。截至 2018 年 3 月，政府产业投资基金总量已达 1 851 只，募资总额超过 3.1 万亿元。目前，政府产业投资基金主要投资于战略性新兴行业，以引导新兴产业发展，落实产业政策，投资项目以 IT、互联网、机械制造、生物技术和医疗健康为主。

产业投资基金是一个大类概念，国际上通常分为风险投资基金和私募股权投资基金，一般是向具有高增长潜力的未上市企业进行股权或准股权投资，并参与被投资企业的经营管理，以期所投资企业发育成熟后通过股权转让实现资本增值。风险投资基金是中小企业及高新技术企业初期融资的重要来源，吸引风险投资对中小企业和高新技术企业的发展至关重要，本书将在第6章作详细介绍。

2.4.5 新三板市场和新四板市场

1. 新三板市场概述

"新三板"，即全国中小企业股份转让系统，是经国务院批准设立的第三家全国性证券交易所，主要是为创新型、创业型、成长型的中小微企业提供股份流动、直接融资和并购重组服务。新三板市场成立于2006年1月，原指中关村科技园区非上市股份有限公司进入代办股份系统进行转让试点，因为挂牌企业均为高科技企业而不同于原转让系统内的退市企业及原STAQ、NET系统挂牌公司，故形象地称为"新三板"。

我国旧三板市场因承接两网公司和退市公司而设立，最初形态是2001年的"股权代办转让系统"。到2006年，中关村科技园区非上市股份公司的股份报价转让都在代办转让系统中进行，这时的代办转让系统被叫作新三板市场。2012年8月5日证监会发布了首批作为新三板市场增容的试行地区，包括天津滨海高新区、上海张江高新技术产业开发区和武汉东湖新技术产业开发区。再到同年9月，国务院审批全国中小企业股份转让系统正式注册设立，这是我国在"上交所"和"深交所"之后设立的第三家证券交易场所。

截至2018年5月，新三板市场挂牌公司数量为11 309家，总股本为6 585.63亿股，其中无限售股本为3 518.21亿股，总市值达39 405.68亿元。

新三板主要融资方式如表2-5所示。

表2-5 新三板主要融资方式

融资方式	时 间	方 式	特 点
做市商	挂牌后	向市场提供买卖双方报价	增强股票的流动性
定增	挂牌申请开始	一次核准，分期发行	资金用途有严格的规定
股权质押贷款	挂牌后	股东将股票质押给银行等	对企业的资产规模等要求高
私募债	挂牌后	审核备案制	审批周期快，资金使用灵活
优先股	挂牌后	按照公司章程规定发行	兼顾企业家和投资者的权益

2. 新三板市场的特点

(1) 新三板市场挂牌企业数量逐年增加（见图2-4），行业分布以新兴产业为主

从2006年以来在新三板市场中挂牌企业的总数一直呈上升状态，近年来呈现出加速发展的良好势头，发展速度十分迅猛，逐渐发展成为中国资本市场中不可或缺的部分。目前，新三板市场挂牌企业多以新兴行业为主，机械制造、信息技术、化工原料及加工占据行业分布的前三甲。新三板市场人士对于新兴行业较认可，因此新兴产业往往能获得更高的估值。从行业分布来看，新三板企业大多数为信息技术等新兴软件行业，充分体现了我国经济结构升级的趋势和方向。

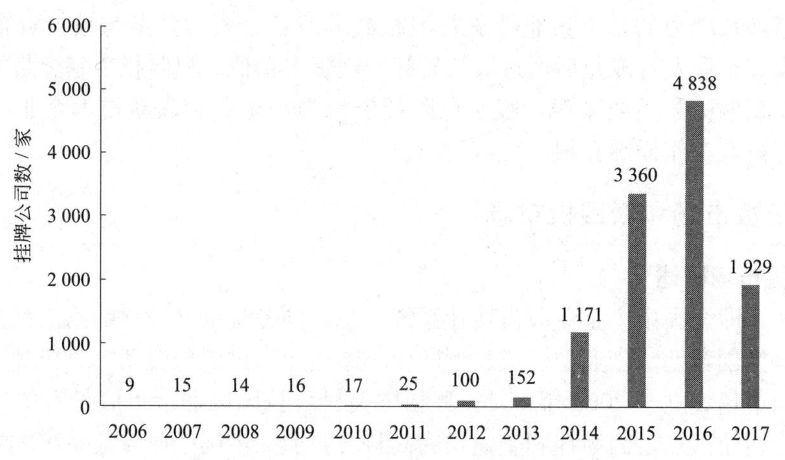

图 2-4　新三板市场挂牌企业数量

(2) 新三板市场挂牌企业地域分布扩大，但分布不均

新三板扩容后，挂牌公司的区域分布范围加大，广东、北京、江苏、浙江、上海的挂牌企业数量排名前五，经济较发达的几个省份挂牌企业数量持续走高。新三板市场在全国范围内呈地毯式展开，但挂牌企业的分布数量极其不均匀，经济较发达的中东部地区及南方的部分省份新三板挂牌数量较多，西北部地区的企业挂牌数量较少，尤其是西藏、青海地区。这一现状与企业自身的发展条件有关，如是否已具备挂牌新三板的条件；同时也与地区经济发展不平衡的外部条件相关。

(3) 发展趋势：新三板转板、定向增发与新三板基金

新三板转板热情较高，已成为 IPO 后备军。截至 2018 年 1 月，成功转板 A 股的新三板企业累计已达 25 家。目前尚有 118 家新三板企业在 IPO 排队大军之中，其中 54 家拟在创业板上市、15 家拟在中小企业板上市、49 家拟在主板上市。

定向增发相对活跃。2017 年，新三板共有 2 555 家企业完成 2 788 次增发，共计募资 1 386.58亿元，最大单笔融资为 50 亿元。新兴产业、医药制造、制造业细分行业如电气机械及器材、计算机、通信和其他电子设备等备受青睐，定向增发次数、募集资金规模居于市场前列。创新层、业绩表现较好、新兴产业等领域企业融资需求较大，完成募集资金情况较好。

通过以上对新三板市场特点的分析，发现新三板市场发展迅速，不断扩容。企业挂牌数量呈现不断上升趋势，所涉及的行业和地区也在不断扩大。与此同时，以新三板为主题的产业基金也得到了一定的发展，新三板市场受到更多投资者的关注，吸引了大量投资，促进了企业的发展。

3. 新三板挂牌和主板上市的区别

全国中小企业股份转让系统（以下简称全国股份转让系统）是经国务院批准，依据《证券法》设立的全国性证券交易场所，2012 年 9 月正式注册成立，是继上海证券交易所、深圳证券交易所之后的第三家全国性证券交易场所。在场所性质和法律定位上，全国股份转让系统与证券交易所是相同的，都是多层次资本市场体系的重要组成部分。

全国股份转让系统与证券交易所的主要区别在于：一是服务对象不同。《国务院关于全国中小企业股份转让系统有关问题的决定》（以下简称《国务院决定》）明确了全国股份转让

系统的定位主要是为创新型、创业型、成长型中小微企业发展服务。这类企业普遍规模较小，尚未形成稳定的盈利模式。在准入条件上，不设财务门槛，申请挂牌的公司可以尚未盈利，只要股权结构清晰、经营合法规范、公司治理健全、业务明确并履行信息披露义务的股份公司均可以经主办券商推荐申请在全国股份转让系统挂牌；二是投资者群体不同。我国证券交易所的投资者结构以中小投资者为主，而全国股份转让系统实行了较为严格的投资者适当性制度，未来的发展方向将是一个以机构投资者为主的市场，这类投资者普遍具有较强的风险识别与承受能力。三是全国股份转让系统是中小微企业与产业资本的服务媒介，主要是为企业发展、资本投入与退出服务，不是以交易为主要目的。

4. 新三板的意义

新三板的意义如下。

（1）将公司的股权标准化

新三板的改制过程实际上是将公司变为达到资本市场最基本要求的一家企业，因此相比非挂板公司，如果有上市公司来收购，新三板公司的财务数据是真实的，基础工作也基本做好，相比之下信息不对称的风险要小得多。

（2）有一定的融资能力

有不少机构告诉企业，上新三板就能股权融资就能贷到款，股东还能股权质押融资，而现实往往没那么美好。诚然，新三板的融资案例很多，也不乏数十亿元的大宗融资，但是融资能力还是取决于企业自身的经营状况而不是上没上新三板。新三板对于融资的额度和成本无疑是有帮助的，但是并不意味着很差的企业以宽松的条件挂板以后就一定能融到资。

如果企业本身情况较好，可以通过定向增发的方式发行股票筹集资金，部分概念较先进、经营状况良好的企业受到的追捧程度不亚于主板和创业板市场，但毕竟是少数。

（3）提供价格发现

对于那些已经基本达到创业板的法定条件甚至更高的企业，新三板提供的估值溢价毫无疑问是有价值的。非新三板企业的上市公司并购对价一般都在15倍以下，少数较好行业高一些，而新三板企业被并购的对价是明显高于同行业非挂板公司的。

做市商对于公司整体估值的提升更为明显，一方面是因为做市是要券商真金白银投资企业的，筛选非常严格，隐含了券商的声誉保证；另一方面是做市提供了新三板所稀缺的流动性：想买就能买，想卖就能卖。而流动性毫无疑问也是有价格的，因而上述的估值提升大大提高了股东持有股份的收购价值。

（4）提升知名度和投资者能见度

当一家企业登陆企业三板时，它获得的是券商、会计师、律师和股转公司的隐藏信誉保证，在投资者的寻找方面也会更为便利。由于公司的信息已经在一个全国性平台上进行展示，因而公司在经营情况良好的前提下，寻找投资者毫无疑问是有优势的。已经有不少券商的资管子公司或者基金开始募集新三板投资基金，针对新三板企业进行精选投资。另外，由于公司在一个全国性市场展示了自己，对于企业形象和员工的认同都是有帮助的。

（5）作为IPO的检验

可以通过新三板的全过程检验公司团队，检验中介机构服务水平，看看市场对公司的认知程度。

5. 新三板市场的发展历程与现状

新三板市场的发展从重大事件上可以分为三个阶段。

（1）第一阶段：萌芽期

第一阶段从 2006 年 1 月中关村开始试点到 2013 年 1 月 16 日股转公司揭牌。这个阶段主要是建立为非上市公众公司提供股票挂牌转让服务的平台。其中，在 2012 年 7 月，国务院批准设立全国中小企业股份转让系统，试点园区扩至北京、上海、天津、武汉四个园区，揭开了真正意义上的“全国化”，新三板挂牌企业开始逐步增多，这个阶段有不少券商开始发力，发力并组建场外市场部，部分园区的企业先知先觉，勇于对接资本市场，在中国资本市场改革竞争中取得先机。但在这个阶段的初期由于政策不明朗，众多企业信心不足，券商投入资源有限，券商投行和场外市场部的队伍建设力度并不大，初期新三板发展较慢。

（2）第二阶段：成长期

第二阶段从 2013 年 1 月 16 日到 2015 年 7 月 22 日，这个阶段主要是追求挂牌家数的阶段。标志性事件出现在 2015 年 7 月 22 日，随着新三板 17 家企业的挂牌，新三板挂牌企业家数达到 2 811 家，正式超过深沪两市当时 2 800 家的上市公司总和。

实际上，在 2013 年到 2014 年 6 月，新三板挂牌家数有 811 家，市场发展不理想。期间，由国务院牵头，股转公司连续发文，鼓励企业和中介机构发力。2014 年 12 月 26 日，证监会为贯彻落实《国务院关于全国中小企业股份转让系统有关问题的决定》，颁布了《关于证券经营机构参与全国股转系统相关业务有关问题的通知》，允许更多的推荐队伍参与新三板企业挂牌，其中在第四条明确提出扩大推荐队伍，支持基金管理公司注册基金管理子公司、期货公司子公司、证券投资咨询机构等机构，经证监会审察后，可以在全国股转系统开展推荐业务。同时，在创新收费方式上，允许股权支付和期权支付等新型收费模式。这些政策彻底激活了整个新三板市场建设进度，由此券商和各地政府共同发力，新三板挂牌家数迎来井喷式发展。

第二阶段的特点就是追求挂牌数量，股转公司和券商大力引导各类企业挂牌，各地政府也出台各种奖励政策，鼓励、推动各类企业申报新三板，用了接近两年时间，完成了新三板总挂牌家数超过深沪两市二十五年来上市家数总和的壮举，由此形成了正金字塔形资本市场结构，告别了之前的“畸形”倒金字塔形结构，并在全国范围内形成了“新三板热”的浪潮。

（3）第三阶段：成熟期

第三阶段以 2015 年 7 月开始悄然发生变化为标志，由追求挂牌家数的数量导向转向追求提升挂牌企业质量导向。在这个阶段，从券商到监管部门都形成共识，先追求数量发展是远远不够的，必须在新的阶段，开始鼓励更多的优质中小企业申报挂牌，鼓励真正有创新能力和有核心竞争力的各类中小企业挂牌新三板。由此新三板市场发展的整个政策导向又开始发生重大转变。特别是挂牌家数突破 4 000 家后，新三板企业挂牌从追求数量到追求质量理念日益深入人心，得到包括各界人士的支持。标志性事件是从 2015 年上半年开始，大批拆 VIE 的海外板块回归带动更多优质互联网企业进场，特别是带动以“TMT”“两高三新”等新兴板块企业蜂拥而入。

2016 年 5 月 27 日，《全国中小企业股份转让系统挂牌公司分层管理办法（试行）》正式发布，自 6 月 27 日起，新三板市场将正式对挂牌公司实施分层管理，分为基础层和创新层，分层标准和维持标准包括盈利要求、成长性要求和做市市值要求等。截至 2018 年 8 月 31 日，挂牌企业总数为 11 011 家，其中创新层有 936 家公司，约占挂牌企业总数的 8.5%。

就新三板市场发展整体而言，前期挂牌企业总体要求较松，特别是在财务等核心指标上，要求相对宽松，导致前期大量中小微企业快速挂牌成功，有部分企业在内控机制和财务数据上离公众公司要求有一定差距，部分企业本身从团队到内控制度也没有做好充足准备对接资本市场。这种现象也在一定程度上影响到了新三板的初期发展。因此随着挂牌总量上来之后，流通性和交易活跃度就是摆在监管部门面前亟须解决的问题。

6. 新四板市场发展概述

新四板即“区域性股权交易市场”，是为特定区域内的企业提供股权、债券转让和融资服务的私募市场，是公司规范治理、进入资本市场的孵化器，也为股份公司股权转让提供交易场所。其中深圳前海股权交易中心是全国最大、服务最多的场外交易市场，发展速度远超其他新四板市场。

2012 年 10 月 18 日，继天津、重庆、齐鲁、上海和广州五大区域性场外市场之后，浙江股权交易中心正式启动，并明确提出要打造“四板”市场，从而揭开了“新四板市场”的发展序幕。2013 年 7 月 1 日，国务院办公厅印发《关于金融支持经济结构调整和转型升级的指导意见》，提出要进一步优化主板、中小企业板、创业板市场制度安排等方面的各项制度，以及将中小企业股份转让系统试点扩大至全国等要求。

新四板与新三板的区别如下。一是挂牌成本不同，新三板挂牌成本在 120 万元左右，而新四板的费用要低很多。二是融资功能不同，新三板主要为挂牌企业提供股权融资，新四板主要为企业提供挂牌、登记、托管、转让、展示服务，以及各类股权、债权、金融产品等服务。三是股价形成机制不同，新三板挂牌企业依据股票交易形成价格，区域性股权交易中心挂牌企业根据公司净资产确定股价。

截至 2017 年 2 月，全国范围内区域性股权市场已超过 40 家，新四板挂牌企业已达 78 600家。中国的资本市场主要还是受国家政策影响较大，目前四板各交易市场不活跃，但是随着国家加大对金融市场的开放和发展力度，新四板市场应该会是未来金融必不可少的部分。新四板市场经过长期的发展也极有可能从柜台交易市场向做市商、交易所市场过渡。

2.4.6 员工持股计划

1. 员工持股计划的概念

员工持股计划是指上市公司根据员工意愿，通过合法方式使员工获得本公司股票并长期持有，股份权益按约定分配给员工的制度安排。员工持股计划的参加对象为公司员工，包括管理层人员。

员工持股计划具有以下特点。

① 主体的特殊性。员工持股计划的投资主体必须是企业的员工。

② 广泛性。员工持股计划的主体是企业职工，这里的职工指的是广义范围的职工，包括企业的管理层和普通员工。

③ 限制性。员工必须满足一定条件才可以有通过持股计划获得企业股票的权利，例如有的企业要求员工必须满足一定工作年限，并且股票的转让也必须符合一定的条件。

④ 间接性。通常员工并不直接持有股票，而是由相关资产管理机构、工会或设置专门的职工持股会进行管理。

⑤ 兼具激励性质与福利性质。员工持有公司的股票，其利益与企业股东利益统一，有利于企业提高经营效益，企业绩效的提高又会促进企业股票价值的上升，当满足持股期限时，员工可在二级市场上出售股票从而获得差价。员工持股计划将员工利益与企业效益有效地捆绑在一起，体现了对员工的激励作用。员工持有企业的股票，从而可得到企业的股息和分红，使员工在劳动工资之外又多了一份收入来源，体现了员工持股计划的福利性质。

2. 员工持股计划的分类

根据资金来源的不同，员工持股计划可分为杠杆型员工持股计划和非杠杆型员工持股计划。

杠杆型员工持股计划主要通过信贷杠杆来实现。杠杆型员工持股计划的第一步是在企业内部设立员工持股信托基金会，然后由基金会向金融机构贷款，企业做担保。基金会贷得的款项用于购买公司股票，并由其暂时掌握。基金会每年都会因此而收到企业的部分资金，并将其用于归还银行贷款，企业股票的所有权也随之逐步划转至职工的个人账户，直至贷款完全偿还，所有权也最终由职工全部掌握。杠杆型员工持股计划如图 2-5 所示。

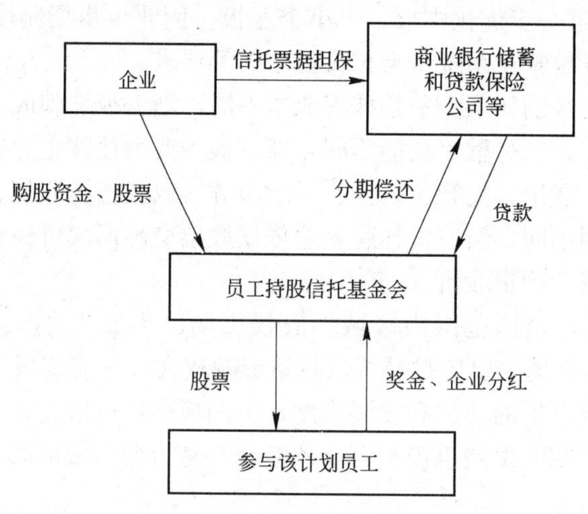

图 2-5　杠杆型员工持股计划

与杠杆型员工持股计划相比，非杠杆型员工持股计划少了银行的参与，一般由企业直接向持股计划基金会提供股票或用于购买企业股票的资金，由基金会根据一定的条件和标准来分配给员工。

3. 中国企业员工持股计划的发展与现状

中国逐步开始探索引入员工持股制度，是在党的十一届三中全会确立了改革开放政策和国民经济发展新方针之后，至今已经探索了 40 余年。企业员工持股计划在中国发展的历程，从 20 世纪 80 年代至今，经历了 4 个阶段：局部探索阶段、广泛试行阶段、快速发展阶段和发展深化阶段。

第一阶段（1984—1991 年）：局部探索。这一阶段对员工持股的探索以企业设置“个人股”的形式出现，标志性事件为：1984 年 7 月，我国第一家股份制企业——北京天桥百货股份有限公司正式成立，公司的股本设置中设立了个人股。该公司的大部分职工购买了个人股（5.97万元），占当时该公司总股本463万元的1.29%。这是国有企业改革中最早的职工持股行为。

第二阶段（1992—1994年）：广泛试行。1992年为了适应我国股份制试点工作的需要，国家体改委制定了《股份制试点办法》《股份有限公司规范意见》。《股份有限公司规范意见》出台后，全国出现了一大批定向募集公司，并且绝大多数都有内部职工股，当时采取职工自愿购买的方式，但更主要的还是强调法人入股，基本比例是国有股占51%，法人股占29%，个人股占20%。

第三阶段（1995—1997年）：快速发展。在我国资本市场存在一级市场和二级市场巨大价差的情况下，购买职工股并在适当时候抛出，获取认购成本价与二级市场价之间巨大的差价收益，就成了职工的必然选择。

第四阶段（1998年至今）：发展深化。1997年，外贸部联合其他部委下发的文件和深圳市政府出台的文件标志着我国职工持股制度的建设走向深入。前者由四部委签发，影响面大，而且对职工持股会的审批登记注册做了详细的规定；后者对职工持股的股份比例、资金来源等一系列问题做了创造性的安排，成为我国国有企业职工持股制度的典范，被其他地区视为学习的范例。

另外在这一时期，有两种股权激励方式得到了发展。一是对企业经营者和高科技企业员工进行长期激励的方式——认股期权计划开始兴起。较早尝试认股期权计划的有北京的联想公司、上海的埃通公司、上海的金陵公司和贝岭司。从1999年起，武汉市国有资产经营公司对下属21家控股公司和全资子公司实行股权奖励。二是MEBO方式（可以看作是一种特殊的职工持股方式）有了相当程度的发展。

自2014年6月20日证监会发布《关于上市公司实施员工持股计划的指导意见》以来，广大上市公司积极响应，纷纷开始试点工作，公布员工持股计划方案的上市公司数量逐月递增。

从每年公布的员工持股计划方案的数量来看，2014年62个，2015年377个，2016年182个，2017年211个。截至2017年年底，共有832家上市公司公布了员工持股计划，占我国A股市场上市公司总数的23.99%。而这些上市公司推出的员工持股计划的规模已经超过了1 000亿元。

目前，我国员工持股计划的政策实施仍处于初级阶段，积极推行员工持股计划的上市公司主要是在创业板和中小企业板上市的民营中小规模公司，这些公司大多财务状况良好，呈现出股权比较集中的特点，而且高科技新兴行业的企业所占比例比其他行业更高一些，表现出了推行员工持股计划的强烈意愿。

思　考　题

1. 简述吸收直接投资的种类。
2. 简述股票发行的方式。
3. 做出发行普通股和优先股股票融资的利弊分析。
4. 简述采用发行认股权证融资的优缺点。

5. 怎样利用创业板市场进行项目融资？
6. 产业投资基金融资有何特点？
7. 新三板市场与新四板市场的出现，对我国资本市场有何影响？
8. 企业员工持股计划与传统股权激励相比，有何不同？存在哪些优势？

第3章

企业的负债融资

内容摘要

负债融资是一种常见的企业融资途径，主要的方式包括贷款和发行债券。本章从国内金融机构贷款、国际贷款和发行债券三个不同的融资渠道对企业融资进行了具体阐述。本章以贷款融资的机构设置、贷款种类为基础介绍了国内外金融机构贷款融资的相关内容和贷款融资程序，介绍了债券的类别及我国不同债券的发行情况及发展趋势，并对我国目前企业负债融资的可行性、存在的问题等进行了深入探讨。

3.1 短期的信用负债融资和信托融资

3.1.1 短期融资的分类及特点

短期融资是指提供一个正常营业周期（一般为从资产负债日起一年内）使用的资金。

按照信用形式来划分，短期融资方式主要分为商业信用、应计项目、短期借款和货币市场信用四类。

① 商业信用，是指在商品交易中由于延期付款或预收货款所形成的企业之间的借贷关系。商业信用的数量通常与企业的营业收入成正比。随着企业生产经营活动规模的扩大，营业收入增加的同时，其购货款也会相应增加，从而所利用的商业信用也将随之增加。商业信用的具体形式有应付账款、应付票据、预收账款等。

② 应计项目，是指企业在非商品交易中产生的应付费用，如应付酬工薪酬、应交税费、其他应付款等。应计项目使企业受益在前、费用支付在后，相当于享用了收款方的借款。

③ 短期借款，是指企业向银行借入的期限在一年以内（含一年）的借款。短期借款分为无担保借款和有担保借款两类。

④ 货币市场信用，是指资信较好的企业通过商业票据和其他货币市场工具进行的短期融资。货币市场信用的具体形式有很多，但在我国许多形式的货币市场信用发展都不太

成熟。

短期融资具有以下四个特点。

① 融通快速而及时。长期债务的债权人为了保护自身利益，往往要对债务人进行全面的财务调查，因而长期融资所需时间较长且不易取得。短期负债在较短时间内即可归还，故债权人顾虑较少，容易取得。

② 融通具有弹性。举借长期负债，债权人或有关方面经常会向债务人提出很多限定性条件或管理规定。而短期负债的限制则相对宽松，企业融得的短期资金使用较为灵活，富有弹性。

③ 融资成本低。短期负债的利率通常低于长期负债，短期负债融资成本也较低。

④ 融通风险大（财务风险高）。短期负债需要在短时间内偿还，因而要求融资企业在规定债务期限内筹措出足够的资金偿还债务，若企业资金安排不当，容易陷入财务危机。此外，短期负债利率的波动比较大，企业需要承担较高的利率变化风险。

3.1.2 信托融资

1. 定义及特点

信托就是信用委托。信托业务是一种以信用为基础的法律行为，一般涉及三方面当事人，即投入信用的委托人、受信于人的受托人，以及受益于人的受益人。信托业务是由委托人依照契约或遗嘱的规定，为自己或第三者（即受益人）的利益，将财产上的权利转给受托人（自然人或法人），受托人按规定条件和范围，占有、管理、使用信托财产，并处理其收益。

（1）认识差异

由于信托是一种法律行为，因此在采用不同法系的国家，其定义有较大的差别。历史上出现过多种不同的信托定义，但时至今日，人们也没有对信托的定义达成完全的共识。

（2）国内概况

随着经济的不断发展和法律制度的进一步完善，2001 年发布的《中华人民共和国信托法》对信托的概念进行了完整的定义：信托是指委托人基于对受托人的信任，将其财产权委托给受托人，由受托人按委托人的意愿以自己的名义，为受益人的利益或者特定目的，进行管理或者处分的行为。

信托融资具有以下几个特点。

① 期限固定。一般为 1～3 年，运作期限明确，便于安排资金使用计划。

② 收益确定。保本保息，年化收益一般为同期定存利率的 2～3 倍，稳健型配置必选。

③ 安全性高。通过资产抵押、股权质押、担保公司、个人连带责任等保证资金安全性，安全性高。

④ 费用低廉。一般无认购费，相关管理费、税费在收益分配前扣除，不影响预期收益。

⑤ 门槛较高。一般为 100 万元以上，300 万元（不含）以下的自然人，名额不超过 50 个。

⑥ 募集迅速。募集速度快，一般一两周可以结束。

⑦ 财产独立。信托财产独立，不受信托公司影响，可用于抵押，但保管银行需开设专户、专款专用。

⑧ 信托公司注册资本 3 亿元以上，业务牌照齐全。

2. 信托计划的分类

① 集合资金信托计划，即由信托公司担任受托人，按照委托人意愿，为受益人的利益，将两个以上（含两个）委托人交付的资金进行集中管理、运用或处分的资金信托业务活动。

集合资金信托计划可分为融资类及投资类：融资类的期限一般为1～2年，收益固定，每年8%～11%；投资类的期限一般在1年以上，收益不固定。

② 单一资金信托计划，也称为个别资金信托，是指信托公司接受单个委托人的资金委托，依据委托人确定的管理方式（指定用途），或由信托公司代为确定的管理方式（非指定用途），单独管理和运用货币资金的信托。

3. 信托业务的基本流程

（1）项目立项

① 项目立项前，项目组负责对信托项目进行初步尽职调查。初步尽职调查收集的项目资料至少应包括：融资申请人的基本资料（包括营业执照、组织机构代码证、税务登记证、公司章程、验资报告、贷款卡及密码、最近一期财务报表和最近三年经审计的财务报表（含报表附注））、融资项目已获相关部门批准的文件。

② 项目组根据初步尽职调查资料，通过分析融资申请人现金流状况及担保、抵押措施，初步判断项目是否可行。对可行的项目，制订项目立项方案。

③ 立项申请经项目责任人、信托业务总部负责人、公司主管信托业务的高管审批同意，项目正式立项。

（2）项目尽职调查与决策

① 已经立项的项目，项目组进行深入尽职调查。尽职调查的方式包括但不限于：与公司管理层（包括董事、监事及高级管理人员等）交谈；查阅公司营业执照、公司章程、重要会议记录、重要合同、账簿、凭证等；实地察看重要实物资产（包括物业、厂房、设备和存货等）；通过比较、重新计算等方法对数据资料进行分析，发现重点问题；询问公司相关业务人员；与注册会计师、律师密切合作，听取专业人士的意见；向包括客户、供应商、债权人、行业主管部门、同行业公司等在内的第三方就有关问题进行查询（如面谈、发函询证等）。

② 项目组制作尽职调查资料清单，深入收集融资申请人相关资料。其中，业务正式实施前，必须取得融资申请书、融资申请人内部有权批准机构的审批决议、法定代表人身份证明及签字样本、法定代表人授权书及代理人身份证明复印件。项目组可通过要求融资申请人填写“项目公司基本情况表”，全面了解融资申请人情况。尽职调查收集的资料均须由资料提供方加盖公章予以确认。

③ 财务部、合规部与风险管理部等部门通过中国人民银行征信系统、银监会大客户监控系统，配合业务部门做好交易对手资信情况的调查。

④ 对尽职调查内容复杂的项目，项目组可向合规部与风险管理部申请聘任中介机构参与尽职调查，经公司领导批准后聘任相关中介机构参与尽职调查。对风险较高的项目，合规部与风险管理部须委派专人或委托中介机构直接参与项目尽职调查，评估项目风险。

⑤ 项目组在尽职调查基础上形成尽职调查报告（尽职调查报告一般包括如下事项：项目基本方案、投资项目可行性分析、交易对手分析、项目风险因素及防范措施、项目收益和

费用安排、项目合规性评估、项目中后期管理方案、项目推介安排、结论），项目进入决策程序。项目组将项目尽职调查报告及尽职调查基础资料一并提交合规部与风险管理部进行审核。

⑥ 合规部与风险管理部负责对项目设立的合规性、尽职调查资料的完整性和程序的完整性进行审核。对方案复杂或风险较高的信托项目，由合规部与风险管理部牵头，组织信托业务部、信托财务部等相关部门对项目进行初审。项目组根据初审会意见完善项目资料和项目方案后，提交风控委员会安排上会审议。

⑦ 合规部与风险管理部审核通过的项目，根据公司授权规定，由快速通道方式审批或提交风控委员会审批。一定金额以下单一信托项目由主管信托业务的副总经理、协管风险控制的副总经理两人会签审批。超过总经理审批权限的项目应提交风控委员会审批。

⑧ 审批通过拟实施的项目，由项目组配合合规部与风险管理部向监管部门进行事前报备。

（3）项目实施

① 审查通过的项目，项目组填写“信托业务银行开户申请表”，由信托财务部负责开立信托专户。综合管理部和信托财务部见“信托业务银行开户申请表”上有权审批人的签字，在开户资料上加盖公章和银行预留印鉴。

② 审查通过的项目，项目组起草法律文件后，提交合规部与风险管理部审核，并报公司总经理审批。审批后的法律文件，未经合规部与风险管理部同意，任何人不得进行变更。如有重大变更，需重新报公司领导审批。

③ 经双方有权签字人签字并盖章后的合同，原件在规定时间内送信托财务部、综合管理部各留存一份，复印件在规定时间内交合规部与风险管理部留存。

④ 集合信托计划应进行项目推介，项目组应填写“推介申请表”，提交合规部与风险管理部审核。

⑤ 信托财务部负责信托资金的付款。信托财产运用的付款事项均由公司总经理负责审批，发放信托利益的付款事项由主管信托业务副总经理和财务总监双签后付款。项目组须在付款后规定时间日内取得融资方加盖公章确认的“借款借据”，公司综合管理部见“借款借据”上有权审批人的签字，加盖公司公章。

⑥ 审查通过的项目，项目组负责落实抵押担保措施，合规部与风险管理部负责确认抵押担保措施的落实。

⑦ 已经成立的单一类信托项目，应在规定时间内完成业务系统信息录入与复核，完成人行征信系统基础资料的填报，规定时间内完成档案整理；集合类信托项目应在规定时间内完成业务系统信息录入与复核，完成人行征信系统基础资料的填报，规定时间内完成档案整理。

⑧ 项目组应指定专人负责档案的核查，审计稽核部可随时进行项目稽核。信托成立后规定时间内，项目组应将尽职调查基础资料（原件）、项目尽调报告、监管部门报备资料、权益确认文件、内部审批表等项目前期档案资料移交公司信托财务部存档。项目实施及管理中的权益确认文件（质押登记证明、抵押、质押他项权证等）及其他重要法律文件的原件及时交信托财务部存档。项目结束后，信托财务部应将相关文件移交综合管理部。

（4）项目管理

① 项目组负责项目中后期管理，合规部与风险管理部持续监控项目组中后期管理的规范性。项目实施中使用公章的一般事项，根据部门分工经相关部门会签后，由主管信托业务的副总经理审批；重要事项须提交公司总经理审批。

② 项目组应每月收集交易对手、担保人的会计报表，并对其还款能力、担保能力进行分析。

③ 单一信托项目，项目组应每季度向合规部与风险管理部提交“项目中后期管理表”；集合信托计划，项目组应每月向合规部与风险管理部提交“项目中后期管理表”，每季度至少进行一次现场检查。对风险较大的集合信托计划，合规部与风险管理部可直接参与项目现场检查。

④ 项目组应根据信托合同的约定定期向委托人、受益人进行信息披露。集合信托计划发生的重大风险事项（融资方的财务状况发生重大恶化、担保方不能继续履行有效担保等），如何理财收益最大化，应根据监管规定及时向委托人、受益人披露，向监管部门报告，并书面提出拟采取的措施。

⑤ 项目组应根据信托文件约定，按时催收项目收益，并提出收益分配方案，由信托财务部审核后进行分配。

⑥ 项目组应至少于信托到期前一定时间内，通知融资人按时还款，落实融资人的具体还款安排，并就信托项目能否按合同约定还款向合规部与风险管理部提交“到期信托项目还款报告”。预计存在风险的，须提出应对措施。

（5）项目清算

① 项目组根据信托合同的约定，决定是否在信托清算前进行审计。

② 信托项目结束后，由信托财务部计算项目净值，项目组提出信托利益分配方案（包括受托人收益、受益人本金及收益的兑付），信托财务部审核后实施，并在信托业务系统作信托项目结束处理。

③ 信托终止后规定时间内，项目组向委托人、受益人公布清算报告，经信托财务部、合规部与风险管理部审核后对外发布。

④ 项目组配合信托财务部在项目清算后一周内完成信托财产账户的销户。

案例 3-1

万科虹桥股权投资基金项目

1. 背景介绍

该项目在2012年6月由汉威资本获得土地出让信息，随后向华润置地推荐，但由于华润置地正全力跟进同区域的另一地块，对该地块兴趣不大，没有选择介入，所以转向推荐给了万科。上海万科在对此地块做出评判后，十分认可并决定参与项目地块的开发。汉威资本联手华润信托设立基金，并与上海万科约定，待项目公司摘得土地之后基金以股权形式进入。最终在拿地过程中，汉威资本与上海万科合作共同劝退其他竞争对手，成功以底价摘得项目地块。

2. 主要交易结构

该项目的整体交易架构是一个标准的信托计划套有限合伙的基金产品。首先，汉威方德（汉威资本的全资子公司）和红树林（华润信托的全资子公司）共同出资设立华威永盛企业管理有限公司（以下简称“华威永盛”或GP公司），其中汉威方德持股51%，红树林持股49%；其次，华润信托和汉威资本共同募集资金，其中华润信托发起的集合资金信托计划和汉威资本介绍的投资者作为LP，华威永盛作为GP，发起设立深圳市华威欣城一号投资合伙企业（以下简称“基金”），共募集资金9.56亿元人民币，期限为3+1年；再次，基金出资溢价购买上海万科持有的沪彤置业39%的股权，其中195万元对应沪彤置业39%的股权的净资产，另外股权溢价款为3 002万元，对应万科前期垫付款的补偿；然后，同时基金按39%的股权比例向万树置业发放股东借款8.34亿元；最后，双方合作通过万树置业作为项目公司开发万科虹桥大都会项目，如图3-1所示。

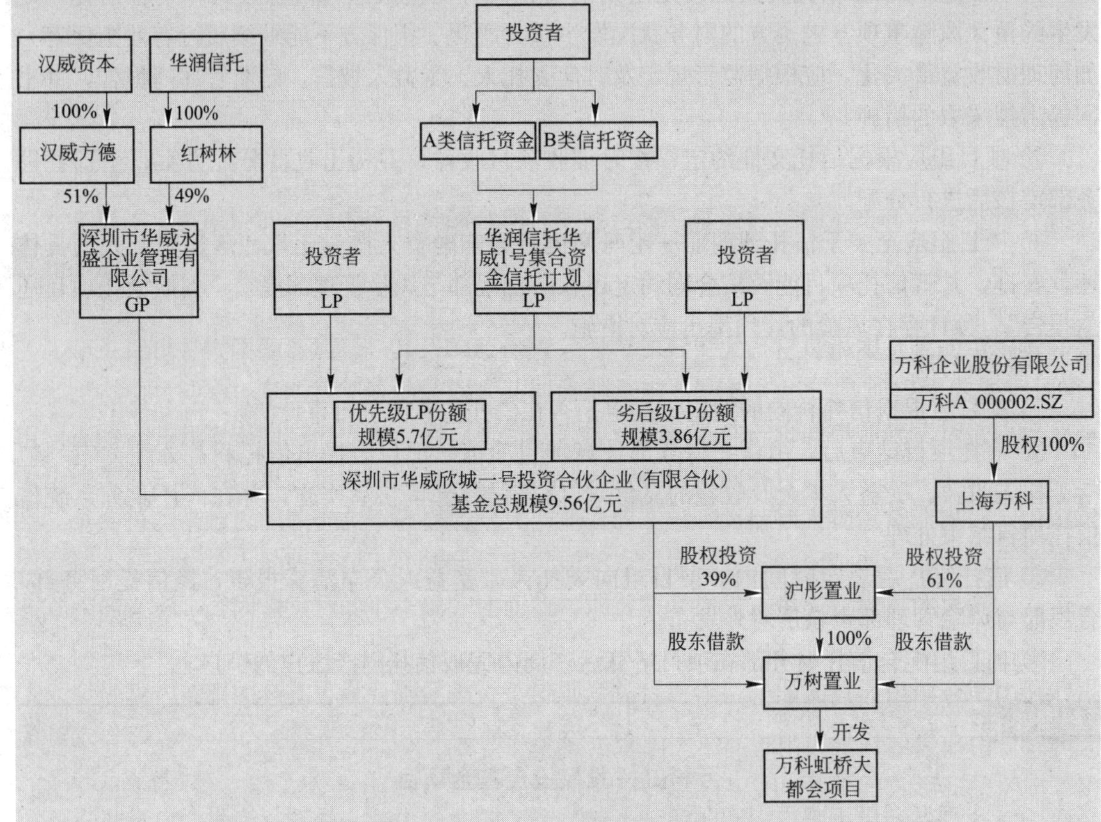

图3-1　万科虹桥股权投资基金项目的框架

3. 后期管理环节的职责分工

(1) 基金层面：华润信托与汉威资本

该项目经办人员在设计后期管理方案上遵循发挥双方各自的专业专长和资源优势的原则。在日常管理方面，基金财务和基金资产管理这两大块比较牵扯人力，是汉威资本较为擅长的部分，交由他们主要负责，华润信托参与；而工商税务日常维护及投资者关系这两个可利用华润信托已有的人员配备及公共资源部分，由华润信托主要负责，汉威资本参与。而在公司决策体系方面，双方席位相等，关键事项需由全体成员同意方可通过。

(2) 项目公司层面：基金与上海万科

作为同股同权的股权投资项目，为谨慎起见，后期管理方案选择的是动态监控模式：通过项目公司管理层上报董事会的月度管理报告，以及定期召开的项目公司管理会议，让基金及时了解到项目的最新进展。项目公司每半年的投资计划书需要董事会一致通过审议，届时基金可以对项目所有的开发、融资、销售情况表达意见，以及否决不利于基金投资人利益的方案。

4. 业务收入的分配

从业务收入分配的规则上来看，除了销售费用以外，汉威资本将会分去基金管理收入一半以上，这在以往华润信托与汉威资本合作过的项目中是十分罕见的。探其根源，在该项目上，对项目地块有足够掌控力的是汉威资本，他们从“融融协同”的大局出发，联手华润信托设立股权投资基金；而华润信托利用较强的产品设计能力，以及信托计划资金募集的优势，顺利募资到位，基金按时介入项目。双方的合作是强强联手、互不可缺的，各自分别发挥了在项目获取与方案设计、资金募集上的优势。因此，在整个项目业务收入的分配上，也体现了相对公平的原则：一方一半。

5. 总结评论

该项目作为纯股权投资项目，无任何保底收益，亦无交易对手的回购安排，基金投资人的最终投资回报完全取决于项目的收益。项目的合作开发涉及华润信托、汉威资本及上海万科这三大主体，如何协调各方的关系，各方的角色定位及利益诉求该如何满足，这一系列问题都需要项目经办人员去思考与解决。项目从交易结构的设计、后期项目管控方案，到各种控制条款在合同中的体现，都有许多值得大家学习借鉴的地方。

3.2　国内政策性银行贷款融资

目前，国内金融机构主要有政策性银行、商业银行和非银行金融机构，贷款种类也相应分为这三种类型。本节主要介绍国内政策性银行贷款融资。

政策性银行是指由政府创立、参股或保证，不以营利为目的，专门为贯彻、配合政府经济政策或产业政策，在特定的业务领域内，直接或间接地从事政策性融资活动，专门经营政策性货币信用业务的银行机构。目前我国的政策性银行有中国进出口银行和中国农业发展银行两家。

3.2.1　中国进出口银行贷款融资

中国进出口银行是1994年经国务院批准成立的国有政策性银行，实行自主、保本经营，企业化管理，在业务上接受财政部、对外贸易经济合作部、中国人民银行的指导和监督。目前在国内设有8家营业性分支机构和5个代表处，在境外设有东南非代表处和巴黎代表处；已经与140家银行建立了代理行关系。

中国进出口银行是我国外经贸支持体系的重要力量和金融体系的重要组成部分，是我国机电产品、成套设备和高新技术产品出口和对外承包工程及各类境外投资的政策性融资主渠道、外国政府贷款的主要转贷行和中国政府援外优惠贷款的承贷行，为促进我国开放型经济的发展发挥着越来越重要的作用。其主要职能是通过办理出口信贷、出口信用保险及担保、对外担保、外国政府贷款转贷、对外援助优惠贷款及国务院交办的其他业务，贯彻国家产业政策、外经贸政策和金融政策，为扩大我国机电产品、成套设备和高新技术产品出口和促进对外经济技术合作与交流提供政策性金融支持。中国进出口银行的业务主要有出口卖方信贷、出口买方信贷和福费廷等。

1. 出口卖方信贷

中国进出口银行的出口卖方信贷业务一般包括以下几种。

(1) 出口卖方信贷项目贷款

出口卖方信贷项目贷款是对资本性货物出口提供的贷款，适用于成套设备和大宗机电产品、高新技术等出口项目。该类项目一般金额大、延付期长、支付条款规范。贷款金额一般不低于 1 000 万元人民币，不超过合同金额的 85%；贷款期限依照项目执行期核定。

(2) 中短期额度贷款

中短期额度贷款是进出口银行为单笔出口合同金额小、合同批次多、合同执行期短、累计出口量大的机电产品和高新技术产品出口企业提供的中短期额度贷款。最低贷款额度的金额一般为 2 000 万元人民币，贷款期限为一年。

(3) 对外承包工程贷款

对外承包工程贷款主要提供企业在实施对外承包工程中，采购设备、施工机具、工程材料所需资金，以及设计、安装、土建、劳务输出、保函抵押金等所需资金。贷款对象是经国家批准可开展对外承包工程、劳务输出和其他经济技术合作的企业。

(4) 境外加工贸易贷款

境外加工贸易贷款是对在境外进行加工装配的企业，用于在境内采购设备、技术、原材料、零部件，以及设备安装和生产经营方面的开支。申请该种贷款的企业，必须取得外经贸部颁发的《境外加工贸易企业批准证书》。

(5) 境外投资项目贷款

境外投资项目贷款的对象是经国家有关部门批准可从事对外投资业务的企业，所投资的工程项目应经国家有关部门批准立项，且企业自筹资金不低于对外投资总额的 15%。

2. 出口买方信贷

出口买方信贷是为了支持我国资本货物出口而向国外买方提供贷款，使国外买方及时支付我国出口商的融资方式。借款人为进出口银行认可的国外买方、买方银行或财政部，限于采购中国的机电产品、成套设备和高新技术产品及服务。

3. 福费廷

福费廷是出口国银行或金融机构对出口商的远期承兑汇票进行无追索权的贴现，使得出口商得以提前取得现款的一种出口信贷融资方式。实际上它是一种较复杂的、变相的出口卖方信贷，是一种专门的代理融资技术。福费廷具有以下四个特点。

(1) 无追索权

出口商将代表应收账款的票据转让给福费廷融资商后，融资商对出口商就放弃了追索权，即使到期收不回货款也无权向出口商索要。

(2) 批发性融资

福费廷属于以国际贸易为背景的批发性融资业务，适合于50万美元以上的大中型货物出口。

(3) 中长期融资

福费廷融资期限在半年以上，一般为5～6年，最长可达10年。每个融资商都有自己的融资时间限制，时间长短取决于融资商对市场条件及该笔交易风险的评估与判断。

(4) 固定利率融资

福费廷融资商处理福费廷业务的程序一般比较标准，是否受理该笔业务主要取决于担保人的资信情况，因此，可以给出口商迅速报价，确定一个固定利率，使进出口商在交易开始就知道成本总额。

3.2.2 中国农业发展银行贷款融资

中国农业发展银行是根据国务院1994年4月19日发出的《关于组建中国农业发展银行的通知》(国发〔1994〕25号) 成立的国有农业政策性银行，直属国务院领导。

1. 中国农业发展银行的主要任务

中国农业发展银行的主要任务是按照国家的法律、法规和方针、政策，以国家信用为基础，筹集农业政策性信贷资金，承担国家规定的农业政策性金融业务，代理财政性支农资金的拨付，为农业和农村的经济发展服务。中国农业发展银行实行独立核算，自主、保本经营，企业化管理。

2. 中国农业发展银行的贷款种类

中国农业发展银行的贷款业务主要包括：中央储备粮贷款和地方储备粮贷款、粮食油料收购贷款、油脂加工企业贷款、棉花收购贷款、农业产业化龙头企业贷款等。

中央储备粮贷款，是指用于解决从事中央储备粮（含油）经营管理的粮食企业执行中央储备粮计划的资金需要；地方储备粮贷款，是指为支持粮食企业经营地方储备粮（包括省、市和县级储备，含油）而发放的贷款。

粮食油料收购贷款，是指向企业发放的用于自主收购粮食油料所需资金的贷款，属于准政策性业务。

油脂加工企业贷款，是指依据国家政策规定，以油料为主要原材料，通过加工转化方式，实现转化增值的油脂加工企业的购进所需资金，以及生产经营过程中所需其他流动资金所提供的短期贷款。

棉花收购贷款，是指对符合贷款的企业从事棉花收购业务发放的贷款。

农业产业化龙头企业贷款，是指依据国家政策规定，对农业产业化龙头企业发放的，用于包括流动资金及技术改造、仓储等农用设施建设和生产、加工基地建设所需的中长期贷款。

近几年，尤其是在国际金融危机和复杂严峻的国内外经济金融形势影响下，中国农业发展银行及时调整信贷投向，突出支持重点，保证了粮、棉、油收购信贷资金的供应，同时重点支持农业农村基础设施建设，择优支持农业产业化经营，成为农村农业事业发展的有力保障。

3.3 国内商业银行贷款融资

国内商业银行包括国有商业银行和股份制商业银行两大类。其中，国有商业银行包括中国工商银行、中国建设银行、中国银行、中国农业银行、交通银行这五大商业银行，以及新转型的国家开发银行；股份制银行包括中信银行、光大银行、华夏银行、广东发展银行、深圳发展银行、招商银行、上海浦发银行、兴业银行、民生银行、恒丰银行、浙商银行和渤海银行 12 家全国性的银行及南京商业银行等地方性银行。

3.3.1 我国商业银行的发展现状

1. 我国国有商业银行的现状

2017 年，中国银行业运行整体呈现风险企稳、业绩向好的趋势，金融去杠杆已取得初步成效。2017 年，中国银行业运行情况稳中向好，“脱实向虚”与“金融乱象”问题得到初步整治，对外开放不断推进，创新与转型步伐也有所加速。截至 2017 年年末，商业银行累计实现净利润 1.7 亿万元，同比增长 5.98%，较上季末上升 3.31 个百分点。在主营业务收入负增长和拨备前利润增速下降的情况下，实现净利润增速的上升，主要得益于资产资量企稳导致的拨备成本下降。从收入结构看，2017 年，商业银行非息收入占比 22.65%，比 2016 年同期下降 1.16 个百分点，主要与监管治理金融同业乱象、资金同业业务受到一定抑制有关。尽管净利润增速较 2016 年有小幅上升，但利润增速低于资产规模增长速度，银行单位资产的盈利能力继续下行。2017 年年末，银行业资产利润率（ROA）为 0.92%，比上年同期下降 0.07 个百分点，从 2011 年（1.3%）以来一直维持缓慢下行趋势。银行盈利能力仍面临挑战。我国商业银行相关财务数据如表 3－1、表 3－2 所示。

表 3－1　2017 年五大行经营收入情况表

银行	营业收入		税后净利	
	总额/百万元	同比增长/%	总额/百万元	同比增长/%
中国工商银行	726 502	7.49	287 451	2.99
中国建设银行	621 659	2.74	243 615	4.83
中国银行	483 278	－0.07	184 986	0.51
中国农业银行	537 041	6.13	193 133	4.93
交通银行	196 011	1.46	70 223	4.48

数据来源：巨潮资讯网。

表 3－2　2017 年五大行相关财务指标

银行	每股收益/元	资产回报率/%	不良贷款率/%
中国工商银行	0.79	1.14	1.55
中国建设银行	0.96	1.13	1.49
中国银行	0.56	0.98	1.45
中国农业银行	0.58	0.95	1.81
交通银行	0.91	0.81	1.50

数据来源：巨潮资讯网。

监管方面，2017 年，“金融治乱象”和“金融去杠杆”取得了初步成效，但政策意图尚未完全实现，预计 2018 年金融强监管仍将继续。理财规模依然较大，非标资产久期较长，规模下降和调整都需时间；表外资产结构复杂、规模庞大，调整需要更长时间；同业存单发行量过大，潜在的流动性风险不可忽视。在这种背景下，预计 2018 年在“降杠杆、防风险”政策方针的指引下，银行业作为金融行业的主体和重要组成部分，行业监管的广度和深度还会继续强化。

运行方面，规模增长空间有限，我国银行业将面临较大的资本补充压力。一方面，对“影子银行”的清理会迫使相当规模的表外资产回到资产负债表内，直接带来资本补充的要求；另一方面，银行还同时面临资本充足率监管要求达标的问题。为确保银行对实体经济的支持力度，监管部门开始鼓励商业银行拓宽资本补充渠道。2018 年 3 月，银监会、中国人民银行、证监会、保监会和国家外汇局联合发布《关于进一步支持商业银行资本工具创新的意见》，支持银行补充资本工具创新。当然，从长远看，在资本约束强化的背景下，银行应逐步调整发展理念，从过去单纯追求规模扩张转向更为资本集约的业务模式，在提高资本使用效率的同时，通过自身积累来实现可持续发展。

2. 我国股份制商业银行的现状

股份制商业银行是我国经济发展和金融改革的产物，担负着引入市场竞争机制和探索银行商业化改革道路的双重任务。

在上市和中央优惠政策倾斜的双重契机下，股份制商业银行经营规模迅速扩张，资产负债结构趋向优化，各项业务快速发展，盈利水平进一步提高，营业收入大幅攀升，收入结构趋向更优。近年来借助良好的宏观经济环境和旺盛的金融需求，股份制商业银行的资产负债规模扩张势头非常迅猛，增速到达阶段性高点。

中国股份制商业银行经过多年的发展，成就可谓辉煌，尤其是在建立现代企业金融制度、促进中国银行业竞争机制的形成、提升银行服务水平、培养现代银行管理体制等方面意义深远。

3.3.2 商业银行贷款融资

无论是向国有商业银行融资，还是向股份制商业银行融资，都是指借款人为满足自身建设和生产经营的需要，同银行签订贷款协议，借入一定数额的资金，并在约定期限归还本金、支付利息的融资方式。

1. 商业银行贷款融资的特点

① 融资手续简单，速度较快。贷款的主要条款制定只需取得银行的同意，不必经过诸如国家金融管理机关、证券管理部门的批准。

② 融资成本较低。借款人与银行可直接商定信贷条件，无须大量的文件制作，而且在经济发生变化的情况下，如果需要变更贷款协议的有关条款，借贷双方可以采取灵活的方式进行协商处理。

2. 商业银行贷款的种类

我国商业银行贷款的种类可以从不同的角度进行划分。

(1) 按贷款的期限划分

按贷款期限的长短，可以将贷款划分为短期贷款、中期贷款和长期贷款。短期贷款的期限在一年或一年以内，其特点是期限短、风险小、利率低；中期贷款的期限一般在五年或五年以内；长期贷款期限一般在五年以上，具有期限长、利率高、风险大等特点。

(2) 按贷款的用途划分

按贷款的用途不同，可将贷款分为流动资金贷款、固定资金贷款、科技开发贷款等。流动资金贷款包括流动基金贷款、周转性贷款、临时贷款和结算贷款，是企业为解决流动资金不足向银行申请的贷款。固定资金贷款包括基本建设贷款、技术改造贷款、专用基金贷款，是企业为满足其对固定资产的维修、更新、改造或扩大的资金需求而向银行申请的贷款。科技开发贷款是企业为解决引进先进技术、开发新工艺和新产品的资金需要而向银行申请的贷款。

(3) 按贷款有无担保品划分

按贷款有无担保品，可将贷款划分为信用贷款和担保贷款。信用贷款是指企业根据自身的信誉而无须提供抵押品或法人担保从银行取得的贷款。这种贷款手续简便，利率相对较高，贷款数额受公司经营财务状况的影响。担保贷款包括保证贷款、抵押贷款和质押贷款。保证贷款是指企业按照《中华人民共和国担保法》规定的保证方式，由第三人承诺在其不能偿还贷款时，按预定承担一般保证责任或连带责任而取得的贷款，即当借款人不能按期还本付息时，保证人负有代为偿还的经济责任。抵押贷款是以企业提供的抵押品或以第三人提供的抵押品作为还款保证而取得的贷款，如借款人不能按期还本付息，银行可按贷款合同的规定变卖抵押品，以所得款项收回本息。质押贷款是指企业将未到期的商业票据卖给银行而取得的贷款。

3. 企业申请贷款应具备的条件

企业要申请商业银行贷款必须具备以下几个条件。

① 企业必须经国家工商管理部门批准设立，登记注册，持有营业执照。

② 实行独立经济核算，企业自主经营、自负盈亏。即企业有独立从事生产、商品流通和其他经营活动的权利；有独立的经营资金、独立的财务计划与财务报表；能依靠自身的收入来补偿支出，独立地计算盈亏；独立对外签订购销合同。

③ 有一定数量的自有资金。这是企业实现生产经营和生存发展的重要条件。自有资金水平的高低，是企业自我发展能力大小的决定性因素之一，也是提高企业经营风险承受能力和偿还债务能力的重要条件。

④ 遵守政策法规和银行信贷、结算管理制度，并按规定在银行开立基本账户和一般存款账户。

⑤ 生产经营有效益。企业使用银行贷款投资的项目必须能给社会和企业带来效益，从而提高信贷资金的使用效率。

⑥ 不挤占、挪用信贷资金。企业应按借款合同中规定的用途使用贷款，不得随便改变或挤占挪用。

⑦ 恪守信用。企业取得贷款后，还必须严格履行贷款合同规定的各项义务，如按规定用途使用贷款，按合同规定的期限、利率还本付息等。

⑧ 银行规定的其他条件。

4. 国内商业银行贷款筹资的程序

企业向商业银行贷款，通常要经过以下步骤。

(1) 企业提出贷款申请

企业向商业银行借入资金，必须向商业银行提出申请，填写包括借款金额、借款用途、偿还能力及还款方式等内容的“借款申请书”，并提供以下资料。

① 借款人及保证人的基本情况。

② 财政部门或会计师事务所核准的上年度财务报告。

③ 原有的不合理借款的纠正情况。

④ 抵押物清单及同意抵押的证明，保证人拟同意的有关证明文件。

⑤ 项目建议书和可行性报告。

⑥ 贷款银行认为需要提交的其他资料。

（2）商业银行审查借款申请

商业银行接到企业的申请后，要对企业的申请进行审查，以此决定是否对企业提供贷款，一般包括以下三个方面。

① 对借款人的信用等级进行评估。

② 进行包括借款人信用，借款的合法性、安全性和盈利性等情况的相关调查。

③ 贷款审批。

（3）商业银行与企业签订借款合同

为了维护借贷双方的合法权益，保证资金的合理利用，企业向商业银行借入资金时，双方要签订借款合同。借款合同主要包括基本条款、保证条款、违约条款、其他附属条款等内容。其中，基本条款主要规定借款数额、借款方式、款项发放时间、还款期限、还款方式、利息率的高低等双方权利和义务方面的内容；保证条款包括借款按规定用途使用、有关的物质保证、担保人及其责任等内容；违约条款则主要载明对企业逾期不还、挪用贷款或是银行不按期发放贷款等的处理等内容；其他附属条款是与借贷双方有关的其他条款，含双方经办人、合同生效日期等内容。

（4）企业取得借款

双方签订借款合同后，贷款银行按照合同规定按期发放贷款，企业就可取得相应的资金。

（5）企业偿还本息

企业应按借款合同的规定按时足额归还借款本息。一般而言，贷款银行会在短期贷款到期一个星期前、中长期贷款到期一个月前，向借款的企业发送还本付息通知单。企业在接到还本付息通知单后，要及时筹备资金，按期还本付息。若企业不能按期归还借款，应在借款到期之前，向银行申请贷款延期，但是否延期，由贷款银行据具体情况决定。

5. 与银行借款有关的信用条件

按照国际惯例，银行发放贷款时，往往涉及以下信用条款。

（1）信贷额度

信贷额度也称贷款额度，是借款人与银行在协议中规定的允许借款人借款的最高限额。如借款人超过规定限额继续向银行借款，银行则停止办理。此外，如果企业信誉恶化，即使银行曾经同意按信贷额度提供贷款，企业也可能得不到借款，这时银行不会承担法律责任。

（2）周转信贷协定

周转信贷协定是指银行从法律上承诺向企业提供不超过某一最高限额的贷款协定。在协定的有效期内，只要企业借款总额未超过最高限额，银行必须满足企业任何时候提出的借款要求。企业通常要对贷款限额的未使用部分付给银行一笔承诺费。

例：某企业与银行商定的周转信贷额为10 000万元，承诺费率为0.4%，借款企业年度内使用了8 000万元，余额为2 000万元。则借款企业应向银行支付承诺费的金额为

承诺费=2 000×0.4%=8（万元）

（3）补偿性余额

补偿性余额是银行要求借款人在银行中保持按贷款限额或实际借用额的一定百分比（通常为10%～20%）计算的最低存款余额，以补偿其可能遭受的风险；但对借款企业来说，补偿性余额提高了借款的实际利率，加重了企业的利息负担。

例：某企业按年利率8%向银行借款1 000万元，银行要求保留20%的补偿性余额，企业实际可以动用的借款只有800万元。则该项借款的实际利率为

补偿性余额贷款实际利率=[名义利率/(1－补偿性余额比率)]×100%=
[8%/(1－20%)]×100%=10%

（4）借款抵押

银行向财务风险较大、信誉不好的企业发放贷款，往往需要有抵押品担保，以减少自己蒙受损失的风险。借款的抵押品通常是借款企业的应收账款、存货、股票、债券及房屋等。银行接受抵押品后，将根据抵押品的价值决定贷款金额，一般为抵押品账面价值的30%～50%。这一比率的高低取决于抵押品的变现能力和银行的风险偏好。抵押借款的资金成本通常高于非抵押借款，这是因为银行主要向信誉好的客户提供非抵押贷款，而将抵押贷款视为一种风险贷款，所以收取较高的利息。此外，银行管理抵押贷款比管理非抵押贷款更为困难，为此往往另外收取手续费。企业取得抵押借款还会限制其抵押财产的使用和将来的借款能力。

（5）偿还条件

无论何种借款，一般都会规定还款的期限。根据我国金融制度的规定，贷款到期后仍无能力偿还的，视为逾期贷款，银行要照章加收逾期罚息。贷款偿还有到期一次偿还和在贷款期内定期等额偿还两种方式。一般来说，企业不希望采用后一种方式，因为这会提高贷款的实际利率；而银行则不希望采用前一种方式，因为这会加重企业还款时的财务负担，增加企业的拒付风险，同时会降低实际的贷款利息。

（6）以实际交易为贷款条件

当企业发生经营性临时资金需求，向银行申请贷款时，银行则以企业将要进行的实际交易为贷款基础，单独立项，单独审批，最后做出决定并确定贷款的相应条件和信用保证。

除了上述所说的信用条件外，银行有时还要求企业为取得借款而做出其他承诺，如保持适当的资产流动性、及时提供财务报告等。如果企业违背承诺，银行可能要求企业立即偿还全部贷款。

3.3.3　非银行金融机构贷款融资

目前，我国境内的非银行金融机构主要有信托公司、财务公司和保险公司。从信托公司贷款和财务公司贷款已经逐渐成为企业融资的一种渠道。在国外，企业还可以从保险公司进行融资，但是从我国目前的情况来看，企业还不可能从保险公司贷款进行融资，但是从发展趋势来看，从保险公司贷款融资将是企业贷款融资的一个不可忽视的重要渠道。接下来主要介绍信托公司贷款融资和财务公司贷款融资。

1. 信托公司贷款融资

信托公司的业务范围主要包括资金信托、财产信托和其他信托。其中，资金信托是指信托公司接受委托人的委托，对其货币资金进行自主经营和管理，并向委托人指定的收益人支付收益或其他约定的款项。资金信托又可分为信托业务（包括集合资金信托计划、信托贷款、信托投资）和委托业务两类。在此仅就与企业融资密切相关的信托贷款进行介绍。

信托贷款是信托公司运用吸收的集合资金信托计划、自有资金和筹集的其他资金对审定的贷款对象和项目发放的贷款。信托贷款与银行贷款，特别是商业银行贷款没有什么本质上的区别，只是比商业银行贷款业务相对灵活一些。

与商业银行贷款相比，信托贷款具有以下两个特点。

① 利率相对灵活，可以上浮。银行贷款按其贷款的对象、期限、用途不同，有不同的利率，但不能浮动。信托贷款的利率则相对比较灵活，可以在一定范围内浮动。按照现行的规定，信托贷款利率可以在银行同期贷款利率的基础上进行上浮。

② 可以满足企业的特殊需求。银行贷款由于现行信贷制度的限制，无法对一些企业特殊但合理的资金需求予以满足，而信托贷款恰好可以满足企业的特殊资金需求。

另外，根据借款人不同的资金需求，结合信托公司内部贷款管理的要求，信托贷款通常可采用信用贷款、抵押或质押贷款和票据贴现三种方式。

2. 财务公司贷款融资

财务公司是专门办理集团内部各成员单位金融业务的新型非银行金融机构，是由企业集团内部各成员单位共同出资组建的股份制有限公司，它为集团成员单位提供中长期金融业务服务，是产业资本与金融资本的有机结合。财务公司负责吸收成员单位的本、外币存款，发行财务公司债券，同业拆借资金，以及向成员单位发放本外币贷款，买卖各种债券，向成员单位办理票据承兑、票据贴现，对成员单位的购买者提供买方信贷等各种金融业务。

财务公司贷款可分为以下几种方式。

① 按贷款用途划分，分为流动资金贷款、临时周转金贷款、固定资金贷款（包括基本建设和技术改造）、科技贷款等。

② 按贷款偿还期限划分，主要有短期贷款和中长期贷款。短期贷款一般为一年、六个月、三个月及三个月以下不定期限的临时贷款；中长期贷款一般为一年至三年、三年至五年及五年以上的贷款。

③ 按有无担保划分，主要包括信用贷款和担保贷款（包括保证、抵押、质押等）。

3.3.4 金融机构贷款融资利弊

与发行股票、债券等其他融资方式相比，企业利用金融机构贷款融资既有其独特的优点，也不可避免地存在一些缺点。各个企业应该按照自身的实际情况，结合金融机构贷款融资的优缺点，来权衡是否选择利用金融机构贷款融资。

1. 金融机构贷款融资的优点

① 筹资速度快、成本低。发行各种证券筹集资金所需时间一般较长，做好证券发行的准备，如印刷证券、申请批准等，以及证券的发行都需要一定时间。而金融机构贷款与发行证券相比，一般所需时间较短，可迅速获取资金。就我国目前情况来看，利用金融机构借款所支付的利息比发行债券所支付的利息低，而且也无须支付大量的发行费用。

② 借款弹性好。企业与银行可以直接接触，可以通过直接商谈来确定借款的时间、数量和利息。在借款期间，如果企业情况发生了变化，也可与银行进行协商，修改借款的数量和条件。借款到期后，如有正当理由，还可延期归还。

2. 金融机构贷款融资的缺点

① 财务风险较大。企业举借长期借款，必须定期还本付息，在经营不利的情况下，可能会产生不能偿还的风险，甚至会导致破产。

② 限制条款较多。企业与金融机构签订的贷款合同中，一般都有限制性条款，如定期报送有关报告、不准改变借款用途等，这些条款可能会限制企业的经营活动。

③ 筹资数额有限。金融机构一般不愿借出巨额的长期借款。因此，利用金融机构贷款融资都有一定的上限。

3.4 国际贷款融资

3.4.1 国际融资概况

国际融资是国际金融领域的活动，它是指在国际金融市场上，资金的需求者（众多的工商企业）为获得在生产经营过程中所需的企业外部资金，根据本企业的特性和经营状况的需要，以改善企业资本结构和财务比例为目的的筹资活动。

1. 国际融资的种类

随着国际融资的发展，融资的方式也日渐增多。按照不同的分类标准国际融资可以分为以下几类。

（1）国际直接融资与国际间接融资

在国际融资活动中，依据资金在融资人与投资人之间流动是否通过信用中介，可以把国际融资分为国际直接融资和国际间接融资。国际直接融资是指在国际融资过程中，投资人与融资人直接交流来实现国际资金的流动，无须经过任何中介，包括直接投资、国际债券、国际股票、海外投资基金等；国际间接融资是指在国际融资的过程中，投资人与融资人不直接发生联系，而是通过金融中介机构来融通资金，包括国际贸易融资、银团贷款、国际商业银行贷款、国际金融机构贷款、外国政府贷款、补偿贸易、国际租赁等融资方式。

（2）国际短期融资与国际中长期融资

根据融资期限的不同，可以把国际融资分为国际短期融资和国际中长期融资。国际短期融资是指期限在1年以内的国际资金融通，如国际银行同业拆借、国际银行短期信贷等；国际中长期融资是指1年以上的国际资金融通，如政府贷款、国际商业银行中长期贷款等。

（3）国际债权融资与国际股权融资

根据投资人和融资人之间的权利关系，可以把国际融资分为国际债权融资和国际股权融资。国际债权融资是指融资人到期必须归还本金，并对投资人支付固定回报的资金融通，如各种债券、贷款、租赁融资等；国际股权融资是指融资人通过发行权益性有价证券或与他国投资人签订合资经营的契约，实现资金从投资人向融资人流动，并因此形成共担投资风险、共享投资收益的投资、融资关系，如国际直接投资、发行股票等。

2. 国际融资的发展特征和趋势

(1) 从长期来看，国际融资总体呈增长趋势

随着国际竞争的日益激烈，企业实现可持续发展所需要的资金数额越来越大，国内融资已经很难满足其需要，国际融资能使企业获得数额巨大、期限较长的资金，满足其国际化经营的需要。企业获得资金融通之后，可以通过资本运作即运用多种投资和理财手段，如合并、并购、接管、改制上市、发行新股、增发新股、发行可转换公司债券、发行认股权证、公司重组等，对企业已筹集的资本结构进行调整，来实现资本增值最大化的最终目的。

(2) 证券融资取代银行贷款，占据国际融资的主要地位

20世纪80年代以来，国际融资者的资本来源由原来的依靠银行信贷为主，转向更多地依赖发行各种类型的股票、债券和商业票据等，直接面向社会筹集资金。1984年国际债券发行额为814亿美元，国际贷款为539亿美元，国际债券发行额首次超过了国际信贷额。国际证券市场融资具有融资主体主动、融资对象广泛、融资用途灵活、资金使用期长的特点。如今，在国际资本市场上，商业银行的贷款比重进一步下降，证券融资的比重逐年增大，并已成为国际融资的主要方式。

(3) 国际融资手段日趋多样化

随着美日经济的衰退，世界经济发展趋缓，国际融资的风险增大，这必将导致国际融资手段多样化，企业开始考虑采用新的融资手段或是将各种融资手段结合起来进行融资以降低国际融资的风险。许多新型的融资工具，如项目融资中的BOT（建设—经营—转让）、TOT（移交—经营—移交），股权融资中的存托凭证，债券中的可转换债券、欧洲票据、中期债券、风险基金、战略联盟式融资等开始盛行；银团贷款融合证券融资、发行股票和可转换债券等组合方式也日渐成为大受企业欢迎的融资组合方式。

3.4.2 国际金融机构贷款融资

1. 国际金融机构的种类

国际金融机构包括世界性开发金融机构和区域性国际开发金融机构等覆盖全球的金融机构。世界性开发金融机构一般指世界银行集团，区域性国际开发金融机构指亚洲开发银行、欧洲投资银行、非洲开发银行、泛美开发银行等。

1) 世界银行集团

世界银行集团包括国际复兴开发银行（IBRD）、国际开发协会（IDA）、国际金融公司（IFC）、多边投资担保机构（MIGA）和解决投资争端国际中心（ICSID）。其中，前三个机构属金融机构，可以向成员方提供资金援助。这三个机构的共同目标是帮助发展中会员提高生产力，促进其经济发展和社会进步，减少贫穷，改善和提高人民生活；其任务是提供资金和经济、技术援助，并促进其他方面对发展中国家的投资。多边投资担保机构和解决投资争端国际中心是投资促进性质的非金融机构，前者在为发展中国家的外国投资者提供非商业风险担保和咨询服务；后者则通过调节和仲裁为各国政府与外国投资者之间解决争端提供方便。

(1) 国际复兴开发银行（也称世界银行）

国际复兴开发银行（IBRD）于1945年成立。国际复兴开发银行旨在通过提供贷款、担保和非贷款服务（包括分析和咨询服务）来促进可持续发展，以此减少中等收入国家和有信

誉的较贫穷国家的贫困。利润最大化不是其目标，但自1948年以来，国际复兴开发银行每年都有净收入。其利润为一些发展活动提供资金，并可保证其资金实力，因此可在国际资本市场上以较低的成本筹集资金，并为其借款客户争取到好的借款条件。

国际复兴开发银行由成员所有，其投票权与成员的资本金认缴有关，但最终的依据是成员的相对经济实力。通过向成员提供用于生产性投资的长期贷款，为不能得到私人资本的成员的生产建设筹集资金，帮助成员建立基础和发展经济，贷款一般集中于动力、交通运输、供水和排水等基础设施行业，其他还用于城市发展、教育、旅游及人口等项目。其贷款对象是成员方政府、国有企业、私营企业等，若借款人不是政府，则要由政府担保。贷款用途多为项目贷款，主要用于工业、农业、运输、能源和教育等领域。国际复兴开发银行提供的贷款，期限一般在20年左右，宽限期为5年左右；利率低于国际金融市场利率。

国际复兴开发银行的贷款条件非常严格，其原则如下。

① 贷款对象只限于成员的政府、政府机构、国有企业和私营企业。除了成员方政府外，成员方的国有机构和私有机构借款时都必须由政府或中央银行提供担保。

② 贷款只提供给有偿还能力的成员。

③ 贷款原则上只用于特定的建设项目，即主要是项目贷款。申请贷款的项目必须在经济和技术上是可行的，而且对该成员的经济发展来说应该是优先的。

④ 只有在申请成员确实不能以合理条件从其他渠道获得资金时，才考虑给予贷款。

⑤ 贷款一般只提供为实施某个项目所必须进口的商品和劳务所需要的外汇支出，占投资总额的30%～40%，个别项目可以达到50%，对与该项目配套的本币资金一般不予提供。

(2) 国际开发协会

国际开发协会（IDA）成立于1960年，它的宗旨是：对世界上欠发达成员提供比国际复兴开发银行条件更为优惠的贷款，以此来促进这些成员经济的发展和居民生活水平的提高，从而补充国际复兴开发银行的活动，促成国际复兴开发银行目标的实现。

国际开发协会的组织机构包括理事会和执行董事会。

① 理事会。理事会掌管国际开发协会的一切权力，包括决定接纳新会员和决定接纳其入会的条件、批准追加认股和决定有关的规定和条件、暂时停止会员资格、裁决因执行董事会对本协会条文所在地作解释而产生的异议、决定协会净收益分配等。

凡世界银行会员又是协会会员者，其指派的银行理事和副理事，依其职权，同时也是协会的理事和副理事。副理事除在理事缺席外，无投票权。世界银行理事会主席同时也是国际开发协会理事会主席。理事会每年召开年会一次，出席会议的法定人数应为过半数理事，并持有不少于2/3的总投票权。

理事会第一创始会员享有500票的投票权，另外按其首次认缴额每5 000美元增加一票。首次认股以外的股金应享有的投票权，由理事会视情况决定，除另有特殊规定外，协会一切事务均采取简单多数原则通过。

② 执行董事会。执行董事会负责处理协会的日常业务。世界银行当选的执行董事，其所在地属国是协会会员时，在国际开发协会中享有投票权。每一董事应作为一个单位进行投票。董事缺席时，由其指派的副董事代行其全部职权。当董事出席时，副董事可参加会议，但无投票权。执行董事会议的法定人数应是过半数并行使至少1/2总投票权的董事。

国际开发协会是为补充国际复兴开发银行活动而开展贷款，因而其贷款条件与国际复兴开发银行有所不同，主要包括以下四条：

① 协会的贷款是优惠的无息贷款，只收取少量的手续费和承诺费；

② 贷款对象为人均国民生产总值在765美元以下的贫穷发展中国家成员或国有企业和私营企业；

③ 协会贷款期限为50年，宽限期10年，偿还贷款时可以全部或部分用本国货币偿付；

④ 协会贷款重点不同于国际复兴开发银行，其贷款主要用于经济效率低、时间长但具有较好的社会效益的项目，主要包括教育、卫生、农业、电力、交通运输、电信、城市基础设施、环保和人口等领域。

(3) 国际金融公司

国际金融公司（IFC）成立于1956年7月，总部位于华盛顿。中国成员资格随着1980年5月在世界银行的席位得到恢复，在国际金融公司的席位也自然得到恢复。

国际金融公司的宗旨是通过鼓励成员，特别是欠发达地区成员生产性私营企业的增长，来促进经济增长，并以此补充国际复兴开发银行的各项活动。国际金融公司是世界上为发展中国家提供股本金和贷款最多的多边金融机构，它提供长期的商业融资且不需要政府担保。根据章程规定，国际金融公司按照商业原则运作，在促进会员经济发展的同时，获取合理的投资回报。

国际金融公司与其他世界银行集团成员相比，其贷款业务的原则包括如下三条。

① 催化原则。催化原则是指公司向私营企业投资或贷款将带动更多的其他投资者投资于该企业。

② 商业原则。商业原则也称利润原则。国际金融公司的投资和贷款不要求任何形式的政府担保，但投资者必须做到：第一，必须有盈利记录，并对回收投资和收益做出适当的安排；第二，投资者的利润是依靠公平竞争获得的，而不是依赖于市场扭曲；第三，企业必须有利于所在地经济和社会的发展。

③ 特殊贡献原则。特殊贡献原则是指公司业务在私人投资中所起的作用应当是补充作用，即通过资助企业来支持私人投资者的参与，而不是替代私人部门的投资。

2) 亚洲开发银行

亚洲开发银行（ADB）是亚洲、太平洋地区的区域性政府间国际金融机构，于1966年在东京宣告成立，同年12月19日正式营业，总部设在马尼拉。我国于1986年被接纳为成员国，目前是亚洲开发银行亚洲地区的第二大股东，而且是其全球范围内的第三大股东。

亚洲开发银行的宗旨是向亚洲和太平洋地区的发展中国家和地区提供贷款和技术援助，促进和加速本区域的经济发展和合作。亚洲开发银行自身开展业务的资金分三部分：一是普通资金，用于亚洲开发银行的硬贷款业务，这是亚洲开发银行进行业务活动最主要的资金来源，主要采取四种援助形式向发展中成员提供融资，即贷款、股本投资、技术援助和联合融资担保等，普通资金来源于亚洲开发银行的股本、借款、普通储备金、特别储备金、净收益和预交股本等；二是亚洲开发基金，用于亚洲开发银行的软贷款业务；三是技术援助特别基金，用于进行技术援助业务。

2. 我国利用世界银行贷款的现状

自 1980 年以来，世界银行一直活跃在中国。它在多个领域为经过精心选择和明确限定的项目提供贷款。这些项目通常要求我国在国际市场上采购货物、土建工程和服务，从而为企业提供了许多潜在的商机。我国每年通过世界银行贷款项目授予企业的合同达 3 000 多份，其中货物和设备采购约占 60%，土建工程约占 35%，咨询服务约占 5%。

世界银行贷款项目遍布中国几乎所有省、自治区、市和诸多行业，基础设施（能源、交通、城建）占半数以上，其余为农村发展和社会项目（教育、卫生、社保）及扶贫项目。世界银行支持的项目约四分之三具有环保目标，对环境的重视贯穿各个部门，与环境有关的项目主要集中在能源、城市污水处理、供水与环境卫生、农村发展等领域。

总的来说，我国利用世界银行贷款的现状主要呈现以下三个特点。

(1) 贷款数量巨大

我国利用世界银行贷款的数量巨大，如表 3-3 所示。

表 3-3　世界银行对我国各个年度贷款总额一览表

财年	贷款总额/百万美元	项目数目
2000	1 672.50	8
2001	787.50	8
2002	562.90	5
2003	1 145.00	6
2004	1 218.27	9
2005	1 030.30	9
2006	1 454.33	11
2007	1 641.00	10
2008	1 513.40	12
2009	2 360.00	13
2010	1 414.00	14
2011	1 740.00	14
2012	1 260.00	12
2013	1 540.00	14
2014	1 615.00	12
2015	1 821.50	14
2016	1 982.00	11
2017	2 420.00	13
2018	370.00	3

数据来源：世界银行网站。

(2) 贷款数额和项目数比较稳定

我国已于 1999 年 7 月 1 日从（向世界上最贫困的发展中国家提供无息贷款的）国际开

发协会毕业。2012年至今，世界银行对我国的贷款逐年增加。贷款的项目数量也趋于稳定，保持在十几个项目左右。

（3）贷款应用的项目比较集中

贷款项目主要集中在农业、交通、能源等领域。表3－4为截至2018年4月已批准且正在进行的所有项目。

表3－4 世界银行对我国贷款项目一览表

项目名称	项目编号	承诺额/百万美元	批准日期
江西农产品流通体系建设	P147009	150.00	2017/12/15
广东省欠发达地区义务教育均衡优质标准化发展示范项目	P154621	120.00	2017/10/31
湖南省农田污染综合管理项目	P153115	100.00	2017/8/22
中国可持续城市发展综合示范项目	P156507	32.73	2017/7/27
三峡现代物流中心项目	P153473	200.00	2017/6/30
中国卫生改革项目	P154984	600.00	2017/5/9
重点行业削减与淘汰PFOS（全氟辛基磺酸）项目	P152959	24.25	2017/4/7
中国：甘肃职业教育培训项目	P154623	120.00	2017/3/31
建立节能的市场机制项目	P132748	17.80	2017/3/16
鄱阳湖水域水环境综合治理项目	P153604	150.00	2017/3/16
中国：甘肃省文化自然遗产保护与开发二期	P149528	100.00	2017/2/24
安徽公路养护创新示范项目	P153173	150.00	2017/2/21
陕西省贫困地区农村社区发展项目	P153541	100.00	2017/2/9

3.4.3 国际商业银行贷款

国际商业银行贷款（international commercial loan）是指我国的金融机构或者大公司在国际金融市场上向外国商业银行借入货币资金。这种货币资金一般不与出口项目联系，借款人可以自由地运用贷款，用于向第三国购买商品和劳务。

按照融资形式的不同可以将国际商业银行贷款分为银团贷款、联合贷款和双边贷款三种。

1. 银团贷款

1）概念及特点

银团贷款又称为辛迪加贷款（syndicated loan），是由获准经营贷款业务的一家或数家银行牵头，多家银行与非银行金融机构参加而组成的银行集团采用同一贷款协议，按商定的期限和条件向同一借款人提供融资的贷款方式。银团贷款融资具有以下特点。

① 贷款金额较大。银团贷款的每笔交易额一般在2 000万美元以上。

② 贷款期限较长。银团贷款一般是中长期贷款，贷款期限可在1～15年，多数为3～10年期。

③ 贷款风险小。由于银团是由多家银行按一定的贷款份额组成的，各贷款人承担的风

险也是按贷款份额来分摊的，同时，由于各家银行在风险分析及风险规避方面各有千秋，从而可以有效减少贷款人的风险。

案例 3-2

英吉利海峡海底隧道工程

1993 年建成、1994 年投入运营的英吉利海峡隧道，横穿多佛海峡，将英国与欧洲大陆直接联系起来，堪称 20 世纪最伟大的基础设施建设工程之一，实现了人们几个世纪的梦想。

该工程的完成需要大量的资金，筹资渠道包括股权和贷款筹资。17.2 亿美元的现金由股票投资获得，除此之外的 74 亿美元贷款从 209 家国际银行来筹措。这是一个典型的银团贷款融资案例，从银团贷款融资获得的金额占当时国际资本市场借贷总额的一半以上，堪称为银团贷款历史上的“航空母舰”。

2) 合作行职能

在银团贷款融资的过程中，涉及的合作行职能包括：牵头行、副牵头行、安排行、代理行和参加行。

(1) 牵头行

牵头行也是银团的参加行，其认购股份较一般参加行要大。它是银团贷款的组织者和领导者。在项目初始，牵头行须协助借款人共同编制资料备忘录，以供参加银团的银行评审；组织银团，并代表银团与借款者谈判，与借款人协商贷款条件；协助律师起草贷款协议及有关法律文件；商谈结束后组织银团参加行与借款人贷款协议的签订。

牵头行对借款人的职责在于根据借款人委托书的要求，为借款人物色贷款银行，组织银团；牵头行对贷款人的职责在于必须向各银行如实介绍借款人的情况，即有向参加行披露事实真相的义务，若因牵头行的不正确陈述而使参加行蒙受损失，牵头行应对此负责。

(2) 副牵头行

金额较大的银团贷款可设有副牵头行，协助牵头行工作，并保证负责包销一定比例的银团贷款份额。

(3) 安排行

安排行应协助牵头行做一些事务性的工作，较小金额的银团中则不设安排行。

(4) 代理行

代理行是指在贷款期限内，由银团成员行推选并经借款人同意，选定其中一家参加行为代理行，作为执行银团协议的管理者。代理行的作用和职责具体是：提供提款服务、利率制定、资金收付服务，以及作为信息传送点和簿记员；收集贷款人所需要的周期性报告及其他资料，考察借款人要求暂时修改贷款协议条文，确定贷款所列的借款人声明，并保证其正确无误，若有觉察到任何违约事件，应尽快通知贷款人。

(5) 参加行

参加行是银团贷款的成员行，按照银团协议规定的份额提供贷款，并相应获得收益和承担风险。

3）银团贷款融资的形式

银团贷款融资根据各参加行在银团中承担的权利和义务的不同，可分为直接型银团贷款和间接型银团贷款。

（1）直接型银团贷款

直接型银团贷款是指在牵头行的统一组织下，由借款人与各个贷款银行直接签订同一份贷款协议，根据贷款协议规定的条件，按照各自事先承诺的参加份额，通过委托代理行向借款人发放、收回和统一管理银团贷款。其特点包括以下几个方面。

① 牵头行的有限代理作用。直接型银团贷款牵头行的确立仅仅是为了组织银团，一旦贷款协议签订，即银团组成，牵头行即失去了代理作用，与其他行处于平等地位。

② 参加行权利与义务相对独立。直接型银团贷款的每个参加行所承担的权利与义务是独立的，没有连带关系，即每个参加行只享受按其在银团贷款中参与的份额所确立的权利，如按比例取得费用、本金等。同时，也只承担事先承诺的部分贷款义务，一旦某一参加行无法履行贷款义务，其他参加行没有义务追加贷款额以弥补贷款总额的空缺。

③ 银团参加行的相对稳定性。直接型银团贷款协议中尽管规定贷款行有权转让其在贷款中所享受的权利，但对这种转让又做出明确的限制，因而使得贷款人组成相对稳定，也使债务在借款人所熟悉的债权人之间进行变动。

④ 代理行责任明确。由于这种类型的银团贷款是由代理行统一发放、收回和管理的，因而协议中对代理行的权利、义务都有非常明确的规定，代理行的责任非常明确。

（2）间接型银团贷款

间接型银团贷款是指由牵头行直接与借款人签订贷款协议，向借款人单独发放贷款，然后再将参与的贷款权分别转售给其他愿意提供贷款的银行，事先不必经借款人的同意，全部贷款的管理工作均由牵头行负责。其贷款特点如下。

① 牵头行既是银团贷款的组织者，又是贷款的代理人，其身份具有多重性。

② 参加行与借款人之间不存在直接的债权债务关系，对债务人不享有直接的请求权，借款人即使发生违约现象，参加行也不能直接行使抵消权来进行损失补偿。所以，参加行与借款人的债权债务关系是间接的，参加行承担着来自借款人和牵头行的双重风险。

③ 缺乏比较完整的法律保证。与直接型银团贷款中牵头行、代理行、参加行和借款人之间有明确的法律规定不同，在间接型银团贷款中，借款人、牵头行和参加行之间缺乏明确的法律保证。如牵头行和参加行之间的法律关系，牵头行往往要求在转让合同中明确对于借款人能否按时偿还贷款、能否向参加行提供准确完整的财务信息或项目信息不承担任何责任。但是这种条款在某些国家，比如美国，则是无效的。

④ 操作相对简单，工作量较少。由于借款人只和牵头行有直接关系，因而较容易达成共识，有利于缩短时间、节省费用。同时，在法律上相对简单，所需成本也较低。

2. 联合贷款

联合贷款（club loan），也称俱乐部贷款，它是指由一家或数家外国银行与本国的金融机构一起对某一项目提供贷款。

联合贷款的金额一般都小于银团贷款，组织形式也比银团贷款简单，没有主牵头行和副牵头行之分，参加行的贷款金额也相同，如有数家银行参加，可指定一家担任代理人，负责同其他外国银行联络，并对贷款进行管理。联合贷款的组织工作与银团贷款不同，即使有数家外国银行参加也不采用公开邀请的方式，而是几家银行事先探讨意向，分别承担贷款金额的组织工作，并且一次性完成信贷工作。由于参加的银行少，联合贷款的费用要小于银团贷款，这降低了借款人的借款成本。

3. 双边贷款

双边贷款（bilateral loan）是指仅有一家外国银行作为贷款人，一家本国银行作为借款人。通常情况下，这种贷款没有指定代理人，所以从形式上看，它要比其他形式的贷款简单得多。近年来，双边贷款的形式也发生了一些变化，除了有一家银行加入以外，往往还有人寿保险公司参加。主要的原因是：人寿保险公司的资金来源和银行不同，前者的资金成本较低、期限长，因而人寿保险公司比银行有更强的能力提供长期低利的贷款；银行业务较广，尤其在国际业务方面一般有广泛的代理行关系和良好的海外客户基础，人寿保险公司想寻找资金出路，银行则正好可以充分利用其优势。

双边贷款与银团贷款、联合贷款相比，有其融资的优缺点。双边贷款融资的优点主要有：手续相对简单，不需要繁杂的审批手续；资金来源广泛；可以灵活选择货币类型。但是，双边贷款融资也存在三个弊端：利率成本高，需要承担汇率风险、国家风险等；一般采用浮动利率；需要提供担保或者抵押。

3.4.4 政府贷款

1. 政府贷款的含义

政府贷款是指政府间利用国家预算资金提供的长期优惠贷款。根据国际惯例，优惠贷款应包含 25%以上的赠与部分，即贷款中无须还本付息的部分。政府贷款是由贷款国用国家预算资金直接与借款国发生的信贷关系。政府贷款多数是政府间的双边援助贷款，少数是多边援助贷款，它是国家资本输出的一种形式。

政府贷款通常由政府有关部门出面洽谈，也有的是政府首脑出国访问时，经双方共同商定，签订贷款协议。例如，法国对外提供贷款时，其主管部门是法国财政部国库司。国库司代表法国政府对外谈判，签订贷款总协议，拟定贷款的额度、期限等一般条件，然后还要听取法国国民议会有关机构的意见。日本政府贷款主要由外务省、大藏省、通商产业省和经济企划厅负责，每笔贷款由内阁总理大臣交给这四个部门协商提出贷款方案，再由内阁会议决定。

2. 政府贷款的特点

① 贷款期限长、利率低。政府贷款具有双边经济援助性质，按照国际惯例，政府贷款一般都含有 25%的赠与部分。据世界银行统计，1978 年世界各国政府的政府贷款平均年限为 30.5 年，利率为 3%。

② 贷款与专门的项目相联系。比如，用于一国的交通、卫生、农业等大型开发项目。

③ 有时规定购买限制性条款。所谓购买限制性条款，是指借款国必须以贷款的一部分或全部购买提供贷款的国家的设备。

④ 政府贷款的规模不会太大。政府贷款受贷款国国民生产总值、财政收支与国际收支状况的制约，其规模不会太大。

⑤ 政府贷款受国家间关系的影响，一般在两国政治外交关系良好的情况下进行。

⑥ 一般使用贷款国的货币。

另外，许多西方国家为了扩大本国资本货物出口，增强本国出口商品竞争能力，还采用混合信贷方式，即援助和用于资助贷款国专项出口的政府贸易信贷相结合的贷款。目前，混合信贷主要有法国模式、瑞士模式、英国模式和加拿大模式四类。

混合信贷是政府贷款与出口信贷相结合的产物，因而它融合了上述两种融资方式的一些共性，兼具两种融资方式的优势：贷款金额较大；期限较长；利率较低，但须另外承担一定费用；贷款用途放宽；银行等金融机构参与程度大。

3.5 债券市场融资

在西方发达国家，不论是政府还是私人企业都非常重视通过债券市场来为企业的发展进行融资。随着我国债券市场的发展和完善，我国企业也开始越来越重视发行债券的融资方式。

3.5.1 普通债券融资

1. 债券的定义与特性

债券是债务人依照法律手续发行的，向债权人承诺的按约定的利率和日期支付利息、偿还本金，从而明确债权债务关系的有价证券。

债券是一种债权债务凭证，主要包含以下基本要素。

① 债券的名称。债券在票面上注明名称，债券的名称一般会包含发行主体、发行用途、债券种类等信息。

② 债券的面值。债券在票面上都会注明基本发行单位金额，称为面值。

③ 债券的偿还期限。到期还本付息是债券和股票的重要区别之一，不同债券的偿还期限相差很大，短的仅几个月，而长的可达数十年。

④ 债券的利率。债券的利率就是债券利息和债券面值的比率，它主要受通货膨胀、银行利率、偿还期限、资本市场上资金供求关系、发行者资信等因素的影响。债券的利率决定发行者的融资成本，利率一旦决定，一般在债券到期前保持不变，但也有少数债券的利率在发行时约定可以浮动。

⑤ 债券的价格。债券的价格是指债券在资本市场上交易的价格。确定债券价格最主要的因素是市场利率，两者的变动方向相反。市场利率上扬，债券的价格就会下降，反之亦然。

作为一种有价证券，债券有着和其他有价证券共同的特性，即流通性、风险性和收益性。除此之外，债券还有一些特有的性质。

① 筹资者使用资金灵活。债券反映投资、筹资双方的债权债务关系，因此投资者仅仅是债权人，无权参与被投资公司的日常经营决策，所以筹资者可以灵活使用资金。

② 偿还方式多样。债券发行者可根据事先的协议采取多种多样的方法进行还本，可以到期一次付清，也可以分期偿还，公司可根据自身财务状况灵活选择。

③ 债券是重要的宏观调控工具。中央银行凭借买进或卖出债券来调节市场货币供求关系，以达到预期的经济目标。

2. 债券的种类

债券是经济主体为筹集资金而发行的，用以记载和反映债权债务关系的有价证券。由企业发行的债券称为企业债券或公司债券。债券面额固定，可以转让或继承，是企业筹集长期资金的常用方式。企业发行的债券大致可分为如下几类。

① 按发行方式，分为记名债券和无记名债券。在债券上记载持券人姓名或名称的为记名债券，反之为无记名债券。

② 按能否转换为公司股票，分为可转换债券和不可转换债券。若债券能转换为本公司股票，为可转换债券；反之为不可转换债券。一般情况下，前种债券的利率要低于后种债券。

③ 按有无特定的财产担保，分为抵押债券和信用债券。发行公司以特定财产作为抵押品的债券为抵押债券；没有特定财产作为抵押，凭信用发行的债券为信用债券。抵押债券又分为：一般抵押债券，即以公司的全部产业作为抵押品而发行的债券；不动产抵押债券，即以公司的不动产为抵押而发行的债券；设备抵押债券，即以公司的机器设备为抵押而发行的债券；证券抵押债券，即以公司持有的股票证券或其他债券交付给信托公司作为抵押而发行的债券，等等。

④ 按是否参加公司盈余分配，分为参加公司债券和不参加公司债券。债权人除享有到期向公司请求还本付息的权利外，还有权按规定参加公司盈余分配的债券，为参加公司债券；反之为不参加公司债券。

⑤ 按利率的不同，分为固定利率债券和浮动利率债券。将利率明确记载于债券上，按这一固定利率向债权人支付利息的债券，为固定利率债券；债券上明确利率，发放利息时利率水平按某一标准（如政府债券利率、银行存款利率）的变化同方向调整的债券，为浮动利率债券。

⑥ 按能否上市，分为上市债券和非上市债券。可在证券交易所挂牌交易的债券为上市债券；反之为非上市债券。上市债券信用度高、价值高，且变现速度快，故而较吸引投资者，但上市条件严格，并要承担上市费用。

⑦ 按偿还方式，分为到期一次债券和分期债券。发行公司于债券到期日一次性清偿本金的，为到期一次债券；一次发行而分期、分批偿还本金的，为分期债券。

⑧ 按照其他特征，分为收益债券、附认股权债券、附属信用债券等。收益债券是只有当公司获得盈利时才向持券人支付利息的债券。这种债券不会给发行公司带来固定的利息费用，对投资者而言收益较高，但风险也较大。附认股权债券是附带允许债券持有人按特定价格认购公司股票权利的债券。这种认购股权通常随债券发放，具有与可转换债券类似的属性。附认股权债券和可转换债券一样，票面利率通常低于一般的债券。附属信用债券是当公司清偿时，受偿权排列顺序低于其他债券的债券，为了补偿其较低受偿顺序可能带来的损失，这种债券的利率高于一般债券。

3. 债券的信用评级

由于债券的投资存在违约风险，各种不同债券的信用程度是不同的，有必要建立一个债券信用评级体系，由专门的信用评级机构对债券的质量、信用和风险进行公正客观的评定等级活动，为债券投资者或潜在投资者提供指导。债券的等级揭示了债券的风险，对投资者而言，信用等级可用于迅速判断债券的风险程度，降低投资风险，节约信息成本，有利于正确投资；对企业而言，信用等级与筹资风险和筹资效果密切相关，信用等级高则企业可以较低的利率发行债券，降低融资成本，节约发行费用。

表 3－5 列示了投融资界公认的最权威的穆迪信用等级体系，表 3－6 列示了中国证券信用评级标准。

表 3-5 穆迪信用等级体系

等级符号	符号含义	说明
Aaa	最高级	安全性最高，本息有最大保障，基本无风险
Aa	高级	安全性高，虽然比上一等级略微逊色，但有充分支付本息的能力
A	中高级	安全性良好，还本付息基本无问题，但保障性不如上两种
Baa	中级	安全性中等，目前还本付息无问题，但不排除将来的风险
Ba	中低级	有一定的投机性，将来情况很难预料
B	半投机性	缺乏理想投资品质，履约程序不可靠
Caa	投机性	安全性低，财务状况不佳，有违约风险
Ca	充分投机性	安全性差，经常发生违约情况
C	极端投机性	无力支付利息，几乎没有投资价值

表 3-6 中国证券信用评级体系

级别分等	级别	级别含义	
		偿付能力	投资风险
一等	AAA	极大	无
	AA	很大	基本无
	A	较大	较低
二等	BBB	尚可，但应变能力差，可能延期兑付	有一定的风险
	BB	脆弱	较大
	B	小	大
三等	CCC	很小	很大
	CC	极小	最大
	C	将破产，无	绝对有

4. 债券市场

债券市场是发行和买卖债券的场所，是金融市场的一个重要组成部分。根据不同的分类标准，债券市场可以分为不同的类别，最常见的分类有以下几种。

① 根据债券的运作过程和市场的基本功能，可将债券市场分为债券发行市场和债券流通市场。

债券发行市场，又称一级市场，它是发行单位初次出售新债券的市场。债券发行市场的作用是将政府、金融机构及工商企业等为筹集资金而向社会发行的债券，分散发行到投资者的手中。

债券流通市场，又称二级市场，它是指已发行的债券进行买卖转让的市场。债券一经认购，即确定了一定期限的债权债务关系，但通过债权流通市场，投资者可以转让债权，使得债券变现。

债券发行市场和债券流通市场相辅相成，是相互依存的整体。债券发行市场是整个债券市场的源头，是债券流通市场的前提和基础。发达的债券流通市场是债券发行市场的重要支撑，是债券发行市场扩大的必要条件。

② 根据市场组织形式，债券市场可分为场内交易市场和场外交易市场。

场内交易市场是在证券交易所内买卖债券所形成的市场。这种市场组织形式是债券市场的较为规范的形式。证券交易所作为债券交易的组织者，本身不参加债券的买卖和价格的决定，只为债券买卖双方创造条件、提供服务，并进行监管。

场外交易市场是在证券交易所以外进行证券交易的市场。柜台交易市场为场外交易市场的主体，许多证券经营机构都设有专门的证券柜台，通过柜台进行债券买卖。在柜台交易市场中，证券经营机构既是交易的组织者，又是交易的参与者。此外，场外交易市场还包括银行间交易市场，以及一些投资者通过电话、计算机等通信手段形成的市场等。目前，我国债券流通市场由三部分组成，即沪深证券交易所市场、银行间交易市场和证券经营机构柜台交易市场。

③ 根据债券发行地点的不同，债券市场可以分为国内债券市场和国际债券市场。国内债券市场的发行者和发行地点同属于一个国家，而国际债券市场的发行者和发行地点则不属于同一个国家。

5. 发行方式

一般来讲，债券的发行方式有私募发行和公募发行两种。

(1) 私募发行

私募发行又称定向发行或私下发行，即面向少数特定投资者发行。私募发行不需要承销商，由债券发行人与某些机构投资者，如人寿保险公司、退休基金等直接接触，洽谈发行条件和其他具体事务，属直接发行。另外，私募发行手续简便、发行时间短、效率高，投资者往往已事先确定，不必担心发行失败，因而对债券发行者比较有利。但私募发行的债券流动性比较差，所以投资者一般要求其提供比公募发行的债券更高的收益率。

(2) 公募发行

公募发行，又称公开发行，是由证券承销商组织承销团将债券向广泛的社会投资者发行。公募发行面向公众投资者，发行面广，投资者众多，筹集的资金量大，债权分散，不易被少数大债权人控制，发行后上市交易也很方便，流动性强。但公募发行的要求较高，手续复杂，需要证券承销商参与，发行时间慢，费用较私募发行高。

6. 发行利弊

与利用股权筹资相比，普通债券融资也有其自身的优缺点。

(1) 普通债券融资的优点

① 债券的发行成本要比股票低。股票首次发行，支付给发行中介机构的费用占所筹资的5%～8%；再次发行支付的费用也在3%～6%之间。而发行A级债券的费用仅占筹资额的0.7%～1.2%。

② 债券利息可从税前利润中扣除，而股息则由税后利润支付。公司的债券利息支出可以记入损益，抵减所得税，起到税盾的作用。

③ 债券融资可以发挥财务杠杆的作用，增加每股税后盈余。采用债券融资的方法能最大限度地利用别人的资金，获得更多的收益。

④ 债券融资不影响原有股东的控制权。

(2) 普通债券融资的缺点

① 给企业带来财务风险。债券有固定的到期日和利息负担，一旦企业经营状况不好，容易使企业陷入财务困境。

② 往往附有限制性条款，对企业财务的灵活性产生不利影响。企业需要根据行业的发展情况、自有资金的充足情况及目标资本结构等一系列因素来决定采用哪种融资方式及各种

融资方式的搭配比例等问题。

案例 3-3

金茂投资管理（上海）有限公司公司债券 2017 年年度报告

公司名称：金茂投资管理（上海）有限公司

债券代码：136998

代码简称：16 金茂 Y1

发行时间：2016-06-15

发行额：20 亿元

期限：3 年

利率（%）：3.70

到期日：2019-06-15

上市地：沪市

信用级别：AAA

发行单位：金茂投资管理（上海）有限公司

还本付息方式：在发行人不行使延期支付利息权的情况下，每年付息一次，到期一次还本。

主承销机构：国泰君安证券股份有限公司

报告期内付息兑付情况：公司于 2017 年 6 月 15 日按时足额支付了 2016 年可续期公司债券的首期利息。

特殊条款的触发及执行情况：16 金茂 Y1 的期限为 $3+N$，在每 3 个计息年度末附发行人续期选择权，每个付息日附发行人延期支付利息权。报告期内上述条款均未执行。

募集资金使用情况：公司已经使用 20 亿元用于补充营运资金。

净资产额：664.44 亿元

净资产收益率（%）：7.75

流动比率：1.10

速动比率：1.09

累计对外担保余额：210.83 亿元

累计对外担保余额占净资产比例（%）：37.82

案例 3-4

2018 年第四期中国铁路建设债券发行办法

发行人：中国铁路总公司

债券名称：2018 年第四期中国铁路建设债券

发行总额：200 亿元

债券期限：本期债券分为 5 年期和 10 年期两个品种，其中 5 年期品种的发行规模为 130 亿元，10 年期品种的发行规模为 70 亿元，发行规模共 200 亿元。

债券利率：本期债券采用固定利率方式，5 年期品种的票面年利率为 Shibor 基准利率加上基本利差，基本利差区间为－0.55%～0.45%；10 年期品种的票面年利率为 Shibor 基准利率加上基本利差，基本利差区间为－0.55%～0.45%。Shibor 基准利率为公告日前 5 个工作日全国银行间同业拆借中心在上海银行间同业拆放利率网（www.shibor.org）上公布的一年期 Shibor（1Y）利率的算术平均数，基准利率保留两位小数，第三位小数四舍五入。本期债券各品种的最终基本利差和最终票面年利率将由发行人根据市场招标结果，按照国家有关规定确定，并报国家有关主管部门备案，在债券存续期限内固定不变。本期债券采用单利按年计息，不计复利，逾期不另计利息。

发行方式及对象：本期债券以银行间债券市场债券发行系统招标的方式，通过承销团成员设置的发行网点向机构投资者（国家法律、法规另有规定除外）公开发行。

发行价格：本期债券的债券面值为 100 元，平价发行，以 1 000 万元为一个认购单位，投标金额必须不少于 1 000 万元且为 1 000 万元的整数倍。

认购与托管：本期债券采用实名制记账方式发行，由中央结算公司托管记载。

起息日：本期债券自 2018 年 3 月 22 日开始计息，本期债券存续期内每年的 3 月 22 日为该计息年度的起息日。

计息期限：5 年期品种的计息期限自 2018 年 3 月 22 日起至 2023 年 3 月 21 日止；10 年期品种的计息期限自 2018 年 3 月 22 日起至 2028 年 3 月 21 日止。

还本付息方式：采用单利按年计息，不计复利，逾期不另计息。每年付息一次，到期一次还本，最后一期利息随本金的兑付一起支付。年度付息款项自付息日起不另计利息，本期债券的本金自其兑付日起不另计利息。

信用等级：AAA

招投标方式：指通过招标系统采用的单一利率（荷兰式）招标方式。

单一利率（荷兰式）招标方式：指每一有效订单中申购利率在发行利率以下的有效申购金额获得全额配售，申购利率等于发行利率的有效申购金额等比例获得配售的配售方式。

招标额：就本期债券每一品种而言，指该品种参与招标的额度。本期债券 5 年期品种的招标额为 130 亿元，10 年期品种的招标额为 70 亿元。

自 1995 年起，截至本期债券发行前，发行人共发行中国铁路建设债券 15 087 亿元，其中已兑付 1 032 亿元，尚未到期13 855亿元，未到期的中国铁路建设债券存续期内每年需支付利息 634.36 亿元；中期票据 2 450 亿元，其中已兑付 1 150 亿元，尚未到期1 300 亿元，未到期的中期票据存续期内每年需支付利息 56.72 亿元；短期融资券 2 800 亿元，其中已兑付 2 800 亿元；超短期融资券 1 650 亿元，其中已兑付 1 450 亿元，尚未到期 200 亿元，存续期内需支付利息 4.30 亿元。发行人所有已发行的中国铁路建设债券、中期票据、短期融资券、超短期融资券均按时支付本金及利息。

7. 我国企业债券的现状、问题及发展

1）我国企业债券的现状

我国发行企业债券始于 1983 年，主要有地方企业债券、重点企业债券、附息票企业债券、利随本清的存单式企业债券、产品配额企业债券和企业短期融资券等。

地方企业债券，是由我国全民所有制工商企业发行的债券。重点企业债券，是由电力、冶金、有色金属、石油、化工等部门国家重点企业向企业、事业单位发行的债券。附息票企业债券，是附有息票，期限为5年左右的中期债券。利随本清的存单式企业债券，是平价发行，期限为1～5年，到期一次还本付息的债券。各地企业发行的大多为这种债券。产品配额企业债券，是由发行企业以本企业产品等价支付利息，到期偿还本金的债券。企业短期融资券，是期限为3～9个月的短期债券，面向社会发行，以缓和企业流动资金短缺的情况。企业债券发行后可以转让。

在国外成熟的资本市场体系中，企业为降低筹资成本、提高筹资效率和公司经营管理决策的主动性，债券融资占其融资总额的比重越来越大，成为企业外源融资的主要方式，企业债券的融资额通常是股票市场的3～10倍，有的国家股票发行甚至出现负数。美国企业债券的品种多，主要有抵押债券、信用债券、可转换债券、附有认证股权证债券、可赎回债券、浮动利率债券等。与之相比，中国企业债券的品种单一、市场规模较小。不能满足债券发行者及债券投资者的需要，从而制约了企业债券市场的持续发展。2017年，我国企业债券发行385只，规模达3 753.95亿元，与2016年相比，发行数量和发行规模均出现下降，企业债券存量4.9万亿元，相关企业债券违约只数和规模均处于公司信用类债券最低水平。整体来看，货币政策紧平衡，债券市场融资环境偏紧，企业发行谨慎，再融资压力加大。2017年8月，发改委明确提出要积极防范企业债领域地方政府债务风险，做好存量债务排查工作，实现发债企业与政府信用严格隔离。2017年我国企业债券市场结构和企业债创新品种发行情况如表3-7和表3-8所示。

表3-7　2017年企业债券市场结构

发行人类型	城投债	产业债
数量/只	316	69
规模/亿元	3 101.95	652

表3-8　2017年企业债创新品种发行情况

发行人类型	数量/只	规模/亿元
项目收益债券	33	200.70
专项债券	73	659.80
绿色债券	21	311.60
永续债	5	70.00
小微集合债	2	24.90

2）当前企业债券存在的主要问题

（1）股票市场与债券市场发展的严重失衡

自1984年到现在，经过三十多年的努力和探索，我国企业债券市场虽取得了一定的发展，但由于我国目前企业债券的发债及拟发债企业主要集中分布在交通运输、综合类、电力、煤、水业和制造业等具有相对垄断地位的基础性行业，而且主要属于特大型企业，覆盖的范围很小，加上发行额度的限制，企业债券发行的规模很小。尤其是，与规模庞大的国债和金融债券相比，我国企业债券发行规模就更显微小，如表3-9和图3-2所示。

表3-9　2018年3月我国债券发行量

	2018年3月		2018年累计	
	面额/亿元	同比/%	面额/亿元	同比/%
合计	9 556.44	−15.96	19 002.82	−8.64
1. 政府债券	3 709.83	−40.16	7 095.44	−24.56
1.1 记账式国债	1 800.00	12.50	4 900.00	5.15
1.2 储蓄国债（电子式）	0.00		0.00	
1.3 地方政府债	1 909.83	−58.48	2 195.44	−53.73
2. 政策性银行债	3 992.50	18.65	9 192.80	10.54
2.1 国家开发银行	1 977.00	54.82	4 743.00	17.94
2.2 中国进出口银行	673.30	−10.23	1 354.10	−19.40
2.3 中国农业发展银行	1 342.20	0.31	3 095.70	18.38
3. 政府支持机构债券	400.00	100.00	800.00	100.00
4. 商业银行债券	481.00	−54.14	607.50	−60.73
4.1 普通债	311.00	−13.61	311.00	−61.79
4.2 次级债	0.00		0.00	
4.3 混合资本债	0.00		0.00	
4.4 二级资本工具	170.00	−75.32	296.50	−59.55
5. 非银行金融机构债券	161.00	50.47	196.00	10.11
6. 企业债券	204.00	48.04	322.00	66.67
6.1 中央企业债券	0.00		0.00	
6.2 地方企业债券	204.00	48.04	322.00	66.67
6.2.1 普通企业债	189.00	47.89	287.20	62.08
6.2.2 集合企业债	0.00		0.00	
6.2.3 项目收益债	15.00	50.00	34.80	117.50
7. 资产支持证券	608.11	93.65	789.08	3.83
8. 中期票据	0.00		0.00	
9. 外国债券	0.00		0.00	
9.1 国际机构债券	0.00		0.00	
10. 其他债券	0.00		0.00	

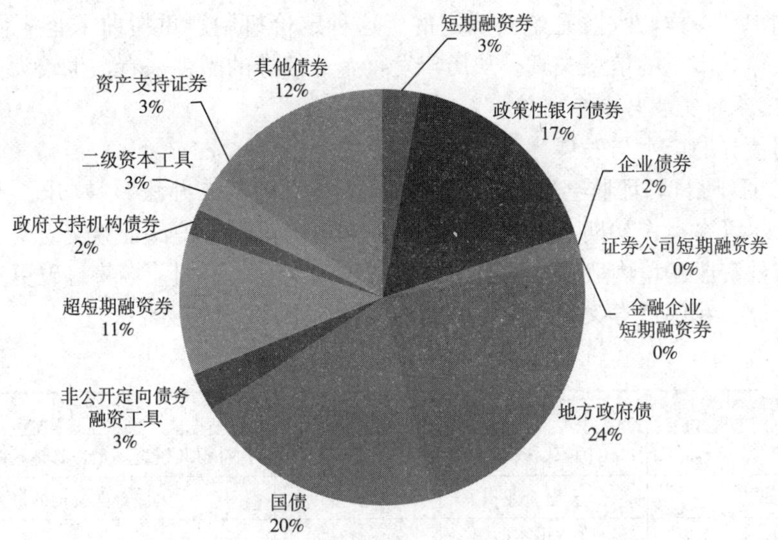

图 3-2　2017 年银行间债券市场各债种发行量占比

数据来源：中国债券信息网、上海清算所网站。

2017 年，债券市场现券、借贷和回购交易结算量为 1 010.05 万亿元，同比增长 4.86%，增速同比下降 37.81 个百分点。其中，全市场现券结算量为 104.69 万亿元，同比下降 14.51%，增速同比下降 57.27 个百分点；全市场的回购交易结算量为 903.12 万亿元，同比增长 7.61%，增速同比下降 35.05 个百分点。

（2）企业债券信用缺乏权威的评级机构

债券信用评级的主要作用是揭示风险、引导投资，并降低具有较高信用筹资者的筹资成本，但目前我国债券信用评级并未发挥这些作用。与国外评级机构靠出售评级报告创造收入不同，在国内由发行人支付评级费用，从而不可避免地使评级结果的公正性受到影响。同时，评级机构缺乏对发债企业的信用级别进行持续跟踪评定的制度，当发债企业的财务状况发生变化时，不能及时改变其信用级别，致使评定级别缺乏客观性和公正性。

（3）企业债券利率过低

利率是企业债券的基本要素，在我国仍然处于政府的管制之下，如规定利率水平不得高于同期银行存款的 40%，并常常采用固定利率水平，这种债券起不到优化资源配置的作用。

（4）企业债券的流动性偏低

企业债券的流动性是指在交易市场上债券能以接近市场的价格迅速转让，而且仅需支付较少的交易费用。投资者购买企业债券后，将根据自身资金运转情况，及时调整资金投向结构。但目前我国企业债券所具有的流动性远远达不到投资者的要求，这主要是由于企业债券流通市场发育程度极低、上市交易规模太小。在利率完全市场化的发达债券市场中，投资者除了安全保值的动机外，更倾向于投机动机，即利用利率的波动，以买进债券或卖出债券牟利。因此，债券市场上资产的流动性是较高的。

（5）我国企业债券还存在定价不合理、品种单一、缺乏创新等诸多问题

在我国股票市场上，既有 A 股、B 股、H 股，又有国家股、法人股、内部职工股、转配股等，而在企业债券市场上，从我国现有的情况来看，几乎都是按同一模式设计的，只要

期限相同，利率都一样，收益是绝对确定的。这种定价机制严重扭曲了企业债券的价格信号，造成企业债券市场的信息失真。从历年发行企业债券的品种来看，也较为单一。

3）我国债券的发展与未来趋势

（1）公司债券的产生与发展

2007 年 8 月 14 日，证监会颁布实施《公司债券发行试点办法》，拉开了中国发行公司债券的序幕。尽管在运作初期，公司债券试点公司范围仅限于沪深证券交易所上市的公司及发行境外上市外资股的境内股份有限公司，但从长远来看，公司债券将打破更多企业面临的融资瓶颈。至此，我国债券又增加了一个新的品种，如表 3 - 10 示。

表 3 - 10　我国债券的种类

<table>
<tr><th colspan="2"></th><th>发行人</th><th>期限</th><th>用　　途</th></tr>
<tr><td colspan="2">国债</td><td>国家财政部</td><td>1～20 年</td><td>弥补财政资金不足，筹集基础设施建设资金</td></tr>
<tr><td colspan="2">金融债</td><td>金融企业</td><td>1～3 年</td><td>解决金融机构的资金不足</td></tr>
<tr><td colspan="2">企业债</td><td>非金融企业</td><td>3～20 年</td><td rowspan="4">解决企业经营中的资金不足</td></tr>
<tr><td rowspan="3">公司债</td><td>上市公司债</td><td>上市公司</td><td>3～10 年</td></tr>
<tr><td>可转换债券</td><td>上市公司</td><td>5 年左右</td></tr>
<tr><td>短期融资券</td><td>公司制企业</td><td>1 年以下</td></tr>
</table>

公司债券和企业债券虽然都是非政府和非金融企业发行的债券，但是有区别，二者的主要区别体现在以下几个方面。

① 发行主体的差别。公司债券是由股份有限公司或有限责任公司发行的债券，我国《公司法》和《证券法》对此也作了明确规定，因此非公司制企业不得发行公司债券。企业债券是由中央政府部门所属机构、国有独资企业或国有控股企业发行的债券，它对发债主体的限制比公司债券多得多。我国各类公司的数量有几百万家，而国有企业仅有 20 多万家。

② 发债资金用途的差别。公司债券是公司根据经营运作具体需要所发行的债券，它的主要用途包括固定资产投资、技术更新改造、改善公司资金来源的结构、调整公司资产结构、降低公司财务成本、支持公司并购和资产重组等。因此，只要不违反有关制度规定，发债资金如何使用几乎完全是发债公司自己的事务，无须政府部门关心和审批。但在我国的企业债券中，发债资金的用途主要限制在固定资产投资和技术革新改造方面，并与政府部门审批的项目直接相联。

③ 公司债券的信用级别也相差甚多，与此对应，各家公司的债券价格和发债成本有着明显差异。运用担保机制可以增强公司债券的信用级别，但这一机制不是强制规定的。与此不同，我国的企业债券，不仅通过“国有”机制贯彻了政府信用，而且通过行政强制落实，以至于企业债券的信用级别与其他政府债券大同小异。

④ 管制程序的差别。在市场经济中，公司债券的发行通常实行登记注册制，即只要发债公司的登记材料符合法律等制度规定，监管机关无权限制其发债行为。在这种背景下，债券市场监管机关的主要工作集中在审核发债登记材料的合法性、严格债券的信用评级、监管发债主体的信息披露和债券市场的活动等方面。但我国企业债券的发行中，发债需经国家发改委报国务院审批。

⑤ 市场功能的差别。在发达国家中，公司债券是各类公司获得中长期债务性资金的一

个主要方式，在20世纪80年代后，又成为推进利率市场化的一支重要力量。在我国，由于企业债券实际上属于政府债券，它的发行受到行政机制的严格控制，不仅每年的发行数额远低于国债、央行票据和金融债券，也明显低于股票的融资额，为此，不论是在众多的企业融资中还是在金融市场和金融体系中，它的作用都微乎其微。

⑥ 法律依据不同。公司债券在《公司法》中有专章（第七章公司债券）规定，同时也是《证券法》明文规定的证券的一种，其发行、交易适用《公司法》《证券法》的相关规定；企业债券的发行、交易主要适用国务院《企业债券管理条例》的规定。

⑦ 发行条件不同。《证券法》第十六条规定了发行公司债券的条件：

- 股份有限公司的净资产不低于人民币三千万元，有限责任公司的净资产不低于人民币六千万元；
- 累计债券余额不超过公司净资产的百分之四十；
- 最近三年平均可分配利润足以支付公司债券一年的利息；
- 筹集的资金投向符合国家产业政策；
- 债券的利率不超过国务院限定的利率水平；
- 国务院规定的其他条件。

而依照《企业债券管理条例》，企业发行企业债券必须符合下列条件：

- 遵守国务院批准的全国企业债券发行的年度规模和规模内的各项指标要求；
- 企业规模达到国家规定的要求；
- 企业财务会计制度符合国家规定；
- 具有偿债能力；
- 企业经济效益良好，发行企业债券前连续三年盈利；
- 所筹资金用途符合国家产业政策；
- 企业债券的总面额不得大于该企业的自有资产净值；
- 债券利率不得高于银行同期居民储蓄定期存款利率的百分之四十；
- 企业发行企业债券用于固定资产投资的，依照国家有关固定资产投资的规定办理。

⑧ 发行程序不同。依照《证券法》第十七条，申请公开发行公司债券应当报经中国证监会或者国务院授权的部门核准；依照有关规定，发行企业债券应当报经有关部门审批。

公司债券与企业债券的区别如表3-11所示。

表3-11 公司债券和企业债券的区别

	公司债券	企业债券
发行主体	股份有限公司 有限责任公司	中央政府部门所属机构 国有独资企业 国有控股企业
资金用途	根据公司经营需要制定，不需要政府审批	基础设施建设、固定资产投资、重大技术改造、公益事业，需政府审批
信用基础	公司信用	“准”国债
管制程序	证监会监管，注重发行后监管	发改委、国务院审批，注重发行前审批

(2) 我国企业债券的发展趋势

近几年，我国企业债券市场坚持以产业政策为导向，注重发挥债券融资对调结构的引领作用，为支撑项目投资资金需求，稳定经济增长发挥了积极作用。截至2013年11月底，企业债券累计发行32 044亿元（2013年1—11月发行5 700亿元）。2014年企业债券发行0.7万亿元，同比增长46.5%。企业债不等同于政府债务，但在企业债中，符合政府债务标准的部分都分别包含在了政府的各类债务中。2014年4月24日，发改委发布《企业债券簿记建档发行业务指引（暂行）》，规范了企业债发行过程。但是，自2016年后半年起，企业境内债券融资的各个途径的成本上升，使得企业在境内通过债券融到资本的难度越来越大。不少企业因为债券融资难度的增加而影响到企业的整体发展。

解决债券融资困境的问题，可以从创新融资手段和更改融资地域两个方面着手。但是，企业通过创新融资手段的方法来解决目前债券融资困境并不能从根本上解决企业债券融资难的问题。因为企业债券融资问题的根本原因并非技术手段，而是市场资本匮乏，企业融资成本上升。相对于创新融资手段，选择新的融资地域更能为需融资企业解决目前存在的融资难题。

境外债券融资作为企业债券融资的重要渠道，近年来发展得越来越迅速，特别是国家发改委发布《关于推进企业发行外债备案登记制管理改革的通知》（发改外资〔2015〕2044号），进一步推动了境外债券融资的整体发展。企业境外债券融资是指境内企业及其控制的境外企业或分支机构向境外举借的、以本币或外币计价、按约定还本付息的1年期以上债务工具，包括境外发行债券、中长期国际商业贷款等。企业境外融资产品类型丰富，而且多为创新型产品。企业境外债券融资选择的地区多为经济金融发达地区，从市场整体数量来看主要集中在美国，新加坡、日本等亚洲地区及英国、德国等欧洲地区。

3.5.2 国际债券融资

1. 国际债券的定义及特征

国际债券是一国政府、金融机构、工商企业或国际性组织为筹措长期资金而在国外金融市场上发行的、以外国货币为面值的债券。国际债券的发行者与发行地点不属同一国家，因此它的发行者与投资者属于不同的国家。国际债券是一种在国际间直接融通资金的金融工具。国际债券的投资者，主要是银行、其他金融机构、各种基金会、工商财团和私人。国际债券的发行和交易，既可用来平衡发行国的国际收支，也可用来为发行国政府或企业引入资金从事开发和生产。

国际债券与国内债券相比，有以下三个方面的特点。

① 资金来源比较广泛。国际债券是在国外金融市场上发行的，面对众多的国外投资者，市场融资潜力巨大。

② 筹资数额较大。通过国际债券方式筹措资金与用国际贷款方式筹措资金相比，其期限更长，数额更大，而且债券所筹资金的使用不受投资者的干涉，也没有附加条件，并且通过国际债券方式筹资，有利于促使其负债结构的多样化。

③ 资金的安全性较高。在国际债券市场筹措资金，通常可得到一个主权国家以普通责任能力或“付款承诺”的保证，其安全性高，吸引力也大，因而有利于减轻或稳定还本付息

的负担，有利于吸收中长期的资金。

2. 国际债券的种类

国际债券从不同的角度可分为不同的类型，主要有以下几种分类。

（1）外国债券和欧洲债券

外国债券是借款人在外国证券市场上发行以该国货币为面值的债券。外国债券是一种传统的国际债券，在产业革命时期，资本主义企业就通过发行外国债券，筹措扩大再生产的资金。自从“二战”以来，外国债券的地位进一步加强，并且成为筹集长期资本最重要的信用工具。外国债券的特点是债券发行者在一个国家，债券的面值货币和发行市场属于另一个国家。发行外国债券的国家既有发达国家，如美国、日本、法国等，也有发展中国家，如巴西、中国等。比如，中国国际信托投资公司在日本发行的日元债券即为外国债券。

欧洲债券是借款人在其本国之外的资本市场上发行的以第三国的货币（欧洲货币）为面值的国际债券。欧洲债券的特点是债券发行人、债券发行市场、债券面值三者分别属于三个不同的国家。具体地说，债券发行人在一个国家，债券在另一国的金融市场发行，债券面值所使用的货币又是第三国的，如中国银行在伦敦发行的美元债券就属于欧洲债券。

（2）双重货币债券和欧洲货币单位债券

双重货币债券是指涉及两种币种的债券。这种债券在发行、付息时采用一种货币，但在还本时采用另外一种货币，两种货币的汇率在发行时即已明确。

欧洲货币单位债券是指以欧洲货币单位为面值的债券。

其他类似普通债券，可分为公募债券和私募债券；一般债券、可兑换债券和附认股权债券；固定利率债券、浮动利率债券和无息债券等。

3. 中国发行国际债券的概况

1982年，中国国际信托投资公司在日本发行了100亿日元的私募债券，这是我国第一次发行国际债券。随后，中国银行、上海国际信托投资公司等多家金融机构先后发行国际债券。

目前，我国发行国际债券呈现如下特点。

① 发行主体多元化。我国发行国际债券的主要机构既有政府又有企业，以金融机构为主，包括财政部、中国银行、中国工商银行、交通银行、中国建设银行、中国农业银行、中国进出口银行、国家开发银行、中国国际信托投资公司及沿海地区的一些非银行金融机构等。

② 公募发行与私募发行相结合。1982年，中国国际信托投资公司在日本发行了100亿日元的私募债券，1993年又在纽约成功发行了2.5亿美元的公募债券。

③ 发行市场分散化和发行货币多元化。我国发行国际债券的市场既有外国债券市场，又有欧洲债券市场，还发行过全球债券。自1993年7月以来，发行美国扬基债券共17亿美元，并于1994年发行了1亿美元的全球债券，2001年发行欧洲美元债券10亿美元和欧元债券5.5亿欧元。同时，我国发债的币种也呈多元化特点，由原来的日元扩大到美元、港币等，还发行过双重货币债券。

2016年10月1日，人民币正式纳入特别提款权（SDR）货币篮子，这是人民币国际化的重要里程碑，随着人民币国际化程度的提升及资本项目的开放，发行国际债券是我国引进外资，推动社会主义现代化建设的重要手段之一，也是推动人民币国际化的重要经济行为，同时对于发债企业的自身发展意义重大。

3.6 债券融资的新方式——可转换债券

3.6.1 可转换债券的概念及特点

可转换债券，是发行人按法定程序发行的，赋予债券投资者在发行后的特定时间内，按自身的意愿选择是否按照约定的条件将债券转换为股票的权利的一种公司债券。

可转换债券可以被视为是一种附有“转换条件”的公司债券，债券持有者可以在将来某个规定的期限内按约定条件将可转换债券转换为公司普通股票，其实质就是期权（options）的一种变异形式，与股票认股权证（warrants）较为类似。因此，可以把可转换债券视作“债券”与“认股权证”相互融合的一种创新型金融工具。可转换债券具有筹资和避险的双重功能，因此与单纯的筹资工具或避险工具相比，无论是对发行人还是对投资者而言，都更有吸引力。

可转换债券兼具有债券和股票的特性，它具有以下三个基本特点。

（1）债权性

可转换债券首先是一种固定收益债券，具有确定的期限和票面利率。如果在转换期内未转为股票，可转换债券投资者可享受稳定的利息收入和还本保证，在公司破产时享有优先于股票持有者的剩余资产的分配权。

（2）股权性

可转换债券在转换成股票之前是纯粹的债券，但在转换成股票之后，原债券持有人就由债权人变成了公司的股东，享有对收入和资产的分配权、对公司董事会的选举权、对公司经营管理的监督权和优先认股权。

（3）可转换性

可转换性是可转换债券的重要标志，债券持有人可以按照约定的条件将债券转换成股票。转股权是投资者享有的、一般债券所没有的选择权。可转换债券在发行时就明确约定债券持有者可以按照发行时约定的价格将债券转换成公司的普通股股票。若债券持有人不想转换，则可继续持有债券，直到偿还期满时收取本金和利息，或在流通市场出售变现。

3.6.2 我国可转换债券的发展历程及现状

1. 萌芽阶段（1991—1996年）

从1991年到1996年是我国企业最早尝试发行可转换公司债券的时期。琼能源于1991年8月发行了3 000万元的可转换公司债券，这是中国第一只可转换公司债券。1992年，成都工益、深宝安A股在国内发行了可转换公司债券；之后，中纺机B股、深南玻B股、镇海炼化分别在国外和我国香港地区发行了可转换公司债券。

国内可转换公司债券中，琼能源和成都工益均由非上市公司发行，其目的均是发行新股。前者有30%的可转债转股成功，后者则转股完全成功，转股后的公司股票先后在深圳证交所和上海证交所上市。宝安转债是中国第一只上市公司发行的可转债。1992年，深宝安以较低的票面利率筹集了大量资金，发行成功；但转股价格与其他条款设计不利，1995年年底到期时，股票市价远低于转股价，转股失败。国外及我国香港地区发行的可转债中，中纺机转债的绝大部分于1996年12月被执行了回售条款；南玻转债的70%实现转股，剩余的30%于1998年被回售给南玻公司。

在这一阶段，我国还没有出台正式的可转债相关文件，由于缺乏相应的经验，这一阶段的尝试出现了上述的一些失误，发展还处于萌芽阶段。

2. 试点阶段（1997—2000年）

1997年3月，中国证券委员会颁布了《可转换公司债券管理暂行办法》，同意选择有条件的公司（主要是重点国有企业）进行可转换公司债券试点，并对其发行、承销及相关条件做出了明确规定。

1998—1999年，中国先后发行了南宁化工、吴江丝绸和茂名炼化三只非上市重点国有企业的可转换公司债券，并先后上市交易，标志着中国可转换公司债券的发行开始规范化操作。2000年，中国发行了虹桥机场和鞍钢新轧两只上市公司的可转换公司债券，这标志着中国资本市场向成熟迈进了一步。这一阶段，中国还在境外发行了庆铃汽车和华能国际两支可转换公司债券。

综观这一阶段发行的可转换公司债券，最主要的问题是转换价格制定，这几只可转换公司债券的发行从不同方面为我国以后可转换公司债券的发行与设计积累了宝贵经验。

3. 全面发展阶段（2001年以来）

2010年夏季，中国银行59亿美元的可转债发行交易在全球历史上排名第二，仅次于2007年西班牙桑坦德银行金额高达97亿美元的发行额。2010年，中国工商银行和中石化的可转债发行金额超过35亿美元，而规模较小的中国民生银行于2012年年末发行了超过30亿美元的可转债。平安集团是总部位于深圳的保险与金融服务集团，其于2013年年底发行了高达42亿美元的可转债，该交易的规模在中国历史上排名第二，也是2013年全球范围内规模最大的可转债发行。2013年中国企业的可转债发行规模逼近历史最高水平，因为对于已上市企业来说，可转债成为大规模股权发行、支撑成长的最可靠方式。来自Dealogic的数据显示，2013年中国国内可转债市场上以人民币计价的发行金额高达146亿美元，非常接近2010年154亿美元的历史最高纪录，这是仅有的两个突破100亿美元大关的年份。2017年2月17日证监会出台再融资新规，上市公司非公开增发必须间隔18个月，并且融资额不能超过市值的20%，但对于一些符合条件的公司，可以采取可转债或优先股的形式来替代原来的再融资方案。考虑到发行优先股对于非上市公司而言可行性较低，因而新规定或推动符合发行条件的公司转而发行可转债。截止到2017年第一季度，光大证券发行的可转债规模最大，达到300亿元。我国可转债发行情况见表3-12。

表3-12　我国可转债发行情况

年份	2003	2004	2005	2006	2007	2008	2009
发行规模/亿元	185.5	209.03	0	43.87	79.48	77.2	46.61
发行家数/个	16	12	0	7	10	5	6

年份	2010	2011	2012	2013	2014	2015	2016	2017
发行规模/亿元	775.8	413.2	163.55	544.81	320.99	98.00	212.52	14.11
发行家数/个	8	9	5	8	13	3	11	2

注：数据来自csmar数据库。

2014 年我国迎来了可转换公司债券的赎回潮，中鼎、海直、川投、泰尔、重工等个券都已退出，而齐翔、长青、冠城等各种新券走上舞台，转债新旧交替。

3.6.3 发行可转换债券的条件

2006 年 5 月 7 日，证监会正式公布《上市公司证券发行管理办法》（以下称《管理办法》）对公开发行可转换债券的条件进行了相应的调整和完善。与先前的《可转换公司债券管理暂行办法》和《上市公司发行可转换公司债券实施办法》相比，新出台的《管理办法》对可转换债券发行条件、转股价格、上市公司的财务指标等方面进行了相应的调整，同时《管理办法》对分离交易的可转换公司债券的发行作了明确规定。《管理办法》的推出将对可转换债券市场的健康有序发展起到保驾护航的作用。

具体来讲，发行可转换债券需具备以下两个条件。

(1) 盈利能力较强

最近三个会计年度连续盈利且最近三个会计年度加权平均净资产收益率平均不低于 6%。扣除非经常性损益后的净利润与扣除前的净利润相比，以低者作为加权平均净资产收益率的计算依据。

(2) 可靠的偿债能力

可转换债券发行后，资产负债率不高于 70%；本次发行后累计公司债券余额不得超过最近一期末净资产额的 40%；可转换债券发行后，累计债券余额不得高于净资产额的 80%；最近三年平均可分配利润足以支付可转换债券一年的利息；有足够的现金偿还到期债务的计划安排及保护投资者利益的治理规范。

3.6.4 主要的“转债”要素

1) 票面利率

与普通债券一样，可转换债券也设有票面利率。在其他条件相同的情况下，较高的票面利率对投资者的吸引力较大，因而有利于发行。但较高的票面利率会对可转换债券的转股形成压力，发行公司也将为此支付更高的利息。可见，票面利率的大小对发行者和投资者的收益和风险都有重要的影响。可转换债券的票面利率通常要比普通债券的低，这是因为可转换债券的价值除了利息之外还有股票买权这一部分，一般情况下，该部分的价值可以弥补股票红利的损失，这也是吸引投资者的主要原因。

2) 面值

我国可转换债券面值是 100 元，最小交易单位是 1 000 元。境外一些可转换债券由于通常在柜台交易系统进行交易，最小交易单位通常较大。

3) 转股价格

转股价格是指可转换债券转换为每股股票所支付的价格。与转股价格紧密相连的两个概念是转换比率和转换溢价率。

转换比率指的是一个单位的债券转换成股票的数量，即

$$\text{转换比率}=\frac{\text{单位可转换债券的面值}}{\text{转股价格}}$$

转换溢价是转股价格超过可转换债券的转换价值（可转换债券按标的股票时价转换的价值）的部分，转换溢价率则指转换溢价与转换价值的比率，即

$$转换溢价率=\frac{转股价格-转换价值}{转换价值}$$

需要特别指出的是，这里所说的转股价格和转换溢价率是就可转换债券发行时的价格而言的，它不同于可转换债券交易时的市场转股价格和市场转换溢价率，后二者的计算公式如下。

$$市场转股价格=\frac{可转换债券的市价}{转换比率}$$

$$市场转换溢价率=\frac{市场转股价格-当前的股价}{当前的股价}$$

4）转换期

转换期是指可转换债券转换为股票的起始日至截止日这段时间。根据不同的情况，转换期通常有以下四种：发行一段时间后的某日至到期日前的某日；发行一段时间后的某日至到期日；发行日至到期日前的某日；发行日至到期日。

在前两种情况下，发行可转换公司债券之后，发行公司锁定了一段特定的期限，在该期限内公司不受理转股事宜，这样做的目的是不希望过早地将负债变为资本金而稀释原有的股东权益；在后两种情况下，发行公司在可转股之前对可转换债券没有锁定一段期限，这样是为了吸引更多的投资者。

5）赎回条款

赎回是指在一定条件下，公司按事先约定的价格买回未转股的可转换债券。发行公司设立赎回条款的主要目的是降低发行公司的发行成本，避免因市场利率下降而给自己造成利率损失，同时也出于在加速转股的过程中减轻财务压力的考虑。通常该条款可以起到保护发行公司和原有股东的权益的作用。赎回实质上是买权，是赋予发行公司的一种权利，发行公司可根据市场的变化而选择是否行使这种权利。

赎回条款一般包括以下几个要素。

(1) 赎回保护期

这是指可转换债券从发行日至第一次赎回日的期间。赎回保护期越长，股票增长的可能性就越大，赋予投资者转换的机会就越多，对投资者也越有利。

(2) 赎回时间

赎回保护期过后，便是赎回期。按照赎回时间的不同，赎回方式可以分为定时赎回和不定时赎回。定时赎回是指公司按事先约定的时间和价格买回未转股的可转换债券；不定时赎回是指公司根据标的股票价格的走势按事先的约定以一定价格买回未转股的可转换债券。

(3) 赎回条件

在标的股票的价格发生某种变化时，发行公司可以行使赎回权利。这是赎回条款中最重要的要素。按照赎回条件的不同，赎回可分为无条件赎回（即硬赎回）和有条件赎回（即软赎回）。无条件赎回是指公司在赎回期内按事先约定的价格买回未转股的可转换债券，通常

和定时赎回有关；有条件赎回是指在标的股票价格上涨到一定幅度，并且维持了一段时间之后，公司按事先约定的价格买回未转股的可转换债券，通常和不定时赎回有关。

（4）赎回价格

赎回价格是事先约定的，它一般为可转换债券面值的103%～106%。对于定时赎回，其赎回价一般逐年递减，而对于不定时赎回，通常除利息外赎回价格是固定的。

一旦公司发出赎回通知，可转换债券持有者必须立即在转股或卖出可转换债券之间做出选择。正常情况下，可转换债券持有者会选择转股。可见，赎回条款最主要的功能是强制可转换债券持有者行使其转股权，加速转换，因此它又被称为加速条款。

6）回售条款

回售条款是为投资者提供的一项安全性保障，当可转换债券的转换价值远低于债券面值时，持有人必定不会执行转换权利，此时投资人依据一定的条件可以要求发行公司以面额加计利息补偿金的价格收回可转换债券。为了降低投资风险以吸引更多的投资者，发行公司通常设置该条款。它在一定程度上保护了投资者的利益，是投资者向发行公司转移风险的一种方式。回售实质上是一种卖权，是赋予投资者的一种权利，投资者可以根据市场的变化选择是否行使这种权利。

回售条款一般包括以下几个要素。

（1）回售条件

回售分为无条件回售和有条件回售。无条件回售是指无特别指定原因设定回售；有条件回售是指公司股票价格在一段时期内连续低于转股价格并达到某一幅度时，可转换债券持有人按事先约定的价格将所持债券卖给发行人。

（2）回售时间

回售时间根据回售条件分为两种：一种是固定回售时间，通常针对无条件回售，一般定在可转换债券偿还期的1/3或一半之后，国内可转换债券也有在可转换债券快到期时回售，所起的作用与还本付息相似，如机场转债；另一种是不固定回售时间，针对有条件回售，指股票价格满足回售条件的时刻。

（3）回售价格

回售价格是事先约定的，它一般比市场利率稍低，但远高于可转换债券的票面利率，因此使得可转换债券投资者的利益受到有效的保护，降低了投资风险。

7）转换调整条款

转换调整条款也叫向下修正条款，是指在股票价格表现不佳时，一般是股票价格连续低于转股价一定水平，该条款允许发行公司在约定的时间内将转股价格向下修正为原转股价格的70%～80%。

转股价格的向下调整主要保障投资人在持有期内因标的股票价格的持续下滑乃至无法执行转换权利时，仍能按约定的时点进行转股价格的重新设定，促使调整后的转股价格接近目前的股票市价水平，否则原定的转股价格就会大大高出当前的股价，使得转股不能进行。

3.6.5 发行可转换债券的优缺点

与发行新股、配股等再融资方式相比，利用可转换债券融资具有以下优点。

(1) 成本优势

发行可转换债券的融资成本大大低于一年期银行贷款利率。可转换债券的票面利率也普遍低于相同期限的企业债券，一般来说，不考虑发行条款中是否含有投资者回售权、发行人赎回权及转换溢价幅度，可转换债券利率通常要比同类普通债券低0.5%～4%，可转换债券每年利息支出比普通企业债要低得多。因此，如果可转换债券未被转换，相当于公司发行了较低利率的债券。而且，可转换债券看涨期权的特性决定了可转换债券持有人会在公司业绩增长、股票行情向好的情况下将可转换债券转换为公司股票，减少了可转换债券到期时公司本金偿还的压力。另外股票融资的最小成本为发行费用，大致为发行规模的35%，每年的红利也是股票融资的实际成本。可见，可转换债券融资的现金流出压力小于银行贷款、单纯的股票融资和普通债券融资。

(2) 税盾效应

可转换债券在转换前，公司支付的票息作为固定开支，纳入财务费用在税前列支，而股权融资所支付的股息、分红必须从公司缴纳所得税后的净利润中支付。

(3) 改善资本结构

采用债券融资，必然提高公司资产负债率，增加财务风险。一般债券的这种影响将一直延续到债券到期偿还，而可转换债券的这种影响在大多数情况下是暂时的，随着转股权的行使，原来的债务本金转变为永久性的资本投入，在降低负债的同时增加了权益资金，财务风险下降，公司的资本结构得到改善。

(4) 减缓发行人股东权益稀释速度

股权稀释是指新股东股权对老股东股权产生的稀释作用，具体表现为每股收益的非经营性下降，股价下跌。虽然可转换债券逐步转股后，股本稀释效应会逐渐产生，但该稀释效应相对滞后，可避免直接募股时融资股本迅速扩张产生的股价回落问题。此外，由于转股价格高出融资时的发行公司股价很多，在融资总额一定的情况下，转股数量少于直接发行股票的数量，一定程度上减弱了股本稀释效应。

(5) 灵活性强

公司采用普通股和一般债券融资，在融资规模、融资时间及对发行公司财务方面等的要求上有较严格的法律管制，如前次募集资金的间隔时间不到一年，继续采用这些融资方式就会受到限制。此时采用可转换债券融资，可避免法律约束。此外，可转换债券的形式多种多样，发行公司可根据投资者的需求及公司自身的情况选择不同的可转换债券融资方式。

相应地，可转换债券融资也面临着以下三方面的风险。

① 股价上扬风险。当基准股票的市场价格大幅上升，远高于约定的转股价格时，可转换债券转股筹集的资金额远小于按较高股价计算的股权筹资额。这相当于将原有股东的一部分财富转移给可转换债券的持有人，可转换债券的实际融资成本会高于原有的预期。

② 偿付风险。发行可转换债券后，倘若发行公司业绩不佳，股价长期低迷，或者虽然公司业绩尚可，但股价随大盘下跌，那么公司面临着在短期内还本计息的压力。在这种情况下，公司的正常经营会受到影响。

③ 回售风险。与偿付风险类似，有回售条款的可转换债券可能会造成公司在短期内支付大量资金的风险。除了低迷的股价会导致投资者选择回售外，市场利率的变动也是影响回

售风险的重要因素。发行可转换债券的普通债券部分的价值会相应降低，另外，高利率会导致资金流出股市，造成股票整体价格水平下降，这样会增加可转换债券的回售风险。

3.6.6 我国发行可转换债券存在的问题及主要对策

1. 存在的问题

我国上市公司发行可转换债券主要存在以下问题。

(1) 发行公司未将股东财富最大化作为理财的基本目标

从实践结果考察，我国公司在制定可转换债券的各项条款时，均十分重视会计账面上的资金成本和债券的转换率，简单地认为会计账面上的资金成本越低越优、转换率越高越优。会计账面上的资金成本越低，公司获得的会计利润就越大；转换率越高，公司的还债压力就越小，风险就越小。但是，公司会计利润最大化并不代表股东财富最大化。如果公司会计利润的增加是建立在股东权益稀释的基础上的，那么这种利润的增加并不可取。宝安 A 股可转换债券就是一个典型的范例。再者，对减轻公司还债压力的评价，离不开还债所付出的成本。这种现象如不制止，必然会损害公司所有者的利益。

(2) 过多倾向筹资者利益

我国目前可转换债券在发行条款设计上，更多地偏向了筹资者的利益。这主要体现在以下两个方面。一是票面利率极低，如已上市的可转换债券中利率最高的茂炼转债，其利率第一年为 1.30%，以后每年递增 0.30%；利率低的机场转债，利率固定为 0.80%，企业几乎是无成本融资。二是回售条件苛刻，除了后来的机场转债外，其他的可转债均需在符合一定的条件下才能回售给公司，否则就只有转股的选择，从而减小了发行企业现金还本付息的压力。这些发行条件的设置在帮助国有企业融资、支持国有企业改革方面起到了很大的作用，而投资者的利益却在一定程度上遭到了侵害，从长远的角度来看，这会有损可转换债券市场的进一步成长和发展。

(3) 套期保值功能尚无法实现

由于我国证券市场实行的是一种单向做多的运行机制，不允许进行买空和卖空的行为，这就使得可转换债券虽然包含了一个看涨的期权，却无法实现套期保值的功能。如宝安转债，明知转股已无利可图，却又无法在股票市场上做空，最后余下的可转换债券悉数还本付息，不仅投资者在可转换债券的投资上损失惨重，发行企业在资金的周转上也出现了比较严重的危机。

2. 主要对策

针对上述存在的问题，本书提出以下建议。

(1) 降低票面利率和提高初始转股溢价

目前我国已发行的可转换债券在票面利率的设计上，过分强调纯债券价值，大部分设置浮动利率和利息补偿条款，同时在初始转股溢价上增幅较小，甚至出现上浮 0.1%的象征性条款，加上每家可转换债券都设有近似无限制向下修正条款，转债条款如此优惠以至于有过度迎合债券投资者的嫌疑，而在一定程度上损害了发行人原流通股股东的利益。因此，如果发行人具有未来良好的成长性，投资者对其股票表现也有好的预期，建议尝试发行零息债券，并适当提高转股溢价，以保护发行人原流通股股东的利益，减轻其未来收益遭受过度摊薄的压力。

（2）实施多层次的投资者利益保护

一方面要不断完善和改进可转换债券的条款设计，使投资和融资双方的利益都得到兼顾；另一方面，对相关发行企业信息的披露也应加强，使可转换债券的交易和股票市场的交易一样，受到市场的监督和约束。此外，为使可转换债券的发行最终与国际接轨，引导债信评级工作的健康发展，应把信用评级作为发行可转换债券的必备条件。

（3）逐步引入配套衍生工具，实现转债的套期保值功能

可转换债券市场的充分发展还需要其他相关配套的金融衍生工具的支持，如全国统一的金融市场指数、买空卖空的股票交易机制、股票期货和股票期货指数等，投资者就能在股票市场和债券市场上进行多种反向或套期操作，从而刺激两个市场的活跃和互动发展。当然，这些衍生工具的推出不可能马上到位，但从证券市场的长远发展来看，这是未来发展的一个必然过程。随着可转换公司债券市场的迅速成长，市场本身也会对这些金融衍生工具提出要求，借助这样的机会逐步地、适时地推出相关的一些金融衍生工具应该是比较恰当的，不仅有助于可转换债券套期保值功能的实现，对于中国证券市场的最终完善和与世界接轨来说，也是极为重要的。

随着中国可转换债券市场的不断发展和壮大及相关法规条例的不断完善，可转换债券作为新型的债券融资工具，受到了越来越多企业的青睐。

3.6.7　分离交易可转债

分离交易可转换公司债券，是指公司发行债券时，按比例向债券认购人附送一定数量的认股权证，约定在未来某一时间，认股权证持有人有权按照事先约定的价格认购公司股份。其中“分离交易”，就是指公司债券和认股权证分别上市交易。

分离交易可转债本质上是一种附认股权证的公司债，可分离为纯债和认股权证两部分，它赋予了上市公司一次发行、两次融资的机会。分离交易可转债是债券和股票的混合融资品种，它与普通可转债的本质区别在于债券与期权可分离交易。2006年出台的《上市公司证券发行管理办法》首次将分离交易可转债列为上市公司再融资品种，并对其发行条件、发行程序、条款设定等方面做出了较为具体的规定。目前市场上已有的分离交易可转债有马钢股份、中国石化、宝山钢铁、新钢钒、中化国际、武钢股份、中国民生银行等。

（1）与普通可转债之间的区别

分离交易可转债与普通可转债的区别在于债券与期权可分离交易，分离交易可转债不设重设和赎回条款，有利于发挥发行公司通过业绩增长来促成转股的正面作用，避免了普通可转债发行人往往不是通过提高公司经营业绩、而是以不断向下修正转股价或强制赎回方式促成转股而带给投资人的损害。

普通可转债中的认股权一般是与债券同步到期的，分离交易可转债则并非如此。《上市公司证券发行管理办法》中规定，分离交易可转债“认股权证的存续期间不超过公司债券的期限，自发行结束之日起不少于六个月”。

（2）对上市公司股价的影响

发行分离交易可转债对上市公司的股价有一定的影响。短期而言，由于分离交易可转债具备含权的特性，正股在分离交易可转债发行（股权登记日）之前常常受到市场资金一定程

度的炒作，如中信国安 9 月 13 日之前和马钢股份 2006 年 11 月 10 日之前均有一定程度的上涨，并且表现强于同期指数。

而发行分离交易可转债对上市公司股价的影响主要体现在长期。根据历史数据统计可以发现，上市公司在发行分离交易可转债之后股价大多都走出了长期的牛市，如云天化、中化国际、马钢股份、武钢股份等股价自 7 月份以来都已翻番，明显超过同期指数的涨幅。因为获准发行分离交易可转债的上市公司本身大多质地优良，并且发行可转债可以为上市公司募集资金投入项目建设，其资金投向有利于大幅提高公司盈利水平，或有助于公司的长远发展，这也会让此类股票获得提倡价值投资的基金等机构投资者的青睐。

案例 3-5

宝安转债

1992 年年底，我国第一只 A 股上市可转换债券。

1. 发行状况

总额：5 亿元人民币

期限：3 年

票面利率：3%（年息）

当时：三年期银行存款利率 8.28%，三年期企业债券利率 9.94%，国库券票面利率 9.5%。

转换价格：25 元

2. 结果

股市后来低迷，股价走低（最高曾 33.95 元，最低 5 元以下）。

至到期日，转换部分只占发行总额的 2.7%。

案例 3-6

可转换公司债券发行条款——中海发展可转换公司债券

以中海发展可转换公司债券为例介绍可转换公司债券发行条款中的价格向下修正条款、赎回条款、回售条款和转债的赎回、终止上市。

一、债券概况

可转换公司债券简称：中海转债

可转换公司债券发行量：200 万手（2 000 万张）

可转换公司债券上市量：200 万手（2 000 万张）

可转换公司债券发行价格：100 元

初始转股价格：25.31 元/股

可转换公司债券上市地点：上海证券交易所

可转换公司债券上市时间：2007 年 7 月 12 日

可转换公司债券上市起止日期：2007 年 7 月 12 日至 2012 年 7 月 1 日

可转换公司债券信用级别：AAA

二、发行人基本情况

发行人名称：中海发展股份有限公司

股票简称：中海发展

境内上市地：上海证券交易所（A股），股票代码：600026

境外上市地：香港联合交易所（H股），股票代码：1138

经营范围：沿海、远洋、长江货物运输，国际旅客运输，船舶租赁，货物代理、代运业务，船舶买卖，集装箱修造，船舶配件、备件代购代销，船舶技术咨询和转让。

三、主要发行条款

1. 发行总额：20亿元。

2. 票面金额、期限、利率、付息方式

（1）票面金额：可转债按面值发行，每张面值100元，共计发行2000万张，每10张为1手，共计200万手。

（2）期限：期限为5年，自2007年7月2日起至2012年7月1日止。

（3）票面利率：第一年为1.84%，第二年为2.05%，第三年为2.26%，第四年为2.47%，第五年为2.70%。

（4）付息方式：每年付息一次，付息日为2008年至2012年的7月2日，计息起始日为可转债发行的当日。

3. 可转债转股的有关约定

（1）转股期：自发行结束日起6个月后至转债到期日止，即从2008年1月2日起至2012年7月1日止。

（2）转股价格确定方式和调整办法。初始转股价格的确定依据：本次可转债的初始转股价格为25.31元/股，以公布“募集说明书”之日前20个交易日公司A股股票交易均价和前一个交易日均价中二者较高者为基准上浮10%，结果四舍五入，精确到0.01元。

当公司配股、送股或转增股本、增发（不包括可转债转换的股本）、派息等情况引起公司股份变动时，转股价格按除权除息价调整。

（3）转股价格向下修正条款。在可转债存续期间，当公司A股股票在任意30个连续交易日中至少20个交易日的收盘价不高于当期转股价格85%时，公司董事会有权提出转股价格向下修正方案并提交股东大会表决。

上述方案须经出席会议的股东所持表决权的三分之二以上通过方可实施。股东大会进行表决时持有可转债的股东应当回避。修正后的转股价格应当不低于本次股东大会召开日前20个交易日公司A股股票交易均价和前一交易日的交易均价，同时，修正后的转股价格不低于最近一期经审计的每股净资产和股票面值。

4. 赎回条款

（1）到期赎回条款。在本期可转债期满后5个交易日内，公司将以本次发行的可转换公司债券的票面面值的105%（含之后一期利息）向投资者赎回全部未转股的可转债。

（2）有条件赎回条款。在本期可转债转股期内，如果公司A股股票连续20个交易日的收盘价格不低于当期转股价格的130%（含130%），公司有权按照债券面值103%（含当期计息年度利息）的赎回价格赎回全部或部分未转股的可转债。任一计息年度公司在赎回条件首次满足后可以进行赎回，首次不实施赎回的，该计息年度不应再行使赎回权。

5. 回售条款

（1）有条件回售条款。在可转债转股期间，如果公司股票在连续30个交易日低于当期转股价格的75%，可转债的持有人有权将其持有的可转债全部或部分按面值105%（含当期利息）回售给公司。任一计息年度可转债持有人在回售条件首次满足后可以进行回售，首次不实施回售的，该计息年度不得再行使回售权。

（2）附加回售条款。在本期可转债存续期内，如果本次发行所募集资金的使用与公司在募集说明书中的承诺相比出现变化，根据中国证监会的相关规定可被视作改变募集资金用途或者被中国证监会认定为改变募集资金用途的，持有人有权按面值的103%（含当期利息）的价格向公司回售其持有的部分或全部可转换公司债券。持有人在附加回售申报期内未进行附加回售申报的，不得再行使本次附加回售权。

四、转股与摘牌

1. 2008年2月27日，“中海发展、中海转债”公布提示性公告：中海发展股份有限公司A股股票自2008年1月23日至2008年2月26日，已连续20个交易日高于当期转股价（25.31元/股）的130%（32.91元/股）。根据公司“发行可转换公司债券募集说明书”中的有关约定，已满足首次赎回条件。公司于2008年2月26日召开2008年第五次董事会会议，通过了《关于拟行使中海转债“有条件赎回条款”的议案》。

2. 2008年2月28日，“中海发展、中海转债”公布关于中海转债赎回事宜的第一次公告：截至2008年2月26日，已有83 290 000元“中海转债”转为中海发展股份有限公司的A股股票，尚有1 916 710 000元的“中海转债”在市场流通。根据公司“发行可转换公司债券募集说明书”中的有关规定，“中海转债”于2008年2月26日收市后首次满足赎回条件，经公司2008年第五次董事会决定，将截至赎回登记日（2008年3月26日）收市后尚未转股的“中海转债”全部赎回。现将“中海转债”赎回事宜公告如下：“中海转债”赎回价格为103.00元/张（含当期计息年度利息，且当期利息含税），个人投资者持有“中海转债”代扣税后赎回价格为102.63元/张。“中海转债”的赎回日为2008年3月27日；赎回款发放日为2008年4月2日。

此后，中海发展和中海转债连续发布共六次关于中海转债赎回事宜的公告。

3. 2008年4月7日，“中海发展、中海转债”公布“中海转债”摘牌公告，并发布中海转债赎回结果及股份变动公告：中海发展股份有限公司的“中海转债”“中海转股”将于2008年4月9日在上海证券交易所摘牌。

截至2008年3月26日，已有1 988 173 000元中海发展股份有限公司发行的“中海转债”转换为公司A股股票，累计转股78 552 270股，占“中海转债”开始转股前公司已发行股份总额的2.36%；尚有11 827 000元中海转债未转股，占中海转债发行总量的0.59%。公司已经全部赎回未转股的中海转债，赎回数量为118 270张，本金为11 827 000元。“中海转债”赎回后公司股本变动情况如表3-13所示。

表 3-13　“中海转债”赎回后公司股本变动情况

单位：股

	转股前数量	变动数量	截至 4 月 2 日数量	占公司总股本的比例/%
有限售条件流通 A 股	1 578 500 000	0	1 578 500 000	46.36
无限售条件流通 A 股	451 500 000	+78 552 270	530 052 270	15.57
H　股	1 296 000 000	0	1 296 000 000	38.07
合　计	3 326 000 000	+78 552 270	3 404 552 270	100.00

3.7　其他负债融资方式

以上几节介绍了几种常见并且主要的负债融资方式，除此之外企业还有其他负债融资方式，比如近几年兴起的短期融资券和中小企业集合债。这些融资方式对于提高市场的资金利用率，扩大企业的资金来源无疑具有重大意义。

3.7.1　短期融资券

由于企业所发行的融资券主要是解决短期内的融资需要，发行期一般在一年以内，所以企业融资券通常也可以称为短期融资券。

1. 短期融资券的产生及发展

短期融资券指中华人民共和国境内具有法人资格的非金融企业，依照《短期融资券管理办法》规定的条件和程序，在银行间债券市场发行并约定在一定期限内还本付息的有价证券。

短期融资券的发行、交易、登记、托管、结算、兑付由中国人民银行负责监督管理，并只对银行间债券市场的机构投资人发行，只在银行间债券市场交易，不对社会公众发行。发行期限不超过 365 天，短期融资券的债券利息与发行价格由发行主体与承销商共同商定。在银行间债券市场发行短期融资券，企业可以便捷、低成本地进入银行间债券市场进行融资，为企业，尤其是为上市企业提供了直接融资渠道，使得困扰上市公司的融资瓶颈问题有了解决之道。短期融资券已成为我国上市公司一个新的融资选择。

短期融资券自面世以来，受到了市场的热烈追捧，发展势头迅猛，累计发行额已超过了企业债规模，成为继国债、央行票据、金融债后第四大债券市场。短期融资券的发行情况如表 3-14 所示。2018 年 2 月我国共发行短期融资券 134 只，发行规模为 1 558.60 元，2017 年累计发行短期融资券（含超短融）2.34 万亿元，同比下降 29.80%。此外，首次出现大气污染防治绿色债券、绿色资产支持票据、境外企业绿色熊猫债、轨道交通行业的绿色资产证券化项目和绿色短期融资券等券种。同时，首只绿色债券指数型理财产品成立，首次在柜台市场面向个人投资者发售绿色金融债券。这一系列产品创新丰富了绿色金融产品，拓宽了公众参与绿色投资的渠道。2012—2017 年我国短期融资券发行额如表 3-14 所示。

表 3-14　2012—2017 年我国短期融资券发行情况统计

单位：万亿元

年份	2012	2013	2014	2015	2016	2017
发行额	1.93	1.91	2.15	3.24	3.38	2.34

2. 短期融资券的优势

（1）节约融资成本

短期融资券融资可以大大降低企业融资成本。根据目前的市场形势判断，综合考虑税收和流动性等因素后，企业短期融资券与央行票据的利差估计在 80 个基点。目前短期融资券的年利率在 2.9%左右，远远低于银行一年期贷款基准利率的 5.58%，财务成本的节省是非常明显的。

（2）简化发行手续

由于短期融资券发行灵活便捷，发行人和承销商的工作量相对较小，中国人民银行审批速度也较快，承销佣金预计远远低于股票和企业债券的承销佣金。在充分考虑承销佣金、律师费用、评级费用等各项开支后，发行短期融资券相比银行贷款仍有 1.50%以上的利息节约。

（3）降低信贷风险

从短期融资券与短期贷款对比来看，短期融资券具有信息透明度高和风险分散的优势，这有利于减少约束不足导致道德风险的恶意违约，减少企业风险向银行风险转化的概率，降低单一投资者的风险，减少风险积聚并向系统风险转化的可能性。

3. 短期融资券存在的问题及解决方式

与其优点相对，短期融资券在发展的过程中同样存在一些问题。

① 现行的短期融资券信用评级问题。目前的信用评级体系难以提供一个“精细化”的参考标准，因此，虽然二级市场成交活跃，但在给各公司进行品质定价时都是各凭各感觉。

② 所筹集的资金缺乏用途监管。再加之有的企业没有资金合理配置与运营的理念，滥用债券融资，造成了信用危机。福禧事件的发生，使我国短期融资券市场面临了极大的考验，无论发行额、发行企业数都出现了急剧的下降。

2006 年 3 月，上海福禧投资控股有限公司面向投资者发行了 10 亿元 1 年期的短期融资券。当年 7 月，有关部门查出福禧投资曾经违规拆借 32 亿元上海社保基金，用于购买沪杭高速上海段 30 年的收费经营权。此事发生之后，福禧投资的主要财产被法院冻结，10 亿元短期融资券投资者面临偿付风险。虽然事后投资者按期得到了本息偿付，但是这一事件为短期融资券的信用体系的建立敲响了警钟。

③ 二级市场流动性不强。随着发行短期融资券的企业的增加，一旦一家发行短期融资券的企业出现流动性不稳定等情况，不能按期兑付，整个市场或将被拖累。我国短期融资券的期限大多为一年，投资者中途急需资金而出手短期融资券的可能性很大，但是我国却没有比较完善的二级市场以继续此种交易。

针对短期融资券存在的问题，相关管理部门可以做以下努力。

① 建立并完善信用评级体系。可以对发券企业的信誉、风险程度、流动性、收益率等

各项指标进行严格的细化评级，并通过引入国际评级机构或者通过金融机构持续发布研究报告来解决这一问题。

② 在对待短期融资券的信用问题时，应该从全局出发，因为信用体系不是仅仅针对这一种融资产品而言。如果从我国未来信用市场发展的长远角度来考虑，必须将提升短期融资券市场信用环境作为我国信用体系全面建设的有机组成部分，适当地进行全局性和前瞻性的安排。比如，在《短期融资券管理办法》的后续规范中加入对信用评级和信用事件处理的规范性意见，使得短期融资券的发行不仅局限于一种工具的创新，而应该成为一种制度的创新。

③ 允许滚动发行，增加流动性备付，防止兑付风险。随着短期融资券市场的发展，兑付风险将越来越大。在日本和欧洲，大多数信誉良好的公司发行的商业票据在到期后会继续滚动发行，以新债还旧债来降低公司的现金要求。但前提是发行人必须提供证据表明有足够的短期流动性以偿付到期的商业票据，否则不允许发行商业票据。此外，我国应鼓励承销商做市，增强二级市场的流动性，吸引投资者参与，降低融资成本。

3.7.2　中小企业集合债券

中小企业集合债券是通过牵头人组织，以多家中小企业作为共同发行人，并采用“统一冠名、统一担保、分别负债、捆绑发行”的模式发行。中小企业集合债券作为一种新推出的债券模式，即“捆绑发债”的模式，打破了只有大企业才能发债的惯例，开创了中小企业新的融资模式。在一定程度上拓宽了我国中小企业的融资途径并为其发展增加了动力。

1. 我国中小企业集合债券的产生及特点

目前我国430万户中小企业，虽然创造了60%的GDP，但可以从银行拿到的贷款额度不足商业贷款总数的1/4，加上生产成本增加，中小企业的资金缺口达30%以上。由于中小企业融不到资，不能扩大规模，损失的就业机会大约在800万个。面对融资难题，拥有15万家会员单位的中国中小企业协会一直在寻找解决办法和措施，而推进中小企业集合债券的发行就是其中的一项。

2007年，我国出现了第一只真正意义上的中小企业集合债券。2007年11月14日，国内首支由中小企业集合发行的07深中小债在深圳正式发行，参与的共有20家中小企业，为5年期固定利率债券，总值10亿元，票面年利率为5.07%。2007年12月25日，中关村高新技术中小企业集合债券——07中关村债正式发行，参与的中小企业共7家，发行规模为3.05亿元，期限为3年，每半年付息一次。主要中小企业集合债如表3-15所示。

表3-15　主要中小企业集合债一览表（2009年12月31日）

债券代码	债券名称	期限	规模	票面利率	还本复习方式	信用级别
078089	07中关村债	3年	人民币3.05亿元	6.68%	每半年付息一次	AAA级
078073	07深中小债	5年	人民币10亿元	5.7%	每年付息一次	AAA级
111054 098066	2009年大连市 中小企业集合债券	6年	人民币5.15亿元	6.53%	每年付息一次	AA级

从已经发行的中小企业集合债券中，可以看出中小企业集合债券的一些特点。

① 一般是期限为3～5年的中期债券。出于对发行主体本身的资信状况及流动性的考虑，中小企业集合债券的期限一般为3～5年，属于中期债券。

② 票面利率的确定采取市场化的定价方式。中小企业集合债券的票面利率的确定均根据市场利率确定，主要是由基准利率（上海银行间同业拆借利率，Shibor）加上基本利差决定。例如07深中小债，其票面利率的确定为当时的基准利率4.29%，加上1.41%的基本利差。

③ 通过担保与再担保，为企业信用增级。以07中关村债为例，其四个发行企业的信用级别分别为：北京和利时系统工程股份有限公司A+、北京北斗星通导航技术股份有限公司A+、神州数码（中国）有限公司A、有研亿金新材料股份有限公司A-。而通过担保与再担保后，经联合资信评估有限公司综合评定，本期债券信用级别为AAA级。这大大降低了企业的融资成本。

④ 地方政府积极参与。为促进本地区经济的发展，解决本地区中小企业融资难的问题，中小企业集合债券中通常都会出现政府的影子。地方政府为本地中小企业的集合发行做了大量的工作。

2. 中小企业集合债券的现状

中小企业集合债券发行工作是一项系统性的工作，需要政府有关部门、银行、券商、评级公司、担保机构、律师事务所、发债企业等多方参与。因此，亟须通过制度创新来规范中小企业集合债券的发行，明确发债各方的职责权利等内容。相信随着市场的不断发展和政策的逐步放开，发行中小企业集合债券将会迎来新的机遇。

3. 发行中小企业集合债券的条件和程序

集合债券发行的先决条件是要有一个“牵头人”，可以由政府相关部门担当，也可以由与发行人有直接关系的企业担当。“牵头人”的作用在于将各家发行人的需求统一，对发行中的大部分工作主承销商只需与“牵头人”进行协商。

发行程序主要包括以下几个步骤。

①“牵头人”选定主承销商和符合《证券法》《公司法》《企业债券管理条例》规定条件的发行人。

② 信用评级。为了提高审计工作效率，可以选择多家会计师事务所，分别同时对多个发行人的财务报表进行审计，并出具审计报告。由于债券采取捆绑发行的方式，信用评级机构给出的评级是债券整体评级，而不代表其中一家或几家的信用评级。

③ 主承销商和“牵头人”协商，初步设计发行方案上报国家发改委，包括发行期限、利率形式、利率区间、担保、债券额度等。

④ 国家发改委确定每一家发行人的债券额度后，主承销商与“牵头人”协商制定具体发行方案再次上报发改委，包括发行时间、发行利率等。最终由发改委协同人民银行共同批准发行。在这些程序完成之后，其余工作就是销售、资金划拨等工作。

4. 中小企业集合债券存在的问题及解决方式

（1）担保难

由于中小企业的规模、资质、盈利能力等诸多因素，使得担保问题成为困扰中小企业集合发债的首要问题。07深中小债与07中关村债都是由国家开发银行提供无条件不可撤销的连带责任保证担保。而其他的中小企业集合债在发行的时候则没有这么幸运。诸如武汉中小集合债等准备发行的各地方债就遇上了担保难的障碍。并且银监会在2008年10月新出台了一项政策，禁止银行对企业债券等融资项目的担保行为，这无疑也包括中小企业集合债券。这一规定，使以往以银行担保为主的企业债券发行面临担保危机，对本来就困难重重的中小企业集合债券更是雪上加霜。

（2）上市交易后成交较为清淡

无论是在银行间债券市场上市的07深中小债，还是在深交所上市交易的07中关村债，除了在发行上市时较为热闹外，在交易市场中的交易均较为清淡。以07中关村债为例，从上市（2008年1月21日）至2009年3月31日止，日算术平均成交量仅为1 017手，低于普通企业债券的日均交易量。

（3）对集合发债的中小企业的准入门槛较高

根据各地对中小企业集合债券的规定，均要求中小企业必须达到9个方面的硬指标方能入选，包括净资产达6 000万元以上、成立3年以上、近3年连续销售增长20%、连续净利润增长10%及所筹资金用途符合国家产业政策和行业发展规划等。这就造成了一种“缺钱的企业不够条件，够条件的企业融资又并不是太难”的古怪现象。换句话说，要求集合发债的中小企业基本符合《公司法》中关于发行公司债的基本条件，这种规定使得很多正处于成长中的中小企业难以通过集合债券的形式获得资金。这使得中小企业通过集合发债解决其融资难问题的目的并未真正实现。对于更多的中小企业来说，参与债券融资的门槛过高。

（4）协调机制问题

中小企业集合债券的发行涉及多家独立的发行主体，在整个发行过程中，各个独立发行方之间没有相应的约束机制，一旦出现意见不一致或个别发行主体单方面行动，就会影响整个集合债的发行工作。尽管各政府机构在政策引导、项目支持等方面能已经作出了最大努力，但是作为监管者而非发行主体的决策者，其协调能力在很多情况下无法充分发挥作用。因此，创建有效的沟通协调机制、约束发行主体在发行过程中的行为也是中小企业集合债券发展过程中需要解决的问题。

中小企业集合债券作为一种新型的融资方式存在在诸多不尽如人意的方面。这就需要在今后的理论与实践中多加探索。

针对这些情况，中小企业集合债券的发展路径可以是：通过由担保公司集合担保、由大型企业进行再担保或向保险公司进行保证保险的方式进行信用增级。并且中小企业可以利用自己的地缘优势来集合发债。07深中小债首发成功一个很重要的原因就是政府利用当地中小企业密集这一特点，集合了当地经营内容及范围趋同的中小企业力量。中小企业密集的发达地区如长三角、广州等地，都可以大胆借鉴深中小债这一范例发行集合债。发行及上市的地点可以首选证券交易所，同时对政府的作用要正确定位，政府不是风险最后的担保者，应仅作为中小企业集合债的协调者发挥作用，真正的决策与指挥权应该交给市场。

5. 中小企业集合发展的优势

2016年5月13日，两家新三板公司华通能源和嘉禾生物发布公告称，发改委已经同意其发行共计1.5亿元的中小企业集合债。这是新三板出现的首例中小企业集合债，引发了广泛关注。中小企业集合债为新三板融资打开了新的渠道。

中小企业捆绑发债的主要优势是提升信用、降低风险。采取“集合”的方式将中小企业捆绑发债以提高项目的资信，可避免单个企业自身信用的不足，同时成本分摊下来也比单个企业发债要低。通常情况下，由于存在规模小、信用评级低、业绩不稳定等因素，单个中小企业发债颇为困难，而且单个中小企业发行短期债券的规模都不大，倘若规模不到 1 亿元，对银行来说是则只是微利而已。但若将一批具有一定条件的中小企业捆绑起来，同时运用信用增级原理降低项目风险，则发债的可行性将大增。

6. 中小企业集合券替代模式

发行中小企业集合债的原因在于：单家中小企业实力弱，信用评级低，因此有必要集合融资，而且最好是期限较长的直接融资。但是，在交易所市场公开发行中小企业集合债，并非中小企业集合融资的唯一可行办法，可替代的模式正在浮出水面。较为成熟且已经检验的是中小企业集合信托。基本做法是：担保公司组织若干家有用款需求的企业，找信托公司设计一款集合信托理财产品，通过银行渠道卖给投资者，募集到的资金以信托贷款的方式进入中小企业，并由担保公司提供担保。

3.7.3 中期票据

中期票据是指具有法人资格的非金融企业（以下简称企业）在银行间债券市场按照计划分期发行的，约定在一定期限还本付息的债务融资工具。近期发行的中期票据的存续期限为 2～5 年。中国银行间市场交易商协会（以下简称交易商协会）负责受理债务融资工具的发行注册。

1. 发行条件及信息披露要求

① 发行企业的主体评级原则上不受限制，只要债项评级被市场认可，交易商协会对企业性质、发行规模均不设门槛限制。

② 企业应通过中国货币网和中国债券信息网公布当期发行文件。发行文件至少应包括发行公告、募集说明书、信用评级报告和跟踪评级安排、法律意见书、企业最近三年经审计的财务报告和最近一期会计报表。

③ 在债务融资工具存续期内，企业须按要求持续披露年度报告、审计报告及季度报告，并按交易商协会的要求进行其他信息的披露。

2. 中期票据的特点及功能

① 中期票据可用于中长期流动资金、置换银行借款、项目建设等。

② 中期票据的发行期限在 1 年以上。

③ 中期票据最大注册额度为企业净资产的 40%。

④ 中期票据主要是信用发行，接受担保增信。

⑤ 发行体制比较市场化，发行审核方式为注册制，一次注册通过，在两年内可分次发行。

⑥ 发行定价比较市场化，中期票据发行利率的确定可参照当期市场利率水平。

⑦ 企业既可选择发行固定利率中期票据，也可选择发行浮动利率中期票据。

3. 发行中期票据的优点

目前资本市场上的中期融资工具主要包括银行贷款和企业债券：银行贷款存在严格的企

业授信制度，决定了只有资质条件较好的企业才能获得银行贷款；而对于企业债券而言，审批制度的烦琐、非市场化的利率体制、强制担保的要求，都决定了大部分企业无法便捷地通过企业债券的发行来筹集中长期资金。相比较之下，中期票据有着明显的优势。

① 发行主体较宽泛。中期票据的发行主体与短期融资券一样宽泛，只要市场能够接纳，凡具有法人资格的非金融企业（包括股份有限公司、有限责任公司、非公司制企业在内）均可发行。

② 手续简便。与短期融资券相同，中期票据实行的是注册制而非审核制管理模式，即由中国银行间市场交易商协会依据自律规则和指引进行自律管理，发行人将相关申请材料报该协会注册，由该协会组织注册会议对其进行形式要件审议，接受注册后即可发行。

③ 无须担保。与短期融资券定性相同，中期票据是由债券发行企业以其良好信用为支持的一种债务工具，因此无须企业为发行中期票据而寻求资产抵押或担保。

④ 发行方式灵活。与发行短期融资券相同，发行中期票据的企业只需一次性注册融资券发行额度，额度有效期为两年。在两年内，企业可根据自身资金需求状况，在额度内灵活确定融资期限，分期发行。

⑤ 优化债务结构。与发行短期融资券相同，发行中期票据属于在中国银行间债券市场进行直接融资行为，本质区别于贷款等其他间接融资方式，因此可以有效降低发行企业对银行贷款的依赖度，平衡企业直接融资和间接融资比例，优化债务结构。

⑥ 市场需求旺盛。中期票据启动伊始就大大超过同期企业债、公司债的发行规模，其与企业债、公司债等其他债务融资工具展开直接竞争，哪个市场对发行人和投资人更有吸引力，哪个市场就发展更快。这种良性竞争，不但有利于融资企业为我所用，也非常有利于引导债券市场参与各方焕发创造性，优化金融资源的配置，从而提升我国金融市场的整体效率。

案例 3-7

中国国电集团 2015 年第一期中期票据筹资——主要发行条款

1. 发行人：中国国电集团公司

2. 主承销商：中国工商银行股份有限公司 中国建设银行股份有限公司

3. 具体流程

(1) 2015 年 1 月 26 日，发布募集说明书、发行公告等。

(2) 2015 年 2 月 2 日 9：00—15：00 为簿记建档时间，承销商将加盖公章的《申购要约》传真给簿记管理人，簿记管理人据此统计有效申购量；16：00—17：00 由簿记管理人向获得配售的承销商传真《中国国电集团公司 2015 年度第一期中期票据配售确认书及缴款通知书》。

(3) 2015 年 2 月 2 日—2 月 3 日，承销商进行分销。

(4) 2015 年 2 月 3 日 11：00 前，承销商将承销款划至指定开户行账户。

(5) 2015 年 2 月 3 日，发行人向中央结算公司提供中期票据的资金到账确认书，如承销商不能按期足额缴款，将按照人民银行、交易商协会的有关规定和签订的《承销团协议》有关条款办理。

4. 发行规模（见表 3-16）

表 3-16 发行规模

中期融资券全称	中国国电集团公司 2015 年度第一期中期票据		
中期融资券代码	101551003	中期融资券简称	15 国电集 MTN001
发行总额/亿元	35	票面年利率/%	4.63
发行价格（元/百元面值）	100	面值/元	100
计息方式	付息固定	付息频率	每年付息，到期一次还本付息
债项评级	AAA	债项评级机构	大公国际
主体评级	AAA	主体评级机构	大公国际
发行日	2015-02-02	债权债务登记日	2015-02-03
发息日	2015-02-03	流通开始日	2015-02-04
到期（兑付）日	2020-02-03	期限	5 年

3.8 互联网金融的产生与发展

3.8.1 概念及现状

《中国互联网金融报告（2014）》提出互联网金融是互联网与金融的结合，是借助互联网和移动通信技术实现资金融通、支付和信息中介功能的新兴金融模式。广义的互联网金融既包括作为非金融机构的互联网企业从事的金融业务，也包括金融机构通过互联网开展的业务。狭义的互联网金融仅指互联网企业开展的、基于互联网技术的金融业务。从本质上讲，互联网金融是利用大数据、云计算、社交网络和搜索引擎等互联网技术实现资金融通的一种新型金融服务模式。

当前"互联网＋"金融的整体格局由传统金融机构和非金融机构组成。传统金融机构主要为传统金融业务的互联网创新及电商化创新、App 软件等；非金融机构则主要是指利用互联网技术进行金融运作的电商企业、P2P 模式的网络借贷平台、众筹模式的网络投资平台、挖财类（模式）的手机理财 App（理财宝类），以及第三方支付平台等。

3.8.2 互联网金融的发展阶段

第一个阶段是 2005 年以前。这一阶段互联网与金融的结合主要体现为互联网为金融机构提供技术支持，帮助金融机构"把业务搬到网上"，还没有出现真正意义的互联网金融业态。互联网的出现初期就对传统金融机构造成了冲击，传统金融机构陆续成立电商部门，建设电商网站来销售金融产品和提供金融服务。1997 年，招商银行率先推出中国第一家网上银行，通过互联网开展品牌宣传、产品推广、客户服务等。1998 年，国内网上证券交易起步，2000 年，证监会颁布《网上证券委托暂行管理办法》，投资者使用证券公司提供的交易软件，通过互联网即可非常方便、快捷、安全地进行证券交易。2002年，中国人保电子商务平台（e-PICC）正式上线，用户不仅可以通过e-PICC投保中国人保的车险、家财险、货运险等保险产品，还可以享受保单验真、保费试算、理赔状态查询、咨询投诉报案、风险评估、保单批改、保险箱等一系列实时服务。

第二个阶段是2005—2012年。这一阶段网络借贷开始在我国萌芽，第三方支付机构逐渐成长起来，互联网与金融的结合开始从技术领域深入到金融业务领域。我国P2P借贷平台自2006年开始陆续出现并快速发展。2007年6月，阿里巴巴集团依托阿里巴巴电子商务平台，以网商的网络交易数据及信用评价作为信用依据，以信用信息提供者的身份与中国建设银行、中国工商银行签约，开始联保贷款模式的尝试，为中小企业提供无抵押、低门槛、快速便捷的融资服务。2010年6月，阿里巴巴小额贷款公司成立，这标志着我国小额贷款模式的创新与突破。2011年，中国人民银行开始发放第三方支付牌照，第三方支付机构进入了规范发展的轨道。

第三个阶段是从2013年开始。这一阶段2013年被称为“互联网金融元年”，是互联网金融得到迅猛发展的一年。自此，P2P网络借贷平台快速发展，众筹融资平台开始起步，第一家专业网络保险公司获批，一些银行、券商也以互联网为依托，对业务模式进行重组改造，加速建设线上创新型平台，互联网金融的发展进入了新的阶段。截至2014年7月底，中国人民银行为269家第三方支付企业颁发了支付业务许可证。《中国支付清算行业运行报告（2014）》显示，截至2013年年末，我国第三方支付市场规模已达16万亿元，同比增长60%；其中互联网支付业务150.01亿笔，金额8.96万亿元，分别同比增长43.47%和30.04%。2014年上半年，我国网贷行业成交量约为818.37亿元。

3.8.3　互联网金融的主要特征

1. 信息的多维采集与深度运用

一方面，互联网金融采集并使用了更多的信息——大数据。市场主体不是独立存在的，会与其他市场主体发生联系，如供货商、客户、银行等，可通过互联网从多个侧面搜集这一市场主体的信息，并通过信息的拼接对市场主体有一个整体性的认识，进而获得该主体其他方面的信息。例如，阿里金融通过分析客户在淘宝上的消费等情况，能够判断出客户可能的生活情况及潜在的消费需求，甚至能够通过客户交纳水费、电费、煤气费的地址来判断客户是否有稳定的住所，并对客户的信用情况做出一个合理的判断。

另一方面，互联网金融采用了新的信息处理方式——云计算。传统金融模式下，信息资源分散庞杂，数据难以有效处理应用。在互联网金融模式下，社交网络生成和传播信息，有些信息是个人和机构没有义务披露的；搜索引擎对信息进行组织、排序和检索，有针对性地满足信息使用者的需求，云计算保障了海量信息的高速处理能力。

2. 去（传统）中介化

在互联网金融模式下，资金的供求信息在互联网上发布，供求双方能够方便地查询交易对象的交易记录，通过信息技术深入分析数据，全面、深入地掌握交易对象的信息，并据此找到合适的风险管理和分散工具，甚至双方或多方交易可以同时进行，定价完全竞争，最大化提升资金配置效率，实现社会福利最大化。互联网金融本质上是直接融资，资金供求信息在网络上形成“充分交易可能性集合”，双方资金供求匹配成功后即可直接交易，在没有金融中介参与的情况下高效解决资金融通问题。这种去中介化的迹象，侵蚀了原有的金融版图，瓜分了原有金融机构的市场份额，正成为市场争议的焦点。

3. 传统金融机构的后台化

以第三方支付为代表的互联网金融对银行等传统金融机构最大的冲击在于：切断了银行和客户之间原来的直接联系。客户直接面对的将只是第三方支付机构，传统的银行账户、基金账户全部后台化，客户甚至都感觉不到。随着账户同一化趋势的发展，“账户为王”时代即将到来，第三方支付账户可能会成为人们支付和消费的首要甚至唯一入口，其他账户全部隐藏在第三方支付账户的后面，成为其附庸。

案例 3-8

余额宝案例

1. 余额宝的产生及特点

余额宝是由第三方支付平台支付宝打造的一项余额增值服务，于 2013 年 6 月 13 日正式上线，客户将支付宝账户中的余额转入余额宝之后，这里面的资金将用于购买货币市场基金。余额宝的收益率远远超过银行的活期存款利率。以 6 月 25 为例，余额宝的七日年化收益率为 5.658%，同期的银行活期存款利率仅为 0.35%，而五年期的定期存款利率也仅为 4.75%。

银行存款的年化收益率可以稳定在 3%至 4%之间，以 2013 年上半年为例，货币基金 7 日年化收益均值达到 3.58%，远超银行活期存款利率。除高收益外，余额宝的另一大特征是高流动性，余额宝内的资金可以随时用于购物、转账、缴费，且可以随时转出。此外，支付宝对余额宝还提供了被盗全额补偿的保障，为余额宝资金提供了安全性保证。根据支付宝官网信息，截至 2012 年 12 月，支付宝注册账户逾 8 亿，日交易额峰值超过 200 亿元人民币，日交易笔数峰值达到 10 580 万笔。依托于如此可靠、庞大的客户群体、数据、资金来源，再加上余额宝特质所带来的更强的资金沉淀性，其可能产生的影响不容小觑。事实上，余额宝上线不到 6 天，用户就已经突破了 100 万，而截至 2012 年 12 月 31 日（来自中国证券登记结算有限责任公司的数据），国内所有个人有效基金账户数不过 7 630.14 万户，因此余额宝的用户增长速度在这个行业内是非常惊人的。

2. 余额宝背景分析

支付宝、天弘基金、金证股份构成了余额宝的业务主体。其中支付宝是第三方支付机构，拥有大量的、有很强黏性的网购人群及网店的业主，并储存着他们的闲散资金；天弘基金通过一只专门针对余额宝的货币基金“增利宝”以余额宝中的资金为来源进行货币市场的投资；金证股份作为金融技术供应公司提供接入业务。这三家机构通过“余额宝”这一平台，实现了闲散资金和货币基金的对接。

支付宝必须与基金公司合作的原因是尽管支付宝拥有基金支付牌照，但是并没有基金销售牌照。因此支付宝必须采取在基金公司直接开户的方式进行余额宝的业务，从某种意义上来说，支付宝借用了天弘基金的直销牌照来对客户提供便捷地购买基金并享受收益率的服务。而对于天弘基金而言，支付宝通过对资金池的划转和简化交易流程为其实现了货币基金的支付效率和数额巨大的资金来源。通过支付宝，天弘基金享受到了几乎无上限的授信，且得到了关于客户购物规律等数据方面的支持来帮助其进行流动性管理。而通过支付宝销售货币基金，天弘基金节约了成本，因此才有之前提到的在同类产品中更低的管理费和托管费。

可以看出，乐意与支付宝合作的基金绝对不止天弘基金一家。作为一家在行业内仅排50位左右的中小规模的基金，天弘基金得到尝“头道汤”的机会一方面得益于规模小从而有更多的创新的空间；另一方面，在余额宝这一项目上，天弘基金态度最为明快、行动最为积极。但是为了维持这样的合作，天弘基金不得不做出更多的努力，因为支付宝明确表示与天弘基金的合作没有保护期且希望基金公司提供更多创新的方案展开合作。

思考题

1. 商业银行贷款有哪些种类？企业申请银行贷款需要经过哪些程序？

2. 与银行借款有关的信用条件有哪些？

3. 银团贷款融资的形式及各自特点分别是什么？

4. 什么是政府贷款？政府贷款的特点有哪些？

5. 发行普通债券融资的资格、条件及利弊是什么？

6. 什么是外国债券和欧洲债券？二者的主要区别在哪里？

7. 可转换公司债券有哪些转债要素？发行条件有哪些？

8. 可转换公司债券融资的优缺点是什么？

9. 短期融资券的优缺点是什么？

10. 中小企业集合债现在所面临的问题有哪些？如何解决？

11. 由于基金销售长期通过商业银行渠道，商业银行如何应对？对其他基金公司有何影响，如何应对？对其他第三方支付有什么启发和影响，如何应对？

第4章

租赁融资

内容摘要

租赁是市场经济发展的产物，它可以在出租人与承租人之间进行资产使用权的限期交易；作为企业的一种筹资方式，它主要用于补充或部分替代其他筹资方式。租赁融资是国际上一种重要的负债融资方式，但在我国还不够成熟，需要大力发展。租赁有多种分类，最常见的是分为融资性租赁和经营性租赁。除此之外，租赁还有多种创新方式。租金的计算有多种方法。在西方发达国家，租赁融资已经是仅次于银行信贷的金融工具，被誉为“朝阳产业”。我国20世纪80年代初引进这种业务方式后，三十几年来租赁融资得到了迅速发展，但比起发达国家，租赁融资的优势还远未发挥出来，市场潜力很大。

4.1 租赁融资概述

4.1.1 租赁的内涵与作用

1. 租赁的含义

租赁（rent或lease）是指在约定期间内，由出租人向承租人转让资产使用权并收取租金的交易，是一种经济活动。租赁的含义往往随着社会经济制度的不同而在各个国家有其特定的内容，在同一国家的不同发展阶段其含义也有所不同。美国财务会计准则委员会（FASB）对租赁的解释为：出租人在租约有效期内保留对资本货物的所有权，并且规定在租赁期满，承租人有购买该资本货物的选择权。英国设备租赁协会认为：租赁是承租人从制造商或卖主处租用资产，而在出租人与承租人之间订立合同。合同规定，出租人保留该资产的所有权，承租人支付租金且在租期内拥有资产的使用权，并且出租人保留资产的所有权，永不转变为租用人或任何第三者的资产。《韦氏新国际大辞典》对租赁给出的定义是：“一方当事人（土地所有者或出租人）将其对土地、建筑物等物品的使用权和占有权在一个特定的时期里转让给另一方当事人，以获取租赁费收入的合同。”

总之，租赁通过“融物”达到了为企业“融资”的目的，它提供的是一种商业信用，其经济关系实质上是一种借贷关系。

2. 租赁的特征

租赁作为企业一种特殊的融资方式，有其自身的特征，概括起来主要有以下两点。

(1) 融资与融物相结合

出租人出租设备的目的是获取用租金形式表现的超过购买设备所需的机会成本的超额利润，是一种投资行为或贷款形式；承租人租赁设备以取得设备的使用权，以此来弥补本身资金不足，同时可以取得预期的高额利润，因此这是一种筹资行为。

(2) 租赁标的物的所有权和使用权分离

在租赁过程中，出租人向承租人让渡的是标的物的使用权，而不是所有权；承租人取得的是标的物的使用权，而没有所有权。

4.1.2　租赁的作用

企业通过租赁方式，只需支付租金就可以提前获得设备的使用权，可尽早采用先进的生产设备和生产工艺。企业可以边生产边创利，提高了企业资金利用效率，增加了企业融资渠道。在我国目前资金短缺的情况下，租赁不失为一种有效的融资方式，对企业乃至整个国民经济的发展都将起到推动作用。

1. 对承租人的作用

(1) 可为项目提供资金来源，是一种有效的融资渠道

对于资金短缺的企业来说，企业无须支付购买设备的巨额投资，只要按期支付租金即可引进先进的设备和技术来扩大生产规模或进行技术改造和更新设备。每年支付租金的数额一般只相当于购买设备价款的10%～20%，租金的支付方式可以根据承租人的特殊要求经双方当事人协商确定。对某些企业来说，寻求其他融资方式有时是十分困难的，对信誉不高的中小企业更是如此，它们往往很难获得银行贷款，尤其在我国，银行对中小企业贷款存在严重的歧视问题，此时租赁可能是一种行之有效的融资渠道。

(2) 租用季节性或暂时需要的设备，避免了设备资金的积压

对有些季节性需要的设备，如农机设备、夏天的制冷设备和其他暂时需要的设备，又如在生产或建筑施工过程中需要的重型吊装设备、大型的建筑工程机械设备，这些设备使用次数不多，但又非用不可。如果企业自筹资金购置所需的设备，那么有些企业可能缺少这笔巨大的资金，即使有资金购买，也会造成设备资金的积压浪费。因此，对这些季节性或暂时需要的设备，如果改用租赁方法就可迎刃而解，既便利，又节约了资金。

(3) 租金支付方式灵活多样，使企业的现金周转具有较大的灵活性

租赁合同中对租金支付方式的规定相当灵活，承租人可以用租赁设备所产生的收益来支付租金，也可根据承租人的生产或现金流量状况采用不均等的支付方式。例如，可根据承租人的生产和产品销售情况来安排租金的支付时间和金额。开始年份租金额度可定得低些，待产品销售进入旺盛时期再提高租金额度，这样有利于承租人的现金周转。企业如果利用银行信贷购置设备，则往往在贷款将到期时需将大部分本金在最后一次还款时偿付，这会给企业的资金运转带来一定困难。而在租赁贸易中，租金分期支付额是由承租人和出租人双方在考虑了各自的现金周转状况后确定的。

（4）租赁可以固定资金使用成本，使企业免受通货膨胀之苦

租金一般是按照预定的金额分期支付的，每期租金金额往往是固定不变的，故它不受通货膨胀的影响，反而会从中得利。因为在通货膨胀、货币贬值的情况下，设备的价格必然不断上升，而承租人无须增加租金就可租到设备。

（5）租赁能使企业回避技术设备陈旧过时的风险

现代设备技术日趋复杂，更新换代速度日益加快，比如在计算机领域从最初的个人计算机发展至今，其更新换代的速度几乎到了惊人的地步。企业购置的设备，特别是价值昂贵属于技术变革较快领域的技术密集型产品，经常会出现使用年限未到而经济寿命即已告终的情况。在这种情况下，如果企业把设备提前报废，将蒙受重大的经济损失；若继续使用，经济效益又太低；把设备转让出去，恐怕也是无人问津。如果采用租赁的方式，则可回避这一风险。因为对上述类型产品的租赁协议，一般都规定在技术变革中有新型号产品问世时，承租人就可退回老产品，要求出租人更换新的技术设备，出租人承担设备陈旧过时、被淘汰的风险，也正因为如此，这类产品的租金一般也较高。

（6）租赁期间可熟悉设备的性能，为日后的购置决策提供经验

有些租赁方式，如经营性租赁，对那些技术密集型产品的安装、维修保养、人员培训、技术服务及可能发生的风险，均由租赁公司负责。承租人一方面得到了技术培训，另一方面通过对设备的使用，在操作实践中逐步熟悉了设备的性能、结构和各项经济技术指标。这为今后设备的留购创造了条件。

租赁的不足之处有以下两点。第一，承租人对租用的设备无所有权，无权自由处理，仅有使用权。一般来说，承租人不得对租赁物的结构随意进行改造或配装其他构件，无法根据自己的需要或工艺技术要求对设备加以充分的自主安排，实行最优组合，从而影响了承租企业的创新意识。第二，与其他信贷筹资方式相比，租赁费相对较高，因为除贷款利息外，承租人还要支付租赁公司的手续费。

案例 4-1

西北新大煤矿新建 40 万吨焦化厂项目

1. 案例背景

西北地区新大煤矿为国有企业，独立法人，年产煤 30 万吨，在全国煤矿企业中属中型煤矿企业。该矿现有一座焦化厂，以土法炼焦工艺（属国家限期禁止生产工艺）生产焦炭，年产量 10 万吨，目前主要出口/供应哈萨克斯坦阿克纠宾斯克金属冶炼公司（主产铬、铁合金）、我国甘肃西北铁合金厂、青海山川铁合金厂、青海民和金属冶炼厂等。新大煤矿出品的焦炭以低灰、低硫、低磷的品质（由当地煤炭品质决定）受到新疆及周边市场追捧。

考虑到周边市场铁合金生产和出口量逐步提高，土法炼焦工艺亟待更新，新大煤矿决定投资新建 40 万吨焦化厂及其配套 60 万吨矿井扩建。新建厂焦炭产品的市场前景体现在以下几个方面。

（1）焦炭总的需求量大于生产量

40 万吨焦化厂投产后，国内外市场总需求达 153 万吨，已形成供货协议或意向的有 58 万吨，而目前只能满足国外 30 万吨、国内 10 万吨，焦炭需求前景是可靠的。

(2) 从质量上看市场需求

市场的竞争越来越看中高质量的焦炭，新大煤矿出品的焦炭低灰、低磷、低硫的指标在国内外有较大的竞争优势，是扩大市场的内在因素。而且这些指标在新项目投产后，灰分将通过洗选煤工艺进一步由11%降到9%左右，硫、磷也将有一定程度的降低，固定炭将由现在的84%提高到92%，上述指标的实现无疑将进一步增强产品的市场竞争力。

(3) 从西部环保和综合利用政策看市场变化趋势

由于国内西部地区经济欠发达，焦炭生产企业中除钢铁生产企业具有符合国家环保和综合利用要求的机械化焦炉外，其余都采用土法炼焦工艺。除甘肃酒钢、新疆八钢、山丹焦化厂有机械化焦炉外，在新疆、陕西的其他焦化厂都采用土法炼焦工艺。随着国家环保和综合利用政策的实施，土法炼焦必将被淘汰。仅新疆的土法炼焦工艺就有60万吨的能力面临淘汰。而铁合金对焦炭的需求又没有可替代的产品，新大煤矿40万吨焦化厂尽快投产，其市场前景应该是稳定的。

此外，国家鼓励在中西部地区投资，中西部企业可享受有关优惠政策。

目前焦化厂建设的主要问题是：引入机械化炼焦设备缺乏足够的资金。解决办法如下。

新建焦化厂的设备供应可以在国内解决。关于建厂资金问题，哈萨克斯坦方面（新大煤矿焦炭的主要客户）有意提供资金合资建设经营40万吨焦化厂，拟提供投资总额的51%，并享有新建焦化厂同等比例的控股权。

以原有焦化厂作为新大煤矿的出资，折价入股，吸引哈方投资组建40万吨合资机械化焦化厂，充分利用国家有关西部合资办企业的优惠政策。

2. 融资中的新问题

设备资金筹措的困境：合资企业建立初期，以有限的股本金，很难运作一个更大投资的焦化厂。向商业银行贷款，会受抵押担保的限制，依照合资企业的抵押或质押能力，以及新大煤矿的担保能力，难以申请到大笔投资贷款；根据国家对企业发行债券或股票的严格规定，采用直接融资方式要经过大量的行政审批和程序，且尚不具备条件，也无法立即投产运营。

3. 解决办法：租赁融资

通过租赁融资的方式减轻筹措巨额设备资金的负担。考虑选择金融租赁公司，运用租赁融资业务。由租赁公司从国内公司购进焦化厂成套设备，与合资企业签订租赁合同，合资企业以租金方式定期支付设备的购置成本及相关贷款利息，从而达到以融物方式进行融资的目的。

2. 对出租人的作用

(1) 租赁是制造厂商类的出租人推销产品、扩大出口的有效途径

西方国家的企业利用租赁形式推销产品的历史由来已久。与贸易出口方式相比，尽管租赁出口的交易程序复杂、费用高，但它有助于避免关税及贸易保护主义的限制，如避开进口管制的限制，避开巨额关税，有利于竞争、扩大产品出口等。租赁公司往往是大制造厂商或

其附属机构。为了扩大产品销路，制造厂商往往通过国际租赁贸易来扩大产品的出口，从事技术密集型产品经营性租赁，加强对国际市场的影响。同时通过提供维修保养、人员培训等服务工作，来赚取较高的劳务报酬。特别是在国际经济不景气、国际市场销售条件恶化，而本国的机器设备生产又严重过剩的情况下，利用国际租赁扩大销售市场，是维持开工率、缓解失业的一种手段。世界上著名的通用电气财务公司（GE capital）、AT&T 资本公司、兰克施乐国际租赁公司都是附属于大制造商的租赁公司。

（2）通过租赁进行投资成为金融机构类出租人向海外进行资本扩张的有效手段

金融业是第三产业中的一个重要行业，因此在一国的对外开放过程中，金融业往往是开放程度较低的，甚至是不对外开放的行业之一。于是很多大跨国金融机构通过开展跨国租赁业务为海外承租人融资，从而达到直接或间接输出资本的目的。租赁可以扩大它们过剩资金的投资领域，即扩大它们的信贷业务。这样它们不仅可以通过对租赁标的物收取租金的形式收回全部投资和利息，而且还可以通过提供相应服务赚取利润。

（3）出租人可获得国家对租赁标的物在税收上的优惠

出租人购买设备从事租赁业务时，作为设备所有人，出租人可享受投资减税待遇及折旧或按政策加速折旧的优惠。许多国家为了扶植现代租赁贸易的发展，在税收上做了一些特别规定，使出租人（也包括承租人）可获得国家在税收上的优惠。例如美国税务局规定：租赁期在 8 年以上的设备投资可减收出租人 10%的应缴所得税；6～7 年的可减收 7%；4～5 年的减收 4%。在英国和北欧一些国家，也有类似的税收优惠。

任何事情都有其两面性，同样租赁贸易对出租人也有不利的一面。具体是：国际租赁业务与商品销售业务相比，对出租人而言，收回资金的周期比较长，资金周转慢；在租赁期间，租赁物仍为出租人所有，出租人要承担设备陈旧、老化及被淘汰的风险；租金在租赁期间一般是固定不变的，当通货膨胀或利率、汇率出现对出租人不利的变化时，承租人占了便宜，而出租人却因此而吃亏。

4.1.3　租赁的产生与发展

租赁活动在历史上由来已久，它作为一种古老的信用形式，在其漫长的发展进程中，经历了古代租赁、传统租赁和现代租赁三个发展阶段。

1. 古代租赁

古代租赁是原始的实物信用形式，主要是租赁双方互换物品使用权，以物易物，没有固定形式的成文契约和报酬条件。据记载，公元前 2000 年巴比伦地区幼发拉底河下游居住的苏美尔人就有租赁的习惯，一些富有的人将闲置标的物出租，以换取自身临时短缺标的物的使用权，或者收取租金，当时的租金收入一般采用实物形式。

2. 传统租赁

传统租赁几乎和人类的文明发展并存，约有 4 000 年的历史，它是以封建社会生产关系条件下自然经济占主导地位的情况为基础的。当时随着农业技术的提高，一部分人掌握了富余的生产资料，而另一部分人没有足够的生产资料，于是租赁业务便在二者之间发生了。租赁业务后来发展到土地、房屋等不动产租赁。人类进入工业化时代后，租赁方式又被引入工业生产领域。

3. 现代租赁

现代租赁从19世纪初开始萌芽。英国是最早的资本主义国家，也是现代租赁的发源地。1836—1849年，伦敦第一条铁路——伦敦到格林尼治线，经过8年的单独经营以后，被租给东南铁路公司经营。但典型的现代租赁是第二次世界大战以后在美国发展起来的。1952年美国成立了世界上第一家融资租赁公司。

4.1.4　租赁业务操作程序

租赁业务的构成有简有繁，因而进行业务的程序随着租赁方式的不同和规模大小也有所不同，而且各国租赁公司根据本国的习惯和传统，有自己的一套程序。根据租赁贸易开展得较普遍的一些国家的做法，结合我国租赁公司的业务程序，现将租赁业务的操作程序归纳如下。

1. 申请租赁

由承租人向租赁公司索取并填写租赁委托书，提出租赁委托。

2. 选定租赁标的物

承租人根据自身生产和销售的需要，确定本企业所需引进的设备，然后根据对国际市场有关产品和技术状况的了解选定有关供货人或制造厂商，洽谈该设备的品种、规格、型号、性能、价格、交货期等有关事宜。

3. 预约租赁

承租人就与供货人或制造厂商商定的拟租用设备或其他标的物的详细情况与租赁公司进行接触，要求租赁公司提供租赁费估价单，同时了解租赁公司的有关主要租赁条件。承租人可根据租赁公司所提示的估价单和其他租赁条件进行研究后预约租赁。

4. 资信审查

租赁公司接受租赁预约后，一般要求承租人提供经国家规定的审批单位批准并纳入计划的项目批件（若有）和可行性研究报告，以及经租赁公司认可、由担保单位（如承租企业的开户银行）出具的对承租人履行租赁合同的担保函。租赁公司为了判断承租人偿还租金的能力、估算租赁的风险程度，要求承租人提供本企业的资产负债表、企业经营书及各种财务报表。此外，必要时通过资信机构对承租人的资力和信用情况进行进一步的调查，最终决定是否可以租赁。

5. 签订租赁合同

租赁公司经过一番调查研究后，认为承租人的资信符合租赁条件，即可与承租人正式签订租赁合同。

6. 订购租赁标的物

一般情况下承租人在委托租赁前已选择好租赁设备的供货厂商，如果租赁公司接受委托后，对承租人选定的厂商在资信上没有什么疑虑，即可接受委托。若承租人对国外市场和供应厂商缺乏调查研究，承租人只需把所需设备的品名、规格、型号、用途性能、生产效率等具体要求通知租赁公司，由租赁公司对外进行联系和询价，因为租赁公司往往拥有贸易渠道多、市场信息灵通的优势。然后租赁公司向供应商订购，并签订订货合同，同时由承租人副签。若该供应商在别的国家，则还需要通过对外贸易途径，经磋商后签订进出口购销合同。

7. 交付、验收租赁标的物

制造厂商或其他供货人将租赁公司订购的设备，到期直接交给承租人，并同时通知租赁公司。而承租人收到制造厂商或其他供货人交来的设备后，即进行安装并运转试验。如其性能和其他方面都符合合同规定，就作为正式验收，并把验收情况按期及时通知租赁公司。租赁期于此时正式开始。

8. 支付货款

租赁公司根据购货合同的规定，在接到验收合格通知后，随即向制造厂商或其他供货人付清货款（在多数情况下，租赁公司在签订订货合同时，已向制造厂商或其他供货人预付一部分货款作为定金，在实际交货并经验收合格后付清余款）。但在多数情况下是向国外订购，所以租赁公司须先委托银行开信用证。如果租赁公司资金短缺，则可向金融机构融通资金，然后以租赁费的收入偿还金融机构的借款和利息。

9. 支付租金

承租人在租赁设备验收合格以后，根据租赁合同的规定，按期向租赁公司支付租金。

10. 维修保养

在租赁期内有关租赁标的物的维修保养，根据不同类别的租赁契约有不同的规定。有的由承租人负责，如融资性租赁，承租人可与供应租赁标的物的制造厂商或其他有关供应商签订维修保养合同，并支付有关费用；有的由租赁公司自己承担，如经营性租赁。

11. 租赁标的物在合同期满后的处理

租赁期满后，对租赁标的物的处理，承租人一般有优惠续租、返还资产和留购三种选择。

4.1.5 现代租赁融资业务的分类

由于现代租赁业是从国外引进的，国内对租赁业务的分类标准及各类业务的叫法众多。例如“finance lease”通常被翻译成融资租赁、财务租赁或者金融租赁等，实质上金融租赁和融资租赁在国外没有什么区别，但在国内金融租赁指的是中国人民银行批准成立的金融租赁公司开展的融资租赁业务。它和外经贸部批准成立的中外合资融资租赁公司的不同之处在于：金融租赁公司具有金融经营权，属于中国人民银行管辖的非银行金融机构。又如“operation lease”被翻译成经营性租赁，其在我国的含义与国际上通行的含义完全不同，被简单地理解为传统实物租赁。所以有必要对租赁进行分类，理清各种租赁种类和形式之间的内在逻辑关系，使承租人能够准确把握各种租赁形式的基本特征，并加以灵活运用。

如何对租赁的具体形式进行分类，各国至今尚无统一的标准。一般来说，比较通行的分类方法主要有以下几种。

1. 按租赁目的分类

按租赁目的的不同，租赁可分为经营性租赁和融资租赁。

① 经营性租赁，即以利用他人管理或技术服务为目的而进行的租赁，承租人易于获得设备的短期使用权。

② 融资租赁，即以融通资金为目的进行的租赁。

2. 按资产类别分类

按资产类别的不同，租赁可分为动产租赁和不动产租赁。

① 动产租赁，即出租的是机械设备、仪器仪表和交通工具等。

② 不动产租赁，即出租的是房地产等固定资产。

3. 按服务地区分类

按服务地区的不同，租赁可分为国内租赁和国际租赁。

① 国内租赁，即出租人和承租人都在中华人民共和国境内的租赁业务。

② 国际租赁，即出租人或承租人有一方在中华人民共和国境外的租赁业务。

4. 按融资方式分类

按融资方式的不同，租赁可分为表内融资和表外融资。

① 表内融资，即租赁标的物折旧在承租人一方进行提取的融资，一般是融资租赁。

② 表外融资，即租赁标的物折旧在出租人一方进行提取的融资，一般是经营性租赁。

目前，世界各国以租赁目的为标准来划分租赁方式的居多，它们是其他租赁形式产生的基础，本节也主要遵循这种划分方式来介绍现代租赁形式，重点介绍融资租赁和经营性租赁。

4.1.6 融资租赁与经营性租赁

1. 融资租赁

融资租赁（finance lease），又叫金融租赁或财务租赁，是指出租人根据承租人对供货人和租赁标的物的选择，由出租人向供货人购买租赁标的物，然后租给承租人使用。

融资租赁自20世纪50年代在美国出现后即成为社会投资的一个重要组成部分。据统计，目前全球通过融资租赁所实现的社会投资已占到社会总投资的30%以上，平均起来世界上设备销售的20%是通过融资租赁来完成的。融资租赁在西方发达国家已经是仅次于银行信贷的第二大融资方式。在我国部分地区，如浙江，融资租赁的发展已初见端倪。我国的企业，尤其是广大中小企业逐渐开始重视和利用融资租赁这种融资渠道，来解决自身发展过程中的资金短缺问题。

1）融资租赁的产生和发展

同其他经济活动一样，融资租赁也经历了从简单到复杂、从幼稚到成熟、从单一到多样化的发展过程。现以融资租赁比较发达的美国为例介绍融资租赁的各个发展阶段及其主要特点，以便更好地指导实际工作。

按照美国的情况，融资租赁的发展大体上经历了六个阶段。

（1）传统租赁——出租服务

传统租赁约有4 000年的历史，它以获取租赁标的物的使用价值为目的，且以出租人与承租人订立的共同遵守的契约和报酬条件为前提。它的特点是：期限短，一般租期不超过一年；全面服务，负责对租赁标的物的维修保养和对承租人的使用培训等；租赁期满时承租人必须归还租赁资产。

（2）简单融资租赁

虽然人们认识到通过融资租赁可以获得设备的使用价值，但最终拥有该设备的所有权仍然是人们追求的目标。简单融资租赁具有以下四个特点：第一，承租人有意向租赁自己选定的租赁标的物，出租人有意向为承租人选定的租赁标的物提供金融服务；第二，签订的租赁合同不可撤销；第三，租赁期限结束后以象征性价格将设备所有权转卖给承租人；第四，每期租金一般是等额付款，不含任何服务地提供租赁标的物。

（3）创造性的融资租赁服务

随着市场的不断扩大和租赁业务的飞速发展，为了适应激烈的竞争环境，出租人设计多种多样的租赁形式以尽可能地满足承租人的需求。比如，租金支付方式更加灵活，承租人可根据现金流量来安排支付；期限结束后承租人对租赁标的物可以选择续租、留购和退还等。这一阶段融资租赁的重要特征在于它的创新性，租赁的方式开始发生变化，衍生出杠杆租赁、回租租赁和融资转租赁，融资租赁业进入新的增长时期。

（4）经营性租赁

经营性租赁是融资租赁发展的一个高级阶段，它的运作方式有许多地方与传统租赁类似（如仍是金融服务，税收基点仍按融资收益计算等），但是与传统租赁有本质的区别。经营性租赁由出租人提取折旧，相对于传统租赁，经营性租赁推出长期出租概念，即租期可以超过一年以上。其特征可归纳为三点：第 一，一般提供全方位的服务租赁，拿计算机租赁来说，硬件、软件、安装、维护及培训等都包括在租赁交易的过程中；第二，这时的承租人变得非常精明和专业，租赁合同的条款不再是出租人单方起草了，承租人要与之讨价还价；第三，资产风险由出租人承担。

（5）租赁创新

随着竞争的日趋激烈，出租人为了降低风险，提高收益，开发出许多类型的融资租赁方式，推动租赁业进入了新的发展阶段——租赁创新阶段。在这一阶段，经营性租赁交易变得非常复杂，包含着复杂的最终选择条款、提前中止的选择权、设备翻新和升级、技术更新及类似的许多新内容。这一阶段产生了许多新的产品，如证券化、风险租赁和综合性租赁。

（6）成熟期

在这个时期，市场竞争更加激烈，租赁公司的收益减少，市场渗透率逐渐稳定，大的租赁公司重新进行市场定位，而资金薄弱、竞争能力和服务水平差的企业则被迫退出市场，出现了产业的稳固联合，这种联合是通过兼并、合并、合资、股票操作等形式进行的。进入成熟期的国家，其租赁业开始迈出国门，开拓跨国业务，国际融资租赁交易蓬勃发展。有关专家认为，美国租赁业已于 1995 年进入了成熟阶段。

这是根据美国租赁业的产生和发展过程总结出的租赁业发展的六个阶段。由于各国发展的基础和环境不同，有可能出现几个阶段同时并存的现象。例如我国现在既有传统租赁，又有简单金融租赁，还发展了回租、融资转租赁、杠杆租赁和委托租赁等，甚至出现了参与式结构性租赁等以推销为主要特点的融资租赁。即使在美国这种阶段划分也不是绝对的。尽管美国的租赁业已进入成熟期，但许多租赁公司仍为客户提供简单的融资租赁，有一些公司专营经营性租赁，还有一些公司则在经营综合性租赁等。随着电子商务的进一步发展，网上租赁业务也蓬勃兴起。一些发达国家已成功解决了网上支付、网上签约、配送服务及电子商务法律等技术问题。

2）融资租赁的特征

各国对融资租赁的定义有所不同，因而对其特征的表述也有不同程度上的差异。从一般意义上讲，可将融资租赁的特征归纳为以下五个方面。

① 租赁标的物由承租人选定，出租人出资购买并租赁给承租人使用，并且在租赁期间内只能租给一个企业使用。

② 承租人负责检查、验收制造商所提供的设备，对该设备的质量与技术条件出租人不向承租人做出担保。

③ 出租人保留设备的所有权，承租人在租赁期间支付租金而享有使用权，并负责租赁期间设备的管理、维修、保养。

④ 租赁合同一经签订，在租赁期间任何一方均无权单方面撤销合同。只有在设备毁坏或被证明已丧失使用价值的情况下方能中止合同，无故毁约则要支付相当高的罚金。

⑤ 租期结束后，承租人一般对设备有留购、续租和退租三种选择权。若要留购，购买价格可由租赁双方协商确定。

3）融资租赁的界定

《国际会计准则第 17 号——租赁》（IAS17）规定满足以下一项或多项标准的租赁，应归为融资租赁。

① 租赁期满资产所有权转让给承租人。

② 承租人有廉价购买资产的选择权。

③ 租赁期占资产使用寿命的大部分。

④ 租赁最低付款额的现值实际上大于或等于租赁资产的公允价值减去出租人应收到的各种补助和税款减免后的金额。

⑤ 租赁资产性质特殊，如不做较大修改，只有承租人才能使用。

我国会计制度的规定与 IAS17 的规定也基本相同，具体如下。

① 租赁期满时，资产所有权转让给承租人。

② 承租人有购买租赁资产的选择权，所订立的购价预计远低于行使选择权时租赁资产的公允价值，因而在租赁开始日就可合理地确定承租人将会行使这种选择权。

③ 租赁期占租赁资产使用寿命的大部分。这里的“大部分”掌握在租赁期占租赁开始日租赁资产使用寿命的 75%以上（含 75%，下同）。

注意：若租赁资产是旧资产，在租赁前已使用年限超过资产自全新时起算可使用年限的 75%以上时，该条标准不适用。

④ 就承租人而言，租赁开始日最低租赁付款额现值几乎相当于租赁开始日租赁资产公允价值；就出租人而言，租赁开始日最低租赁收款额的现值几乎相当于租赁开始日租赁资产公允价值。这里的“几乎相当于”掌握在 90%以上（含 90%）。

⑤ 租赁资产性质特殊，如不做较大修改，只有承租人才能使用。

4）融资租赁的类别

融资租赁按其业务方式可分为以下四种类别。

（1）直接租赁（direct lease）

直接租赁是融资租赁的主要形式，即租赁公司通过筹措资金，直接购回承租企业选定的租赁标的物后租给承租企业使用（见图 4－1）。承租企业负责设备的安装、维护，同时支付保险金和其他税金。直接租赁具体又可以采取以下两种方法。

图 4－1　直接租赁

① 直接购买租赁。直接购买租赁是指租赁公司直接向供货商选择和购买设备，并组织提货入库，然后由承租企业从租赁公司的设备库中选租自己所需要的设备。这种方法的好处是出租人在对设备的选择上有较大的自主权，可以根据自己的实际财务状况和对市场信息的判断来选择设备。弊端也是显而易见的，即出租人购买的设备往往不完全适合承租人的实际要求，不能真正地反映市场的需求。因此，在现代租赁中很少使用这种方法。

② 承租人选择租赁。承租人选择租赁是指承租人根据自己的实际情况，直接从供货商那里选择自己所需要的设备，并与供货商谈判、签订购买合同，然后将合同转让给出租人，由其实际出资购买选定的设备，再租赁给承租人使用。这种方法一般不会形成出租人的大量库存，为其减少了资金占用量，更重要的是设备的使用者与供应者直接见面洽谈设备事宜，这样一来能够很好地满足承租人对设备规格与性能等方面的要求。我国目前所发生的租赁业务，大多属于这种租赁方法。

(2) 杠杆租赁 (leverage lease)

杠杆租赁又叫平衡租赁或减税优惠租赁，这是在美国的租赁市场上使用得比较多的一种租赁方式。之所以称之为杠杆租赁，是因为它指的是出租人在投资购买租赁设备时享有杠杆利益，也就是说出租人在购买价格昂贵的设备时，自己以现金投资设备成本费的20%～40%，其余的购置费用通过向银行或保险公司等金融机构借款而获得，然后把购得的设备出租给用户。出租人要把租赁标的物的所有权、融资租赁合同的担保受益权、租赁标的物的保险受益权及融资租赁合同的收益权转让或抵押给贷款人，贷款人对出租人无追索权。

杠杆租赁的做法类似银团贷款，如图 4-2 所示，主要是由一家租赁公司牵头作为主干公司，为一个超大型的租赁项目融资。首先成立一个脱离租赁公司主体的操作机构——专为本项目成立的资金管理公司，提供项目总金额 20%以上的资金，其余部分资金主要是吸收银行和社会闲散游资，利用享受 100%抵税好处、“以二博八”的杠杆方式，为租赁项目取得巨额资金。由于可享受税收好处、操作规范、综合效益好、租金回收安全、费用低，该融资租赁对象大都是一些购置成本特别大的大型设备，如飞机、轮船、卫星等。

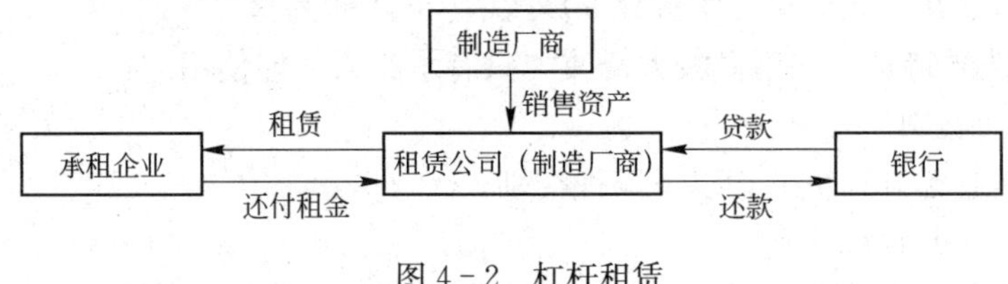

图 4-2　杠杆租赁

需要强调的是，杠杆租赁不仅可以作为一种完整的项目融资模式，也可以作为一种债务资金形式而成为大型项目融资结构中的一个组成部分。

(3) 转租赁 (sub-lease)

转租赁是指由租赁公司作为承租人，向其他租赁公司租回用户所需要的设备，再将该设备租赁给承租企业使用，原租约与转租约同时并存有效，如图 4-3 所示。转租赁实际上是一个项目下的两笔租赁业务，其租赁费用一般高于直接租赁。

转租赁主要在发展中国家的租赁业务中采用，因为发展中国家的租赁公司为筹措资金必须向银行借款，所付利息与费用较高，会加重租户的租金负担，此时不如从国外大租赁公司转租划算。

图 4-3 转租赁

(4) 回租租赁(sale and lease back lease)

回租租赁又称为回购租赁，又称返还式租赁，是指由设备使用方首先将自己的设备出售给融资租赁公司(出租人)，再由租赁公司将设备出租给原设备使用方(承租人)使用(见图 4-4)。企业通过回租可以满足其改善财务状况、盘活存量资产的需要，并可与租赁公司共同分享政府的投资减税优惠政策带来的好处，以较低的租金即可取得继续使用设备的权利。财产(设备)所有人通过这种方式可以在不影响自己对财产继续使用的情况下，将物化资本转变为货币资本，是企业比较喜欢采用的一种租赁形式。

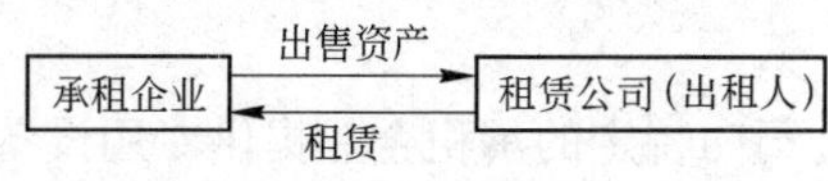

图 4-4 回租租赁

2. 经营性租赁

1) 经营性租赁的含义

经营性租赁，也称营运租赁或服务租赁，是以满足承租人临时使用资产的需要为目的而发生的租赁业务，是一种不完全支付租赁，故又称为“不完全支付”租赁。这种租赁规定，出租人除提供融资服务外，通常也提供特别服务，如保险和维修等，而承租人的责任一般只限于按期交纳租金。经营性租赁是一种以提供租赁标的物短期使用权为特点的租赁形式，通常适用于一些需要专门技术进行维修保养、技术更新较快的设备，如计算机、汽车、建筑机械等。

承租企业采用经营性租赁的目的，主要不在融通资金，而是获得设备的短期使用权及出租人提供的专门技术服务。从承租企业无须先筹资再购买设备即可享有设备使用权的角度来看，经营性租赁也有短期筹资的功效。

经营性租赁的交易过程可用图 4-5 来表示。

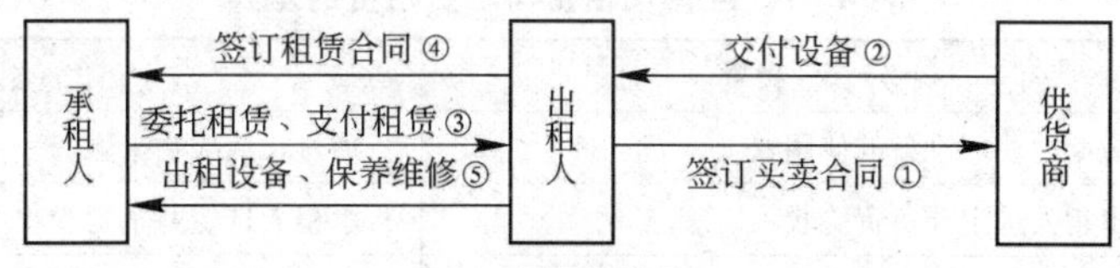

图 4-5 经营性租赁的交易过程

2) 经营性租赁的特点

与融资租赁相比，经营性租赁具有以下特点。

① 租赁标的物由出租人批量采购，而非为某个特定的承租人专门选定，这些标的物具有很强的通用性并有较好的二手市场；设备一般有较强的垄断性，需要有特别服务的厂商，如常见的计算机、游艇、运输船只等。

② 不完全支付性。经营性租赁的租赁期一般较短，承租人在每次租约期间所支付的租金不足以抵偿出租人购买设备的资本支出及利润，出租人还得把设备继续出租多次，才能收回其全部投资并获得利润。

③ 出租人提供专门服务，如设备的保养、维修、保险等。出租人为使租赁标的物保持良好状态，除提供融资便利外，还提供维修管理、保养等专门服务，并承担设备过时风险，负责购买保险。因此，其租金较融资租赁要高得多。

④ 合约可撤销性。租赁合同比较灵活，在租赁期满之前，承租人预先通知出租人就可中止合同，退还设备。

3）经营性租赁的分类

经营性租赁根据其内容可分为日常租赁、专用设备租赁和维修租赁三种类型。

（1）日常租赁

日常租赁是指出租人将自己的财产出租给承租人使用，以满足其短期生产、生活需要的一种经营性租赁方式。这是经营性租赁的主要方式，如游船、出租车等的租赁就属于这一种。

（2）专用设备租赁

专用设备租赁是指租赁公司向特定的承租企业提供专用设备、非专利技术的一种租赁方式，一般是飞机、石油钻井机、施工设备和航空航天等专用设备的租赁。

专用设备租赁又可分为干租和湿租两种形式。干租是指出租人只是出租设备，设备的维修和保养主要由承租人负责；湿租是指出租人不仅向承租人出租设备，还要提供使用设备的人员，并且负责其维修和保养。湿租大多适用于大型的、比较复杂的设备的经营性租赁。

（3）维修租赁

维修租赁是在日本比较盛行的一种租赁方式，它是在经营性租赁的基础上加上各种服务条件的租赁方式，因而租赁费还要加上服务费用，比较昂贵。但是由于它汇总了专家的知识和技术，综合起来考虑对承租企业很有利，比单独聘请专家划算得多，因此不少企业选择这种租赁方式。它主要应用于运输工具，尤其是汽车的租赁上。出租人要向承租人提供一切业务上所需的服务，如登记、上税、车检、保险、检修、保养和事故处理等。

3. 经营性租赁与融资租赁的差异

经营性租赁与融资租赁在租赁目的、设备选择权、租金构成等多方面都存在不同，具体见表 4－1。

表 4－1　经营性租赁与融资租赁的差异

比较项目	经营性租赁	融资租赁
租赁目的	短期内获取设备的使用权	通过长期融物来融资
设备选择权	出租人选定并负责验收	承租人选定并负责验收
租金构成	设备成本＋利润＋运行费用（提供服务）	设备成本＋利润
租期	较短，几个月或 1～2 年	较长，通常为 3～5 年，有的长达 10 年以上
设备种类	技术更新快、通用、专业设备	任何机种、特定设备
维修保养费	出租人负担	承租人负担
设备所有权	出租人所有，并承担设备过时、淘汰风险	租赁期间由承租人承担持有设备的相应风险
租赁合同	单方可解约	除特殊情况外，单方不可解约
到期设备处理	期满退还	续租、留购或退还

4.1.7　租赁创新

租赁业的竞争越来越激烈，租赁公司要生存和发展，必须进行业务创新，降低自己的租金水平、提供灵活的租赁形式，以扩大市场份额，这是租赁创新产生的背景。租赁产品的不断创新给企业提供了更为广阔的融资空间，有效利用各种租赁创新产品会给企业带来很多融资便利，下面介绍几种目前较为常见的租赁创新产品。

1. 综合性租赁（comprehensive lease）

综合性租赁是租赁与贸易相结合的租赁方式，由于结合方式的不同，大体有以下几种。

① 租赁与补偿贸易相结合。采用这一方式承租人不是以现金支付租金，而是以设备投入使用后所生产的直接产品来抵付租金。

② 租赁与加工装配贸易相结合。这一方式是出租人不但向承租人提供设备，而且还提供原料或零部件，由承租人进行加工装配后，将成品交付租赁公司或它所指定的第三者，以加工装配的产品价值作为租金。

③ 租赁与包销相结合。这一方式是承租人利用租赁公司提供的设备生产，租赁公司包销其全部产品，并从包销价款中扣取租金。

2. 项目融资租赁（project lease）

承租人以项目自身的财产和效益为保证，与出租人签订项目融资租赁合同，出租人对承租人项目以外的财产和收益无追索权，租金的收取也只能以项目的现金流量和效益来确定。销售产品的企业通过自己控股的租赁公司采取这种方式来推销产品，扩大市场份额。大型的通信设备、医疗设备、运输设备甚至高速公路经营权都可以采用这种方法。

3. 捆绑式融资租赁（bundle lease）

捆绑式融资租赁又称三三融资租赁，是指承租人的首付金额（保证金）不低于租赁标的物价款的 30%，厂商在交付设备时所得货款不是全额，大体上是 30%，余款在不长于租赁期一半的时间内分批支付，而租赁公司的融资强度大约达到 30%即可。这样，厂商、出租人、承租人各承担一定的风险，三方的命运和利益“捆绑”在一起，分散了风险，改善了那种所有风险由出租人一方承担的局面。

4. 抽成租赁（share lease）

抽成租赁又称收益百分比租赁。对回收期较长但现金流稳定且具有一定垄断性的项目，可尝试采用收益权担保、收费分成的融资租赁方式。这种融资租赁的租金不是固定的，而是由承租人的盈利状况决定，通常由承租人向出租人先支付一定的租金，租金余额按承租人经营收入的一定比例抽成。具体的比例可由承租人和出租人根据项目的实际运作状况来确定。

5. 结构式参与融资租赁（structured participation lease）

结构式参与融资租赁主要由注资、还租、回报 3 个阶段构成。其中注资阶段资金注入的方法与常规融资租赁资金注入方法无异；还租阶段是将项目现金流量按一定比例在出租人和承租人之间分配，如 70%分配给出租人，用于支付租金，30%由承租人留用；回报阶段是指在租赁成本全部回收以后，出租人享有一定年限的资金回报，回报额按现金流量的一定比例提取。回报阶段结束，租赁标的物的所有权从出租人转移到承租人，整个项目融资租赁即告结束。结构式参与融资租赁与 BOT 有异曲同工之妙。

6. 风险租赁（venture lease）

风险租赁是指出租人以租赁债权和投资方式将设备出租给承租人，以获得租金和股东权益收益作为投资回报的租赁交易。在这种交易中，租金仍是出租人的主要回报，一般为全部投资的50%，其次是设备的残值回报，一般不会超过25%，这两项收益相对比较安全可靠。其余部分按双方约定，在一定时间内以设定的价格购买承租人的普通股权。这种业务形式为高科技、高风险产业开辟了一种吸引投资的新渠道。出租人将设备融资租赁给承租人，同时获得与设备成本相对应的股东权益，实际上是以承租人的部分股东权益作为出租人的租金的新型融资租赁形式。同时，出租人作为股东可以参与承租人的经营决策，加强了对承租人的影响。在实际操作中，一般由融资租赁公司以设备价款的60%买下设备，与承租人共同组建营运管理机构，参与各项重大决策，在收回本金后仍保留项目20%～30%的收益权。风险租赁实际上是风险投资在融资租赁业务上的创新表现。

7. 租赁基金（income fund）

租赁基金是一种将投资人的投资专门投向租赁交易的投资基金，投资人从租赁交易中获得股息回报。基金成立后，除了出租人资金来源与收入分配外，其运作方式，即租赁业务的开展与一般租赁业务没有区别。

8. 融资租赁债权证券化（lease security）

融资租赁债权证券化是指租赁公司以手中的一组租赁收益尚未实现的租赁合同为基础来发行债券或信托凭证等证券的过程。通过这种方式，租赁公司在将租赁合同转让给专门机构后，很快便能以现金形式实现收益，大大加快了租赁公司的资金流动，拓展了租赁公司的资金来源。但若租赁公司资产组合搭配不当，有可能对租赁公司后期的收益带来不利影响。由于其交易规模较大，环节复杂，一般中小型的租赁公司很难采用这种方式。

4.2 租金计算

租赁是在商品经济条件下租赁双方的一种商品交换关系，即出租人让渡设备的使用权，承租人支付租金以获取设备的使用权，这一过程中租金就是商品交换关系中的交换价格。租赁双方从事租赁业务均以盈利为最终目的，那么如何确定既令承租人满意，又能保证出租人利益的租金就是一个非常关键的问题。下面介绍租金的计算方法。

4.2.1 租金的构成要素

租金的构成要素随着租赁方式的不同也有较大的差异。但一般来说，下列要素是必不可少的。

1. 租赁设备成本

租赁公司根据承租人的要求出资购置设备而发生的费用就构成购置租赁设备的成本，它是计算租金的基础，也是构成租金的主要部分。租赁设备的成本除了本身价值以外，还包括运费、保险费和进口关税等。

2. 利息费用

一般来说，租赁公司要采用不同类型的资本来源来筹措购置租赁标的物的资金，可以是自有资金，可以是短期债务，也可以是长期债务。但不管资金来源于何处，都需要支付利息（自有资金按资金的机会成本考虑），因而在租赁成本内包括利息这一项。不同的资金来源有不同利息率，可用加权平均法计算。

3. 营业费用和利润

出租人为承租人办理租赁业务必然要发生一些费用，如办公费用、工资、差旅费、税金等，这些构成了出租人的营业费用。另外，出租人还要有合理的利润，所以营业费用和利润是租金的重要组成部分。

4.2.2　租金的计算方法

租赁标的物在其用途、所属行业、租赁所采取的形式等诸多方面都存在差异，相应的计算租金的方法也是不同的。下面介绍几种目前较为普遍的租金计算方法。

1. 年金法

年金法是计算租金的基本方法。年金法以现值概念为基础，将一项租赁资产在未来各租期内的租金额按一定的折现率予以折现，使其现值总和恰好等于租赁的概算成本。年金法是按照每期复利一次来计算的。在年金法中，根据每次偿还租金是否相等，又可分为等额年金法和变额年金法。

1）等额年金法

等额年金法又叫等额分期支付法或递延支付法，是将一项租赁资产在未来各租赁期内的租金金额按一定的贴现系数予以折现，使其现值总额恰好等于租赁资产的购置成本。在这种方法下，通常要综合利率和手续费率确定一个租赁费率作为贴现率。因租金有先付租金和后付租金两种支付方式，因此等额年金法又可分为等额年金后付法和等额年金先付法两种。

(1) 等额年金后付法

承租企业与租赁公司商定的租金支付方式，大多为后付等额租金，即普通年金。等额年金后付法的计算公式如下。

$$R=\mathrm{PV}\frac{i(1+i)^n}{(1+i)^n-1}$$

式中：R——每期支付的租金；

PV——租赁资产的概算成本；

n——租赁期数；

i——租赁费率。

【例4-1】　某企业于20×8年1月1日从租赁公司租入一套设备，价值100万元，租期为10年，租赁期满时的残值归承租企业，利率为10%，手续费率为设备价值的2%。租金每年年末支付一次。则该套设备每次支付的租金可计算如下。

首先，确定租赁费率 i：假定根据利率10%加上手续费率2%来确定，则租赁费率定为12%。

其次，计算每次支付的租金金额为

$$R=\mathrm{PV}\frac{i(1+\mathrm{i})^n}{(1+i)^n-1}=\frac{100\times12\%\times(1+12\%)^{10}}{(1+12\%)^{10}-1}\approx17.7(\text{万元})$$

等额年金后付法的特点是：第一，每期所付租金是相等的，对承租人来说，负担均衡便于合理安排资金；第二，每期租金中所含利息呈递减趋势；第三，每期租金中所含本金呈递增趋势。由于等额年金后付法具有以上特点，且计算较为方便，因此它是国内外普遍采用的方法之一。

（2）等额年金先付法

承租企业有时可能会与租赁公司商定，采取先付等额租金的方法支付租金。等额年金先付法的计算公式如下。

$$R=\mathrm{PV}\frac{i(1+i)^{n-1}}{(1+i)^{n}-1}$$

式中各字母含义同前。

【例 4－2】 仍以上例的资料为例，其每次支付的租金可计算为

$$R=\frac{100\times12\%\times(1+12\%)^{9}}{(1+12\%)^{10}-1}\approx15.8(\text{万元})$$

等额年金先付法的特点如下：第一，每期所付租金相等，承租人租金负担是均衡的。第二，由于第一期租金是在租赁期开始时支付，因此第一期租金中不含利息，即100％的本金收回。基于这个原因，有的租赁公司甚至将第一期租金视为变相的定金，这样先付计算的利息总额比后付计算的利息总额要低。第三，从第二期起租金中所含利息呈递减趋势，所含本金呈递增趋势。

2）变额年金法

变额年金法又可分为等差变额年金法和等比变额年金法两种。

① 等差变额年金法，即从第二期开始，每期租金比前期增加一个常数 d。等差租金第1期的计算公式如下。

$$R_1=\mathrm{PV}\frac{(1+i)^{n}\cdot i}{(1+i)^{n}-1}-d\,\frac{(1+i)^{n}-ni-1}{i(1+i)^{n}-1}$$

② 等比变额年金法，即从第二期开始，每期租金与前期的比值是一个常数 q。等比租金第1期的计算公式如下。

$$R_1=\mathrm{PV}\frac{1+i-q}{1-\left(\frac{q}{1+i}\right)^{n}}$$

2. 附加率法

附加率法是在租赁的设备价格或概算成本上再加上一个特定比率来计算租金的方法。其计算公式如下。

$$R=\frac{\mathrm{PV}(1+ni)}{n}+\mathrm{PV}\cdot r$$

式中：R——每期支付的租金；

PV——租赁资产的价值或概算成本；

n——还款次数，可按月、季、半年或一年还款；

i——与还款次数相对应的折现率；

r——附加率。

【例4-3】 某企业于20×8年1月1日从租赁公司租入一套设备，价值100万元，租期10年，租金每年年末支付一次。年利率为10%，附加率为3%。则该套设备每期支付的租金可计算为

$$R=\frac{100\times(1+10\times10\%)}{10}+100\times3\%=20+3=23(\text{万元})$$

附加率法的特点是：每期期末等额支付租金；公式中的分子部分是按单利计息n期后本息和的计算公式，每期租金是由n期后的本息总和分成的n等份再加上按附加利率计算的利息所构成的。由于对分期偿还的租金在整个租赁期内照常收取利息，所以在成本、利率、租期相同的条件下用附加率法计算的租金总额比前面介绍的等额年金法的金额要大些。

3. 平息数计算法

平息数计算法是定额年金法的一种特殊形式，它是指出租人根据租赁交易的成交金额、承租人的信用状况、租赁期、利率水平等因素，给定一个租金常数，即平息数，并以此来计算租金。计算公式如下。

$$R=\frac{\text{PV}\cdot C}{n}$$

其中

$$C=\frac{\sum_{j=1}^{n}R_j}{\text{PV}}$$

式中，C为平息数或常数（表示1元租赁成本应付的租金数）。

【例4-4】 一笔租赁业务，设备成本为100万美元，租赁期为5年，每半年（后付）年利率为8%，据此租赁条件，租赁双方确定租赁常数（平息数）为1.15，则应付的租金为

$$R=\frac{100\times1.15}{2\times5}=11.5(\text{万美元})$$

4. 有宽限期的期末支付法

有宽限期的期末支付法是指根据租赁标的物的类型和承租人的支付能力，允许承租人在设备正式投产后的一段时间后才开始支付租金，这段时间就是宽限期。计算公式如下。

$$R=\text{PV}(1+r_1)^{n_1}\frac{r(1+r)^n}{(1+r)^n-1}$$

式中：PV——设备概算成本；

r_1——宽限期内资金利率，通常同租金率；

n_1——宽限次数；

r——租金率；

n——实际租赁期内支付次数。

【例 4-5】 某公司租用一台设备，概算成本为 200 万元，租期 5 年，季末付租，年租金率为 8%，假定宽限期为 6 个月（不包括在租期内），问每期应付多少租金？

由题意可知：$n_1=2$，$r_1=8\%/4=2\%$

$$R=200\times(1+2\%)^2\times\frac{2\%\times(1+2\%)^{20}}{(1+2\%)^{20}-1}\approx10.44(\text{万元})$$

4.2.3 租赁决策

租赁决策是个复杂的过程，需要进行多方面的决策。作为融资方，首先需要进行租赁方式的选择，即经营租赁和融资租赁的决策选择；其次，需要进行租赁与购买的决策选择。出租方也是如此，最终能否实现，取决于是否双赢。实际上，租赁存在的前提是租赁双方的税率不等，通过租赁，双方都能分享租赁节税的好处，否则，租赁不可实现。

【例 4-6】(双方税率相同，出租方不可行) 甲公司为了扩大生产规模、增加产品产量，准备添置一台设备，已通过项目评估。预计使用 6 年，有关资料如下。

① 甲公司产品生产与销售的预期年限是 6 年，市场预测显示第一年营业收入可达 600 万元，第二年可达 650 万元，然后以每年 700 万元的水平持续四年。估计增加营业资本占当年营业收入的 20%，年初投入，项目结束时收回。维修费、保险费和资产管理成本等运行维护费每年 25 万元。营业成本是营业收入的 40%。

② 如果自行购置该设备，预计购置成本为 1 250 万元。该项目固定资产的税法折旧年限为 10 年，法定残值率为购置成本的 5%。预计该资产 6 年后变现价值为 500 万元。

③ 现有乙公司愿意提供同样设备的租赁，每年租金 200 万元，年末支付，租期 6 年。

④ 已知甲、乙公司适用的所得税税率均为 25%，税前借款利率为 8%，项目的资本成本为 10%。

⑤ 租赁期内不能撤租，租赁期满设备所有权转让，为此甲公司需要向乙公司支付资产余值价款 500 万元。

要求：分别从甲、乙公司角度对是否应选取租赁方案进行评估。

解 首先，根据会计准则判断租赁性质。

① 租赁期满设备所有权转让。

② 承租人没有选择购买权。

③ 租赁期占资产使用年限=6/10=60%，小于 75%。

④ 计算最低租赁付款额现值。由于承租人能够根据合同取得出租人租赁内含利率，因此采用租赁内含利率作为最低租赁付款额的折现率。

最低租赁付款额=各期租金之和+支付购买设备余额的价款+承租人担保的资产余值

$=200\times6+500+0=1\ 700$（万元）

每期租金的现值之和$=200\times$（P/A，7.8%，6）

支付购买设备余值的价款现值$=500\times$（P/F，7.8%，6）

最低租赁付款额现值$=200\times$（P/A，7.8%，6）$+500\times$（P/F，7.8%，6）

$=1\ 250$（万元），大于租赁资产公允价值的90%

因为合同中没有明示本金和利息，需要根据有关数据计算“租赁内含利率”。

计算“内含利率”：

$$1\ 250-200\times(P/A,\ I,\ 6)-500\times(P/A,\ I,\ 6)=0$$

$I=7\%$时：

$$1\ 250-200\times4.766\ 5-500\times0.666\ 3=-36.45\text{（万元）}$$

$I=8\%$时：

$$1\ 250-200\times4.622\ 9-500\times0.630\ 2=10.32\text{（万元）}$$

计算得$I=7.8\%$。

未确认融资费用分摊表如表4-2所示。

表4-2　未确认融资费用分摊表

单位：万元

时间（年末）	0	1	2	3	4	5	6
支付租金		200	200	200	200	200	200
支付利息		97.5	89.5	80.89	71.6	61.58	45.94
归还本金		102.5	110.5	119.16	138.42	138.42	151.06
未还本金	1 250	1 147.5	1 037	917.89	789.48	651.06	500

承租人租赁净现值分析如表4-3所示。

表4-3　承租人的租赁净现值表

单位：万元

时间（年末）	0	1	2	3	4	5	6	6
避免设备成本支出	1 250							
租金支付		−200	−200	−200	−200	−200	−200	
利息抵税		24.38	22.38	20.22	17.9	15.40	12.24	
支付资产余值价款								−500
丧失的资产变现资本利得								0
差额现金流量	1 250	−175.63	−177.63	−179.78	−182.1	−184.61	187.77	−500
折现系数4.8%	1	0.943 4	0.890 0	0.839 6	0.792 1	0.747 33	0.705 0	
折现系数10%								0.564 5
各年差额现金流量现值	1 250	−165.69	−158.09	−150.95	−144.24	−137.96	−132.38	−282.25
净现值	78.47							

承租人具有正的净现值，该租赁方案对于承租人可行。

乙公司分析如表4-4所示。

表 4-4　出租人的租赁净现值表

单位：万元

时间（年末）	0	1	2	3	4	5	6	6
购置设备现金支出	−1 250							
每年租金收入		200	200	200	200	200	200	
税后租金		150	150	150	150	150	150	
销售成本减税		25.63	27.63	29.78	32.1	34.61	37.77	
资产余值收回								500
差额现金流量								500
折现系数 4.8%	1	0.943 4	0.890 0	0.839 6	0.792 1	0.747 33	0.705 0	
折现系数 10%								0.564 5
各年差额现金流量现值	−1 250	165.69	158.13	150.95	144.24	137.96	132.38	282.25
净现值	−78.42							

出租人具有负的净现值，该租赁方案对于出租人不可行。在出租人和承租人所得税率相等的情况下，合同双方的净现值之和为 0。出租人的现金流出就是承租人的现金流入，承租人的所得就是出租人的损失。在这种情况之下，融资租赁是无法存在的。

【例 4-7】(双方税率不同，双方租赁可行)　甲公司为了扩大生产规模、增加产品产量，准备添置一台设备，已通过项目评估。预计使用 6 年，有关资料如下。

① 甲公司产品生产与销售的预期年限是 6 年，市场预测显示第一年营业收入可达 600 万元，第二年可达 650 万元，然后以每年 700 万元的水平持续四年。估计增加营业资本占当年营业收入的 20%，年初投入，项目结束时收回。维修费、保险费和资产管理成本等运行维护费每年 25 万元。营业成本是营业收入的 40%。

② 如果自行购置该设备，预计购置成本为 1 250 万元。该项目固定资产的税法折旧年限为 10 年，法定残值率为购置成本的 5%。预计该资产 6 年后变现价值为 500 万元。

③ 现有乙公司愿意提供同样设备的租赁，每年租金 260 万元，年末支付，租期 6 年。

④ 已知甲公司适用的所得税税率为 40%，乙公司使用的所得税税率为 20%，税前借款利率为 8%，项目的资本成本为 10%。

⑤ 租赁期内不能撤租，租赁期满，甲公司可以以 125 万元从乙公司购买该资产。

要求：分别从甲、乙公司角度对是否应选取租赁方案进行评估。

解　甲公司分析如下。

首先，甲公司对自行购置投资方案进行评估。

$$每年折旧=1\ 250\times(1-5\%)\div 10=118.75（万元）$$

$$折旧抵税=118.75\times 0.4=47.5（万元）$$

$$租赁期满时账面价值=1\ 250-118.75\times 6=537.5（万元）$$

$$资产余值变现损失=537.5-500=37.5（万元）$$

$$资产余值变现损失抵税=37.5\times 40\%=15（万元）$$

表4-5 设备投资的评估

单位：万元

时间（年末）	0	1	2	3	4	5	6
营业收入		600	650	700	700	700	700
营业成本		−240	−260	−280	−280	−280	−280
维护费		−25	−25	−25	−25	−25	−25
税后现金流量		201	219	237	237	237	237
折旧抵扣额		47.5	47.5	47.5	47.5	47.5	47.5
税后营业现金流量		248.5	266.5	284.5	284.5	284.5	284.5
设备投资	−125 0						
营运资本投入增加或减少	−120	−10	−10	0	0	0	
期末运营资本回收							140
回收资产变现的资本利得							515
项目增量现金流量	−1 370	238.5	256.5	284.5	284.5	284.5	284.5
折现系数10%	1	0.909 1	0.826 4	0.751 3	0.683 0	0.620 9	0.564 5
各年现金流量现值	−1 370	216.82	211.97	213.75	194.32	176.65	530.35
投资净现值	173.85						

该项目有正的净现值173.85万元，所以如果购买该设备，能够获得盈利，该设备具有投资价值。

其次，计算租赁相对于购买的净现值，分析租赁是否更有利。

租赁期满变现价值为500万元，合同约定甲公司可以以125万元从乙公司购买该资产，即所订立的购买价款远远低于行权时资产的公允价值，可以合理预计承租人会行驶购买权，所以判定为融资租赁。

计算“内含利率”：

$$1\ 250-260\times(P/A,I,6)-125\times(P/A,I,6)=0$$

$I=8\%$时：

$$1\ 250-260\times4.622\ 9-125\times0.630\ 2=-30.73\text{（万元）}$$

$I=9\%$时：

$$1\ 250-260\times4.485\ 9-125\times0.596\ 3=9.13\text{（万元）}$$

根据插值法，计算得$I=8.77\%$。

未确认融资费用分摊表如表4-6所示。

表4-6 未确认融资费用分摊表

单位：万元

时间（年末）	0	1	2	3	4	5	6
支付租金		260	260	260	260	260	260
支付利息		109.63	96.44	82.09	66.49	49.52	30.84
归还本金		150.37	163.56	177.91	193.51	210.48	229.16
未还本金	1 250	1 099.63	936.06	758.15	564.64	354.16	125

承租人的租赁净现值分析如表4-7所示。

表4-7 承租人的租赁净现值表

单位：万元

时间（年末）	0	1	2	3	4	5	6	6
避免设备成本支出	1250							
租金支付		−260	−260	−260	−260	−260	−260	
利息抵税		43.85	38.58	32.84	26.60	19.81	12.34	
支付资产余值价款								−260
丧失的资产变现资本利得								0
差额现金流量	1 250	−216.15	−221.43	−227.17	−233.41	−240.19	−247.67	−125
折现系数4.8%	1	0.954 2	0.910 5	0.868 8	0.829 0	0.791 0	0.754 8	
折现系数10%								0.564 5
各年差额现金流量现值	1 250	−206.25	−201.61	−197.38	−193.50	−189.99	−186.94	−70.57
净现值	3.80							

承租人具有正的净现值，该租赁方案对于承租人可行。

出租人的租赁净现值分析如表4-8所示。

表4-8 出租人的租赁净现值表

单位：万元

时间（年末）	0	1	2	3	4	5	6	6
购置设备现金支出	−125 0							
每年租金收入		260	260	260	260	260	260	
税后租金		208	208	208	208	208	208	
销售成本减税		30.08	32.72	35.58	38.70	42.10	45.83	
资产余值收回								125
差额现金流量	−1 250	238.08	240.72	243.58	246.7	250.10	253.83	125
折现系数4.8%	1	0.939 9	0.883 3	0.830 2	0.780 2	0.733 3	0.689 2	
折现系数10%								0.564 5
各年差额现金流量现值	−1 250	223.76	212.63	202.22	192.48	183.40	174.94	70.57
净现值	9.99							

出租人也有正的净现值，该租赁方案对出租人同样可行。通过本例可以看出，在租赁双方税率不等时，通过租赁可以减少总体税负，租赁双方通过租金的谈判分享节税的好处，所以融资租赁能够存在。

4.3 国内外租赁业的发展

充分了解世界各国及我国租赁业的发展状况，对承租企业使用租赁融资大有裨益。

4.3.1 国际租赁业的发展

自20世纪80年代以来，世界租赁业取得了长足的发展，1980年世界租赁交易总量为

636亿美元，到1999年已发展到4 735亿美元，增长约7倍，平均增长率保持在两位数以上，2000年后继续增长，如图4-6所示。

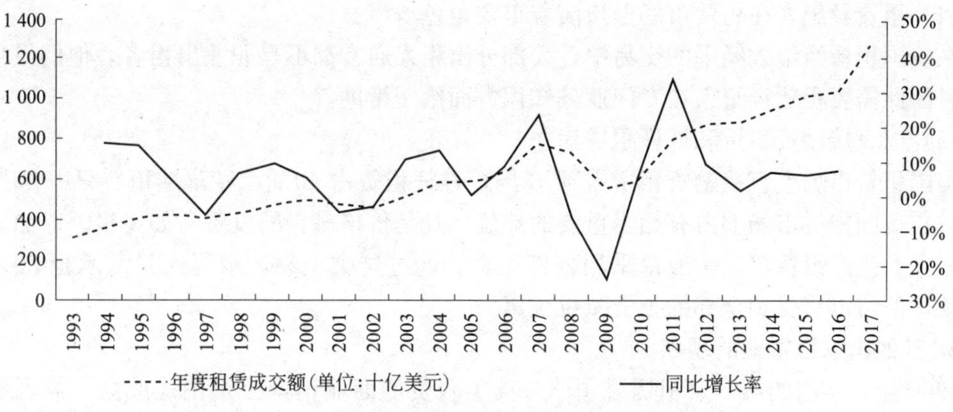

图4-6　租赁业在全球的发展（1993—2017年）

租赁业在经济生活中的作用越来越受到人们的重视。租赁融资发展迅速，已成为仅次于银行信贷的第二大融资方式。

4.3.2　发达国家租赁业现状

1. 美国租赁业现状

美国是世界上最早开发、功能最全的租赁市场，美国租赁以融资租赁为主，约占整个租赁市场的90%以上。美国有租赁企业3 000多家，许多大企业80%以上的产品都是通过租赁方式销售的。美国GE金融服务公司、IBM信贷公司等著名大公司都开展各种租赁业务。美国租赁业务额在1996年就已高达1 689亿美元，在2015年达到3 743.5亿美元。

美国对于承租人几乎没有任何限制，任何单位或个人只要在法律许可的范围内交纳租金，均可成为承租人。在美国，大部分承租人是工商企业，租赁对象主要包括：飞机、信息处理设备、医疗设备、汽车、建筑、机械、农业机械、灌溉系统及其他运输车辆等。美国租赁业除具备租赁市场的一般特点外，还具有如下特征。

（1）政府鼓励租赁业的发展

美国政府通过官方的出口信贷机构对美国租赁公司在国外特别是在发展中国家开展业务提供全面的政治风险保险，给美国租赁公司带来了明显好处，提高了它们在国际租赁市场上的竞争力。美国税法可使出租人直接享受巨大的投资减税优惠。美国政府对于出租人所投资购买并用于租赁的设备给予减免征税，这使得出租人可以直接得到征税上的好处，同时，出租人往往将这一好处部分地通过优惠的租金转移给承租人以利于达成交易，这使得承租人也能够间接取得征税上的好处，极大地促进了美国国内和国际租赁业的发展。

（2）设备制造商在美国租赁市场上非常活跃

大多数租赁公司都与设备制造商有着十分密切的联系。一些大的制造商集团拥有自己的租赁机构或租赁子公司，它们在租赁市场上积极地开展业务，极大地促进了母公司的产品销售。

（3）美国的租赁公司积极地开展国际租赁

由于美国的设备制造业水平非常先进，再加上美国的税收优惠，因此美国的租赁公司在国际租赁市场上以其优惠的价格和先进的设备保持着竞争中的绝对优势。美国的一些租赁公司通过直接开展跨国租赁或进行间接对外租赁，有力地促进了美国设备制造业的产品出口。

（4）租赁经纪人在租赁市场上扮演着重要角色

在美国租赁经纪人经手的交易中，大部分出租人通常都不是职业出租者，他们很少出租设备，因此需要租赁经纪人在专门业务知识方面给予帮助。

（5）以直接融资租赁和杠杆租赁为主

美国租赁市场上直接融资租赁占到45%，杠杆租赁占40%，经营性租赁只占15%。杠杆租赁在美国租赁市场上占有相当重要的地位，凡是价格昂贵的设备，如飞机、船舶、铁路车辆和大型生产设备等，一般都采用杠杆租赁。通过这类交易，承租人只需承担20%的设备货款，便可以享受到全部的投资减税优惠。

2. 其他国家租赁业的现状

1960年，英国的第一家租赁公司——英美合资的商业租赁公司正式成立。英国租赁业的成交额及在设备投资中所占比例一直位于西欧国家首位。

日本租赁业开始于20世纪60年代，日本租赁业的资金大部分来自银行贷款。自租赁业开创以来，大大刺激了日本的财团和城市银行。2015年日本租赁业规模居全球第五位，约为608.4亿美元，市场渗透率为9%。

韩国1973年在国家发展银行的援助下，创立了韩国产业租赁公司。

日本及韩国的租赁市场都是以融资租赁为主，融资租赁所占比重在日本占90%以上，在韩国占95%以上。

德国最早的租赁公司成立于1962年，到2000年年底大约有2 038家租赁公司登记注册。但仅有250家左右的公司占据较大的市场份额。2009年起，德国开始将融资租赁业务纳入金融监管范畴。根据德国租赁协会对其会员单位的统计，2017年新签订租赁合同数量约180万个，新增业务额达585亿欧元，较上年增长了5.8%。

4.3.3 我国租赁业的发展情况

1. 我国租赁业的发展概况

20世纪70年代末，随着我国经济体制改革的展开，租赁业在我国逐渐兴起，当时开办租赁业主要是为了扩大国际经济合作和技术交流，开辟利用外资的新渠道。20世纪80年代是中国现代租赁业产生和发展的时期。1981年由中信、日本的东方租赁有限公司等组成了中国第一家中外合资租赁有限公司，并成为中国现代租赁业开始的标志之一。同年7月成立了中国租赁公司（国内第一个股份制租赁公司）。1986年11月，为了更好地促进国内租赁业的发展，中国人民银行批准中国租赁公司为第一家持有金融业务许可证的金融租赁公司。经过三十多年的实践，我国租赁业的经营范围日益广泛，租赁方式更加灵活多样，租赁标的物从小型单机到成套设备，从新设备到二手货，从运输工具到各类大型设施，租赁业务遍布全国，主要涉及航空、航运、公路运输、铁路、邮电通信等行业。

飞机租赁是我国交通运输业租赁的典范。民用航空运输业属于资金密集型产业，靠自有资金购买航空设备无异于杯水车薪，我国的民航业是乘着租赁的翅膀飞起来的，采用的是利用租赁引进设备的现实途径。1980年，我国民航总局采用美国投资减税杠杆租赁方式，引进了第一架波音747－SP飞机。2000年年底，中国民航购买和租赁了约738架飞机，其中，融资租赁 365 架（约占 49.5%），利用外资总额达 189 亿美元，经营性租赁 117 架（约占 15.8%），购买 256 架（约占 34.7%）。租赁成为我国民航业的主要融资方式。在租赁方式上，我国飞机租赁以杠杆租赁、融资租赁为主，经营性租赁为辅，并灵活运用转租赁、回租租赁、尾款租赁等方式。以国航为例，截止到 2011 年年底国航共有飞机 432 架，其中租赁飞机 221 架。随着国内航空产业的不断发展，未来将有更多的飞机租赁需求。

案例 4-2

广深公司租赁引进瑞典 X—2000 摆式列车

1998 年，广深公司引进瑞典 X—2000 摆式列车，在广深线以“新时速”命名投入运营。自运营以来，“新时速”就以良好的服务质量和较低的维修费用，打响了品牌，取得了较好的社会效益和企业效益，受到了业内外好评。“新时速”采用的是典型的融资租赁模式，广深公司从 1998 年 8 月到 2000 年年底两年多的时间里，以固定年租金租赁该列车，2000 年年底转租赁为购置。租赁期内，出租方提供技术支持和维修服务，广深公司除支付租金外，仅支付一定的技术支持费和维修费。购置后，广深公司与出租方签订了《新时速列车技术支持协议》。根据协议，出租方有偿继续提供维修技术支持。“新时速”开创了我国铁路以租赁方式利用外资的先例，使我国铁路运输企业以少量的前期资金投入获得了国际上先进成熟的技术装备。租赁期内平稳、成熟的技术装备和可预期的资金流出及出租方提供的全面技术支持，确保了企业的合理成本预算和安排，促进了我国对先进技术装备的认识与掌握；以固定的价格，最终获得租赁设备所有权，集中体现了以租赁实现外资融通，以租赁促进新技术采用，以租赁实现技术结构调整，以租赁适应运输市场需求的优势。我国大型运输装备国际租赁的成功经验表明，租赁是扩大利用外资、加快引进国外先进技术装备、促进铁路技术装备现代化重要的途径。

案例 4-3

光明乳业租赁案例

作为一家典型的快速消费品企业，每天与日俱增的海量数据，一直是光明乳业公司的一大挑战。光明乳业公司信息中心服务器和存储设备等由于性能低、吞吐量不够，不时会“闹情绪”，严重影响了公司系统的正常运转。而自从租下 IBM 的服务器后，设备再也没有“罢工”。经过 7 个月的实施，光明乳业公司新的 ERP 系统正式上线运行。之后，光明乳业公司全国各地的所有订单信息全部汇总到位于上海的信息中心的服务器上，统一计划和配送。

据光明乳业公司首席信息官（CIO）赵春雨介绍，光明乳业公司 2000 年在新的 ERP 系统刚上线时，平均每天有 3 000 条订单信息在系统内运行，但在当年年底就达到了每天 6 000 条，之后不到一年的时间里激增到了平均每天 1.5 万条，最高时甚至达到了每天 3 万条。

激增的数据要求支撑 ERP 系统运行的主机必须高度稳定并且拥有巨大的数据吞吐能力，显然对当时的服务器提出了挑战。更换并且升级服务器成为最迫切的要求。

"为什么不尝试IT租赁呢?"两台大型服务器动辄上千万元的投资让赵春雨头疼，来自IBM租赁公司的提议让赵春雨找到了新思路。"尝试IT租赁"，这一想法也很快得到了光明乳业公司包括总裁王佳芬在内的管理层的同意。

租赁高端服务器和高端存储设备，还是一项崭新的业务。租赁前，光明乳业公司内部进行了仔细的讨论。由于IT设备升级换代太快，购买一台小型机用上七八年已经不错了；IT设备刚买了不久就大降价也是常有的事儿；而采用租赁的方式就不存在这种风险，因为租期满后，双方可以根据当时的市价来确定设备剩余的价值，或者买断或者继续租。

经过一番精密的计算，光明乳业公司和IBM租赁公司签署了第一期租赁合同，光明乳业公司租赁了IBM总价值上千万元的两台S85高端服务器和一台SHARK存储设备，租期为三年。三年以后，双方再根据当时的市场行情，商定光明乳业公司是继续租还是买断剩下的"壳"。

通过租赁，IBM的两台高端服务器正式上线运行，就安放在光明乳业公司信息中心的机房内，每天处理着15 000条左右的订单，峰值时达到30 000条。从ERP系统上线至今，在光明乳业公司的业务量扩展了三倍的条件下，整个系统运行非常稳定，从未出现故障，有效支撑了光明乳业公司业务的扩张，为光明乳业公司未来的扩张提供了良好的"物质基础"。

然而，简单的升级还不能对系统起到保障作用。因为如果没有系统备份，一旦出现火灾、地震等不可预测的因素，除了影响企业效益外还可能引发一些社会问题。因为乳品行业可以算是介于公用事业与企业之间的一种行业，一天没有给市民送奶就可能影响到社会的安定。外界的压力迫使光明乳业公司必须保证系统的绝对稳定。于是，光明乳业公司又与IBM签署了第二期租赁合同，租赁了IBM S85服务器升级主板和硬盘、SHARK的升级硬盘组、H85服务器和一些低端产品，总价值又达上千万元，租期为三年。不过这一次，除了租赁设备外，光明乳业公司还买断了不少设备。

光明乳业公司成功地进行租赁融资，解决了购买设备的大笔资金支出问题，同时还避免了购买设备更新快的问题，使得信息能得到及时处理。由此可见，融资租赁是解决公司设备购买问题的有效方法。

对于光明乳业公司来讲，租入IBM的服务器能使企业回避技术设备陈旧过时的风险。可以说信息化设备租赁实际上是信息化建设，尤其是国内的中小企业信息化建设发展到一定阶段的产物。光明乳业公司若是采取购置设备的方法，对于IT设备这种价格昂贵、技术变革较快的领域的技术密集型产品，经常会出现使用年限未到而经济寿命已到的情况。在这种情况下，如果把设备提前报废，将蒙受重大的经济损失；若继续使用，经济效益又太低；想要转让，将会十分困难，为企业的资产管理带来极大的难题。而采用租赁的方式，则可避免这一风险。同时，租赁可以稳定资金使用成本，使企业免受通货膨胀之苦。在租赁期间，光明乳业公司可熟悉设备的性能，为日后的购置决策提供经验。

当然，选择租赁融资也有它的缺点。光明乳业公司对租用的设备没有所有权，无权自由处理，仅有使用权。一般来说，光明乳业公司不得对租赁设备的结构随意进行改造或配装其他构件，无法根据自己的需要或工艺技术要求对设备进行自主安排，实行最优组合，从而影响了企业的创新意识。而且，与其他信贷筹资方式相比，融资费相对较高，因为除贷款利息外，光明乳业公司还要支付给IBM租赁公司手续费。

2. 我国租赁业存在的问题和原因分析

设备渗透率这一经济指标在一定程度上能反映一国租赁业参与整个经济运行的广度与深度及该国租赁业的发达程度。表 4－9 是 1993—2015 年我国与租赁业发达国家设备租赁市场渗透率的比较。从表 4－9 和表 4－10 中不难看出我国与租赁业发达国家还存在很大的差距。

表 4－9　1993—2015 年我国与租赁业发达国家设备租赁市场渗透率比较

单位：%

年度	中国	美国	日本	德国	韩国	英国	法国	意大利	巴西	加拿大	瑞典
1993	4.0	29.4	8.1	11.1	23.0	19.0	13.1	10.8	10.0	12.8	20.0
1994	2.6	28.7	8.9	10.9	26.2	15.8	13.0	13.1	20.0	14.0	20.0
1995	1.8	28.1	9.4	11.5	30.0	17.9	15.2	16.8	20.5	15.9	27.0
1996	1.2	30.9	9.5	13.3	26.5	24.0	15.2	16.8	18.1	16.1	28.0
1997	1.9	30.9	8.9	13.6	28.3	19.2	12.4	10.9	20.7	15.7	28.0
1998	1.9	30.9	9.2	14.7	13.1	15.0	17.0	12.3	20.7	22.0	20.0
1999	0.3	30.0	9.5	15.1	2.8	15.9	15.7	12.4	12.5	22.0	17.5
2000	1.5	31.7	9.1	14.8	2.4	13.8	9.2	12.3	11.4	22.5	12.9
2001		31.0	9.2	13.5	1.6	14.4	13.7	10.4	7.6	22.0	9.2
2002		31.1	9.3	9.8	3.9	15.3	12.9	8.6	3.6	20.2	13.0
2003	1.0	31.1	8.7	21.7	4.4	14.2	15.4	7.6	3.8	22.0	11.6
2004		29.9	8.7	15.7	5.6	9.4	9.0	11.4	7.7	23.3	12.7
2005		26.9	9.3	18.6	7.7	14.5	11.7	15.1	13.5	23.9	11.8
2006	3.8	27.7	9.3	23.6	9.4	12.7	11.0	15.2	16.9	22.0	11.8
2007	0.2	26.0	7.8	15.5		11.6	12.0	11.4	19.0	22.0	14.3
2008	0.9	16.4	7.2	16.2	10.5	20.6	12.2	16.9	23.8	19.6	19.4
2009	1.7	17.1	7.0	13.9	4.4	17.6	3.1	10.0		14.0	17.5
2010	2.5	17.1	6.3	14.3	4.8	18.5	10.5	13.1		15.1	19.2
2011	3.0	21.0	6.8	14.7	8.7	19.8	11.1	12.3		20.8	18.2
2012	4.1	22.0	7.2	5.8	8.5	23.8	12.8	10.0		20.8	24.6
2013	4.7	22.0	9.8	16.6	8.1	31.0	12.5	9.4		32.0	24.4
2014	3.1	22.0	8.9	16.4	9.8	28.6	13.1	13.0		31.0	22.7
2015	5.2	22.0	9.6	16.7	9.4	31.1	14.2	11.7		32.0	22.9

注：① 资料来源：《世界融资租赁年报》。

② 上述统计不包括我国香港、澳门和台湾地区。

③ 设备渗透率＝租赁资产/设备投资。

表 4－10　2015 年年交易额前十名国家租赁情况

排名	国家	年交易额/十亿美元	增长率/%	市场渗透率/%
1	美国	374.35	11.10	22.0
2	中国	136.45	25.55	4.0
3	英国	87.13	14.01	31.1
4	德国	63.82	8.42	16.7

续表

排名	国家	年交易额/十亿美元	增长率/%	市场渗透率/%
5	日本	60.84	8.94	9.6
6	法国	30.92	9.93	14.2
7	澳大利亚	30.85	0.01	40.0
8	加拿大	26.21	3.40	32.0
9	瑞典	18.22	12.05	22.9
10	意大利	17.67	12.52	13.0

近年来我国设备渗透率有所提高，但仍远低于美国、德国等国家，形成这种状况的原因如下。

① 国内租赁机构缺乏同租赁业务特点相匹配的充沛资金来源。租赁公司的资金来源的范围十分狭窄，仅能吸收少量信托、委托存款，且数额有限，并且以短期资金居多。而租赁融资主要用于设备购置、技术改造、高新科技开发转化等项目的资金需要，一般短的要两三年，长的要四五年，属中长期性质的融资。这一结构性的矛盾严重束缚了租赁业的发展。

② 租赁业同供货厂商基本上未建立起风险共担、利益共享的紧密合作关系，仍处于单打独斗阶段。由于租赁公司普遍“缺血”，在“现金为王”的经济环境下，非厂商背景的租赁公司在同供货厂商的利益博弈中处于不利地位。而且在开展业务初期，在承租客户来源上也严重依赖于供货厂商。实力雄厚的供货厂商更倾向于只把非厂商背景的租赁公司作为扩大销售的利用工具，而未将其视为战略合作伙伴。

③ 租赁行业缺乏能有效整合租赁公司、设备供应厂商、出资方等租赁产业链上各方的优势。

④“租赁融资”观念的缺位和落伍影响着租赁市场的拓展。我国相当部分的企业经理人对“租赁融资”一无所知或知之甚少，这一状况甚至在金融从业人员中也普遍存在。而且人们的投融资观念并没有得到重大的改变。

⑤ 个别租赁公司的机构投资人的投资目的不纯，在拖垮租赁公司的同时，也败坏了整个租赁行业的声誉。

要使租赁行业整体好转，必须清除其发展障碍，要有新观念、新办法、新思路。首先，租赁公司要一切从出资人的利益出发，保证租赁资金的安全性、流动性、盈利性，建立科学的租赁产业链运作机制。租赁公司要在现有经营情况下，借助于专业的租赁整体解决方案来完善业务操作流程，建立健全租赁风险控制机制，引入“现代租赁经营和管理系统”，预测、预防可能出现的租赁风险，并化解、锁定、转移已经出现的风险，在外部运作上实现利益共享、风险共担，把难以办到的事交给其他专业伙伴完成，把难以控制的风险交给有能力的伙伴控制。在内部实现租赁的市场开拓、项目运作、风险评审、事后监督由不同部门完成，保证运作过程的公正和责任分解到位。只有这样才能彻底医治好“败血症”，形成自身“造血机制”，这样才可能得到出资人的信赖，进一步为租赁行业“输血”。其次，打通融资渠道，尽快形成规模效益。再次，应该大力培育同供货厂商的互信，构筑同供货厂商的紧密合作关系。最后，租赁行业应该加强对融资租赁的案例宣传力度。

3. 我国租赁业的未来发展

1）银行与租赁

国外租赁市场上的租赁业务主要是由银行设立的租赁公司和具有厂商背景的租赁公司完成的（一些厂商设有金融服务公司，金融服务公司设有银行和租赁公司）。如德国，二者合办的租赁业务占整个租赁市场份额的80%以上。银行所属租赁公司，资金来源基本上来自股东银行，如德国一家银行所属的租赁公司，有三分之二以上的资金来自股东银行。厂商所属金融服务公司开展租赁业务的资金，基本上来自厂商自己的银行，主要目的是自己产品的销售，如奔驰公司2004年生产的汽车有55%是通过租赁形式卖出的。

发达国家将租赁业务作为银行信贷的一种补充手段。一些企业（特别是中小企业）的项目很有发展前景，但没有资产来抵押，又找不到担保者，无法从银行获得贷款；也有少部分企业因财务需要购买租赁物，银行就通过融资租赁方式为其融资。这样既解决了企业（特别是中小企业）融资难的问题，又将银行信贷资金风险降到最低（租赁物的所有权为银行或银行所属的租赁公司），这样银行才会给自己所属的租赁公司大量融资，从而促进了租赁业的发展。

中国租赁业在1999年遭遇了行业的第一次危机，租赁因银行债务问题进入萧条时期，政府要求严格执行分业经营、分业监管，银行被迫退出金融租赁公司。2009年随着中国工商银行、中国建设银行、招商银行等金融机构组建的金融租赁公司纷纷投入运营，租赁业务为企业低成本融资提供了更多的选择。租赁业务的开办，既是推动我国银行业综合化经营的必然要求，也是提升商业银行核心竞争力的重要途径。按租赁协议，银行拥有租赁物的所有权，加上承租方融资时提供的抵押和担保，增强了租赁资产的风险保障系数。如果企业破产，银行可以直接收回或者变卖租赁资产，在增加获利机会的同时降低投资损失。

2）我国租赁业的发展特点

我国租赁业的发展呈现出如下的特点。

（1）租赁业务增长迅速

截至2017年年底，商务部和国家税务总局已累计批准内资租赁公司试点企业276家，同比增长35.3%。全国各类融资租赁企业总数约为9 090家，较上年年底的7 136家同比增长了27.4%，注册资本超过32 000亿元人民币。经过银监会审批开业的金融租赁企业达到69家，同比增长16.9%。

2017年我国租赁业迅速发展，全国融资租赁合同余额约为60 600亿元。其中，金融租赁69家公司，合同余额约为22 800亿元；内资租赁276家公司，合同余额约为18 800亿元；外资租赁8 745家公司，合同余额约为19 000亿元。根据中投顾问的初步预测，全国租赁业仍将保持快速发展势头，2021年注册资本金将达到14.55万亿元，业务总量将达到21.81万亿元。

（2）专业化经营模式逐渐显现

部分试点企业陆续与上游生产企业建立战略合作联盟，通过批量采购，不仅解决了生产企业的销售问题，而且降低了成本，开辟了新的利润增长点，在租金偿还方面也更加灵活。租赁企业还利用生产企业的服务网络为承租方提供更多、更有效的专业服务。通过这种方式，试点企业已经成为飞机制造商和航空公司之间最好的联系纽带，还有的试点企业利用这种模式为中部一些城市的公共交通提供了运营车辆。

（3）金融机构支持力度明显加大

租赁公司掌握着大量租赁资产的所有权和租金收取权，具有明显的资产管理优势，能够使银行贷款“化零为整”，降低银行的管理成本和金融风险。近年来，试点企业积极争取金融机构的支持。如长江租赁有限公司通过银行贷款购进10架飞机，一举打破国外公司长期以来在我国航空租赁市场上的垄断。国家开发银行、中国民生银行、中国工商银行等金融机构对内资融资租赁试点的支持逐年加大。试点企业开展的业务中，已有90%以上项目的资金为银行贷款。试点企业还积极同保险、信托和资产管理公司等金融机构开展合作，既拓宽了资金渠道，又吸收了对方的管理经验，加强了自身项目管理能力和风险控制能力。

（4）租赁渗透率偏低

2015年我国的租赁渗透率为4.0%，约为美国的租赁渗透率的五分之一。从行业分布来看，我国各行业的租赁渗透率也全面落后于美欧发达国家。

我国融资租赁起步时间不长，市场的认识程度还比较低，融资租赁往往还停留在类信贷阶段，为实业服务的手段比较单一，这些因素都影响了租赁渗透率的提高。一些欧美国家的融资租赁已成长为仅次于银行的第二大融资方式。我国的融资租赁近年来成长速度很快，融资租赁对各行各业的渗透率将会逐步提高。

（5）教育、医疗等领域的融资租赁接受程度高

融资租赁作为一种新的融资手段，在我国各行各业中的渗透率不同。对于建造或使用周期长、单价较高的资本货物使用行业，或者具有长期稳定现金流入，但短期资金并不充沛且具有资本货物采购需求的行业，对融资租赁具有比较高的接受度。近年来随着居民生活水平的提升，社会对教育和健康的重视程度日益增加，这为融资租赁业务在教育和医疗行业打开了广阔的市场空间。一方面，学校和医院需要资金对教学、医疗设备进行升级换代；另一方面，学校和医院具有的持续稳定现金流保障了融资租赁款的清偿，融资租赁业务很好地契合了教育和医疗行业的发展特点，成为这两个行业中接受程度非常高的融资模式。

（6）金融租赁公司市场份额领先

金融租赁公司虽然数量最少，但凭借其雄厚的资本实力和客户优势，在我国租赁市场中占据的市场份额最大。与金融租赁公司相比，内资租赁公司和外资租赁公司平均注册资本较小，市场占有率不高。但随着融资租赁业务的深入发展，竞争将从比拼资金实力转向比拼风控能力和服务质量，融资租赁行业的专业化程度提高将为内资租赁公司和外资租赁公司创造良好的成长环境，有利于这两类公司提高市场份额。

思 考 题

1. 试述租赁的几种常用的分类方法。
2. 简述租赁融资方式对出租人与承租人的各自作用。
3. 租赁经历了哪几个发展阶段？
4. 简述融资租赁和经营性租赁的区别。
5. 租金的常用计算方法有哪些？
6. 简述我国租赁业的发展现状与发展前景。

第 5 章

项目融资

内容摘要

项目融资（project financing）是企业资金筹措方式的一种创新。在资源开发项目、基础设施项目及大型工程项目等筹措大量资金时，项目融资是一种卓有成效且日趋成熟的融资方式。构建完善的信用保证机构是项目融资成功的重要保障。项目融资有多种方式，BOT 及其衍生方式 TOT、BT、PFI 是近年来常用的项目融资方式，资产证券化（ABS）方式是将项目融资与证券融资相结合的一种创新项目融资方式。当前中国经济正处于快速发展的过程中，基础项目的开发与建设已经成为经济发展的重点，项目融资作为重要的融资方式被广泛应用于实践中。

5.1 项目融资概述

5.1.1 项目融资的定义

项目融资（project financing）源于西方发达国家，最先是应用于资源项目，之后是应用于基础设施项目。目前它已发展成为一种资源开发项目和大型工程项目等筹集大量资金的卓有成效并且日趋成熟的融资手段。

项目融资的准确含义应该是“通过项目来融资”，进一步讲，是“以项目的资产、收益作抵押来融资”，是一种无追索权或有有限追索权的融资或贷款。这区别于“为了项目而融资”，后者是一个广义概念，指的是为建设、收购或者整合一个项目进行的融资活动，它往往是以整个企业的资信作为背景去贷款或者发行股票、债券等。

按照 P. K. Nevit 所著的 *Project Financing*（第 6 版）中的定义，项目融资就是在向一个具体的经济实体提供贷款时，贷款方首先查看该经济实体的现金流和收益，将其视为偿还债务的资金来源，并将该经济实体的资产视为这笔贷款的安全保障，若对这两点感到满意，则贷款方同意贷款。

按照 FASB（财务会计准则委员会）所下的定义，项目融资是指对需要大规模资金的项目采取的金融活动。借款人原则上将项目本身拥有的资金及其收益作为还款资金来源，而且将其项目资产作为抵押条件来处理。该项目主体的一般性信用能力通常不被作为重要因素来考虑。这是因为其项目主体要么是不具备其他资产的企业，要么对项目主体的所有者（母体企业）不能直接追究责任，两者必居其一。

可见，项目融资用来保证贷款偿还的首要来源被限制在项目本身的经济强度中。项目的经济强度是从两个方面来测度的，一方面是项目未来的可用于偿还贷款的净现金流，另一方面是项目本身的资产价值。

5.1.2 项目融资的发展历程

按照抵押物的不同来划分，项目融资大致经历了以下几个阶段。

（1）“产品抵押贷款”阶段

产品抵押贷款主要是作为支持石油资源开发的金融手段出现的。20 世纪 30 年代的经济大萧条使美国的石油业遭受了很大的冲击，中小企业纷纷倒闭，美国银行界对石油企业信心不足，石油企业很难得到贷款。考虑到石油商品耐储存、能经受价格变动的影响，银行采用了以石油企业拥有的地上油罐里的石油为抵押物进行贷款的方式。相对于以借款人自身的资产和信用为担保的传统贷款方式而言，这一新型的金融方式将贷款人的风险评估对象从借款人转移到现存的产品，可以说是项目贷款的萌芽和最初形式。

（2）“预期产品抵押贷款”阶段

第二次世界大战结束至 20 世纪 60 年代期间，随着石油储量评估和生产技术可靠性的提升，人们认为埋藏在地下的石油同样也可以作为抵押品。美国一些银行为石油天然气项目安排的融资活动中，出现了买方将购入的矿区作为抵押从银行借入资金的贷款方式，石油企业为了购买拟开采的矿区，以该矿区将来生产的部分或全部石油作为担保物，向银行借入资金。抵押的范围从现存的产品扩展到了尚未成为产品的资源。这实际上就是项目贷款。

（3）“以项目收入为偿还来源的贷款”阶段

这一阶段以 20 世纪 70 年代在英国北海油田开发中所使用的有限追索项目贷款作为标志，从注重实物资源在项目贷款偿还中的作用发展为以货币收益作为还款来源的项目贷款。在整个 70 年代至 80 年代能源工业的繁荣时期，项目贷款被许多国家和项目所采用，并发展成为大型能源项目融资的一个主要手段。

（4）“风险管理模式”阶段

20 世纪 80 年代中期至今，项目融资贷款方的风险意识和管理要求因国际经济环境的发展变化而呈上升趋势，风险管理模式也从以往的重视风险评估、资金封闭运作流程设计和合同条款设计，逐步发展为全过程风险控制。例如出现了分享股权贷款，即贷款人以低于市场水平的利率放贷进而获得该项目的部分股权，借此介入和监督项目的日常管理，同时贷款协议包含了有利于贷款人的定价规定以通过控制价格来确保收益。

（5）“项目融资证券化”阶段

随着项目融资的进行，结合证券融资的特点，1992 年雷曼兄弟公司在国际资本市场上牵头为美国加利福尼亚能源公司的一个项目公开发售 5.6 亿美元债券进行融资，以后许多大型的项目都采用了证券化融资方式。

不同阶段的项目融资方式在当今的社会实践中都同时存在，不同项目根据自身需要采用不同的项目融资方式。

在发达国家，随着对基础设施需求的减少，项目融资的重点正转向其他方向，如制造业。所以从全球范围和最近的发展趋势看，项目融资主要的应用领域有三方面：一是资源开发项目，如石油、天然气、煤炭、铀、铜、铝等资源；二是基础设施项目，如公路，铁路，港口，桥梁，隧道，通信，城市供排水、供气、供电等；三是制造业项目，如大型轮船、飞机制造等。

5.1.3 项目融资的特征

虽然关于“项目融资”的定义有不同的说法，但它一般具备以下一些基本特征。

(1) 项目导向

项目融资是以项目为主体进行的融资安排。它主要依赖于项目的现金流量、盈利前景和资产，而不是依赖于项目的投资者或者发起人的资信来安排融资。由于项目导向，有时投资者很难借到的资金可以通过项目来安排，很难得到的担保条件也可以通过组织项目融资来实现。项目融资的贷款期限可以根据项目的具体需要和项目的具体经济寿命周期来合理安排。

(2) 有限追索权或无追索权

在大量的文献中，往往把项目融资分为有有限追索权的项目融资和无追索权的项目融资。将归还贷款资金来源限定在特定项目的收益和资产范围内是项目融资的最重要特点。在某种意义上，贷款人对项目发起人的追索形式和程度是区分融资是属于项目融资还是传统融资的重要标志。对于传统融资，贷款人对项目发起人提供的是完全追索形式的贷款，即借款人更依赖的是自身的资信情况，而不是项目本身；而对于项目融资，在有有限追索权的情况下，贷款人可以在贷款的某个阶段（如项目建设期）或者在项目的一定范围内对项目发起人进行追索，除此之外，若项目出现问题，贷款人均不能追索到发起人除项目资产、现金流及所承担的义务之外的任何形式的财产。在无追索权的情况下，在融资的任何阶段，贷款人只能追索到项目公司，而不能向发起人追索，这种无追索权的项目融资被称为纯粹的项目融资。纯粹的项目融资在20世纪20年代最早出现于美国，主要用于开发得克萨斯州的油田。这种做法使贷款人承担很大的风险，因此很少采用。

项目融资的有限追索权与一般传统贷款的完全追索权是不同的。例如，某自来水公司现已拥有A、B两个自来水厂，为了增建C厂，决定从金融市场上筹集资金，大致有两种方式。第一种，借来的款项用于建设新厂C，而归还贷款的款项来源于整个公司的收益。如果新厂C建设失败，该公司可把A、B两厂的收益作为偿债的担保。这时，贷款方对该公司有完全追索权。第二种方式，借来的款项用于建设新厂C，用于偿债的资金仅限于C厂建成后的水费和其他收入。如果新厂C建设失败，贷款方只能从清理新厂C的资产中收回一部分贷款，除此之外，不能要求自来水公司从别的资金来源，包括A、B两厂的收入来归还贷款，这时，贷款方对自来水公司无追索权；或者在签订贷款协议时，只要求自来水公司把某特定的一部分资产作为贷款担保，这时，贷款方对自来水公司拥有有限追索权。

上述两种融资方式中的第二种就是项目融资。因此，项目融资有时还称无担保贷款或者有限担保贷款，也就是说，项目融资是将归还贷款资金来源限定在特定项目的收益和资产范围之内的融资方式。

项目融资与传统贷款的区别如图 5-1 所示。

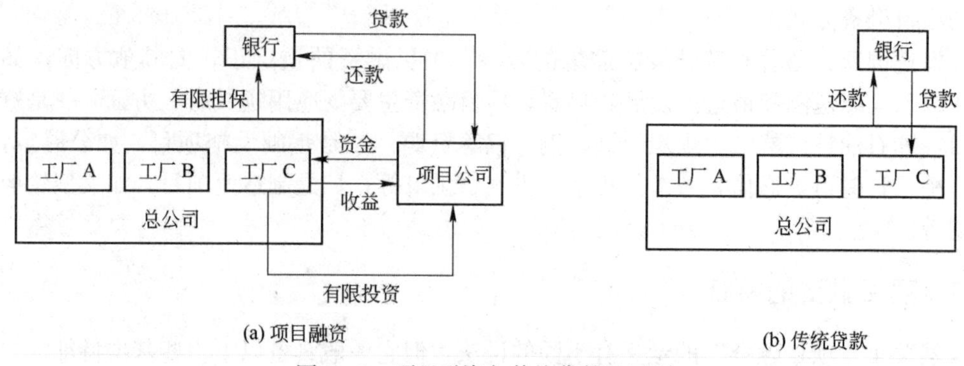

图 5-1 项目融资与传统贷款的区别

需要注意的是，项目融资的资金尽管在很大程度上来源于贷款，但还有债券、发起人或者其他投资者的投资等多种形式。因此，项目贷款融资只是项目融资的重要组成部分，而非全部。

(3) 项目具有良好的经济效益和相对稳定的现金流

由于项目融资所筹集的资金主要依靠项目本身产生的现金流来偿还，因此项目本身能否产生可以预见的较好的现金流至关重要。

(4) 筹资额大

从全世界范围来看，项目融资集中在资源开发项目、基础设施项目和大型工程项目，这些项目的建设都需要巨额的资金，而项目融资所获得的资金通常占整个项目所需资金的65%～75%，有时甚至接近 100%。

(5) 风险分担

为了保证项目发起人不承担项目的全部风险，对于与项目有关的各种风险要素，需要以某种形式在项目发起人与项目开发有直接或间接利益关系的其他参与者和贷款方之间进行分担。一个成功的项目融资应该是在项目中没有任何一方单独承担全部项目债务的风险责任，这构成了项目融资的又一个重要特点。例如，项目发起人（有时包括项目承包人）可能需要承担项目建设期的全部风险，但在项目建成投产后，发起人所承担的风险将有可能被限制在一个特定的范围内，而贷款方可能要承担项目的一部分经营风险。

项目发起人将原来应由自己承担的还债义务，部分地转移到该项目身上，也就是将原来由借款方承担的风险部分地转移给贷款方，由借贷双方共担项目风险。

由于项目融资的有限追索性质，贷款方通常要求项目实体的第三方在一定时期内（如项目建设期）提供担保。当项目公司是某个公司的子公司时，贷款方一般都会要求母公司提供担保。当项目公司无母公司或发起人不想充当保证人时，可以请第三方担当保证人。材料或设备供应商、销售商、项目产品的未来购买者、承包商和东道国政府机构等都可以充当保证人。

(6) 融资成本高

项目融资与传统融资相比，通常具有较高的成本，这主要是因为项目融资的前期工作十分繁杂，工作量大、涉及面广、技术工作复杂，同时又具有有限追索的性质。项目融资的成本包括融资的前期费用和利息成本两部分。融资的前期费用包括顾问费、承诺费、成本费、律师费、公关费等，一般占贷款总额的0.5%～2%；项目融资的利息成本一般要高出同等条件传统贷款的0.3%～1.5%。

(7) 表外融资

表外融资（off-balance financing）是指不用反映在资产负债表之内的融资安排。经过适当的安排，可以使负债不出现在发起人的资产负债表内，不影响其负债率，而仅以某种说明的形式出现在会计报表的注释中。这种安排可以使投资者能够更加灵活地经营，在很大程度上降低风险。

5.1.4　项目融资的优点

从项目融资结构中可以看出，项目融资对于资金的需求者，即项目发起人来说，有一定的好处。从国际上已进行过的项目融资来看，项目融资对项目发起人和其他投资人有以下几方面的好处。

(1) 获得大额资金贷款

目前，项目融资主要用于资金需求量比较大的基础设施项目，一般都是十几亿美元到几十亿美元。发展中国家需要上的项目多，政府一时拿不出这么多资金。而发展中国家的企业或项目实体的国际信用等级一般不高，不易从国际资金市场直接借入。但是，项目融资可以把项目同项目发起人分离开来，银行就可以根据项目的收益状况判断是否给予贷款。如果银行认为项目的前景好，就可能通过各种合同、协议对项目各方进行限制，确保在合同期限内收回贷款本息，在实现自己利益的同时，对项目提供贷款。

(2) 表外融资会计处理

项目发起人如果直接从银行贷款来完成项目融资，那么借入的资金就会成为项目发起人资产负债表上的负债。在项目还没有取得收益时，这种结果会造成不利的资产负债表结构，提高从其他方面进一步借款筹资的成本，增加项目发起人的金融风险。如果采用项目融资，则由于这时的银行贷款通常没有追索权，或者即使有有限的追索权，也是通过合同安排加在项目公司上的，不会影响项目发起人本身的资产负债表。发起人的债权和债务不会因为项目融资而改变，因此也不会影响它的债务与权益的比例及各种财务指标。

(3) 分散风险

项目融资的贷款一般没有追索权或仅有有限追索权，所以项目发起人虽然是项目的权益所有者，但仅承担项目风险的一小部分。一旦项目不能创造出足够的现金流量来偿付贷款，贷款方就得承担大部分风险或全部风险。这种风险分配结构对于那些规模较小的借款方或项目发起人尤为重要，没有追索权可保护它们不会因项目失败而破产。

当然，贷款银行也不会因为项目本身有利可图就愿意单独承担风险。它们会要求项目所在国、所在地政府就项目做出一定的担保或承诺。另外，项目的境外投资者会向跨国保险公司投保，以规避东道国的政治风险。可以看出，有了这种复杂的相互担保、保险和抵押关系，项目风险就会被有效地分散掉。

(4) 不受项目资产规模限制

项目融资的一个重要特征是贷款方在决定是否贷款时通常不把项目发起人现在的信用能力作为重要因素来考虑。如果项目本身收益好，即使项目发起人现在的资产少、收益情况不理想，项目融资也可以成功。相反，如果项目本身前景不好，即使项目发起人现在的规模再大、资产再多，项目融资也不一定成功。

5.1.5 项目融资的缺点

任何事物均有两面性，项目融资也不例外。尽管项目融资有上述各种优点，但其缺点也很明显，这些缺点往往是利用优点而必须付出的代价。

（1）成本高

由于在项目融资中，贷款银行承担了较大的风险，因此希望得到的收益也高。这样一来，其要求的贷款利率要比普通贷款高。另外，项目融资要求繁多的担保与抵押，每一个担保或抵押都会收取较高的手续费，这样就提高了项目融资的费用。另外，贷款方及其律师、技术专家在评估项目、推敲文件、设计担保方案时都要花费较多时间，增加了融资费用，再加上谈判的费用，最终使项目融资成本较高。

（2）耗时长、风险大

由于项目各方要在项目融资过程中经过分担风险的谈判才能签署合同和协议，而这种谈判往往因各方利益不一致而陷于僵局。另外，复杂的项目融资结构也使有关各方不能很快达成协议。一般来说，我国目前的项目从表示意向到谈成签约往往要花上几年时间。这种情况一方面提高了直接成本，另一方面还错过了市场机会和其他机会。错过机会造成的间接损失往往更大、更严重，最后导致项目的总成本大幅度上升。

项目融资的风险按表现形式可分为信用风险、完工风险、生产风险、市场风险、金融风险、政治风险和环境保护风险等。

5.2 项目融资的组织

5.2.1 项目融资的参与者

任何一个项目，一般都要涉及产、供、销环节上的多个参与者。而以项目融资方式筹资的项目，由于资金数额大，涉及面广，且要有完善的合同体系来分担项目风险，因此这类项目的参与者就更多。项目发起人、项目公司、借款人、贷款银行这些基本参与者是这种特殊融资方式的主体；而没有承建商、供应商和购货商的参加，项目是不能实际建成的；担保受托方、保险公司也是项目融资成功的保障；由于项目融资涉及土地、建设经营权、关税、国内税收、环境保护、主权等重大问题，东道国政府在其中的作用更是不言而喻的。

为了更好地说明项目融资众多参与方的作用和相互关系，下面以菲律宾 Pagbilao 电力项目融资为例进行说明。

1. 项目发起人

项目主办方又称项目发起人，是项目公司的投资者，是股东。项目发起人可以是某家公司，也可以由多个投资者组成联合体，如承包商、供应商、项目产品的购货商或项目设施的使用者都可成为项目发起人。此外，它还包括项目间接利益接受者，如即将兴建的新交通设施所在地的土地所有者，该项目可以使其土地升值。

由于项目融资多用于基础设施项目和公共项目，在发展中国家一般都有国有企业参加，这样有利于项目获得批准及实施，降低项目的政治风险。菲律宾 Pagbilao 电力项目（以下简称 Pagbilao 项目）的项目发起人为菲律宾国家电力公司及一些地方企业。

项目发起人投资是为了取得利润，其可以直接管理项目公司，也可以委托项目公司管理人员负责日常管理。

2. 项目公司

项目公司通常是一个确定的法律实体，它是为了项目的建设和满足市场需求而建立的自主经营、自负盈亏的经营实体。项目发起人是项目公司的发起人和出资者，其投入的资本金形成项目公司的权益。除此之外，项目公司主要靠借款营建和购置资产，以项目本身的资产和未来的现金流量作为偿还债务的保证。因此，可以把项目公司看作一个资产经营公司，它并不一定参加项目的经营和产品销售。在 Pagbilao 项目中，Pagbilao 发电有限公司是项目公司，但电厂的营运、售电等均由电厂经营者负责。项目公司和营运方之间有契约关系。

3. 借款方

在多数情况下，借款方就是项目公司；但有些时候，借款方也可能不是项目公司。这是因为项目的实施和融资结构受到很多因素的影响，比如东道国的税收制度、外汇制度、担保制度、法律诉讼的可行性等。很多项目的借款方可能不止一个，它们各自独立借款以便参与到项目中来。项目的承建公司、经营公司、原材料供应商及产品买主都可能成为独立的借款方。在 Pagbilao 项目中，借款方即是项目公司。国际上一些银行和金融机构不向国有企业贷款和提供担保，为避开这一融资障碍，可设立专门的机构，如“受托借款机构”（trustee borrowing vehicle）。银行向受托借款机构提供贷款，实际上为国有项目公司的施工筹措资金。受托借款机构向承建商支付工程费用。项目建成后，根据与项目公司签订的产品承购协议向承购商收取货款，然后归还银行的贷款本息。项目受托借款机构的融资结构如图 5-2 所示。

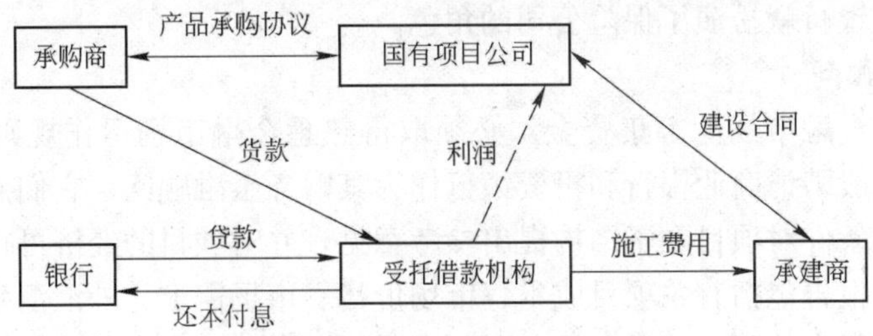

图 5-2　项目受托借款机构的融资结构

4. 债务资金提供方

在项目融资中，债务资金提供方是多方面的而且是多种形式的，包括商业银行、各国出口信贷机构、国际金融机构、公共基金机构、商业金融公司、租赁公司、投资公司、原材料供应商、承包商、消费者、设备经营商及项目发起人等。银行贷款也往往由多家银行组成一个银团对项目贷款，又称为辛迪加贷款。为了分散东道国的政治风险，银团一般由来自不同国家的银行组成，包括东道国的银行。

5. 承建商

承建商负责项目工程的设计和建设，通常与项目公司签订固定价格的总价承包合同。一般情况下，承建商要承担延期误工和工程质量不合格的风险。对于大项目，承建商可以另签合同，把自己的工作分包给分包商。

6. 供应商

供应商包括设备供应商和原材料供应商，其收益来源于供应合同，它们对项目的经济效益不太关心。设备的供应一般与贷款捆绑在一起，这样做，一方面贷款方可以为本国企业开辟国外市场，另一方面，借款方可以获得出口信贷等优惠贷款。双方都既可以得到好处，又要付出代价，只是各自的关注点不一样。在Pagbilao项目中，设备供应商是日本三菱集团，而原材料（燃料）供应商是菲律宾国家电力公司（实际上，菲律宾国家电力公司通过电能转换协议承担了燃料供应风险，但并不真正提供燃料，而需要另行与燃料公司签约，由后者具体供应）。

7. 承购商

为了保证基建项目的成功，使项目建成后有足够的现金流入用于还本付息，在项目谈判阶段，一般都要确定产品及服务的承购商，并签订协议，来减少或分散项目的市场风险。在Pagbilao项目中，菲律宾国家电力公司承诺购买电力，因此是承购商。

8. 担保受托方

贷款银行主要以项目公司的资产及项目的未来收益作为还款保证。为了防止项目公司违约或转移资产，它们一般都要求项目公司将资产及收益账户放在东道国境外的一家中立机构，这家机构被称为担保受托方。担保受托方一般为一家资信等级较高的银行或独立的信托公司。在Pagbilao项目中，美国纽约的一家银行作为担保受托方，负责对项目的控制。

9. 保险公司

项目融资的巨大资金数额及未来许多难以预料的不利因素，要求项目各方准确地认定自己面临的主要风险，并及时为它们投保。因此，保险公司就成了分担项目风险的重要一方。在Pagbilao项目中，除菲律宾国内参与方向保险公司投保外，贷款银行还向国外机构投了政治保险，进出口银行就扮演了保险公司的角色。

10. 财务金融顾问

项目公司要在金融市场上筹集资金，必须取得熟悉金融市场运作规则的金融机构的帮助。项目发起人一般聘请商业银行和投资银行作为其财务金融顾问，它们熟知项目所在地的情况，能根据当地条件对项目融资结构提出参考意见，并对项目的经济可行性做出估计。财务金融顾问提供的报告包括有关项目成本、市场价格、市场需求、外汇汇率的信息及预测资料，并附有每个发起人的基本情况介绍。财务金融顾问的专业技能及与金融界的广泛联系，使其在向贷款银行推荐项目时有很强的说服力。但是财务金融顾问不承担顾问工作所引起的任何后果。

11. 专家

项目工程的设计和施工有大量技术问题需要听取专家的意见。项目发起人和财务金融顾问都要聘请一些国内外有名望的技术专家，他们编制或审查项目的可行性研究，监督和协调项目的进展。特别是在项目发起人与贷款方就项目是否满足融资文件规定的完工和验收标准发生争议时，专家可作为双方的仲裁人。

12. 律师

项目融资各参与方之间大多数是合同关系。项目文件的复杂性和参与方的国际性需要有资深的国际律师事务所介入。项目发起人进行初步可行性研究，项目公司抵押资产和贷款方拟定贷款协议时都要听取律师的意见。每个采用项目融资的工程项目都由于本身性质、所在地及东道国的不同而有其特殊之处。因此，律师要熟悉东道国的政治、经济、法律和税收制度，甚至要了解当地的社会文化，这样才能在发生具体问题时应对自如，并能预先估计可能出现的问题，防患于未然。

13. 东道国政府

东道国政府在项目融资中的角色虽然是间接的，但很重要。例如，减免税收或特许兑换外币。东道国政府还常常通过代理机构投入权益资金，或充当项目产品的最大买主或用户。在 Pagbilao 项目中，菲律宾国家电力公司实际上就是菲律宾政府的代理机构。另外，如果东道国政府作必要的担保，会提高项目的成功率，减少费用。在 Pagbilao 项目中，政府就出示了履约担保，支持了菲律宾国家电力公司的信誉及信用，保证了后者的履约。

项目融资参与方众多，往往构成一个复杂的系统。图 5-3 是 Pagbilao 项目结构图。

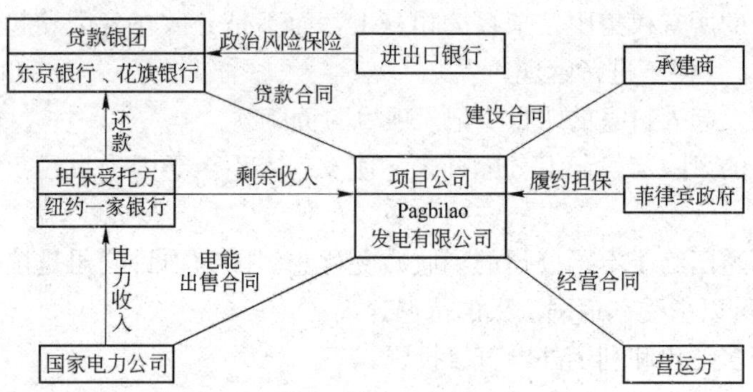

图 5-3　Pagbilao 项目结构图

5.2.2　项目公司的组织形式

许多大型项目都需要几家公司共同投入财力和专门技能才能建成和经营。除本国公司外，一般还吸收外国公司参加。参加项目的公司称为项目发起人或项目主办人。如果发起人是两家以上的公司，则它们必须通过谈判采取适当的法律形式来实现拟议中的项目。它们可以采用合伙或合同的法律形式来经营拟议中的项目，也可以专门成立一家同它们分开的、独立的公司来建造和经营拟议中的项目。前者称为契约式合营，后者称为股权式合资经营。

1. 契约式合营

契约式合营也称合作经营，是最常见的项目组织方式。它可分为法人式和非法人式两种类型。法人式合作经营是指合作双方组成具有法人资格的合营实体，这个实体有独立的财产权，法律上有起诉权和被诉权，设有董事会作为最高权力机构，并以该法人的全部财产为限对其债务承担责任。非法人式合作经营是指合作双方不组成具有法人资格的合营实体，双方都是独立的法人，各自以自身的法人资格按合同规定的比例在法律上承担责任。合作双方可以组成一个联合管理机构来处理日常事务，也可以委托一方或聘请第三方进行管理。

2. 股权式合资经营

由合作双方共同组成有限责任公司，共同经营、共负盈亏、共担风险，并按股权额分配利润。在以项目融资方式筹措项目资金时，项目公司作为借款人，将合资企业的资产作为贷款的物权担保，以企业的收益作为偿还贷款的主要资金来源。项目发起人除了向贷款人做出有限担保外，不承担为项目公司偿还债务的责任。

我国基础设施项目和能源、矿产项目所需资金数额大，但开发前景好，因此吸引了不少外国资本。合作经营和合资经营是当前我国利用外国直接投资的主要形式，项目公司也不例外。中外合作和合资经营的项目公司在我国已批准的项目融资项目中占绝大多数。对一些重要的基础设施项目和具有战略价值的项目，外商往往愿意通过合资控股掌握项目的经营调度权，进而谋得更大的利益。所以在中外股权式合资经营的项目公司中，对中外股权比例和控股问题要加以重视。

3. 投资者与项目公司

上述法人式契约式合营和股权式合资经营的共同特点是建立了一家与项目发起人分离的项目公司来经营项目。在项目融资中，项目公司是最常见、最普遍的项目经营方式。成立项目公司对项目发起人来说益处颇多。

① 把项目资产的所有权集中在项目公司身上，而不是分散在各个发起人在世界各国所拥有的许多公司身上，便于进行管理。

② 可以避免在发起人自身的账目上记入项目的负债额。

③ 可以把项目的风险与发起人分隔开来，使发起人不至于因项目经营失败而受太大的牵连。

④ 可以享受东道国给予本国公司的税收减免优惠。因为项目公司是按东道国法律成立的东道国的法人，可以享受东道国法人的待遇。

⑤ 有利于投资多元化和利用外国直接投资。

⑥ 便于吸收其他人参加项目。在股权式合资经营中，如果日后有人愿意加入该项目，不必重新划分项目资产，只要由项目公司发行新股票或转让原有项目公司股份即可实现。

5.2.3 项目融资的主要结构

项目融资成功的关键是在各参与方之间实现令人满意和有效的项目利润分配与风险分担。为此必须合理安排好项目融资的每一个环节，其中最重要的是安排好项目融资的四个主要结构：项目的投资结构、项目的融资结构、项目的资金结构和项目的信用保证结构。

1. 项目的投资结构

项目的投资结构指的是项目资产的所有权结构，它表示项目的投资者对项目资产权益的法律拥有形式和项目投资者之间的法律合作关系。不同项目的投资结构中，投资者对其资产的拥有形式，对项目产品、项目现金流量的控制程度，以及投资者在项目中所承担的债务责任和所涉及的税务结构会有很大的差异。这些差异对其他三个结构的设计也会产生影响。因此，为了做好整个项目融资的结构安排，首先就要在项目所在国法律、法规许可的范围内设计符合投资者投融资需求的项目投资结构。目前，国际上项目融资中设立的项目投资结构的主要形式有契约型结构、股份有限公司、合伙制结构、有限责任公司和信托基金结构等。

2. 项目的融资结构

融资结构是项目融资的核心部分。项目的投资者确定了项目实体的投资结构后，一项重要的工作就是设计合适的融资模式以筹集项目所需资金。在此过程中，投资者所聘请的财务顾问将起重要作用。项目融资通常采取的融资模式有：投资者直接融资、利用“设施使用协议”型融资、BOT 模式、融资租赁等。实际运作中还可以根据需要对几种模式进行组合。

3. 项目的资金结构

项目的资金结构设计关注的是项目资金中股本资金、准股本资金和债务资金的形式、相互间的比例关系及各自来源等方面。这里需要考虑的是不同资金来源的比例关系、项目资金的合理使用结构及税务安排对总的加权平均融资成本的影响。

4. 项目的信用保证结构

由于项目融资风险较大，因此各贷款方都要求贷款的安全性得到保证。对于贷款方而言，项目融资的安全性来自三个方面：保险公司对项目贷款的保险、项目本身的经济强度、项目之外的各种直接或间接担保。这些担保可以由项目发起人提供，也可以由项目的直接或间接利益相关者提供。这些担保可以是直接的财务保证，如不可预见费用担保、成本超支担保、完工担保；也可以是间接的非财务担保，如长期购买项目产品协议、以某种定价为基础的长期供货协议、技术服务协议等。所有这些担保形式的组合，构成了项目的信用保证体系。项目贷款保险及项目本身的经济强度和信用保证结构是相辅相成、互相补充的。项目经济强度高时，另外两个方面就相对简单，条件宽松；反之，就相对复杂，条件严格。

5.2.4　项目融资的资金结构和融资模式

一般来说，搞一个项目，要利用项目融资筹集资金，项目借款方必须是一个经济实体。该经济实体的资金由两部分组成：自有资金（或称股东权益）和债务（即通过对外负债筹集到的外部资金）。债务又可划分为从属贷款、无担保贷款和担保贷款。

1. 自有资金和债务的来源

(1) 国际金融机构

世界银行，特别是其下属的国际金融公司及亚洲开发银行、非洲开发银行、美洲开发银行和欧洲投资银行等地区性开发银行。

(2) 各国政府出口信贷机构

这些出口信贷机构一般以贷款和提供保证书两种形式为项目融资。

(3) 项目所在国政府

项目所在国政府可通过财政投资（包括财政拨款与资本金注入）、财政补助（如财政补贴、基金补助、研发委托费等）、政策性金融（如低息贷款、贴息及贷款担保等）和税收优惠等方式为项目提供资金支持。

(4) 商业银行

商业银行是项目融资最主要的资金来源，其他资金来源往往也是从商业银行融资。

(5) 公共基金机构

这类来源包括人寿保险公司、退休养老基金和慈善基金。在国际资本市场上，公共基金机构拥有的巨额资金，可为世界上许多发展中国家的大多数能源项目、运输项目、电信项目和其他基础设施项目提供相当可观的资金。

(6) 短期资金市场

短期资金市场上的资金主要投资于利用短期债务的项目。现在已有多种方法可将短期资金转化为长期投资。在我国，截至2017年5月，央行公布的境内居民住户存款总额为62.6万亿元。

(7) 商业金融公司

大型商业金融公司将是项目融资的重要来源。同商业银行和保险公司相比，金融公司没有存款户和投保人的资金来源，其资金从债务市场上借来，然后再加上一定利差贷放出去。因此，从金融公司借用的资金成本都比较高。某些大商业银行有专门的借贷部或子公司从事长期投资贷放业务。

(8) 租赁公司

基础设施建设往往需要大批施工安装设备。项目发起人或承包商若自行购置，不但要占用很大一笔资金，而且在购置之后还要缴纳税款。用租赁的方式为项目所需的设备筹资本身就可能转化为项目融资。

(9) 原材料供应商

急于为自己的产品或副产品寻找销路的供应商有时愿意为使用其产品的建设项目提供资金或保证书。

(10) 项目产品或服务的购买者

需要某种产品或服务的公司愿意为生产此种产品或提供此种服务的建设项目提供帮助。一般来讲，它们采取长期无货亦付款合同或产量合同的形式。无货亦付款合同或产量合同相当于保证书，可以用它做担保来从其他金融机构获得贷款。

(11) 承包商

不少承包商都热心于项目融资，它们可以以固定价合同的形式支持项目的长期融资。承包商接受固定价合同相当于为项目的施工提供担保。有时，承包商还愿意将其应得的一部分酬金投入项目作为股本。

(12) 设备经营商

为了促进设备的销售，许多设备经营商和制造商都有多种融资计划。此种类型的融资近年来越来越多，已成为项目融资的一种重要的资金来源。

(13) 项目发起人的贷款和预付款

项目发起人除了为项目注入股本作为项目公司的自有资金外，还可以为项目以从属贷款的形式注入资金。在某些情况下，项目发起人提供的贷款或预付款用于支付项目超支部分或其他项目发起人已承诺的不可预见费。

2. 贷款结构

(1) 从属贷款

所谓从属贷款，从为项目筹集资金的角度来说，就是项目发起人或其他出资人为了提高项目主要贷款人的信心，促使其出资或放松贷款条件而为项目提供的资金。因此，从属贷款是一种吸引主要贷款的种子资金，可以改善项目的流动资金状况。

在项目融资中，贷款方常常希望发起人有较大的权益资本投入，以减少工程项目总的负债，降低贷款的风险，让项目发起人对工程承担较大的义务和风险。但是项目融资数额的巨大使发起人只能筹借到有限的权益资本。为了使主要贷款方放心，项目发起人提供从属贷款作为发起人投入的资金，以支持来自资本市场的商业贷款。对发起人来说，使用债务筹资可享受利息免税的好处，可利用财务杠杆增加权益资本的报酬率，并且可降低项目发生财务拮据时，项目业主所遭受的损失，因此项目发起人乐于接受从属贷款用于代替权益投资。

对发展中国家，从属贷款往往由政府提供。有些融资项目政府机构不能拥有股权，但可以给项目提供从属贷款，以此作为种子资金吸引第三方的主要贷款。

供应商也可以提供从属贷款。供应商以商业信用方式为项目供应货物，即项目公司用供应商提供的资金采购货物，相当于供应商向项目提供了贷款，增加了项目的流动资金。

从属贷款有时还附有认股权或以债务换股权的可转换权。这对增加从属贷款的吸引力，方便债权人在适当时候转化为股东，获取股东权益的好处，以及在借贷双方分担风险等方面都很有利。

(2) 无担保贷款

无担保贷款的取得靠的是借款人的全部信用，亦称信用贷款。大笔无担保贷款只用于历时长、财务状况一贯良好且与贷款人关系较好的有信用的公司。但是项目融资一般是在为建设工程而新建立的项目公司中进行的，因此项目出资人、所有者和经理在金融界的信誉就成为获得无担保贷款的重要保证。

无担保贷款不需要任何项目的资产作抵押或担保，因此贷款协议中的有关条款就显得特别重要。首先，在贷款协议中要写明在经营期间按所得净现金流的一定比例偿还贷款的本金和利息，并且要安排在项目财务状况恶化时提高这一比例，甚至可要求项目100%的净现金流用于还款，以保证贷款的按期或加速偿还。其次，应有限制条款，对项目公司筹措新的债务、租赁或对外投资有所限制。此外，贷款协议还包括资产的限制抵押条款，防止项目公司将重要的资产或流动资产在无担保贷款人贷款之前抵押给第三方。在协议中应规定项目公司定期提供财务报表和会计资料，进行规范化的日常管理等，以利于监督贷款协议的执行情况。

无担保贷款常由项目出资人提供。在项目企图以担保贷款和租赁融资筹集大量资金时，无担保贷款的作用类似于从属贷款，可增强项目主要贷款人的贷款信心。出资人提供的无担保贷款在需要第三方提供主要贷款时，还可以从属于这笔新贷款，其求偿权在其他贷款之后，因此安全保护程度要低一些。

无担保贷款也可以包含认证股权和股份转换权，以增加贷款人从该贷款项目中享受股本可能增值的潜在利益。

(3) 担保贷款

担保是为了保证债权的实现和债务的履行。在项目融资中担保主要有两种方式：抵押和保证。抵押指债务人或者第三方将某一特定财产作为债权的担保。债务人不能还债时，债权人有权依照法律规定以该财产或将其拍卖所得价款优先受偿。在项目融资中，借款人以项目资产作抵押取得银行的有担保贷款。但是，贷款人并不看重资产担保的偿还作用。因为在交通基础设施或石油化工、能源、石油和天然气开采项目中，公路、隧道、输送管道等资产除了用于项目的特定用途外不能移作他用。一个不能工作的电厂或大型石化企业的价值可能大大低于建造成本。所以贷款方并不指望用担保的资产抵偿债务，项目资产作担保是为了取得优先偿还权以防止其他方干预工程项目将来的正常运营，同时也保留必要时出售某些项目资产的权利，实际上是起一种防御作用。

项目融资担保贷款，债权人更看重的是资产运营后的经济效益。当海底石油管道工程没有石油通过时，或隧道不能吸引足够的交通流量时，它们对任何人都无价值可言。项目若不能高效率运转，不能生产出令消费者满意的产品则不可能产生必要的现金流以偿还贷款本息。因此，项目资产经营的好坏直接影响贷款人的利益。贷款人通常对评价经营者的能力更感兴趣，因为是经营者的成败而不是资产的价值决定贷款能否偿还。为了得到有价值的担保，通常还以长期销售合同的转让作为担保抵押的一种方式。

保证是指第三方为债务履行作担保。由保证人和债权人约定，当债务人不履行义务时，由保证人承担责任。保证不是用具体的财产作担保，而是以保证人的信誉和不特定的财产为他人的债务提供担保。项目融资中商业银行往往充当保证人和抵押受托人。

5.2.5 项目融资的类型

每个项目融资案例都有其特点，各自的融资方式不尽相同，但是其基本结构可归纳为以下两种形式：一种是有限追索权贷款或无追索权贷款，借款人以项目产品销售收入产生的净现金流偿还贷款；另一种是借款人直接以项目的产品偿还贷款，通过"产品支付"和"远期购买"的方式出让项目产出品的部分所有权给贷款人，最终转化为销售收入偿还贷款。

在上述基本融资结构的基础上，项目融资通常还采用融资租赁、出口信贷和国际金融机构贷款及发行债券等多种融资方式。下面对几种主要融资方式的结构进行介绍。

1. 产品支付

产品支付在美国石油、矿产等项目融资中极为常见。这种形式是针对项目贷款的还款方式而言的。借款方在项目投产后不以项目产品的销售收入来偿还债务，而是直接以项目产品来还本付息。在贷款得到偿还前，贷款方拥有项目部分产品或全部产品的所有权。在绝大多数情况下，产品支付只是产权的转移而已，而非产品本身的转移。一般情况下，贷款方常常要求项目公司重新购回属于它们的项目产品或通过它们的代理来销售这些产品。更一般的是根据收货或付款协议，以购买商或最终用户承诺的付款责任来收回贷款并获得商业利润。

典型的产品支付结构具有以下特点。

① 项目产品是用于支付各种经营成本支出和债务还本付息的唯一来源。

② 贷款的偿还期比项目的经济寿命周期短。

③ 贷款人不提供用于项目经营开支的资金。

产品支付还款方式的关键是产品所有权的转移。在石油、天然气和矿产项目中，项目公司是在国家颁发的开采许可证的基础上经营的，其产品转让权仅限于许可证允许范围内，不得将该地区其他储量用于产品所有权的转移。

这种方式的运作技巧是由贷款银行设立一家专设公司来购买项目公司的石油和天然气产品。专设公司的成立有助于把某些潜在的责任（如环保责任）同项目产品的所有权分割开来。在开发阶段银行向专设公司提供贷款，专设公司以贷款向油田所有者——石油公司购买油田产品的商定份额。石油公司按购买价格加上贷款利息计算应付总额，并履行产品支付义务。石油公司向设备供应商、承建商支付开发成本。

在油田投产后的经营阶段，石油公司向作为专设公司代理人的购买商卖出产品，购买商通过担保人向专设公司提供销售收入用来还本付息，石油公司以此抵付产品支付责任。

案例 5-1

英国北海石油项目融资

——产品支付融资模式案例

英国北海油田储油量为30亿～40亿吨。英国政府为了控制石油的开发与生产，专门成立了英国国家石油公司。由于开发费用太大，开采技术复杂，因此英国国家石油公司联合私营石油公司共同开发。英国国家石油公司同意按国际市场价格购买开采出的石油产品的51%。从这个角度讲，英国国家石油公司既是项目发起人，同时又是项目产品购买者。

英国北海石油项目融资采取的是典型的产品支付融资模式，其主要操作过程如下。

① 英国国家石油公司组建两个完全控股的独立实体，即英国石化开发公司和英国石化贸易公司。

② 英国国家石油公司成立一个壳公司，即北海油田项目公司，由它专门负责北海油田的项目融资安排。

③ 英国石化开发公司转让石油开采许可证给北海油田项目公司，由后者将其转让给贷款银行，贷款银行与北海油田项目公司签订产品支付条件下的贷款协议。

④ 银行将贷款资金支付给北海油田项目公司，由后者以产品支付预付款的形式支付给英国石化开发公司作为石油开采费。英、美两国 12 家商业银行参与了对该项目的贷款，贷款资金近 9 亿美元，贷款期限为 8 年，宽限期 4 年。这笔贷款的取得既无英国财政部的担保，也不以英国国家石油公司的股权作抵押。

⑤ 英国石化开发公司开采出石油，并由英国石化贸易公司负责销售。

⑥ 英国石化贸易公司将石油销售收入支付给北海油田项目公司，由后者偿还银行的债务资金。在这里，英国石化贸易公司实际上是作为银行的销售代理人销售产品。

2. 远期购买

远期购买是在产品支付的基础上发展起来的一种更为灵活的项目融资方式。同样，贷款方可以成立一个专设公司，这个专设公司不仅可以购买事先商定好的一定数量的远期产品，还可以直接购买这些产品未来的销售收入。项目公司将来支付专设公司的产品或收入正好可以用来偿还银行贷款。其结构类似产品支付，也要由担保信托方对产品的销售和产品所有权的购买进行担保。

3. 租赁融资

租赁融资常用于以资产为基础的项目，如船舶和飞机的购置。在美国、英国等发达国家，许多大规模的项目融资，如大型发电厂等也采用了租赁融资方式。租赁的一般形式是：租赁公司以自己的信用向银行取得贷款，购买厂房及设备，然后租赁给项目公司。项目公司在项目营运期间，以营运收入向租赁公司支付租金，租赁公司以其收到的租金通过担保信托向贷款银行偿本付息。

采用租赁融资至少有两个优点：首先，租赁融资可以通过厂房和设备的折旧为项目发起人带来资本让税，从而降低了项目总成本；其次，在为法律尚不健全的国家担保购置资产的项目进行融资时，由于租赁资产的所有权没有发生转移，仍在贷款人的掌握之中，因此债权人对租赁资产比较放心，从而降低了贷款风险。

4. BOT（建设—运营—移交）

BOT 是“build，operate and transfer”的缩写。就分类标准而言，BOT 与产品支付、远期购买及租赁融资是不同的。后面三种分类是项目融资的还款方式；而 BOT 本身不是还款方式，是一种工程建设形式，只是这种建设形式通常采用项目融资这一方式来融资。有关 BOT 及其衍生方式的项目融资的具体内容将在 5.4 节详细讨论。

5. ABS（资产证券化）

ABS 是英文“asset-backed securitization”的缩写，它是指将缺乏流动性，但能够产生可预见的、稳定的现金流量的资产归集起来，通过一定的结构安排，对资产中风险与收益要素进行分离与重组，进而转换为在金融市场上可以出售和流通的证券的过程。有关 ABS 项目融资模式的详细内容将在 5.5 节进行讨论。

5.3 项目融资的信用保证结构

5.3.1 担保的类别

担保是一种特殊的民事法律关系，它在人的信用或者特定财产上设定法律关系，以保证债务的履行和债权的实现。它是指根据法律的规定或者当事人的约定，债务人或者第三方以其财产或信用向债权人保证债务履行的法律措施。本质上，担保是为保护债权人利益而由国家制定或认可的一项法律制度。

广义的担保是民法及其他有关法律确定的关于债权保障问题的法律制度的总称，它包括调整担保关系的所有法律规范，包括《民法通则》《合同法》《证券法》《公司法》等法律中有关担保的规定，以及《关于适用〈中华人民共和国担保法〉若干问题的解释》《中小企业融资担保机构风险管理暂行办法》等。狭义的担保则是指专门的担保法律规范，主要是《中华人民共和国担保法》（以下简称《担保法》）。担保有以下分类。

① 根据《担保法》第二条的规定，按照担保方式的特性，可以将担保分为保证、抵押、质押、留置、定金五种。

② 根据担保标的，可将担保分为信用担保和财产担保。信用担保也称人的担保，是以第三人的信用作为保证，担保债务人履行债务。它主要是指保证的担保方式。财产担保也称物的担保，是指债务人或第三人以其自身的特定财产作为债务履行的保障，主要方式有抵押、质押、留置、定金等。

③ 根据担保产生的依据不同，可将担保分为约定担保和法定担保。

这三种分类之间关系密切，如图 5-4 所示。在分析项目融资担保时，第三种分类是应该重点分析的。

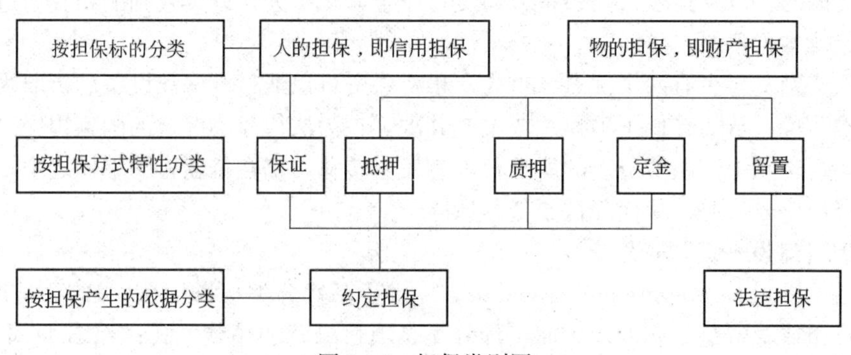

图 5-4 担保类别图

担保在项目融资中具有重要的作用和地位，主要表现在以下方面。

① 担保的基本功能在于通过提供信用增级服务，保障债权的实现。运用担保，即以保证、抵押、质押、留置、定金等方式提供信用增级服务，可以降低信息不对称所导致的额外成本，进而达到一定的经济目的。

② 具有补偿功能。当债务人不履行或不完全履行债务时，债权人可以获得赔偿。

③ 分散风险。通过风险的合理分配和严格管理，项目融资可以实现项目风险的分担，这也是它的根本特征。项目担保正是实现这种风险分担的一个关键所在。除了后面将要介绍的项目风险管理外，风险分担的一个重要途径就是构造严谨的项目担保体系，以强化项目的信用等级。

出于对超出项目自身承受能力的风险因素的考虑，贷款方会要求项目的投资者或第三方提供担保。具体来说，担保在项目融资中会在两个方面起到重要作用：一方面，项目投资者自身风险的锁定，即其责任可限制在一定的项目发展阶段之内和有限的金额之内，从而可以避免承担全部的和直接的项目债务责任；另一方面，项目投资者可以将一部分风险转移给相关第三方。由于某些商业原因或政治原因，许多机构不能或不愿直接参与项目投资、项目经营，将这些机构组织起来为项目提供担保，或者利用商业担保人的担保，都可以实现项目风险的分散承担，为项目的成功做出贡献。

④ 项目信用保证结构作为项目融资的四个基本模块之一，是防范项目融资风险的主要手段之一，其核心是融资的债权担保。多种担保形式的组合，就构成了项目的信用保证结构。

项目融资的任务之一就是：将与项目利益相关的及对项目发展有需求的各方所能提供的担保和所能承担的责任组织起来，使得其中任何一方都不会因财务负担过重或者项目风险过大而无法开发或经营项目，通过利用各方所提供的担保，组成一个强有力的项目信用保证结构，使其能够为贷款银行所接受。一般来说，项目的信用保证结构与项目本身的经济强度相辅相成，项目的经济强度高，信用保证结构就相对简单；反之，信用保证结构就相对复杂和精密。因为，对于银行和债权人来说，项目融资的安全性主要体现在：一方面是项目本身的经济强度，这是基础；另一方面来自项目之外的各种直接或间接的担保，这是保证。

5.3.2　项目担保人、担保文件和担保范围

1. 项目担保人

项目担保人包括项目的投资者、与项目利益相关的第三方及商业担保人。

(1) 项目投资者作为担保人

项目投资者即项目发起人作为担保人，是项目融资中最主要和最常见的一种担保。项目投资者会组建一个专门的项目公司来经营项目并以此为主体安排融资。但就项目公司本身而言，在资金、经营历史、资信水平等方面并不足以支持大规模融资，很多情况下贷款方会要求借款人（项目投资者）提供来自项目公司之外的担保作为附加的债权保证。因此，除非项目投资者能提供其他可被贷款银行认同、接受的担保人，否则投资者自己必须作为项目的担保人。

项目投资者对项目公司提供的担保，可以是直接担保（即直接担保项目公司的一部分债务），也可以以非直接的形式或以预防不可预见风险的形式出现。在前一种方式下，这种担保需要作为一种债务形式出现在项目投资者的资产负债表中，至少需要作为一种或有负债在资产负债表的注释中加以披露。

(2) 与项目利益相关的第三方作为担保人

所谓利用第三方作为担保人，是指在项目的直接投资者外，寻找其他与项目有直接或间

接利益关系的机构，为项目的建设或者项目的生产经营提供担保。能够提供第三方担保的主体主要有三种：第一种是与项目开发有直接利益关系的商业机构，包括承包商、供应商、产品（或设施）用户；第二种是政府机构，出于改善基础设施建设、完善投资环境进而发展本国经济、增加就业、促进出口等方面的考虑，政府愿意为大型工程项目提供担保，由于政府在一国经济中的特殊地位，它提供的担保是不可替代的；第三种是国际性金融机构等，主要是指国际货币基金组织、世界银行、地区开发银行等机构，它们虽然与项目没有直接的利益关系，但是为促进发展中国家的经济建设，对于一些重大项目，会提供一些担保。这种担保类似于政府机构提供的担保，可以减少项目的政治风险、商业风险，增强金融机构等贷款人的信心。

这个过程是双赢的，对项目投资者而言，这些机构的参与在一定程度上分担了项目的部分风险，为项目融资设计一个强有力的信用保证结构提供了支持，从而吸引更多的贷款方。就第三方担保人而言，他们同样能在担保交易中获利。

（3）商业担保人

商业担保人以提供担保为盈利手段，收取担保服务费用并承担项目的风险。商业担保人通过分散化经营来降低自己的风险，主要包括：银行、保险公司和其他一些专营商业担保的金融机构。商业担保人提供的担保服务主要有两种：一种是商业银行、投资公司和一些专业化的金融机构，以银行信用或银行担保的形式，担保项目投资者在项目中或项目投资中所必须承担的义务；另一种是各类保险公司，为了防止项目意外事件的发生而提供的担保。

2. 项目融资担保文件

广义上，可以认为几乎所有的文件都是对贷款方的保证，狭义上项目融资担保文件可分为基本文件、融资文件和支持性文件。

基本文件主要包括七个文件：政府的项目特许经营协议和其他许可证；承包商和分包商的担保及预付款保函；原材料供应合同；能源供应合同；产品购买协议；项目投保合同；项目经营协议。

融资文件主要包括贷款协议、担保文件。担保文件包括以下内容：对土地、房屋等不动产抵押的享有权；对动产、债务及在建生产线抵押的享有权；对项目基本文件赋予的权利的享有权；对项目保险的享有权。

支持性文件包括对项目发起人的直接支持，如偿还担保、完工担保、运营资金保证协议、超支协议和安慰信；项目发起人的间接支持，如无货亦付款合同、产量合同、无条件的运输合同、供应保证协议；东道国政府的支持及项目的保险。

3. 项目担保的范围

项目担保的范围必然是项目融资实施过程中的各种风险。项目融资不能解决所有的风险问题，只能有重点地解决贷款银行最为关心的商业风险、政治风险、金融风险、或有风险等。

5.3.3 项目融资物权担保

在项目融资中，物权担保在性质和形式上与传统的公司融资等融资结构中的担保没有多大区别，因为都体现在相关方对资产的抵押和控制上。

在项目融资中，物权担保主要是指项目公司以项目资产或第三方以自身资产为履行贷款债务提供的担保。通过提供物权担保来约束项目有关参与方，使其认真履行合同，保证项目顺利建成和运营。在对项目资产设定担保物权时，项目的资产是作为一个单独完整的整体出现的，即这部分资产与借款人的自身资产之间有一道“防火墙”。必要时贷款银行可以实行对项目资产的管理权，即在借款人违约时，取得对在担保条件下的资产的直接占有，或者为贷款人自身的利益经营这些项目资产，或者出售担保物及与之相关的权益，从出售所得中优先于其他债权人得到补偿。

项目融资中的物权担保有多种分类方式，按担保标的物的性质不同，可分为动产物权担保和不动产物权担保；按担保方式不同，可分为固定设押和浮动设押。此外，还有一种消极担保。

1. 不动产物权担保和动产物权担保

在项目融资中，项目公司一般以项目公司的资产作为不动产担保，不包括或仅包括很少部分的项目发起人的不动产，这是项目融资中的风险隔离安排机制，对项目发起人是有利的。不动产是指土地及房屋、林木等地上定着物。如果借款人违约或者项目失败，贷款人往往接管项目公司，或者重新经营，或者拍卖项目资产，以弥补其贷款损失。但是，这种弥补对于巨额的贷款金额来说，往往是杯水车薪。因为项目的失败往往会带来项目资产，特别是不动产本身价值的下降。

动产物权担保是指借款人以自己或第三方的动产作为债务偿还的保证。动产又可分为无形动产和有形动产两种。无形动产包括：担保项目发起人取得的各种协议和合同，如经营和维护合同、购买合同、供应合同、运输合同和收费合同等；特许权协议；保险单；项目发起人持有的股份；各种保函；银行账户等。有形动产包括项目生产中的厂房、仪器设备等动产，以及项目产品等。

2. 固定设押和浮动设押

固定设押是指与担保人的某一特定资产相关联的一种担保。在此种担保形式下，担保人在没有解除担保责任或者得到担保受益人的同意之前不能出售或者以其他形式处置该项资产。置于固定设押下的资产如果属于生产性资产，则担保人只能根据担保协议的规定对该项资产进行正常的生产性使用；如果设押资产是不动产或银行存款，则担保人原则上是无权使用该项资产的。前面涉及的动产物权担保和不动产物权担保都是固定的物权担保，即借款方作为还款保证的资产是确定的，如特定的土地、厂房或特定的股份、特许权、商品等。当借款方违约或项目失败时，贷款方一般只能以这些担保物受偿。

浮动设押一般不与担保人的某一项特定资产相关联。在正常情况下，浮动设押处于一种“沉睡”状态，直到违约事件发生促使担保受益人行使担保权时，担保才变得具体化，置于浮动设押下的资产才被置于担保受益人的控制之下。在担保变得具体化之前，担保人可以自主地运用该项资产，包括将其出售。由于这种担保方式在某特定事件发生时才最后确定受偿资产，所以被形象地称为“浮动设押”。

3. 消极担保

消极担保即项目公司向贷款人承诺，将不在自己的资产上设立有利于其他债权人的物权担保。消极担保条款是融资协议中的一个重要条款，一般表述为：“只要在融资协议下尚有未偿还的贷款，借款人不得在其现在或将来的资产、收入或官方国际储备上为其他外债设定任何财产留置权，除非借款人立即使其融资协议下所有的未偿债务得到平等的、按比例的担保，或这种其他的担保已经得到贷款人的同意。”消极担保是一种有法律约束力的保证，但它不同于一般的物权担保。消极担保并不允许贷款人对借款人资产提出所有权、占有权、控制权和销售权的要求，也不允许贷款人在借款人破产或清算时提出任何优先受偿权。

在多数情况下，项目融资所设定的物权担保，其作用更多地体现为消极的、防御性的，而不是积极的、进攻性的，即它的主要作用是贷款人防止借款人的其他债权人在项目的资产上取得不对称的利益，使自己处于不利的地位。但在实际操作中，物权担保在项目融资中存在诸多不足之处，往往使贷款人不能单纯地从物权担保中获取保障，表现为：项目资产一般很难出售，比如，很少有人愿意购买离岸石油管道设施；依照某些国家的法律，贷款人有继续经营该项目的权利，但由于发起人已经宣告失败，贷款人很难取得成功；由于政治上的原因，要强制执行东道国的项目资产或出售东道国政府的特许协议，一般很难办到；强制执行的救济办法受到法律限制，尤其是在大陆法系国家，比如法律要求必须以公开拍卖的方式强制执行担保物权。

5.3.4 项目融资信用担保

项目融资中的信用担保，即通常所说的项目担保或者人的担保，即以法律协议方式向债权人做出承诺并由此承担一定的义务。项目担保是在贷款银行认为项目自身的物权担保不够充分时要求项目公司或者借款人提供的一种人的担保。它为项目的正常运作提供了一种附加的保障，降低了贷款银行在项目融资中的风险。项目担保是实现项目融资风险分担的关键所在。

根据项目担保在项目融资中承担的经济责任不同，可以将其划分为四种基本类型：直接担保、间接担保、或有担保、意向性担保。

1. 直接担保

直接担保是指担保人以直接的财务担保形式为借款人按期还本付息而向贷款银行提供的担保，具有直接性和无条件性，是融资项目必需的最低信用保证结构。直接担保的担保责任主要体现为金额担保和时间担保。

（1）金额担保

金额担保是指项目融资中经常使用的资金缺额担保，是一种典型的在金额上加以限制的直接担保，主要是为项目完工后收益不足的风险提供担保，其目的在于保证项目具有正常运行所必需的最低现金流量，即具有至少能支付生产成本和偿还到期债务的能力。这种担保的担保人往往由项目发起人承担。其主要特点是在完成融资结构时已事先规定了最大担保金额，因而在实际经营中，不管项目出现何种意外情况，担保的最大经济责任均被限制在这个金额之内。

项目发起人在履行资金缺额担保义务时，一般有以下三种方法。

① 担保存款或备用信用证，即由项目发起人在指定银行存入一笔事先确定的资金作为担保存款，一般为该项目正常运行费用总额的25%～75%，或者由指定银行以贷款银团为受益人开出一张备用信用证。这种方法一般在为新建项目安排融资时采用，与提供完工担保的方法相类似。当项目出现现金流量不足以支付生产成本、资本开支或者偿还到期债务时，贷款银团就可以从担保存款或备用信用证中提取相应资金。

② 建立留置基金，即建立一个备用的留置基金账户，该账户中主要是项目的年收入扣

除全部的生产费用、资本开支及到期债务本息和税收之后的净现金流量，主要在项目出现不可预见的问题时使用。项目投资者一般不得使用该基金，只有当项目实际可支配资金总额大于项目最小资金缺额担保额时，项目发起人才能够从项目中以分红或其他形式提走资金，取得利润。

③ 由项目发起人提供项目最小净现金流量担保，即保证项目能有一个最低的净收益，作为对贷款银行在项目融资中可能承担风险的一种担保。

(2) 时间担保

项目在建设期和试生产期的完工担保是最典型的在时间上加以限制的直接担保。它所针对的项目风险主要是成本超支风险，即项目不能按规定的时间和预算计划完工和经营的风险。由于在项目的建设期和试生产期，贷款银行所承受的风险最大，项目按期建成并按照其设计指标进行生产经营是以项目现金流量为融资基础的项目融资的核心，因此完工担保就成为项目融资结构中的一个最主要的担保种类。根据提供担保的当事人的不同，完工担保可分为两类：由项目发起人提供的完工担保和由项目工程承包公司提供的完工担保。对于项目投资者，提供或组织这类担保的最大利益在于通过在有限时间内的无限责任担保来避免或减少长期的直接项目担保。

2. 间接担保

间接担保，也称非直接担保，是指项目担保人不以直接的财务担保形式为项目提供的一种财务支持。间接担保多以商业合同或政府特许权协议形式出现。就贷款银行而言，这种类型的担保同样构成了一种确定性的、无条件的财务责任。在项目融资中，可以作为项目担保的主要合同或协议的有：项目建设合同、产品销售协议、项目经营和维护合同、项目供应合同等。

1) 以项目建设合同提供的间接担保

建设合同是项目合同的关键组成部分，因而也是项目间接担保的一个重要手段，尤其是在一些工程项目中，贷款者可能在承担了部分或全部项目建设或完工风险的情况下，更是如此。项目建设合同在国际上一般有以下两类。

(1) 一揽子承包合同

在这类合同中，存在一个“单一”的承建商，该承建商必须保证在满足规定标准的前提下承担按时完成项目的所有风险。通常由项目公司规定项目的所有完工标准和承建商的责任标准，承建商保证承担包括规划设计和建设在内的全部工作，甚至子承建商的选择、项目设备的选定都由其负责。而且，项目公司通常要求承建商提供全面的完工担保。所以，在这种合同结构中，承建商的风险最大。

(2) EPC合同

在这种合同结构中，工程承建商负责工程项目的规划，然后转包给分包商来具体建设项目，并监督分包商以使项目按照项目公司指定的标准建设。在这里，工程承建商只是充当一个中间商的角色，有时甚至由项目公司指定设备和项目分包商。因此，承建商风险最小。有时，EPC合同也指定建设工期和项目完工标准，但对于项目失败的责任并不因此而降临到一般承建商的头上，因为一般承建商并未承担规划设计的责任，并未选择设备，而且通常也无权选择项目子承建商。

贷款者要求项目必须完全覆盖延期完工和不能按规定标准完工的风险。所以，他们更偏好一揽子承包合同，因为该合同减少了贷款者必须面对的当事人。更为重要的是，它减少了由于不同的承建商之间发生纠纷和互相推卸责任的风险。如果不用一揽子承包合同，则贷款者将要耗费相当长的时间去分析建设合同，而且项目管理者的作用将变得非常关键，这意味着贷款者又要承担管理者的违约风险。

典型的项目建设合同一般包括以下条款和内容：项目规划设计的负责人条款、价格支付条款、完工条款、不可预见风险条款、保证条款、保险条款、纠纷处理条款等。

2）以产品销售协议提供的间接担保

（1）提货与付款销售合同

它是指买方在取得货物后，即在项目产品交付或项目劳务实际提供后，买方才支付某一最低数量的产品或劳务的金额给卖方。

（2）无货亦付款销售合同

它是指买卖双方达成协议，无论买方是否收到合同项下的产品，买方承担按期根据规定的价格向卖方支付最低数量的项目产品销售金额的义务。这里的买方可以是项目发起人，也可以是其他与项目利益有关的第三方担保人，卖方则是项目公司。无货亦付款销售合同的基本原则是项目产品的购买者所承诺支付的最低金额应不少于该项目生产经营费用和债务偿还费用的总和。它实际上也就成了项目产品买方为项目公司所提供的一种财务担保，项目公司可以利用其担保的绝对性和无条件性进行项目融资。因为尽管这种协议是项目公司与项目产品购买方签订的产品出售协议，但项目公司一般都将该协议下无条件地取得货款的权利转让给了贷款银行。

（3）长期销售协议

它是项目公司和项目买方就一定数量的项目产品签订的销售合同。通常，这种合同的期限从 1 年到 5 年不等。在这种合同结构中，只有当项目产品生产出来并转移给买方且符合一定的质量要求时，买方才承担付款的义务。但如果项目买方不购买指定的项目产品，则应向项目公司赔偿损失。但是，买方没有义务为了项目公司的债务支付而进行最小数量的付款。

3）以项目经营和维护合同提供的间接担保

在项目融资实务中，项目发起人如果需要聘请一个经营公司经营和维护项目，这时签订好经营和维护合同就至关重要。项目经营和维护合同一般有以下几类。

（1）成本加费用合同

大多数项目融资采用的是这种经营和维护合同。项目公司除了支付给经营者一笔固定费用外，还支付给经营者经营项目发生的成本开支。此时，项目公司承担了经营成本增加的风险，如果经营者不能在预算内经营项目或有效率地经营项目，项目公司将拥有终止合同的权利。但是在实践中，经营者承担经营风险的程度可作为刺激经营者实现成本节约的一种有效方法。

（2）带有最高价格和激励费用的成本加费用合同

在这种结构下，经营者的报酬将严格地与其经营成本的高低挂钩。如果经营成本超出了最高价格，则经营者自己消化这些成本，或者项目发起人有权更换经营者而提前终止协议。只有经营者实现了规定的经营目标，才能获得激励费用。相反，如果经营者未实现规定的经营目标，则不得不接受一定的惩罚，此时项目公司支付给经营者的经营费用将会降低。

4）以其他合同形式提供的项目担保

项目的供应合同在保证项目成本稳定和可预见方面起着非常重要的作用，一般用来为项目的成本超支风险提供担保。在项目融资中，项目公司和贷款银行都十分关心项目在整个生命期内是否有可靠、稳定的资源和原料供应，其中关键的问题就是项目公司能否在事先协商的价格基础上签订一份长期的供应合同。

投资协议是项目发起人与项目公司之间签订的协议，其内容主要是规定发起人同意向项目公司提供一定金额的财务支持。

购买协议是项目发起人与贷款人之间签订的协议，根据该协议，项目发起人同意在项目公司不履行对贷款人的偿还义务时，购买相当于贷款人发放给项目公司的贷款金额的产品。

3. 或有担保

或有担保是针对一些由于项目投资者不可抗拒或不可预测的因素所造成的项目损失的风险所提供的担保。或有担保可分为三类：针对政治风险所提供的担保；针对由于不可抗拒因素造成的风险所提供的担保，比如地震、火灾等；针对与项目融资结构特性相关的且一旦变化将会严重改变项目经济强度的环境风险所提供的担保，例如以税务结构为基础建立起来的杠杆租赁融资模式，政府对税收政策做出任何不利于杠杆租赁结构的调整，都将损害贷款银行的利益甚至损害项目融资结构的基础。

4. 意向性担保

意向性担保仅是一种道义承诺，不具有法律上的约束力，仅仅表现为担保人有可能对项目提供一定支持的意愿，但是不需要在担保人公司的财务报告中显示出来，所以在项目融资中的应用较为普遍。提供意向性担保的主要方法有以下两种。

（1）安慰信

也叫“支持信”，一般是由项目发起人或政府写给贷款人，是对其发放给项目公司的贷款表示支持的信。这种支持体现在声明经营支持、不剥夺项目资产、资金支持等。虽然安慰信一般不具有法律约束力，但是它关系到担保人自身的资信，因此资信良好的担保人一般不会违背自己在安慰信中的承诺。

（2）东道国政府的支持

东道国政府一般不以借款人或项目公司股东的身份直接参与项目融资，但在许多情况下，东道国政府颁发的开发、运营的特许权和执照是项目开发的前提，可以通过以下方式对项目提供间接担保：保证不对项目公司实施不利的法律变化，坚持“非歧视原则”；担保外汇的可获得性；保证不对项目实施没收或国有化政策；保证不实施歧视性的外汇管制措施；保证项目公司能得到必要的特许经营协议和其他许可权（如公路收费权）；在可能的情况下，通过政府代理机构对项目进行必要的权益投资；可能成为项目产品的最大买主或用户。

5.4　BOT及其衍生融资方式

5.4.1　PPP的理念及内容

PPP，即public-private partnership的缩写，通常译为“公司合伙/合营”，但在我国，因为国有企业是公有的，是按独立法人以企业的形式参与 PPP 的，因此 PPP 似乎译成“政企合伙/合营”或者“公私合伙/合营”更为准确。由于不同国家或地区的经济形态不完全一样，PPP 发展的程度不同，对于 PPP 的定义、PPP 的分类也未能达成一致。以下列举几种有代表性的 PPP 的定义和分类，以供参考。

欧盟将 PPP 定义为公共部门和私营部门之间的一种合作关系，双方根据各自的优势和劣势共同承担风险和责任，以提供传统上由公共部门负责的公共项目或服务。根据投资关系，PPP 可以分为三大类：传统承包项目、开发经营项目和合作开发项目。传统承包项目中，公共部门主要承担项目计划、开发和运营的绝大部分工作，只是将部分合同分包给私营部门；开发经营项目中，公共部门通过合同的签订，将项目的开发经营等大部分工作移交给私营部门，私营部门在合同期内建造、运营该项目，并获得合理回报，合同期结束之后私营部门将项目移交给公共部门；合作开发项目中，私营部门也参与项目的融资，共同分享项目的经营收入，如图 5－5 所示。

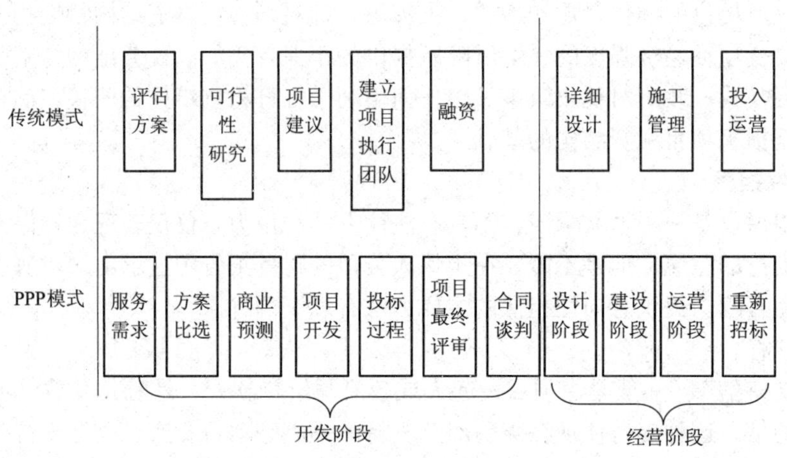

图 5－5　欧盟 PPP 模式与传统模式的比较

加拿大 PPP 委员会将 PPP 定义为公共部门和私营部门基于各自经验建立的一种合作经营关系，通过适当的资源分配、风险分担和利益分享，以满足公共需求。根据私营部门的参与程度不同，可将 PPP 分为 BOT、BT、TOT、DB、O&M、DBFO、BOO、BOOT、BBO、BTO 等具体模式。

总的来说，PPP 泛指公共部门和私营部门为提供公共产品或服务而建立的合作关系。PPP 本质上是公共部门和私营部门为基础设施的建设和管理而达成的长期合同关系，公共部门由在传统方式下公共设施建设和服务的提供者变为监督者和合作者，它强调的是优势的互补、风险的分担和利益的共享。

PPP 项目的巨大资金投入、长期性和复杂性等特点决定了对项目公司专业知识和综合知识的要求较高，因此常常需要聘请很多的咨询顾问，如法律、财务、融资、税务、保险、技术、市场等顾问和专家等。特别值得一提的是，贷款方为了防止项目公司违约或转移资金，一般要求项目公司将资产及收益账户放在东道国境外的一家中立金融机构，这家金融机构就成为岸外寄托受托方，以保证项目账户和资金流动过程的可监控，同时还可以减少外汇风险。表 5－1 汇总了 PPP 项目的主要参与者及其主要角色和合同内容，而图 5－6则为 PPP

项目的典型合同结构。

表 5-1 PPP 项目的主要参与者及其主要角色和合同内容

参与者	主要角色及合同内容
政府	授权、批准和担保＋可能的资本金等
股东	资本金协议：基本承购额和超额承购
项目公司	专为项目而成立的公司，负责 PPP 项目的实施
贷款方（＋代理银行）	银行、保险公司等的贷款协议
设计建造商	设计建造合同：成本、进度和保函
运营商	运营合同
保险商	保险合同：范围、有效性、收费等
用户/承购方	或取或付合同，价格调整合同等
原料供应商	供应和运输合同等
第三方	融资/财务/技术/法律/保险/市场顾问＋案外受托方

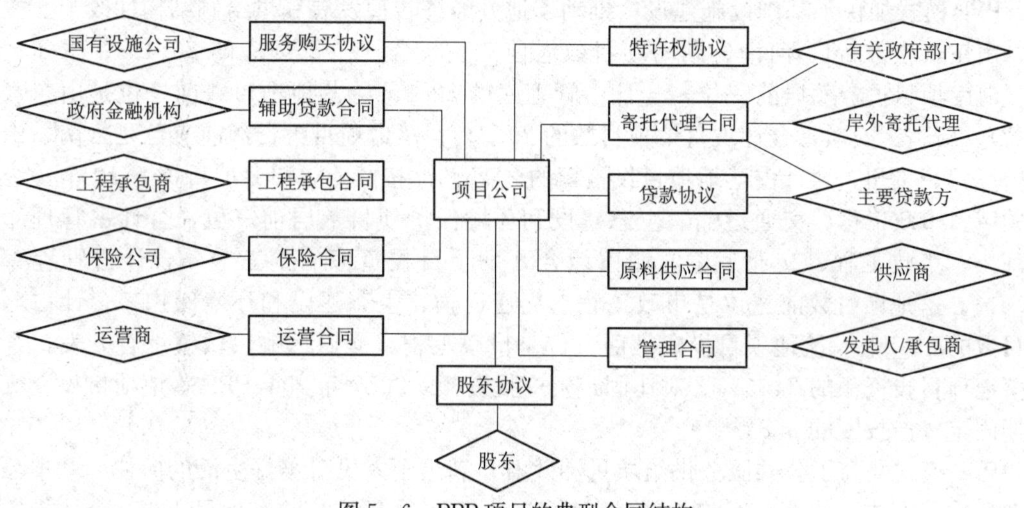

图 5-6 PPP 项目的典型合同结构

5.4.2 我国 PPP 发展现状

近年来，PPP 项目证券化在资本市场上引起了越来越多的关注。政府、监管机构、交易所、证券公司和商业银行等市场参与者也在积极讨论 PPP 项目证券化，谋求拓展新的投资品种和投资渠道。2016 年被称为是中国 PPP 项目证券化的元年，当年 12 月，发改委和证监会联合发布《关于推进传统基础设施领域政府和社会资本合作（PPP）项目资产证券化相关工作的通知》，在通知中强调，“PPP 项目资产证券化是保障 PPP 持续健康发展的重要机制，优先鼓励符合国家发展战略的 PPP 项目开展资产证券化，鼓励中介机构依法合规开展 PPP 项目资产证券化业务。”随后，其他相关部门连续发布文件，规范和鼓励 PPP 项目证券化项目的推进：财政部、中国人民银行和证监会联合发布《关于规范开展政府和社会资本合作项目资产证券化有关事宜的通知》（财金〔2017〕55 号）；上海证券交易所、深圳证券交易所、机构间私募产品报价与服务系统（简称报价系统）三部门共同发布了《实施 PPP 项目资产支持证券挂牌条件确认指南》《PPP 项目资产支持证券信息披露指南》。但是，目前 PPP 项目证券化项目由于多种问题存在，并不受资本市场投资者欢迎，PPP 项目证券化产品与国内 PPP 项目体量差别巨大，对于降低融资成本、引导社会资本投资 PPP 项目帮助有限，PPP 项目证券化之路并不平坦。

PPP 改革推行四年来，在深度和广度方面都得到了巨大的发展。2017 年是 PPP 项目规范实施年。在纠正不规范行为的同时，PPP 改革坚持新发展理念，稳中求进，推动供给侧结构性改革，防控财政金融风险，支持扶贫脱贫，开展污染防治，深入贯彻“五位一体”总体布局和“四个全面”战略布局。

2017 年 10 月，为进一步优化管理，全国 PPP 综合信息平台项目库划分为管理库和储备清单。其中，管理库项目是指处于准备、采购、执行和移交阶段的项目，已通过物有所值评价和财政承受能力论证的审核。截至 12 月末，管理库项目共计 7 137 个，累计投资额 10.8 万亿元，覆盖 31 个省（自治区、直辖市）及新疆兵团和 19 个行业领域；季度环比净增项目 359 个、投资额 6 376 亿元；年度同比净增项目 2 864 个、投资额 4.0 万亿元。

PPP 模式加快了基础设施建设，推动了地方经济转型发展和供给侧结构性改革。按地区，山东（含青岛）、河南、湖南项目数居前三位，合计占管理库的 26.1%；贵州、湖南、河南项目投资额居前三位，合计占管理库的 22.8%。落地项目数前三位是山东（含青岛）、新疆、安徽，合计占落地项目数的 29.3%；落地项目投资额前三位是云南、山东（含青岛）、贵州，合计占落地项目投资额的 24.5%。按行业，PPP 项目覆盖 19 个一级行业领域。市政工程、交通运输、生态建设和环境保护项目数居前三位，合计占管理库的 59.2%；市政工程、交通运输、城镇综合开发项目投资额居前三位，合计占管理库的 71.6%。落地项目数前三位是市政工程、交通运输、生态建设和环境保护，合计占落地项目数的 63.5%；落地项目投资额前三位是市政工程、交通运输、城镇综合开发，合计占落地项目投资额的 74.3%。对比固定资产投资额，2017 年当年 PPP 落地项目投资额占同期固定资产投资的 3.8%。

PPP 模式提高了公共服务供给质量和效益，满足了人民对美好生活的向往。基本公共服务领域（文化、体育、医疗、养老、教育、旅游 6 个领域）共有项目 1 350 个，投资额 1.1 万亿元，分别占管理库的 18.9%和 10.4%。项目数前三位是教育 343 个、旅游 310 个、医疗卫生 261 个；投资额前三位是旅游 4 261 亿元、教育 1 753 亿元、医疗卫生1 599 亿元。污染防治与绿色低碳领域共有项目 3 979 个，投资额 4.1 万亿元，分别占管理库的 55.8%、38.0%，年度同比净增项目 1 507 个、投资额 1.4 万亿元。

近半数贫困县利用 PPP 模式开展扶贫脱贫项目，利用市场力量开展长效扶贫脱贫。全国 832 个贫困县中有 394 个（占 47.4%）已探索运用 PPP 模式开展脱贫攻坚，纳入管理库项目共 1 272 个，投资额 1.1 万亿元。

PPP 示范项目落地率超八成，地区行业分布广泛，示范引领作用明显。截至 2017 年 12 月末，国家示范项目共计 697 个，累计投资额 1.8 万亿元，覆盖除西藏以外的 30 个省（自治区、直辖市）及新疆兵团和 18 个领域。

5.4.3 PPP 模式框架

根据私营部门的参与程度不同，PPP 模式可作如下分类。

（1）BOT 模式

BOT（build-operate-transfer，建设—运营—移交），是指由社会资本或项目公司承担新建项目设计、融资、建造、运营、维护和用户服务职责，合同期满后项目资产及相关权利等移交给政府的项目运作方式。合同期限一般为 20～30 年。

BOT 模式最大的特点就是将基础设施的经营权有期限抵押以获得项目融资，或者说是基础设施国有项目民营化。在这种模式下，首先由项目发起人通过投标从委托人手中获取对某个项目的特许权，随后组成项目公司并负责进行项目的融资，组织项目的建设，管理项目的运营，在特许期内通过对项目的开发运营及当地政府给予的其他优惠来回收资金，并取得合理的利润。特许期结束后，应将项目无偿地移交给政府。在 BOT 模式下，投资者一般要求政府保证其最低收益率，一旦在特许期内无法达到该标准，政府应给予特别补偿。

（2）BT 模式

BT（build-transfer，建设—移交），是一种政府利用非政府资金进行非经营性基础设施项目建设的融资模式。BT 模式是 BOT 模式的一种变换形式，是基础设施项目建设领域中采用的一种投资建设模式，是项目发起人通过与投资者签订合同，由投资者负责项目的融资、建设，并在规定时限内将竣工后的项目移交项目发起人，项目发起人根据事先签订的回购协议分期向投资者支付项目总投资及确定的回报。

（3）TOT 模式

TOT（transfer-operate-transfer，移交—运营—移交），是指政府将存量资产所有权有偿转让给社会资本或项目公司，并由其负责运营、维护和用户服务，合同期满后资产及其所有权等移交给政府的项目运作方式。合同期限一般为 20～30 年。

TOT 模式是一种通过出售现有资产以获得增量资金进行新建项目融资的新型融资方式。在这种模式下，首先私营企业用私人资本或资金购买某项资产的全部或部分产权或经营权，然后购买者对项目进行开发和建设，在约定的时间内通过对项目经营收回全部投资并取得合理的回报，特许期结束后，将所得到的产权或经营权无偿移交给原所有人。

（4）BOO 模式

BOO（build-own-operate，建设—拥有—运营），由 BOT 方式演变而来，二者的区别主要是：BOO 模式下社会资本或项目公司拥有项目所有权，但必须在合同中注明保证公益性的约束条款，一般不涉及项目期满移交。BOO 模式的优势在于：政府部门既节省了大量财力、物力和人力，又可在瞬息万变的信息技术发展中始终处于领先地位，而企业也可以从项目承建和维护中得到相应的回报。

（5）BOOT 模式

BOOT（build-own-operate-transfer，建设—拥有—运营—移交），是指私人合伙或某国际财团融资建设基础产业项目，项目建成后，在规定的期限内拥有所有权并进行经营，期满后将项目移交给政府。

BOOT 模式与 BOT 模式相比有很大的不同，一是所有权的区别。BOT 模式，项目建成后，私人只拥有所建成项目的经营权；而BOOT模式，在项目建成后，在规定的期限内，私人既有经营权，也有所有权。二是时间上的差别。采取BOT模式，从项目建成到移交给政府这一段时间一般比采取BOOT模式短一些。

（6）BTO模式

BTO（build-transfer-operate，建设—移交—运营），是指民营机构为水务设施融资并负责其建设，完工后即将设施所有权（注意实体资产仍由民营机构占有）移交给政府，随后政府再与该民营机构签订经营该设施的长期合同，使其通过向用户收费，收回投资并获得合理回报。BTO模式适合于有收费权的新建设施，譬如水厂、污水处理厂等终端处理设施，政府希望在运营期内保持对设施的所有权控制。事实上，国内操作的相当部分名为BOT的项目，若严格从合同条件界定，更接近于BTO模式，因为其特许协议中规定政府对项目资产和土地等拥有所有权。

（7）ROT模式

ROT（rehabilitate-operate-transfer，改建—运营—移交），是指政府在TOT模式的基础上，增加改扩建内容的项目运作方式。合同期限一般为20～30年。

（8）O&M模式

O&M（operations & maintenance，委托运营），是指政府将存量公共资产的运营、维护职责委托给社会资本或项目公司，社会资本或项目公司不负责用户服务的政府和社会资本合作项目运作方式。政府保留资产所有权，只向社会资本或项目公司支付委托运营费。合同期限一般不超过8年。

（9）MC模式

MC（management contract，管理合同），是指政府将存量公共资产的运营、维护及用户服务职责授权给社会资本或项目公司的项目运作方式。政府保留资产所有权，只向社会资本或项目公司支付管理费。管理合同通常作为转让—运营—移交的过渡方式，合同期限一般不超过3年。

（10）DB模式

DB（design-build，设计—建设），是广义工程总承包模式的一种，是指工程总承包企业按照合同约定，承担工程项目的设计和施工，并对承包工程的质量、安全、工期、造价全面负责。根据发包时所包括的内容不同，DB模式可细分为施工图设计—施工、初步设计—施工、方案设计—施工等几种类型。

（11）DBFO模式

DBFO（design-build-finance-operate，设计—建设—融资—经营）是指从项目的设计开始就特许给某一机构进行，直到项目经营期收回投资和取得投资效益。其合同的关键创新源于它不是传统的资本性资产采购，而是一种服务采购政策，该政策明确规定了服务结果和绩效标准。DBFO这个术语是英国高速公路局提出来的，用来描述依据私人主动融资模式制定的基于特许经营的公路计划。DBFO合同是一份长期合同，期限一般为25年或30年，它对付款、服务标准和绩效评估做出了详细的规定。

PPP框架下的主要模式按其私有化程度排序构成PPP模式谱系，如图5-7所示。私有化程度越高，其投资人承担的责任越大，政府承担的责任越小；反之亦然。

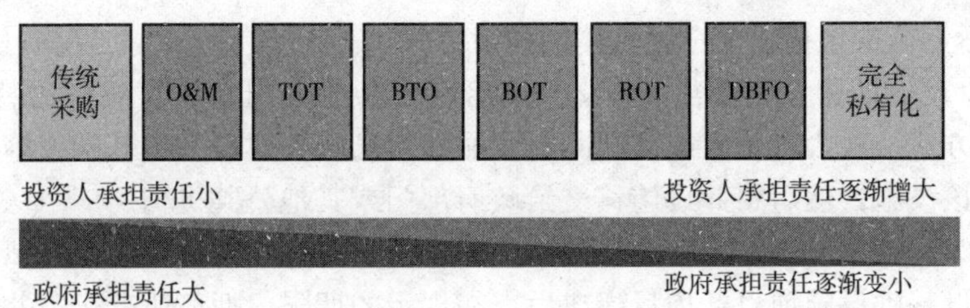

图5-7　PPP模式谱系

5.4.4　BOT融资的含义及种类

1. BOT融资的含义

BOT融资是指由项目所在国政府或所属机构对项目的建设和经营提供一种特许经营权协议（concession agreement）作为项目融资的基础，由本国公司或外国公司作为项目的投资者和经营者安排融资、承担风险、开发建设项目，并在有限的时间内经营项目获取商业利润，最后根据协议将该项目转让给有关政府机构的一种融资模式。

BOT融资的理论基础是特许经营制。特许经营权招投标制度（franchise bidding）简称特许经营制，其初始理论由英国人查德维克（Chadwick）于1859年提出，后由德姆塞茨(Demsetz）于1968年将其作为对自然垄断的管制方法进行了理论上的升华和更新。该理论认为，由于规模经济、范围经济等原因，有可能使自然垄断者的生产成本最小，从而产生两个问题：其一，即使自然垄断有可能产生“生产效率”，但这并不一定能确保形成“分配效率”；其二，自然垄断也并不一定能保证出现“生产效率”。传统的方法是对价格进行管制，如报酬率定价法和价格上限管制，都不能有效解决垄断和效益低下的问题。德姆塞茨建议采取特许经营制的方法，其内涵是用获得市场所进行的竞争来代替市场内的竞争，企业为获取一项业务在一定期限内的垄断经营权而参与竞标，其中要价（成本补贴）最低或报价（实现收入）最高者被授予特许经营权。依最低价格进行竞标的目的是使产品的价格降低到接近成本的水平，而依最高报价所进行的竞标是设法将经营者在合同期所获得的垄断性租金降到最低。这样，就可确保特许权招标当局（部门）获得大部分垄断性租金和选出最有效率的经营者。特许经营制对被管制企业具有一定的激励作用，这一制度要求企业改善经营管理，否则不能以较低的价格和较好的服务取胜。总之，从理论上讲，特许权经营增加了垄断性市场的可竞争性，改进了生产效率和分配效率，而市场可竞争性的增加主要源于投标者为获得特许经营权所进行的竞争。特许经营权还可以减少既有经营者采取毁灭性竞争的范围和不良效果，因为新的、效率更高的进入者可一次性接管市场，而不必一点点获得市场份额。特许权经营这种机制还为一国的基础设施的融资开拓新的渠道，并较为有效地引入竞争，为政府管制者提供了有关潜在供给者竞争力的信息，减少了既有经营者在成本方面误导政府管制者的状况，同时终止或更换特许经营权的威胁会促使经营者提高经营效率。

2. BOT的具体方式

BOT的概念最早是由土耳其前总理格脱·厄扎尔在1984年正式提出的。BOT模式在推广中还衍生出了许多种具体方式，根据世界银行《1994年世界发展报告》的定义，通常说的 BOT 实际上至少包括以下三种具体的建设方式。

① 标准 BOT，即建设—经营—移交。政府给予某些公司新项目建设的特许经营权时，通常采取这种方式。私人合伙人或某国际财团愿意自己融资建设某项基础设施项目，并在一段时间内经营该设施，然后将此设施移交给政府部门或其他公共机构。

② BOOT（build-own-operate-transfer），即建设—拥有—经营—移交。私人合伙人或国际财团融资建设基础设施项目，项目建成后，在规定的期限内拥有所有权，并进行经营，期满后将该设施移交给政府。

③ BOO（build-own-operate），即建设—拥有—经营。这种方式是承包商根据政府赋予的特许经营权，建设并经营某项基础设施，但是并不将此设施移交给公共部门。

此外，在操作中常见的还有 BOOST（build-own-operate-subsidize-transfer），即建设—拥有—经营—补助—移交；DBOT（design-build-operate-transfer），即设计—建设—运营—移交，这种方式是从项目设计开始就特许给某一私人部门，直到从项目经营中收回投资、取得收益后再移交给政府部门；DBFO（design-build-finance-operate），即设计—建设—融资—经营；ROT（recreate-operate-transfer），即改造—运营—移交等。由于项目的地点、时间、外部条件、政府的要求及有关规定的不同，BOT 模式在具体项目中可能有更多不同的名称，如 BRT、BLT、BTO、BT、ROO、MOT、BOOST、BOD、DBOM、FBOOT 等。从经济意义上说，各种方式区别不大。

BOT 融资方式是 20 世纪 70 年代后期在西方国家开始流行的一种项目融资方式，并从 80 年代起逐渐成为发展中国家加强基础设施建设的一种有效方式。近年来国外比较著名的 BOT 项目主要有：英法海底隧道工程、马来西亚南北高速公路项目、印度大博电厂项目等。

5.4.5 BOT 项目的融资模式和运作过程

1. BOT 项目的融资模式

BOT 项目的当事人主要包括以下三方。

① 项目的发包人，即项目发起人，是项目的授权单位、最终所有者。BOT 项目的发包人是政府，通常由政府专业投资公司担任，其职责是负责整个项目的提出和总体实施工作，包括谈判、签订协议、监督项目营运、收回项目经营权等。

② 承包人，即 BOT 项目公司，一般由民营企业或私营企业组成。项目公司负责整个项目的融资、建设、营运，包括多方面筹集资金、设计施工、供应设备、偿债及规定期间内的经营管理，最后转让项目。项目公司将与多方投资者或者债权人进行多种融资行为。通常，项目公司由建设公司、财务公司、设备及材料供应公司、国际银团等共同形成一个综合性财团充当。

③ 顾问咨询公司。顾问咨询公司是一个对国际工程项目提供各种咨询服务的民营性组织。在 BOT 项目中，承包人和发包人均雇有自己的顾问公司，其职责十分广泛，主要包括决策咨询、工程监理、纠纷仲裁三项。

BOT 项目的融资模式如图 5-8 所示。

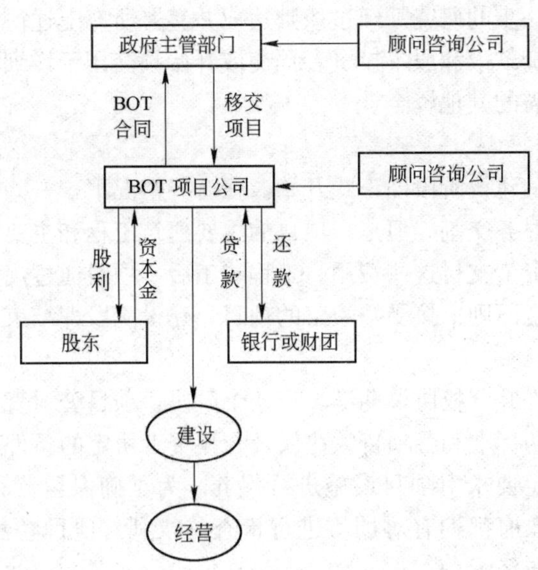

图 5-8 BOT 项目的融资模式

2. BOT 项目的运作过程

标准 BOT 项目的运作有 7 个阶段，即项目确定、招投标、选标、项目开发、项目建设、项目运营和项目移交。

(1) 项目确定

首先必须分析和确定一个具体项目是否必要，确认该项目采用 BOT 融资方式的可能性和好处。这项工作通常是通过政府规划来完成的。政府继续研究采用 BOT 融资方式满足该项目需要的可能性。有时，也会由项目单位确定一个项目，然后向政府提出项目设想。

(2) 招投标

邀请建议书应提供关于项目的详细规定，列出必须达到的具体标准，包括规模、时间、履约标准及项目收入的性质和范围。在招标邀请书中最好还包括项目协定草案。投标者至少应提供以下文件：投标函、项目可行性研究报告、项目融资方案、项目建设工期与进度安排、投标保证金及招标文件中要求的其他文件。

(3) 选标

招标者对响应邀请而提交的标书进行挑选，选出暂定中标人。要求评估标书的成员应该包括政府官员和技术顾问、财务顾问及法律顾问等。挑选 BOT 项目的标书，一般来说不应仅以价格为依据，还应考虑投资者的可靠性、经验等因素及所设想的拟建项目能在多大程度上给招标者带来其他利益。

在初步选定标书后，招标者请中标人制定并签署最后的合同文件。

(4) 项目开发

投标的联营集团中标后就可以做出更确定的承诺，组成项目公司并确定项目公司结构。在招标者接受的基础上，发起人可以开始或再次与承包商和供应商联系，争取对有关条件和价格做出更明确的承诺，这些承诺将进一步确定项目建设的成本。得到这些承诺后，项目公司就可以同政府就最后的特许经营权协议或项目协定进行谈判，并就最后的贷款协定、建筑合同、供应合同及实施项目所必需的其他附属合同进行谈判。在谈判这些相互关联的合同过程中，必然对项目作进一步的研究。经过谈判达成并签署所有上述协定后，项目将开始进行财务交割。财务交割即贷款人和股本投资者预交或开始预交用于详细设计、建设、采购设备及其顺利完成项目所必需的其他资金。

(5) 项目建设

一旦进行财务交割，建设阶段即正式开始。在有些情况下，一些现场组装或开发，甚至某些初步建设可能先于财务交割。但是，项目的主要建筑工程和主要设备的交货一般都是在财务交割后，那时才有资金支付这些费用。工程竣工后，项目通过规定的竣工试验，项目公司最后接受（而且政府也原则上接受）竣工的项目，建设阶段即结束。

(6) 项目运营

这个阶段持续到特许经营权协议期满。在这个阶段，项目公司直接或者通过与运营者缔结合同，按照项目协定的标准和各项贷款协议及与投资者协定的条件来运营项目。在整个项目运营期间，应按照协定要求对项目设施进行保养。为了确保运营和保养按照协定要求进行，贷款人、投资者、政府都拥有对项目进行检查的权利。项目经营方式可以选择独立经营、参与经营或者不参与经营。

(7) 项目移交

项目移交是指特许经营期满后向政府或其他经济组织移交项目。一般来说，项目的设计应能使 BOT 发起人在特许经营期间还清项目债务并有一定的利润。这样项目最后移交给政府或其他经济组织时是无偿的移交，或者项目发起人象征性地得到一些政府或其他经济组织的补偿。政府或其他经济组织在移交日应注意项目是否处于良好状态，以便政府或其他经济组织能够继续运营该项目。

特许经营期满，项目公司将一个运行良好的项目移交给项目所在国政府或其他所属机构。这是采用 BOT 投资方式与其他投资方式相区别的一个关键所在。大部分契约都规定合营期满，全部财产无条件地归东道国所有，不另行清算，即这里的转移是无条件的。国际 BOT 项目的特许运营期限一般为 15～20 年，当然，也有更长期限的。

BOT 项目的运作流程如图 5－9 所示。

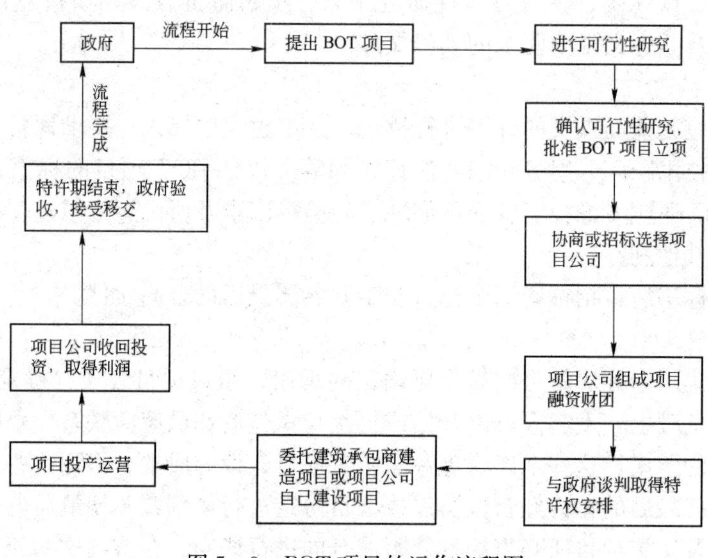

图 5－9　BOT 项目的运作流程图

5.4.6　BOT融资中特许经营权协议的主要内容

BOT融资的关键文件是特许经营权协议。特许经营权协议说明了特许经营权的授予者与被授予者方的权责，这是整个BOT融资的基础。特许经营权的原意是作为一方主体的政府机构授予作为另一方主体的私营部门从事某种事务的权力。在国际BOT实践中，特许经营权是指东道国政府授予国内外的项目主办者在其境内从事某一BOT项目的建设、经营、维护和转让的权力。特许经营权协议作为所有BOT融资协议的核心和依据，其主要内容如下。

1. 特许经营权的范围

特许经营权的范围主要包括三方面的内容：一是权力的授予，即规定由哪一方来授予项目主办者某些特权，一般是业主政府或其公营机构授予私营机构特权；二是授权范围，包括项目的建设、运营、维护和转让权等，有时还授予主办者一些从事其他事务的权力；三是特许期限，即业主政府许可主办者在项目建成后运营合同实施的期限，该条款与业主政府及其用户的利益密切相关，所以也是特许经营权协议的核心条款。

2. 项目建设方面的规定

项目建设方面的规定主要是规定项目的主办者或其承包商如何从事项目的建设，包括项目的用地、项目的设计要求、承包商的具体业务、工程如何施工、采用什么样的施工技术、工程的建设质量如何保证、工程的进度及工程的延误等方面的一系列具体规定。

3. 项目的融资及其方式

项目的融资及其方式主要是规定项目将如何进行融资、融资的利率水平、资金来源等。

4. 项目的经营和维护

项目的经营和维护主要规定主办者运营和维护设施的方式和措施等。

5. 项目的收费水平及计算方法

在实践中，该条款是非常难以谈判和确定的，因为该条款内容的合适性与正确性将直接关系到整个BOT项目的成功。

6. 能源供应条款

能源供应条款主要用来规定政府将如何保证按时、按质地向项目发起人保证项目的能源供应。

7. 项目的移交

项目的移交主要规定项目移交的范围、运营者如何对设施进行最后的检修、合同设施的风险在何时何地进行转移、合同设施移交的方式及费用如何负担、移交的程序如何协商确定等。

8. 合同义务的转让

在国际BOT实践中，特许经营权协议的主体双方并非是一般经济合同中的普通民事主体，业主政府在协议中的法律地位具有一定程度的“不可挑战性”。因此，实践中通常规定：项目的主办者一方不得将其在本协议下的合同义务转让给第三者，而业主政府则可因其国内原因将其在本协议项下的合同义务转让给法定的继承者或第三方。

由于多方参与，而且需要构建多种担保结构，运作繁杂，因此BOT项目的融资结构往往也比较复杂，如图5-10所示。

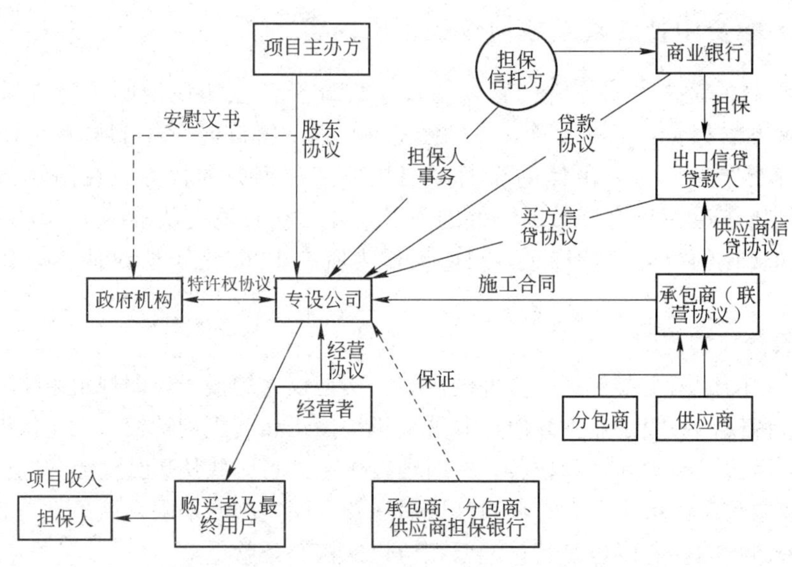

图 5-10　BOT 项目的融资结构

利用 BOT 模式虽然能够进行巨额融资，减轻政府的财政压力，但是由于其建设期长、风险较大，私人投资者往往会要求发起人或者东道国政府提供较多的担保和较高的回报率。因此，在实践中一些新的衍生方式，如 TOT、POT、TBT 等不断涌现。

案例 5-2

北京地铁 4 号线和 16 号线的 PPP 案例

1. 北京地铁 4 号线的 PPP 案例

1）北京地铁 4 号线背景介绍

地铁 4 号线于 2003 年年底开工，于 2009 年正式通车运营。地铁建设正线长度为 28.65 公里，共设地铁车站 24 座，该线路南起北京市大兴区天宫院站，北至海淀区安河桥北站，是北京市轨道交通线网中的骨干线路和南北交通的大动脉。

2）PPP 方案基本结构

（1）出资结构

地铁 4 号线是北京市首条采用 PPP 方式建设运营的地铁线路，项目总投资约 153 亿元。按建设责任主体，将北京地铁 4 号线全部建设内容划分为 A、B 两部分：A 部分主要为土建工程部分，投资额约为 107 亿元，占 4 号线项目总投资的 70%，由北京市政府出资设立的平台公司负责投资建设；B 部分为使用 PPP 模式的部分，主要包括车辆、信号、自动售检票系统等机电设备，投资额约为 46 亿元，占 4 号线项目总投资的 30%，由社会投资者组建的北京地铁 4 号线 PPP 特许经营公司负责投资建设。4 号线 PPP 特许经营公司（以下简称“特许公司”）的股东分别为京投公司、首创集团和港铁集团，各方出资比例分别为 2%、49%和 49%，其中港铁公司和首创集团是社会资本的代表。

（2）特许经营方式

4号线项目竣工验收后，特许公司根据与4号线公司签订的《资产租赁协议》，取得A部分资产的使用权。特许公司负责地铁4号线的运营管理、全部设施（包括A和B两部分）的维护和除洞体外的资产更新，以及站内的商业经营，通过地铁票款收入及站内商业经营收入回收投资。

特许经营期结束后，特许公司将B部分项目设施完好、无偿地移交给市政府指定部门，将A部分项目设施归还给4号线公司。

3）PPP项目基本经济技术指标

① 项目总投资：约46亿元。

② 项目建设内容：车辆、通信、信号、供电、空调通风、防灾报警、设备监控、自动售检票等系统，以及车辆段、停车场中的机电设备。

③ 建设标准：根据经批准的"北京地铁4号线工程可行性研究报告"（以下简称"可研报告"）和初步设计文件制定。

④ 工期：计划2007年年底竣工，2009年9月正式通车试运营。

⑤ 客流量预测：根据"可研报告"客流预测结果，初期（2010年）为71万人次/工作日，近期（2015年）为82万人次/工作日，远期（2034年）为99万人次/工作日。

⑥ 根据国际客流预测机构香港弘达顾问有限公司（以下简称"MVA公司"）的客流预测结果，初期（2010年）为58.8万人次/工作日，近期（2015年）为81.8万人次/工作日，远期（2034年）为88.4万人次/工作日。

⑦ 特许期限。特许期分为建设期和特许经营期。建设期从"特许协议"正式签订后至正式开始试运营前一日；特许经营期分为试运营期和正式运营期，自试运营日起，特许经营期为30年。

4）PPP方案亮点

（1）通过分割投资方式化解投资回报低的弊端

轨道交通投资大，因具有公共事业性质，投资回报低甚至亏损。为了解决投资回报低的问题，4号线投资被分割为A和B两个部分，其中关于征地拆迁、洞体结构等土建工程这些投资金额大的部分由政府平台公司予以投资，这部分投资为无收益的纯粹公共支出。对于与运营有关的车辆、信号、自动售检票系统等机电设备投资则采用PPP模式，该部分资产需要良好的运营才可以发挥其效益。该部分投资金额相对较小，且可以产生稳定的现金流，使B部分投资具有较好的投资回报。

通过这种分割投资的方式，北京市将4号线有经济效益的资产和业务单独分割出来，引入社会资本，成功地解决了轨道交通投资回报低的问题。

（2）PPP项目公司架构设计体现了各方的制约和平衡

港铁公司、首创集团和京投公司成立PPP项目公司——北京京港地铁有限公司，港铁公司、首创集团和京投公司三方比例分别为49%、49%和2%，港铁公司占49%的股份。港铁公司是由香港特区控制的上市公司，是世界城市轨道领域最优秀的公司之一，其30多年香港地铁开发和运营经验是中标4号线投资的重要因素。首创集团是北京市国资委所属的特大型国有集团公司，主要投资于房地产、金融服务和基础设施三大领域，在投资 4 号线以前，参与了地铁 13 号线和 5 号线的投资建设。京投公司是北京市基础设施投融资平台，代表北京市政府参与 4 号线的投资，也代表政府对 4 号线运营的情况进行监督管理，同时平衡中外企业在项目公司的权益。

PPP 项目公司设立 5 名董事，其中京投公司委派 1 名，首创集团委派 2 名，港铁公司委派 2 名，京投公司委派的董事担任董事长。一旦港铁公司和首创集团发生意见分歧需要投票决定时，京投公司可以从中协调，且京投公司的一票至关重要。

从股权结构和董事会设计上，政府和社会资本均可以对项目公司运营产生重大影响，体现了制约和平衡，有利于项目公司的健康运营。

(3) 通过项目贷款进一步提高 PPP 项目公司股东回报

B 部分总投资共计 46 亿元，由项目公司负责筹集，其中股权投资约 15 亿元，由港铁公司、首创集团和京投公司分别按投资比例出资。其余 31 亿元由京港地铁公司向国家开发银行贷款融资，期限为 25 年，执行基准利率。建设期贷款属于项目融资贷款，京港公司以拥有的资产（包括动产、不动产、特许经营收入或收益权等）抵押或质押。通过项目贷款进一步提高了项目公司股东投资回报。

(4) 通过政府补贴运营解决低票价问题

4 号线与北京其他轨道交通线路一样，实行全程 2 元的低价票价制。为了保证京港公司的盈利性，政府在基期即成票价的基础上，测算了一个合理票价，对该合理票价与实际票价的差额进行补偿，该项补偿每年 6 亿～7 亿元。

这种方式既解决了低票价问题，又充分体现了使用者付费与政府补充付费相结合的特点，起到了良好的社会效果。

(5) 通过资产租赁费平衡项目公司收益

在方案设计上，北京市政府担心项目公司收益过高，而作为合作方港铁公司也担心 4 号线投入后客流量不足，所以双方设计了一个调节项目公司投资回报的平衡机制，即项目公司与北京市平台公司签署了资产租赁协议，即项目公司租用 A 部分资产，租金水平与客流量相关联，在客流量高的时候，租金水平高，当客流量低的时候，租金予以减免。

上述方式有效平衡了项目公司收益，既避免了社会资本投资回报过高，又对社会资本的投资回报起到了一定的保障作用。

(6) 提前触发回购机制，保障社会资本投资安全

在方案设计上，为保障社会资本港铁公司的投资安全，特意安排了一个提前回购机制。特许经营期限是 30 年，但是如果开通后客流量持续 3 年低于认可的预测客流的一定比例，导致特许公司无法维持正常经营，北京市政府将根据特许协议的规定按市场公允价格回购 B 部分项目资产，但特许公司应自行承担前 3 年的经营亏损。

该方案考虑了极端情形，即客流量与可行性研究预测差距较大的情况下造成项目公司无法正常经营，社会资本可以通过要求政府回购的方式提前退出，使社会资本的投资安全得到了一定程度的保障。4 号线的合作方案从磋商至最终在 2006 年 4 月签署正式协议，前后历时 4 年多，过程应该说是相当坚辛，然而磨刀不误砍柴工，北京地铁 4 号线因精心构化，成为一个经典的 PPP 案例。

2. 北京地铁16号线的PPP案例

北京地铁16号线（以下简称“16号线”）项目是国务院首批推出的80个鼓励社会资本参与建设营运的示范项目之一。2015年2月8日，北京市交通委员会代表北京市政府与北京京港地铁有限公司及其三方股东草签了16号线项目特许协议，标志着16号线PPP项目招商工作已初步完成。项目招商工作由北京市基础设施投资有限公司（以下简称“京投公司”，北京市国有独资公司，承担北京市基础设施项目投融资、资本运营等职能）具体负责，聘请北京金准咨询有限责任公司等多家专业机构提供全方位PPP咨询顾问服务。

16号线是北京市轨道交通线网规划中中心城区南北向的骨干线路，全长约50公里，项目已于2013年3月开工建设，2017年12月底全线建成通车。

16号线项目总投资约474亿元，继北京地铁4号线、14号线采用PPP模式引入社会资本参与地铁投资建设运营后，16号线再度采用PPP模式。与此前模式不同的是，16号线采用复合型PPP模式，首次在轨道交通项目中引入保险股权投资，采用“股权融资＋特许经营”的融资模式引入社会资本，合计引资270亿元，其中股权融资规模120亿元，特许经营融资规模150亿元。该复合型PPP模式是一次全新尝试，融资模式和资金规模都开创国内之先河。

5.4.7　BOT项目融资模式在我国的应用

我国从20世纪80年代开始尝试PPP的理念，即在基础设施领域由以往的几乎百分之百的国家所有、国家经营开始引入外资和社会资本，政府开放基础设施的原因主要如下。

① 减轻财政负担，克服政府融资难题。

② 改进公共行政管理理念和政府监管。

③ 改善公用事业的运营和服务质量。

在PPP模式中，BOT是最常用的一种引入民间资本、公私合营的项目融资方式。从20世纪80年代第一个BOT项目——深圳沙角B电厂开始，中国的基础设施逐步开始市场化改革，基础设施投融资改革政策和开放力度随各行业而异。建设部在2002年年底启动了中国市政公用事业的市场化改革，公司合营机制由此被引入中国公用事业。四年之后，中国超过70％的新建污水处理厂和35％的存量污水处理厂运用了BOT模式。

BOT在我国也称为“特许经营权融资方式”，在早期主要以外资为融资对象，其含义是指国家或者地方政府部门通过特许经营权协议，授予签约方的外商投资企业（包括中外合资、中外合作、外商独资）承担公共性基础设施（基础产业）项目的融资、建造、经营和维护；在协议规定的特许期限内，项目公司拥有投资建造设施的所有权，允许向设施使用者收取适当的费用，由此回收项目投资、经营和维护成本并获得合理的回报；特许期满后，项目公司将设施无偿地移交给签约方的政府部门。

1. BOT项目融资模式的应用

我国第一个基础设施BOT项目是深圳的沙角B电厂，1984年由香港合和实业公司投资建设，已于项目特许经营期结束后由投资人移交给当地公司，在国际BOT领域是一个较典型的案例。由于该项目是在改革开放初期运作的，所以项目结构比较简单，加上国内缺乏BOT项目的运作经验，造成了一些遗留问题。继深圳沙角B电厂后，我国广东、福建、四川、湖北、上海等地也出现了一批BOT项目，如广深珠高速公路、重庆地铁、成渝高速公路、上海延安东路隧道复线等。从市场化程度来看，2017年全国已运营污水处理厂市场化程度至少达到44.5%，其中BOT占据29.1%。

案例5-3

深圳沙角B电厂BOT项目融资

早在20世纪80年代初，珠江三角洲地区为了解决交通问题，利用民间集资建设跨江大桥，这可以说是BOT融资方式的雏形，如广州番禺的洛溪大桥工程等。利用BOT方式吸收外资的第一个例子发生在改革开放初期的深圳，深圳沙角火力发电厂B处（通称为“深圳沙角B电厂”）于1984年签署合资协议，1986年完成融资安排并动工兴建，并在1988年建成投入使用。深圳沙角B电厂的总装机容量为70万千瓦，由两台35万千瓦发电机组成。项目总投资为42亿港币（5.4亿美元，按1986年汇率计算），被认为是中国最早的一个有限追索的项目融资案例，也是事实上在中国第一次使用BOT融资概念兴建的基础设施项目。深圳沙角B电厂的融资安排，是我国企业在国际市场举借外债开始走向成熟的一个标志。

1. 投资结构

深圳沙角B电厂采用中外合作经营方式兴建。合资方为深圳特区电力开发公司（A方）和一家在香港注册专门为该项目成立的公司——合和电力（中国）有限公司（B方）。合作期10年。合作期间，B方负责安排提供项目全部的外汇资金，组织项目建设，并且负责经营电厂10年（合作期）。作为回报，B方获得在扣除项目经营成本、煤炭成本和支付给A方的管理费后百分之百的项目收益。合作期满时，B方将深圳沙角B电厂的资产所有权和控制权无偿转让给A方，退出该项目。

2. 融资模式

深圳沙角B电厂的资金结构包括股本资金、债务资金。

股本资金：

股本资金/股东从属性贷款	3 850万美元
人民币延期贷款	1 670万美元

债务资金：

A方的人民币贷款	9 240万美元
固定利率日元出口信贷	26 140万美元
欧洲日元贷款	5 560万美元
欧洲贷款	7 500万美元
资金总计：	53 960万美元

根据合作协议安排，在深圳沙角B电厂项目中，除以上人民币资金之外的全部外汇资金安排由B方负责，项目合资B方——合和电力（中国）有限公司利用项目合资A方提供的信用保证，为项目安排了一个有限追索的项目融资结构。

3. 融资模式中的信用保证结构

① A方的电力购买协议。这是一个具有“提货与付款”性质的协议，规定A方在项目生产期间按照事先规定的价格从项目中购买一个确定的最低数量的发电量，从而排除了项目的主要市场风险。

② A方的煤炭供应协议。这是一个具有“供货或付款”性质的合同，规定A方负责按照一个固定的价格提供项目发电所需的全部煤炭，这个安排实际上排除了项目的能源价格和供应风险及大部分的生产成本超支风险。

③ 广东省国际信托投资公司为A方的电力购买协议和煤炭供应协议所提供的担保。

④ 广东省政府为上述三项安排所出具的支持信。虽然支持信并不具备法律的约束力，但可作为一种意向性担保，在项目融资安排中具有相当大的分量。

⑤ 设备供应及工程承包财团所提供的“交钥匙”工程建设合约，以及为其提供担保的银行所安排的履约担保，构成了项目的完工担保，排除了项目融资贷款银团对项目完工风险的顾虑。

⑥ 中国人民保险公司安排的项目保险。项目保险是电厂项目融资中不可缺少的一个组成部分，这种保险通常包括对出现资产损害、机械设备故障及相应发生的损失的保险，在有些情况下也包括对项目不能按期投产情况的保险。

4. 融资结构简评

① 作为BOT模式中的建设、经营一方（在我国现阶段有较大一部分为国外投资者），必须是一个有电力工业背景，具有一定资金力量，并且能够被金融界所接受的公司。

② 项目必须要有一个具有法律保障的电力购买合约作为支持，这个协议需要具有“提货与付款”或者“无论提货与否均需付款”的性质，按照严格的事先规定的价格从项目购买一个最低量的发电量，以保证项目可以创造出足够的现金流量来满足项目贷款银行的要求。

③ 项目必须有一个长期的燃料供应协议。从项目贷款银行的角度来说，如果燃料是进口的，通常会要求有关当局对外汇支付做出相应安排，如果燃料是由项目所在地政府部门或商业机构负责供应或安排的，则通常会要求政府对燃料供应做出具有“供货或付款性质”的承诺。

④ 根据提供电力购买协议和燃料供应协议的机构的财务状况和背景，有时项目贷款银行会要求更高一级机构提供某种形式的财务担保或者意向性担保。

⑤ 与项目有关的基础设施的安排，包括土地、与土地相连接的公路、燃料传输及储存系统、水资源供应、电网系统的连接等一系列与项目开发密切相关的问题的处理及其责任，必须要在项目文件中做出明确的规定。

⑥ 与项目有关的政府批准，包括有关外汇资金、外汇利润汇出、汇率风险等问题，必须在动工前得到批准和做出相应的安排，否则很难吸引银行加入到项目融资的贷款银团行列。有时，在BOT融资期间贷款银团还可能要求对项目现金流量和外户资金进行直接控制。

1993年以来国家计委开始研究规范化的BOT。1995年8月，国家计委、电力部和交通部联合下发了《关于试办外商投资特许经营权项目审批管理有关问题的通知》，指出我国试点特许经营权项目是列入国家和省、自治区、直辖市地方政府中长期发展规划内的设施建设。这个通知为国内运作BOT项目提供了法规依据。同时，国家计委选择了广西来宾B电厂、成都第六水厂、长沙电厂和广东电白高速公路等项目作为BOT试点项目，标志着我国BOT项目进入了规范运作的发展阶段。

到目前为止，我国已经运作了多个比较典型的BOT项目，即广西来宾B电厂、成都第六水厂、长沙电厂和北京第十水厂等，前三个项目属于国家计委牵头实施的BOT试点项目，北京第十水厂属于试点项目结束后由地方政府运作的第一个BOT项目。

案例5-4

广西来宾B电厂BOT项目

1. 项目基本情况

广西来宾B电厂位于广西壮族自治区的来宾县，距广西最大的工业城市柳州80千米，装机规模为72万千瓦，安装两台36万千瓦的燃煤机组。该项目总投资为6.16亿美元，其中总投资的25%，即1.54亿美元为股东投资，由法国电力国际和通用电气阿尔斯通公司分别按60%和40%的比例出资作为项目公司的注册资本；其余的75%，通过有限追索的项目融资方式筹措。我国各级政府、金融机构和非金融机构不为该项目融资提供任何形式的担保。项目融资贷款由法国东方汇理银行、英国汇丰投资银行及英国巴克莱银行组成的银团联合承销，贷款中约3.12亿美元由法国出口信贷机构——法国对外贸易保险公司提供出口信贷保险。

项目特许期为18年，其中建设期为2年9个月，营运期15年3个月。特许期满，项目公司将电厂无偿移交给广西壮族自治区政府。在建设期和营运期内，项目公司将向广西壮族自治区政府分别提交履约保证金3 000万美元，同时项目公司还将承担特许期满电厂移交给广西壮族自治区政府后12个月的质量保证义务。

广西电力公司每年负责向项目公司购买35亿千瓦时的最低输出电量（超发电量只收燃料费），并送入广西电网，同时由广西建设燃料有限责任公司负责向项目公司供应发电所需燃煤，燃煤主要来自贵州省盘江矿区。

2. 竞争性招标过程

该项目自1988年国家发展计划委员会批复项目建议书后，由于建设资金得不到落实，曾与20多家外商进行洽谈，未能取得实质性进展。为使该项目早日建成，1995年年初广西壮族自治区政府向国家发展计划委员会申请采用BOT方式进行试点。广西壮族自治区政府随即委托大地桥基础设施投资咨询有限责任公司为其招标代理人，正式开始了对外招标工作。整个招标过程共分为资格预审、投标、评标及确认谈判、审批和完成融资五个主要阶段。

(1) 资格预审阶段

1995年8月8日，广西壮族自治区政府在《人民日报》《人民日报（海外版）》《中国日报（英文版）》发布了资格预审通告，公开邀请国内外公司参加来宾项目的资格预审。截止到同年9月底，共有31个国际公司或公司联合体向广西壮族自治区政府递交了资格预审申请文件，这31家公司都是世界著名的大型电力投资营运公司、设备制造厂商和有实力的投资人。项目评标委员会由国家发展计划委员会、电力部、广西壮族自治区政府和中国国际工程咨询公司的专家组成。

(2) 投标阶段

1995年12月8日，广西壮族自治区政府正式对外发布了项目招标文件，通过预审列为A组的12家公司（或联合体）相继购买了招标文件，成为潜在投标人。1996年1月8日至28日，广西壮族自治区政府组织他们进行了现场考察，使潜在投标人对来宾项目的现场条件和广西经济发展现状有了进一步的实际了解。1996年1月28日，广西壮族自治区政府在南宁召开了标签会，解答潜在投标人普遍关心的一些问题，参加标签会的潜在投标人的代表超过100人。

(3) 评标及确认谈判阶段

经综合比较、充分讨论，评标委员会一致确定法国电力联合体、世界联合体、美国国际发电（香港）有限公司为最具有竞争力的前三名投标人。

(4) 审批

1996年11月11日，广西壮族自治区政府向法国电力联合体颁发了中标通知书。

项目协议于1997年7月18日正式签订，同时对外贸易经济合作部批准了项目的章程，完成项目公司的注册成立工作。

1997年9月3日，自治区政府与项目公司在北京正式签署了特许权协议，意味着项目特许协议正式生效。

(5) 完成融资

该项目特许期为18年，建设期为2年零9个月，总投资6.16亿美元，股东投资1.54亿美元，项目融资4.62亿美元，项目贷款由法国东方汇理银行、英国汇丰投资银行及英国巴莱银行组成的银团联合承销。

3. 竞争性招标的成功之处

项目自1995年8月正式推向国际投资市场公开招标之后，不仅得到了我国政府有关部门的大力支持，同时也得到了国际投资市场和国际金融市场的广泛关注，1995年该项目被誉为世界十大BOT项目之一，1996年特许权协议草签后，该项目又被《亚洲金融》杂志评为1996年亚洲最佳融资项目。该项目的国际招标工作是成功的，主要表现在以下几个方面。

(1) 招标工作安排紧凑，用时较短

项目自1995年5月国家发展计划委员会正式批准进行BOT投资方式试点至1997年9月项目特许权协议正式签字生效后进入开工阶段，历时2年零4个月。在两年多的时间内完成一个总投资额超过6亿美元的项目的招标及全部融资工作，这在国内外同类利用外资项目上是没有先例的，与国内其他形式的大型投资项目相比也算快的。相对短的招标时间，在一定程度上也减少了政府和项目投资人的前期开发费用。

(2) 注重上网电价，走出回报率的误区

项目招标文件规定，上网电价水平、结构及走势占评标分数的60%，即在技术、法律、商务、融资等方面满足招标文件的前提下，引进竞争机制，让投标人就上网电价进行竞争。广西壮族自治区政府不与投标人在回报率高低上讨价还价，改变了以往外商投资电厂谈判中先谈回报率，并由投资成本加一定回报率确定上网电价的做法。

(3) 充分体现竞争，电价较低

采用国际性竞争招标方式选择境外项目发起人，使得外商踊跃参与，通过激烈竞争，项目上网电价较低，再加上销售增值税，营运第一年为0.468元人民币/千瓦时，在营运期15年内的水平电价为0.460元人民币/千瓦时，约合5.5美分/千瓦时。而据对东南亚一些国家BOT电力项目和外商独资开发电力项目的调查，一般水平电价都在6～7美分之间。同时，与国内同等规模中外合资、外商独资电厂相比，其电价也很有竞争性，且营运期限还少5年左右。

(4) 政策公开透明，外商放心

项目的国际招标，做到了BOT政策公开、招标程序公开、特许权协议内容公开、评标标准公开、谈判程序公开等，对外商普遍关心的问题也都有明确的答复，同时做到了对各投标一视同仁。由于整个招标过程公开、公正、公平，不仅有力地促进了国外投资人的积极参与，同时也为政府创立了良好的形象，为政府今后其他类似项目的招标打下了良好的基础。

(5) 特许权协议全面、严谨，有利于各方参与

项目的特许权协议包括协议正文及购电协议、燃料供应与运输协议、仲裁协议等24个附件，协议的拟定既遵循了国际惯例，同时又与中国国情相结合；在合理分担风险基础上既保护了政府利益，也兼顾了投资人及贷款人的利益，有关各方的权利和义务在协议中得到了充分的体现和落实，同时整个协议又具有较强的可操作性。此外，项目特许协议中的主要条款与其他国家类似项目的协议条款相比，对政府及广大消费者更为有利。

由于多年的积极性财政政策的应用，中央和地方政府财政支出已经较大，而传统的融资方式如商业银行、国际金融组织的信用贷款等也面临诸多困难，因此，拓宽我国基础设施项目的融资渠道就显得尤为重要。采用包括BOT在内的多种渠道筹集基础设施建设资金将是必然的趋势。

2. 积极应用内资BOT融资

发达国家因其国内已有许多成熟的民营者，且实力雄厚，BOT融资主要由国内私人投资者进行。在发展中国家，由于民营经济尚未成熟、财力有限，BOT融资通常以吸引国外资本为主。我国国内大多数民营单位一般难以承担大型基础设施项目的建造和融资，因此我国已有BOT项目的招标对象大多数是境外投资者，即外资BOT。外资BOT具有如下优点。

① 国际上许多民营企业实力雄厚，而且有较多从事BOT项目的经验，其融资经验丰富，资金来源有保障，建设和经营全过程顺利进行的可靠程度也较高。

② 可结合项目引进先进的技术。即使是基础设施，也有很多技术含量问题。一般而言，公路、桥梁使用较多的国内资源，而高速铁路的机车车辆、通信设施、电力设备等则需要国外的先进技术以提高利用效率。

③ 可以学习和借鉴国外的先进管理经验。在我国，长期以来基础设施是由政府建设和管理的，效率低下、缺乏竞争、管理落后、长期亏本。利用外资BOT模式，可以学习外国民营企业的先进管理手段和运营模式，可以促进我国基础设施经营管理水平的提高，促进竞

争，加快基础设施产业中现代企业制度的形成。

当然，从宏观角度来分析，基础设施建设采用外资BOT也存在一些问题。

① 外方在特许期内将占有我国基础设施项目产权，限制了BOT的应用范围。根据国际惯例，BOT项目的特许期一般在20年及以上，这意味着我国政府在这段时间内失去了项目的控制权和经营权，因此国家对一些重要的机场、铁路、港口等关系国家重要命脉的项目，必然要对外资BOT加以限制，从而缩小了外资BOT的应用范围。

② 基础设施企业往往不能创汇，外商投入的是外币，收入的却是本币，外资BOT项目面临外汇平衡问题。外商投资者往往要求我国政府承担汇率风险，因而造成提出谈判的项目很多、但谈判成功的项目很少的不利局面。

目前，我国的国内居民储蓄率持续增长，而且在未来较长时期内仍可能维持。可见，我国并不是缺乏资金，这几年银行系统存在存款大大超过贷款的存差现象，说明我国资金是相对充裕的。而且，随着我国民营企业的壮大，实施内资BOT及其衍生项目，不仅可以丰富BOT及衍生形式的投资领域，也将进一步加速我国基础设施的建设。我国积极应用内资BOT有如下意义。

(1) 对外资BOT的比较优势

与外资BOT相比，本国民间资本的投入不存在外汇支付问题，也不涉及对国家主权的影响，因此内资BOT的范围相对较为宽泛。更重要的是，本国投资者熟悉国情，更容易与政府沟通，能够以国家利益为重，就项目的确定、经营期限、产品和服务价格等具体问题可以较快地与政府达成共识，缩短谈判时间，使项目及早开工。而且本国投资者在项目实施过程中，能够把遵循国际通则与我国实际情况结合起来，实事求是地解决建设和运营期内可能出现的各种问题，与政府建立良好的合作关系。这样，从谈判的难易程度上来看可以较顺利地进行，从国民经济角度来看，也不会导致利益的流失。因此，与外资相比，国内民间资本投资BOT项目可按中国特色运作，其适应性更强，运作更通畅，采用范围更广。

(2) 促进政府投资的职能转换

我国经济面临着地区间发展不平衡及基础设施和基础工业投资不足形成的“瓶颈”制约，政府投资的范围远超过西方发达国家，造成了投资供给与需求的巨大差额。因此，有必要对政府投资领域进一步细分，收缩政府投资战线，这样才能更有效地发挥政府投资的作用。基础设施中相当一部分行业或企业具有一定的收益性和竞争性，为此，政府可给予明确的产业扶持导向，提供良好的政策环境，吸引本国民间资本以BOT方式直接投入项目的建设和运营，运用竞争机制、价格机制、风险机制和利益机制来调节经营性基础设施产品的供应，从而促进政府投资职能的转换，使竞争性项目的投资主体由政府转为企业和个人，加快市场经济体系的建立。

(3) 引导民间资本的合理流向

我国民间拥有巨额资金，居民储蓄增长迅速，要保持我国经济持续增长，离不开社会需求的同步增长。从汽车、住房入手启动消费需求，能够吸收部分民间资本，但其数量毕竟有限，刺激民间直接投资即刺激投资需求，才是扩大需求的切实可行的办法。因此，合理引导民间资本参与BOT项目，既十分必要，也完全可行。

近年来，内资BOT项目在我国已经出现，广东省东莞邮电局、上海两桥一道工程等都是由国内公司作为承包商。

总之，内资 BOT 项目和外资 BOT 项目各有利弊，我国应鼓励国内外项目公司积极参与基础设施的建设，创造公平的竞争环境，综合多种角度通过招投标选择合适的公司作为项目法人，国内外多家法人的竞争也会使实施的 BOT 基础设施项目降低成本，提高经营效率。

案例 5-5

民营企业投资兴建的 BOT 项目——刺桐大桥工程项目

1996 年，福建省泉州市利用 BOT 方式吸纳民间资本建成刺桐大桥，它打破了大型基础设施由国家投资或引进外资的模式，创造了民间资金投入基础设施的经验，是我国首个民间资本 BOT 融资案例。

福建省泉州市由于晋江分隔及历史形成的基础设施薄弱，在相当程度上制约着其经济的发展。为实现过境车辆和城市交通分流，1994 年年初泉州市市政府决定在市区边缘再造一座大桥。曾有 5 家外商前往洽谈，但终因条件苛刻未能谈成，15 家私营企业合股成立的泉州名流实业股份有限公司主动请缨，愿以名流公司为主，不带任何附加条件，承担建桥任务。由名流公司与市政府授权投资的机构——泉州路桥建设开发总公司，按 3∶2出资（即名流公司出资 3 600 万元，泉州路桥建设开发总公司出资 2 400 万元），依法成立了注册资金为 6 000 万元的泉州刺桐大桥投资开发有限公司，并规定投资超出资本金不足的部分，由各股东按比例分别筹措。在条文中明确规定投资主体经营 30 年后，全部设施将无偿移交给泉州市市政府。

3. BOT 融资的难点

① 对采用 BOT 方式在认识上还存疑虑。BOT 在我国还属于新生事物，组织 BOT 的运作更是一项全新的工作。许多人对 BOT 方式还缺乏全面的了解，甚至有些人对基础设施是否具有“商品性”存在疑虑，同时担心采用 BOT 方式会导致国家主权的丧失。其实，我国采用 BOT 方式投资的项目，主要是那些目前经济发展中急需而国家眼前又无力投资或者一时拿不出大量资金来投资的项目。采用 BOT 方式，可以在较短的时间内利用外资把这些项目建设起来，从而大大增强我国经济生活的有效供给能力，带动和促进经济的快速发展，并取得广泛的经济效益和社会效益。

② 由市场决定的价格体制尚未形成。按照 BOT 的运营原则，外商投资于基础设施项目是要获得一定利润的，因此要向项目的用户收取费用。但是，在 BOT 方式下，外商对项目的产品价格和服务定价是经过严格核算的，一般要比原计划经济模式下的价格高，这一方面使得老百姓较难承受，另一方面又会使 BOT 谈判难以成功。

③ 缺乏统一管理和政策指导。BOT 模式是利用外资的新举措，采用该种方式涉及国家的产业政策、外资政策和投资政策等。对这些问题我国还没有一个机构来统一归口管理，也没有制定相应的政策法规，用于规范和指导 BOT 项目的实施。

④ 缺少从事 BOT 项目的专门业务人员。BOT 模式作为一种新型的项目组织管理办法，在项目建设的各个方面都有一套独特的运行规则和办法，并需要有专门的人员来实施，这是保证 BOT 项目得以顺利执行的基本条件。我国目前还缺少这方面的专门人员，急需加以培训。

⑤ 外汇收支平衡比较难。我国目前的外汇管理体制实现了人民币经常项目的可兑换，而实现资本项目的可兑换时机尚未成熟。这样，外商投资基础设施用的是现汇，所得利润分

成和投资回报却是人民币，而我国人民币资本项目目前必须通过外汇调剂市场，在外汇市场出现供求不畅的情况下，将会给BOT项目外汇收支的平衡带来困难。

⑥ 投资经营时间长，风险较大。BOT模式本身具有投资金额大、经营周期长、投资难度大、风险高的特点，同时由于有东道国政府的参与，从而使得BOT项目投资的风险是多种多样、相当复杂的，如经营风险、建设风险、市场风险、收入风险、财务风险等。

正是由于BOT模式时间长、因素多，所以在实践中BOT模式衍生出了其他项目融资方式，常见的是TOT、BT等。

5.4.8 BOT衍生融资模式

1. TOT融资模式概述

所谓TOT，即移交（transfer）—经营（operate）—移交（transfer），是指用私人资本或资金购买某项项目资产（一般是公益性资产）的产权和经营权，购买者在一个约定的时间内通过经营收回全部投资和得到合理的回报后，再将项目产权和经营权无偿移交给原产权所有人。这种模式已逐渐应用到我国的项目融资领域中。

我国利用TOT模式是特指中方把已经投产的项目移交（T）给资金实力雄厚的外国投资者经营（O），凭借项目在未来若干年内的现金流量，一次性地从国外（外商）融得一部分资金，用于建设国内的新项目。在约定的时间，外国投资者拥有该项资产的经营权，经营期满，外方再把项目经营权无偿移交（T）给中方。它是我国政府或公共部门的一种融资模式。

TOT模式是BOT模式在发展过程中的一种创新，它与BOT模式的主要区别如下。

① 从项目融资的角度来看，TOT是通过转让已经建成的项目资产的产权和经营权来融得资金，而BOT是政府给予项目投资者特许经营权的许诺后，由投资者融资新建项目。也就是说，TOT是通过合同项目为其他新项目融资，BOT则是为筹建中的合同项目融资。

② 从具体运作过程来看，TOT由于避开了“B”中所包含的大量风险和矛盾，并且只涉及经营转让权，不存在产权、股权等问题，在项目融资谈判过程中比较容易使双方意愿达成一致。

③ 从东道国政府的角度来看，通过TOT吸引国外的投资者购买现有的资产，与BOT相比，将从两个方面进一步缓解中央和地方政府财政支出的压力：一是通过资产产权和经营权的转让，得到一部分外资，或者用于偿还因为基础设施建设而承担的债务，或者作为当前迫切需要建设而又难以吸引私人资本的基础设施项目的资金来源；二是转让产权和经营权以后，每年可以减少大量的对现有基础设施运营的财政补贴支出。

④ 从投资者的角度来看，与BOT模式比较，TOT模式既可回避建设过程中的超支、工程停建风险或者项目建成后不能正常运营、现金流量不足以偿还债务等风险，又能尽快取得收益。采用BOT模式，外商投资者首先要投入一笔资金进行建设，并且要设计合理的信用保证结构，特别是完工担保，投资者不但要花费较长的时间，而且要承担相当大的风险。利用TOT模式，投资者购买的是正在运营的资产和对资产的经营权，资产收益具有确定性，也不需要太复杂的信用保证结构。

从上述分析中可以看出，TOT模式在某些方面具有BOT模式所不具备的优点。特别是对于基础设施落后、建设资金短缺、既有项目运营效率不高的发展中国家来说，在广泛采用BOT模式为新建大型项目融资时，应该把TOT模式作为BOT模式的一种补充或辅助手段，在筹资建设新项目的同时回收部分已投入资金并提高既有项目的运营效率。

案例 5-6

我国基础设施项目 TOT 模式的应用

陕西省渭河发电厂始建于1986年，1988年扩建，1992年建成投产后，电力市场供应过剩。为了解决渭河发电厂经营不善、地方政府资金短缺的矛盾，陕西省政府决定进行电厂转让。经对渭河发电厂进行资产评估，陕西省政府决定以54亿元人民币（高于总投资20亿元人民币）作价，按TOT模式将渭河发电厂转让给由中旅集团控股、陕西省政府和国家电力公司参股的“陕西省渭河发电有限公司”，特许经营期为20年。

1994年，山东省交通投资开发公司与天津天瑞公司（外商独资公司）达成协议，将烟台至威海全封闭四车道一级汽车专用公路的经营权出让给天瑞公司30年，天瑞公司一次性付给山东省交通投资开发公司12亿元人民币，30年后天瑞公司再将该公路无偿移交给山东省政府。山东省交通投资开发公司将得到的12亿元资金再投资于公路建设，加快了基础设施建设资金的周转。

2. BT 融资模式概述

1) BT 融资模式的概念

BT是政府或政府委托的投资商利用非政府资金来承建某些基础设施项目的一种投资方式，BT是build（建设）和transfer（转让）两个英文单词的缩写，其含义是：政府通过合同约定，将拟建设的某个基础设施项目授予建筑商，建筑商负责组建项目公司，在规定的时间内，由项目公司负责该项目的投融资和建设，合同期满，项目公司将该项目有偿转让给政府或投资商，即由政府或投资商以股权回收的形式接收项目公司，并向建筑商支付合同价款。

2) BT 融资模式的优势

相比于BOT模式，BT模式运用于基础设施建设具有以下优势。

（1）有利于盈利性不强的基础设施建设项目招商引资

当前我国基础设施建设项目实行BOT模式运作的最主要矛盾就在于基础设施建设项目公益性强、运营成本高、风险大。而BT模式恰恰省去了运营的环节，使特许权公司的项目成本和收益不依赖于基础设施建设项目运营的经济效益，而是直接来源于项目转让时政府支付的购买金，这就使特许权公司有效地避免了运营风险，增强了融资的吸引力，有利于招标谈判的进行和项目的顺利启动。

（2）有利于项目转让后的正常使用

项目公司在BOT特许期经营中，为了早日收回投资并获得利润，就必须在项目的建设和经营中采取先进技术和管理方法，提高生产效率和经营业绩，增强项目的竞争力，使投资方获益。正因为投资者想尽早收回投资并获得收益，他们可能会采取一种掠夺式的经营方式，不对投入运行的设备和设施进行充分的维护和必要的更新，待几十年以后移交到融资方手中时，电器及信号设备有可能已经落后甚至接近报废，使得项目在转让后无法正常运转。虽然在BOT合同中对设备和设施的维修及更新问题予以明确规定，并在运营和转让阶段中对此加以严格监督和验收，可以在一定程度上解决这个问题，但投资方为了自身的利益，对此责任会采取各种变通的方式予以逃避，使得监督的成本很高，而且效果不佳，这也是近年来 BOT 模式发展缓慢的一个原因。而采取 BT 模式，没有投资方运营的环节，融资方则不用承担此项风险，有利于项目的交接和顺利使用。

(3) 有利于多种市场化融资方式的联合运用，加快投融资改革的步伐

在 BT 模式的回购协议中一般规定在项目建设结束并转让后，当地政府分若干年付清回购款，这就给了政府若干年的筹资准备期，减轻了当前的筹资压力，同时这也是政府探索运用多种市场化融资方式的大好契机。在回购的筹资准备期中，政府可以通过资本市场、土地储备及 TOT 等多种方式筹措资金。在资本市场方面，随着投融资体制改革的深化，各地政府相继成立了市属的基础设施投资公司，代表政府作为基础设施项目的出资人，担负基础设施投融资和资本运营职能，政府可以通过这些市属的投资公司发行债券、股票作为回购金的一部分。土地储备方面，政府主要是通过土地转让金来筹措回购资金。

3) BT 融资模式的难点

与 BOT 相比，BT 融资模式的问题主要体现在项目建成后的质量不易得到保证。在 BT 项目中，政府虽督促和协助投资方建立质量保证体系，健全各项管理制度，抓好安全生产，保证质量，但由于投资方没有建成后的运营环节，出于其利益考虑，投资方不会在建设质量上尽全力，使得在 BT 项目的建设标准、建设内容、施工进度等方面存在隐患，建设质量得不到应有的保证。因此，我国政府一定要完善 BT 融资模式的运行机制，强化对 BT 项目的监督，以确保建设项目的质量。

在完善 BT 融资模式运行机制方面，应主要从规则约束入手，增加投资方因建设质量不合格而承担的违约成本，使投资方与政府博弈的最佳策略是在建设中保证施工质量。为此，应在 BT 项目合同中明确规定质量的验收标准及投资方因质量不合格所要承担的相关责任。由于基础设施建设项目极其复杂，验收难度较大，为确保质量，政府在合同谈判中应努力适当地提高投资方的履约保证金并延长质量保证期。

在强化政府对 BT 项目的监督方面，政府可实施以下方法。

① 明确规定每一指标的上、下限，确定 BT 项目的建设规模、建设内容、建设标准、投资额、工程时间节点及完工日期，并确认投资方投资额。

② 对 BT 项目的设计、项目招投标、施工进度、建设质量等进行全过程监督与管理，向投资方提出管理上、组织上、技术上的整改措施。

③ 实行建设市场准入制度，严格控制分包商的资质，在施工过程中，监理工程师如发现承包人有非法分包嫌疑有权进行调查核实，承包人应提供有关资料并配合调查，如非法分包成立则按违约处理。

案例 5-7

南京地铁二号线 BT 投融资模式分析

南京地铁二号线一期工程建设资金主要由地铁公司通过南京市财政拨款和自筹获得，自筹资金的标段采用 BT 模式进行融资建设。

1. 项目资本金来源及使用计划

以土建 D2－TA05 标为例，南京地铁二号线一期工程土建 D2－TA05 标 BT 项目总投资估算约为 7 亿元，其中：工程建设费用总额 5.91 亿元，融资费用 1.09 亿元。中国

铁道建筑总公司中标将组建南京地铁二号线一期工程土建D2—TA05标BT项目公司，招标人要求项目自有资金的投入不得低于工程建设费的35%，公司拟出资2.1亿元，占工程建设费的35.5%，建设期的债务资金投入占工程建设费的64.5%，这部分资金需要向银行进行融资。

2. 项目投资回收计划

2009年4月30日（股权转让变更登记手续完毕一年后的14天内）前，招标回购总投资额的30%；2010年4月30日（股权转让变更登记手续完毕二年后的14天内）前，回购总投资额的30%；2011年4月30日（股权转让变更登记手续完毕三年后的14天内）前，回购总投资的剩余款项。假定建设期内资金均匀投入到项目中，投标人注入到项目公司的自有资金为2.1亿元，其余均为银行贷款。银行贷款按现行三年期基准利率（5.76%）计算。银行贷款均在每月初从银行提取，按月于每月末向银行支付利息。项目资本金收益按银行同期贷款利率计算，由招标人在回购时一并支付。

3. 南京地铁二号线一期工程BT模式总结

南京地铁二号线一期工程采用了BT模式，更好地减轻了政府财政压力，提高了地铁的经营效率。其优缺点分析如下。

优点：项目融资的所有责任都转移给民营企业，减少了政府主权借债和还本付息的责任；政府可以避免大量的项目风险；组织结构简单，政府部门和民营企业协调容易；项目回报率明确，严格按中标价实施，政府和民营企业之间利益纠纷少。

缺点：项目前期过长，投标费用增加；资本金比例较低，对投资公司筹集还款资金形成了巨大的压力；项目投资商业气氛不足，受诸多因素影响，没有有效利用资源优势；风险分配不合理，投资方和贷款人风险过大，加大了融资难度。

3. BOT的其他衍生方式

POT是公共项目“购买—运营—转让”（purchase-operate-transfer）经营模式的简称，指东道国与私营机构签订特许权协议，把已经投产运营的基础设施项目部分股权暂时让渡给私营机构经营，以该设施项目未来若干年收益现值为依据，一次性地从私营机构融得一笔资金，用于建设新的基础设施项目，特许期满后私营机构再把所购买设施的部分股权和经营权无偿移交给东道国政府。例如某铁路项目如果采用POT，特许期内投资者只购买既有铁路部分股权和收益权，经营风险较小，铁路总公司能控股铁路，期满后无偿收回全部股权。与BOT相比，POT中民营投资者不需承担建设风险，投资减少，模式操作简单易行，而且可以避免国外资本控制铁路网。

TBT就是将TOT与BOT融资方式组合起来，以BOT为主的一种融资模式。TBT的实施过程为：政府通过招标将已经运营一段时间的项目和未来若干年的经营权无偿转让给投资人，要求投资人负责组建项目公司去建设和经营一个新的待建项目，双方谈判特许期内政府应获得的收益，期满后投资人将两个项目的经营权归还给政府。实质上，政府将一个已建项目和一个待建项目打包处理，获得一个协议收入，而企业获得剩余经营收入，最终实现双赢。

4. PFI 模式

1) 概念与应用

PFI (private finance initiative)，意为“私人融资启动”或“民间主动融资”，是英国政府于1992年提出的，在一些西方发达国家逐步兴起的新的基础设施投资、建设和运营管理模式。具体来说是指政府部门根据社会对基础设施的需求，提出需要建设的项目，通过招投标，由获得特许经营权的私营部门进行公共基础设施项目的建设与运营，并在特许期（通常为30年左右）结束时将所经营的项目完好地、无债务地归还给政府，而私营部门从政府部门或接受服务方收取费用以回收成本的项目融资方式。

根据资金回收方式的不同，PFI项目通常可以划分为以下三类。

(1) 向公共部门提供服务型 (services sold to the public sector)

私营部门结成企业联合体，进行项目的设计、建设、资金筹措和运营，而政府部门则在私营部门对基础设施的运营期间，根据基础设施的使用情况或影子价格向私营部门支付费用。

(2) 收取费用的自立型 (financially free-standing projects)

私营企业进行设施的设计、建设、资金筹措和运营，向设施使用者收取费用，以回收成本，在合同期满后，将设施完好地、无债务地转交给公共部门。这种方式与BOT的运作模式基本相同。

(3) 合营企业型 (joint ventures)

对于特殊项目的开发，由政府进行部分投资，而项目的建设仍由私营部门进行，资金回收方式及其他有关事项由双方在合同中规定，这类项目在日本也被称为“官民协同项目”。

在实践中，应针对不同类型的项目，采用不同类型的PFI。公共工程项目按建设的目的可以分为三类：一是为解决拥挤问题而建设；二是为解决发展问题而建设；三是为解决社会公益问题而建设。对于第一类公共工程项目，费用应全部向使用者收取，采用收取费用自立型的PFI；对于第二类交通基础设施项目，既具有一定的公共产品性质，又具有一定的开发性，所以应采用合营企业型的PFI；而对于第三类交通基础设施项目，由于其具有公益性，是一种比较典型的公共产品，所以应采用向公共部门提供服务型的PFI。

国外的实践证明，运用PFI是解决基础设施建设资金不足问题的一种很好的方式。PFI在一些发达国家历经了多年的发展，广泛使用于市政道路、桥梁、医院、学校、监狱等公益性基础设施建设项目。自1992年英国政府提出PFI的概念以来，PFI在英国基础设施领域的建设项目中迅速得到了广泛的应用，到目前为止，在英国已经有资本总成本超过100多亿美元的约250个项目采用这种方式融资，PFI在很大程度上已成为英国政府治国的理念。在欧洲其他国家，如芬兰的收费公路、瑞典的轻轨铁路、葡萄牙的桥梁、西班牙和以色列的高速公路等，也广泛运用了PFI。我国也有公益性基础设施建设项目尝试采用这种融资方式，如上海外环隧道建设项目，采用“融资代建制”模式，由上海市政府授权上海爱建信托投资公司建设和运营，实际上就是一种典型的PFI融资方式。

2) PFI模式与BOT模式的比较

实际上，PFI模式是对BOT项目融资的优化，即PFI模式来源于BOT模式，也涉及项目的“建设—运营—移交”问题。但是，作为一种独立的融资方式，PFI模式与BOT模式在以下方面存在差异。

（1）适用项目

PFI 模式适用于没有经营性收入或不具备收费条件的公益性基础设施项目，而 BOT 模式只适用于经营性或具备收费条件的基础设施项目，如发电厂、城市污水处理、收费公路、桥梁等。

（2）项目主体

PFI 模式的项目主体通常为本国民营企业的组合，体现了民营资金的力量。BOT 模式的项目主体则为非政府机构，既可以是本国私营企业，也可以是外国公司，所以 PFI 模式与 BOT 模式相比，其项目主体较单一。

（3）项目管理方式

PFI 模式对项目实施开放式管理。首先，对于项目建设方案，政府部门根据社会需求提出若干备选方案，最终方案则在谈判过程中通过与私人企业协定；BOT 模式则事先由政府确定方案，再进行招标谈判。其次，对于项目所在地的土地提供方式及以后的运营收益分配或政府补贴额度等，都要综合当时政府和私人企业的财力、预计的项目效益及合同期限等多种因素而定。不同的模式对这些问题事先都有框架性的文件规定，如土地在 BOT 模式中是由政府无偿提供的，无须谈判，而且在 BOT 模式中，一般都需要政府对最低收益提供实质性的担保。所以，PFI 模式比 BOT 模式有更大的灵活性。

（4）项目代理关系

PFI 模式实行全面的代理制，这也是与 BOT 模式的不同之处。作为项目开发主体，BOT 项目公司通常自身就具有开发能力，仅把调查和设计等前期工作和建设、运营中的部分工作委托给有关的专业机构。而 PFI 项目公司通常自身并不具有开发能力，在项目开发过程中，广泛运用各种代理关系，而且这些代理关系通常在投标书和合同中加以明确，以确保项目开发的安全、可靠。

（5）合同期满后项目运营权的处理方式

PFI 模式在合同期满后，如果私人企业通过正常经营未达到合同规定的收益，则可以继续拥有或通过续租的方式获得运营权，这是在前期合同谈判中需要明确的；而 BOT 模式则明确规定，在特许权期满后，所建项目资产将无偿地交给政府，由政府拥有和管理。

3）PFI 模式的优缺点

PFI 模式的优点是显而易见的，主要表现在以下几方面。

① 可以弥补财政预算的不足。PFI 模式可以在不增加政府财政支出的情况下，增加交通基础设施项目的建设和维护资金，因此政府只需在授权期限内相对比较均衡地支付报酬或租赁费，使得政府易于平衡财政预算。同时，由于政府不参与项目的建设和运营管理，PFI 模式还可以减少政府机构的人数，节省政府支出。

② 可以有效转移政府财政风险。由于 PFI 项目的建设费用完全由投资方负责，政府无须为支付项目投资费用负债或为项目提供担保，所以运用 PFI 模式可以将项目的超支风险转移到民营领域，政府不必直接承担项目建设期的各种风险。

③ 可以提高公共项目的投资效率。PFI 项目投资方的收益是根据该项目的使用情况来确定的，所以项目建设的工期和质量与私营部门的收益有直接的关系。项目完工越早，其获得收益越早；工程质量越高，其运营期所需要的维护成本越低，收益越高。因此，私营部门承担着设施使用率的风险，这就迫使他们必须准时完工，并按一定标准来经营和维护所承建

的设施，这样可以有效避免由政府部门直接进行项目建设时常出现的工期拖延、工程质量低下等问题。

④ 可以增加私营部门的投资机会。对私营部门的投资主体而言，PFI 项目的“收入”直接来自政府，比较有保障。在当前缺乏良好投资机会的情形下，这种投融资方式对稳健型非政府投资主体具有较大吸引力。

当然，PFI 模式的缺点是在 PFI 投融资方式中，政府除需要支付公益性项目正常的运行、维护费用外，还需每年向非政府投资主体支付必要的投资回报（尽管在国内外实践中，该投资回报率一般较低，大约与贷款利率相当），故相比政府直接投资该公益性项目而言，政府在授权期限内对项目的财政总支出将会增加不少，这是民间主动投资的不足之处。

5.5　ABS 项目融资模式

资产证券化（ABS）作为近年来一项重大的创新活动越来越为金融市场的各方所关注。事实上，资产证券化尽管发展得很晚，但发展势头十分迅猛，20 世纪 80 年代后期已在国际资本市场上流行，其应用范围之广阔，业务规模增长之迅速，为世人所惊叹。

5.5.1　ABS 项目融资模式概述

1. ABS 的含义

证券化最初是为解决商业银行应收账款沉淀过多，陷入资金来源与应用的期限不平衡矛盾，而做出的一项金融创新。按照美国证券交易委员会的定义，证券化（securitization）是指创立主要由一组不连续的应收账款或其他资产组合产生的现金流支持的证券，它可以是固定的或循环的，并可根据条款在一定的时期内变现，同时附加其他一些权利或资产来保证上述支持或按时向持券人分配收益。简单理解就是：创立以收益性资产为担保的可转让性证券。从形式上分，证券化可以分为融资证券化（financing securitization，FS）和资产证券化（asset-backed securitization，ABS）两类。

融资证券化是指资金短缺者采取发行证券（债券、股票等）的方式在资本市场向资金提供者直接融通资金，而不采取向银行等金融机构借款的方式筹措资金，也称信用融资。它属于增量的证券化，又称为“初级证券化”。这种融资方式是以发行企业的总资产作为基础的，是一种传统的直接融资方式。

资产证券化是一个含义甚广的概念，有许多不同的形式和类型。

James A. Rosenthal 和 Juan M. Ocampo 在其《信贷证券化》一书中把资产证券化定义为：“它是一个精心构造的过程，经过这一过程贷款和应收账款被包装并以证券（即广为所知的资产支撑证券）的形式出售。它是多年来资本市场上广泛的证券化——越来越多的融资通过证券机构实现——发展趋势的一个组成部分。”

Christine A. Pavel 在其《证券化》(1989) 一书中把资产证券化理解为：“整笔贷款出售和部分参与可以追溯至 1880 年以前。但证券化却是资产出售中新近出现的一种创新形式，它指的是贷款经组合后被重新打包成证券并出售给投资者。与整笔贷款出售和部分参与相似的是，证券化提供了一种新的融资来源并可能将资产从贷款发起人的资产负债表中剔除。与整笔贷款出售和部分参与不同的是，证券化经常用于很难直接出售的小型贷款的出售。”

Robert Rwhn 把资产证券化定义为："使从前不能直接兑现的资产转换为大宗的、可以公开买卖的证券的过程。"

资产证券化有广义和狭义之分，狭义的资产证券化是指这项重要的金融创新的最初定义，其主要内容是信贷资产证券化；广义的资产证券化，也是目前广泛接受的资产证券化定义是指所有以资产或资产组合的未来现金流为基础发行证券的行为，而所有这些产生未来现金流的资产就构成资产证券化的基础资产。根据基础资产的不同，资产证券化可以分为不同种类，如信贷资产证券化就是以信贷资产为基础资产的证券化，而不动产证券化就是以不动产为基础资产的证券。

归纳以上各类定义，资产证券化就是以项目（包括未建项目）所属的全部或部分资产（资产地）为基础，以该项目资产所能带来的稳定的预期收益为保证，经过信用评级和增级，在资本市场上发行证券（主要是债券）来募集资金的一种项目融资方式。当然，从是否依靠中介来划分，ABS 主要是通过发行债券融资，其性质属于直接融资方式，只是其融资基础不同于传统的普通证券融资。因此，从融资的基础而言，ABS 是项目融资方式；从融资形式而言，ABS 可以说是一种新型的直接融资方式。

2. ABS 项目融资模式的特征

ABS 项目融资模式具有如下特征。

① 资产证券的购买者或持有人在证券到期时获得的本息来自项目资产带来的现金流。ABS 项目融资，即是以项目所拥有的资产为基础，以项目资产可以带来的预期收益为保证，通过在资本市场发行债券来募集资金的一种证券化融资模式。具体来讲是项目发起人将项目资产出售给特设机构（special purpose vehicle，SPV），SPV 凭借项目未来可预见的稳定的现金流，并通过寻求担保等信用提高手段，将不可流动的项目收益资产转变为流动性较高、具有投资价值的高等级债券，通过在国际资本市场上发行，一次性地为项目建设融得资金，其还本付息主要依靠项目未来收益。

② 资产证券的信誉来自证券化资产本身，而与发起人及 SPV 本身的资信没有关系。如果保证资产即项目资产违约拒付，资产证券的清偿也仅限被证券化的资产的数额，资产的发起人或购买人无超过此限的清偿义务。

③ ABS 项目融资模式是利用资本市场对项目相关资产的收益与风险进行分离与重组的过程。

3. ABS 项目融资模式的适用范围

从原始权益人的动机来看，一种资产能否证券化，主要取决于证券成本与收益之间的关系，并非所有的资产都可以证券化，通常只有证券的收益大于成本的资产才适于证券化。根据国内外证券化交易的实践，一种可证券化的理想资产应该具有以下特征。

① 能在未来产生可预测的稳定的现金流。

② 持续一定时期的低违约率、低损失率的历史纪录。

③ 本息的偿还分摊于整个资产的存活期间。

④ 金融资产的债务人有广泛的地域和人口统计分布。

⑤ 原所有者已持有该资产一段时间，并有良好的信用记录。

⑥ 金融资产的抵押物有较高的变现价值。

⑦ 金融资产具有标准化、高质量的合同条款。

尽管目前被证券化的项目资产已有很多种，但运用得最多的还是以抵押贷款、应收账款等金融资产为对象的信贷资产证券化。不过，近年来ABS已经开始应用于基础设施项目等大型工程项目融资中，并且取得了一些成功经验。我国的基础设施项目，如水电、住房、道路、桥梁、铁路等项目的共同特点是收入安全、持续、稳定，适合ABS模式的基本要求，可以采取ABS项目融资模式进行融资。而且，一些出于某些考虑不宜采用BOT模式的重要的铁路干线、大规模的电厂等重大的基础设施项目，也都可以考虑采用ABS模式进行融资。

5.5.2 ABS项目融资模式的主要参与方

资产证券化需要构造一个严谨而有效的交易结构来保证融资的成功，该交易结构一般要涉及许多当事人，主要包括发起人或原始权益人、特设机构、发行主体、投资者、信用增级机构、信用评级主体、管理机构、受托人、原始债务主体等。各主体在资产证券化过程中各司其职并相互联系，共同为融资取得成功服务。在以上当事人中，对项目融资过程来说最主要也是不可缺少的有以下几个。

1. 发起人或原始权益人

发起人或原始权益人是被证券化的项目相关资产的原始所有者，也是资金的最终使用者。对于项目收益资产证券化来说，发起人是指项目公司，它负责项目收益资产的出售、项目的开发建设和管理，或运用融得的资金进行新项目的建设等。而对于项目贷款资产证券化来说，发起人就是指贷款银行，它的角色是：收取项目贷款申请；评审申请人资格；组织贷款；收回贷款本息；把回收的资金流划转给受托机构进行债券本息的偿付。发起人一般通过“真实销售”或所有权转让的形式把其资产转让到资产组合中。

2. 特设机构

资产组合通常不是由发起人直接转给第三方投资者，而是首先转让给一家独立中介机构，这个机构具有法律上的独立地位，可由新设公司或者投资银行来充当。有时，受托人也承担这一责任，即在证券化资产没有卖给上述公司或投资银行时，它常常被直接卖给受托人。该受托人是一个信托实体，其创立的唯一目的就是购买拟证券化的资产和发行资产支持证券。该信托实体控制着作为担保品的资产并负责管理现金流的收集和支付。信托实体经常就是发起人的一家子公司，或承销本次证券发行的投资银行的一家子公司。

3. 发行主体

资产证券化的发行主体在国外一般指投资银行，在我国主要指证券商。发行主体为债券的公募发行和私募发行进行有效促销，确保债券的发行成功。在公募发行方式下，作为包销人，投资银行从SPV那里买断证券，然后进行再销售，从中获利。如果采用私募方式，投资银行只是作为SPV的销售代理人，为其成功发行提供服务。SPV和证券商必须共同合作，确保发行结构符合法律、规章、财务、税务等方面的要求。

4. 信用增级机构

在资产证券化的过程中，有一个环节尤为关键，这就是信用增级环节。从某种意义上说，投资者的投资利益能否得到有效的保护和实现主要取决于证券化产生的信用保证。所谓信用增级，即信用等级的提高，经信用保证而得以提高等级的证券将不再按照原发行人的等级或原贷款抵押资产的等级来进行交易，而是按照提供担保的机构的信用等级来进行交易。

5. 信用评级机构

ABS的信用评级体系与一般公司债券评级差别不大，但在实际操作中，由于ABS的特殊性，使得信用评级机构只需对与ABS相联系的标的资产未来的现金流量进行评估，以判断可能给投资者带来的违约风险。而且，信用评级机构在完成评级之后，往往还需要对该证券在整个存续期内的业绩进行"追踪"监督，及时发现风险因素，并做出是否需要升级或降级的决定，以维护投资者的利益。国际上主要的评级机构有穆迪、标准普尔等公司，这些评级机构从整体上来看，其历史纪录和表现一直很好，特别是在发行资产支持证券领域口碑更佳。

6. 受托人

在证券化的操作中，受托人充当着服务人与投资者的中介。尤其是在项目收益资产证券化时，由于缺乏时间配比性，受托人在其中要发挥更大的作用。受托人的职责包括如下几个方面：一是负责归集贷款的本息或是项目资产的收益流，对投资者进行债券本息的偿还；二是在款项没有立即转给投资者时有责任对款项进行再投资；三是对服务人提供的报告进行确认并转给投资者。受托人一方面受SPV委托，另一方面又代表广大投资者的利益，当服务人不能履行其职责时，受托人应该并且能够起到取代服务人角色的作用。有时为了简化程序也可以不单独设立受托人，即由SPV兼任受托人。不过，这对保障投资者利益会有所影响。

项目公司在证券化运作过程中还可以委托一个服务人专门来归集项目建成后的各年收费及其他收入，再交由受托人管理，这样可使受托人把全部精力集中到资金的再投资及还本付息上来。

5.5.3 ABS融资模式的运作过程和投融资优势

1. ABS融资模式的运作过程

ABS融资模式在实际操作中要涉及很多技术性问题，但是证券化的基本过程还是比较简单的，即发起人将要证券化的资产出售给一个特设机构，由其向投资者发行债券进行融资，然后将该项资产产生的资金流用于偿付债券本息。具体来看，一般要经过如下几个阶段。

1）组建特设机构

成功组建SPV是ABS融资模式的基本条件和关键因素。SPV一般是由在国际上获得权威信用评级机构给予较高资信评定等级（AAA或AA级）的投资银行、信托公司、信用担保公司等与证券投资相关的金融机构组成的。有时，SPV也由原始权益人设立，不过也是以资产证券化为唯一目的的、独立的信托实体，对其经营有严格的法律限制。为降低融资成本，SPV一般设立在免税国家或地区，如开曼群岛等地。

2）证券化资产的"真实销售"

SPV成立后，发起人根据买卖合同将证券化资产通过一定方式让渡给SPV以发行证券。根据国际惯例，资产让渡的具体方式有资产出售型、信托型和担保融资型三种，其中最常用的也是最规范的是资产出售型。

资产出售型即发起人将资产彻底出售给SPV，双方签订资产出售书面担保协议，将资产的权利售予买方，出售后发起人可将原资产从资产负债表中剔除，转让到资产负债表外。

SPV发行的是负债型证券，对证券持有人有承兑之责，但SPV仍然委托发起人充当SPV的代理人，负责收回资产带来的资金流，交由SPV偿付资产证券本息。

3）信用增级

为吸引更多的投资者，改善发行条件，降低筹资成本，特殊信托机构必须提高支持证券的信用等级，即必须进行“信用增级”。所谓信用增级，是指运用各种有效手段和金融工具确保发行人按时支付投资本息，以提高资产证券化交易的质量和安全性，从而获得更高的信用评级。信用增级的技术多种多样，信用增级的方式包括内部信用增级和外部信用增级。

（1）内部信用增级

内部信用增级主要可采用以下四种方式。

① 直接追索。是指由SPV保有对已购买金融资产的违约拒付进行直接索赔的权利。

② 资产储备。也叫超额抵押，是由发起人保有证券化资产数额之外的一份足以偿付SPV购买金额的资产储备，此部分抵押给SPV，当投资者不能得到偿付时，用此款来偿付。

③ 建立优先/次级结构。是指将证券划分为优秀级、次级，在优先级证券的本息偿付之前，对次级证券只偿付利息，待优先级证券的全部本息偿付完毕才开始支付次级证券本金。这样的结构使得优先级证券的风险被次级证券吸收，从而达到信用增级的作用。

④ 超额利差。是指基础资产的加权平均利率及资产服务人（通常为发起人）的报酬率的差额部分。

（2）外部信用增级

外部信用增级也称第三方信用增级，是指由第三方签发信用证，承诺在债务人违约时向买方购买金融资产或者向保险公司购买保险，在债务人违约时由保险公司负责代为偿付。这里的第三方通常是专门信用担保公司。

4）资产支持证券的信用评级

信用增级后，SPV要委托信用评级机构对即将发行的债券进行正式的信用评级。专业评级机构根据发起人、SPV提供的有关信息，通过对资产未来收益状况及证券的信用增级情况的考核，对拟发行的资产支持证券偿付能力进行评判，然后公布给投资者。各国法律都规定证券发行须取得一定的信用等级，以帮助投资者投资决策。与一般企业债券的评级不同的是，资产支持证券的评级只是对拟证券化资产的收益进行评级，而一般企业债券的评级是对发行人综合资信的评级。

5）承销证券

经过权威机构评级后的证券，由于具备了可信度高的较好的信用等级，一般能以较好的发行条件售出，一些大的证券承销商通常也愿意代理发行此类证券。承销商可以根据具体情况采用代销、包销或余额包销等方式把资产支持债券出售给国际市场上的投资者，然后按照委托合同的规定，将这部分销售款转给SPV，并从中获得服务费用。在采用包销方式时，承销商获得的是买卖债券的差价收益。

6）本息划转

资产债务人向SPV（通过代理人）支付原资产的利息和本金，SPV再转给投资者，如果收回的资产金额少于投资者应得额，投资者将根据资产信用增级具体方式在额度内得到补足。此外，SPV还要向聘用的各类服务机构支付专业服务费。由资产带来的收入流在还本付息、支付各项服务费后，若有剩余，全部退还给原始权益人，或根据预先规定在 SPV 和受托人之间进行分配。

ABS 融资模式中各参与方之间的联系及其运作过程可以从图 5-11 中较清晰地看出（注：如果是项目收益资产证券化，则该图中处于原始权益人地位的参与主体应为项目资产的使用者）。

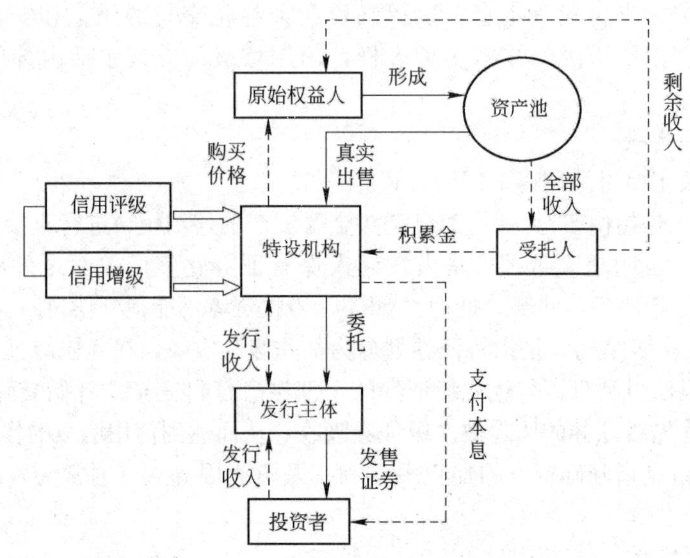

图 5-11　ABS 融资模式的基本结构

2. ABS 融资模式的优势

ABS 融资模式为原始权益人即融资方提供了一种高档次的融资工具，同时也为投资者提供了一种投资渠道。

1）ABS 对于融资方的作用

（1）ABS 属于项目融资，为企业提供了新型融资方式

ABS 属于项目融资的一种较新的方式，虽然是通过发行证券来融资，但不同于股票、债券等传统融资方式。一是发行基础不同。传统融资方式的发行基础是企业自身产权，企业对债券本息及股票权益的偿付以公司全部法定财产为界。ABS 虽然也采取证券形式，但证券的发行依据不是公司全部法人财产而是公司资产负债表中的某一部分资产，证券权益的偿还仅以被证券化的资产为限。二是资信判断标准不同。在传统融资方式下，外部资金投入者对融资者资信判断的主要依据是资金需求者作为一个整体的资产、负债、利润及现金流量情况，对于该公司拥有的某些特定资产的质量关注较少；ABS 则不然，投资者在决定是否购买时，主要依据的是这些特定资产的质量、未来现金收入流的可靠性和稳定性，原始权益人本身的资信能力则被放在相对次要的地位。三是传统债券融资是一种增量融资，即在扩大负债的同时扩大了企业的资产规模，而 ABS 融资是一种存量形式的转换。

（2）ABS 是一种低成本融资方式

由于 ABS 运用成熟的交易结构和信用增级手段，使资产有较高的信用等级，一般能以高于或等于面值的价格发行，并且支付利息率比原始权益人发行的普通证券低，从而降低了

原始权益人的融资成本。另外，资产证券化支出费用项目虽然很多，但各项费用与交易总额的比率很低。

(3) 原始权益人能够保留完整的决策权和大部分资产收益能力

利用ABS融资，原始权益人出售的只是资产未来一定时期内的现金收入流，不会改变自身的所有权结构，也不会失去本企业的经营决策权；待资产支持证券到期后，资产池中剩余资产及其收益仍完全归属原始权益人。

(4) 原始权益人能够保守本企业的财务信息和商业秘密

在ABS交易中，原始权益人一般只需提供证券化资产的有关信息；如果原始权益人要充当资产池的服务者，只需再提供服务能力证明，除此之外，原始权益人不必向投资者公开更多的财务信息，这对于那些私人持股公司更重要。

(5) 通过表外处理，原始权益人能够保持和增强自身借款能力

商业银行在发放贷款时，为控制风险，常要求贷款人财务杠杆比率低于某一安全警戒线，如果借款人财务杠杆比率过高，则很难得到贷款。据1997年1月生效的美国财务会计准则第125号《转让和经营金融资产及债务清理的会计处理》，由于被证券化的资产以真实出售方式过户给了SPV，原始权益人已放弃对这些资产的控制权，允许原始权益人将证券化资产从其资产负债表上剔除并确认收益和损失，这就从法律上确认了实际上早已使用的以表外方式处理资产证券化的交易原则，构成资产证券化区别于传统融资方式的一个特点，即通过资产证券化，原始权益人既能筹集到所需资金，又不会增加负债，因而可以改善自身的借款能力。

(6) 能提高企业资产收益率

利用ABS，原始权益人能盘活本企业部分非流动性资产，加速资产周转率和资金循环，在相同资产基础和经营时间内创造更多收益，从而提高资产收益率。

因此，以ABS方式发行的一般是以项目未来收益为保障的债券，具有普通债券的优点，同时由于采用了项目资产组合、信用增级、表外融资等手段，使得ABS债券等级可以高于企业的评级，比企业普通债券更具有优势。这就为拥有良好项目的企业拓宽了低成本的融资渠道。

2) ABS为投资者提供了一种新型的投资工具

投资者投资于以ABS方式发行的证券，可以获得如下好处。

① 获得一种新的投资渠道，取得高于国债收益的投资回报。以美国为例，1987—1996年间，美国3年期国库券的平均年投资收益率为6.782%，而资产支持证券的年平均投资收益率可达10%以上。

② 获得较大的流动性。由于资产支持证券具有较高的信用评级，会成为商业银行等机构投资者的主要投资对象，投资者可以获得较大的流动性。

③ 降低投资的风险。投资者有了“破产隔离”的资产池作保障，极大地减少了因原始权益人发生接管、重组等事件而带来的风险；同时，有利于实现投资多样化，也能分散投资风险。

④ 提高自身的资产质量。由于资产支持证券具有较高的信用等级，投资购买支持证券，能提高投资者资产的总体质量，降低自身的经营风险。这对于金融机构来说，尤其重要。

⑤ 突破投资限制。有些投资者受监管法规、行业条例和企业规章的限制，只能投资购买“投资级”（穆迪评级Baa3，标准普尔评级BBB以上信用级别）的债券，在传统融资

方式下这意味着他们只能投资购买信用级别较高的大企业和政府部门发行的债券。ABS则使投资者也可以购买信用级别较低的中小企业发行的债券，大大拓宽了投资者的投资范围。

5.5.4 ABS融资模式在国内外的发展现状及前景

1. ABS的产生与发展

资产证券化起源于美国住宅抵押贷款的证券化。20世纪70年代初，美国的三大抵押贷款公司，即政府国民抵押协会、联邦国民抵押协会、联邦住宅贷款抵押公司已经从金融机构的手中收购了大量的住宅抵押贷款，按照一定标准进行划分和重组，并以此组合为担保或抵押，发行抵押贷款债券，从而实现了房地产抵押贷款的证券化。房地产抵押贷款证券化的发展十分迅速，最近几年中，美国至少有50%的住宅抵押贷款都实现了证券化，住宅抵押贷款是所有证券化资产中比例最大的一种资产。汽车贷款是仅次于住宅抵押贷款的第二大金融资产，美国汽车贷款的资金现在仅有四分之一仍由银行提供，其余四分之三则依靠发行资产支持证券来提供。1987年，特拉华公众银行发行了第一例信用卡支持的证券。自此，资产支持证券的市场迅猛发展，到1996年，资产支持证券融资额已达到3 500亿美元，其中资产支持债券1 500亿美元，资产支持商业票据1 650亿美元。目前，ABS已遍及租金、版权专利费、信用卡应收账、消费品分期付款等领域。

近年来，欧洲、拉丁美洲和亚洲都在进行证券化实践，ABS已成为一个全球化的现象。在欧洲，资产支持证券发行量由1985年到1987年度合计的17亿美元，增加到1994年一年的120亿美元，1995年已达到500亿美元。在南美，ABS交易额由1994年的7 000万美元陡增至1995年的27亿美元。在亚洲的日本、中国香港、印度尼西亚、泰国及韩国等国家和地区，资产证券化起步较晚，20世纪90年代初有所应用，1998年亚洲传统的银团贷款和债券市场的规模萎缩了90%。金融市场的萎缩使亚洲市场面临着严重的资金短缺，即使优秀企业也备受流动性不足的困扰，迫使这些国家和企业寻找新的融资渠道和方式。而ABS不受企业本身信用的影响，逐渐成为众多国家关注的重点之一，其需求急剧增加。资产证券化在亚洲市场的发展呈现以下特点：一是发展速度快。据不完全统计，1996年至1998年上半年，通过公开方式发行的资产支持证券超过30亿美元，私募方式则更多。二是资产证券化形式多样，各国或地区发展各具特点。日本和马来西亚从房地产抵押贷款的证券化起步，但很快发展了其他形式；韩国、泰国等一开始就大力发展贸易应收款证券、汽车贷款、租赁应收款证券等金融业务。此外，还出现了一些创新形式，如由商品支持的证券、公路通行费担保证券等。

2. 我国ABS的产生与发展

我国在体制改革上迈出较大步伐，基本实现政企分开、企业重构、市场经营的新体制，而且我国的投资环境正在不断改善，特别是政局稳定、社会安定，外商投资有安全感。另外，政府已明确表示，欢迎外资投向基础产业、基础设施。我国国内城乡居民的高额储蓄资金为ABS在国内的发展提供了充足的资金来源。ABS可在如此之大的金融资产中找到支持，若允许机构投资者（如保险基金、养老基金等）进入，将会为其实施提供更强大的资金来源。当前我国居民的投资渠道大致仍以银行存款为主，资产证券化所创造出的新型投资工具，只要其设计合理，收益性、流动性、安全性和信誉较高，将会受到投资者的青睐。其结果是不仅使 ABS 方式得到发展，而且高额储蓄带来的副作用也能得到缓解。

我国已培养了一些实力雄厚、资信良好的金融机构，它们完全有能力与国际资信卓著的金融机构共同组建 SPV 或成为现有 SPV 的股东。目前，我国香港已成立了亚洲豪升 ABS（中国）控股公司，为我国 SPV 的设立提供了探索之路。近年来国内的几个资产证券化案例，从技术和人才上为我国发展资产证券化奠定了一定的基础。

我国的 ABS 也开始了萌芽：1996 年 8 月珠海市以交通工具注册费和高速公路过路费为支持发行两批共 2 亿美元的债券，由摩根・斯坦利安排在美国发行，分别获得 Baa3 和 Ba1 的评级及 3 倍超额认购。这是我国第一次开展 ABS 融资。1997 年，中国远洋运输总公司（COSCO）通过私募形式发行 3 亿美元的以其北美航运收入为支持的浮息票据。1997 年 5 月，在我国政府有关主管部门的关心和支持下，重庆市政府与亚洲豪升 ABS（中国）控股公司签订了一个以城市建设为基础的资产证券化合作协议，这是我国开展 ABS 的又一项重大突破。我国有着巨大的资金需求，同时众多的上市公司也拥有大量的好项目。根据测算，廉租房每年需要建设资金 500 亿元，2008 年、2009 年中央政府分别投入 300 多亿元，缺口仍然很大，专家指出 ABS 对于加快我国廉租房建设具有十分重要的作用。发展我国资本市场迫切需要发展多元化的金融工具，ABS 等金融工具的引入将为此发挥巨大的推动作用。

2017 年，我国资产证券化市场延续快速发展势头，发行规模超过 1 万亿元，市场存量突破 2 万亿元，创新品种层出不穷，参与主体更加多元。在利好政策推动下，不良资产证券化试点成功扩围，PPP 资产证券化发展迅猛，消费、租赁、扶贫、绿色类资产证券化产品全面开花，市场步入创新提速、发展深入的更高级阶段，在盘活存量资产、支持实体经济、助力普惠金融方面发挥了重要作用。

2017 年 3 月 5 日，李克强总理在政府工作报告中提出要积极稳妥地去杠杆，具体措施包括“促进企业盘活存量资产，推进资产证券化”等，充分体现了高层对资产证券化业务的重视和支持。2017 年 6 月，上交所和深交所双双修订并优化《资产支持证券挂牌条件确认业务指引》，使评审效率进一步提高。

未来将尽快完善资产证券化法律制度体系以适应市场创新需求，引导信贷资产证券化向纵深迈进，促进不良资产证券化向常态化转变，加快 PPP、住房租赁等重点领域的证券化发展，从而推动资产证券化市场走向成熟，进一步提升资产证券化服务实体经济的能力和水平。

案例 5-8

中集集团贸易应收账款资产证券化融资

1. 案例背景介绍

中国国际海运集装箱（集团）股份有限公司（简称中集集团或 CIMC）是世界领先的海运集装箱生产商，主要业务包括干货集装箱的设计、制造业务，旅客登机桥及货运站的设计建造业务，具有强大的行业基础和广泛的国内业务联系。中集集团亦涉足其他行业，如木材行业、机械和电子设备行业、基础建设和不动产业。中集集团主要办公地点设在深圳，总雇员达万余名，在深圳、上海、南京、南通、大连、青岛、天津、香港等地设有20多个附属机构。1999年，中集集团总资产达到72亿元，生产标准干货集装箱48万个，占全球市场的35%以上。该公司凭借良好的资信状况和经营业绩，与多家国际大银行建立了广泛的合作关系，多次获得国际中长期贷款支持。此前，中集集团还是唯一一家在美国发行最高金额7 000万美元商业票据的中国上市公司，在国际资本市场上享有较高的声誉。据中集集团财务管理部总经理曾北华透露，今后中集集团的发展目标是向国内外提供现代化运输装备，而非仅仅只是集装箱，这就意味着中集集团的产品结构正面临调整。据悉，该公司后来开发生产的冷冻集装箱已经占有国际市场10%的份额。

由于集装箱行业的特殊性，中集集团的销售基本采用赊销方式，很少有现金交易。而集装箱的生产投资需求庞大，这就需要公司拿出一种独特的融资方式，它既要加速回流资金，又要保持公司财务状况的优化与资金结构的稳定和安全。

在采用资产证券化之前，中集集团经国家外汇管理局批准，主要通过发行商业票据直接在国际市场融资，但商业票据的稳定性因国际经济和金融市场的变化而波动。在1998年金融危机中，原有银团中的部分银行收缩了在亚洲的业务并退出了7 000万美元商业票据银团，给商业票据的续发带来了重重困难。虽经多方努力，成功续发商业票据，但规模降为了5 700万美元。为避免类似情况的发生，保持集团资金结构的稳定性并进一步降低成本，中集集团开始与多家国际银行进行金融方面的创新。

2. 资产证券化的基本情况

2000年3月，中集集团与荷兰银行在深圳签署了应收账款证券化（assets-backed commercial paper，ABCP）融资项目的有关协议。按照协议，在3年内，凡是中集集团发生的应收账款都可以出售给由荷兰银行管理的资产购买公司，由该公司在国际商业票据市场上多次公开发行商业票据，总发行金额不超过8 000万美元。在此期间，荷兰银行将发行票据所得资金支付给中集集团，中集集团的债务人则将应付款项交给约定的信托人，由该信托人履行收款人职责。而商业票据的投资者可以获得高出伦敦同业拆借市场利息率1%的利息。此次中集集团贸易应收账款资产评级获得穆迪（Moodys）P1和标准普尔（Standard Poor）AI+在国际短期资金市场上的最高评级。项目完成后，中集集团只需花两周时间，就可获得本应138天才能收回的现金，实现融资可达8 000万美元。

3. 交易结构分析

中集集团应收账款证券化融资结构如图5-12所示。

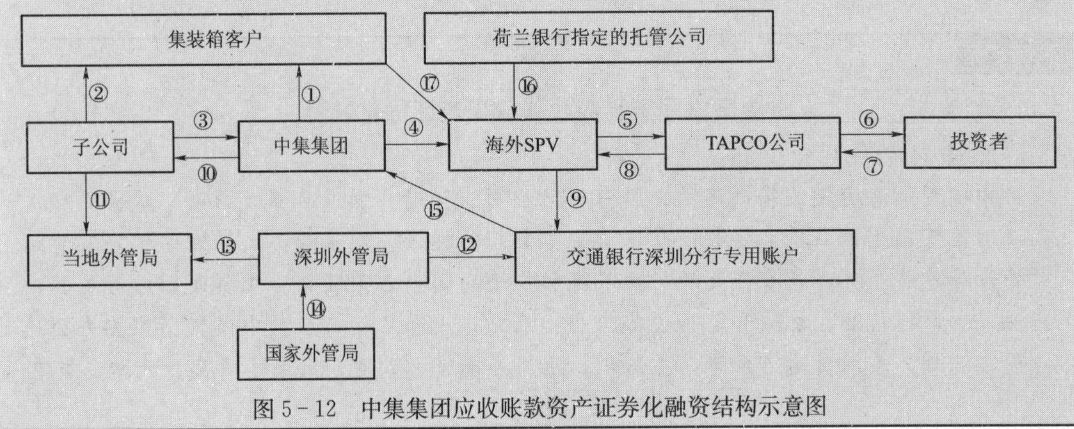

图5-12　中集集团应收账款资产证券化融资结构示意图

说明：

① 由CIMC市场部向所有客户说明ABCP融资方式的付款要求，要求其在某一日期后将所有应付款项付至海外特殊工具机构（SPV）的指定账户。

② 各子公司仍然履行所有针对客户的义务和责任。

③ 在项目启动之前，CIMC各子公司开立的销售发票，其应收账款在项目启动前将从法律上被转让给CIMC总部；在项目启动之后，发票将以总公司抬头的格式开出。

④ CIMC总部将全部应收账款以真实销售方式出售给海外SPV。

⑤ SPV将全部应收账款出售给TAPCO公司（一家由荷兰银行管理的资产购买公司，专门收购全球各种优良资产）。

⑥ 由TAPCO公司在商业票据（commercial paper，CP）市场上向投资者发行CP。

⑦ TAPCO公司从CP市场获得资金。

⑧ TAPCO公司将所获CP资金付至SPV，用以支付购买应收账款。

⑨ SPV将所获资金付至CIMC设于交通银行深圳分行经国家外管局批准的专用账户。

⑩ CIMC总部经过计算并扣除各种利息、费用后，对所获资金进行分割，并以原币分别划转至各有关子公司。

⑪ 各子公司根据CIMC总部原币划转和利息费用计算清单（包括国家外管局的批文及深圳外管局的核准文件），到当地外管局进行核销。

⑫ 深圳外管局对专用账户进行监管。

⑬ 深圳外管局负责协调与各地外管局的关系并提供相关的证明。

⑭ 国家外管局批准深圳外管局的请示报告。

⑮ 国家外管局负责统筹协调和管理。

⑯ 托管公司对SPV的账户和收款进行监管。

⑰ 集装箱客户将所有货款付至SPV指定账户。

4. 财务指标分析

企业赊销商品就是向购买方提供商业信用。企业的信用政策与其应收账款规模有着直接的联系：放松信用政策会刺激销售，增大债权规模；紧缩信用政策则会制约销售，减少债权规模。企业总是在刺激销售和减少坏账间寻找赊销政策的最佳点。面对应收账款的增加和资金的占用，有些企业选择了现金流优先的安全做法，放弃一部分市场机会来降低风险，但这不过是用长远的利益兑换成眼前的利益罢了。然而中集集团不仅没有让应收账款成为企业的负担，反而利用应收账款证券化，使其成为融资的手段。通过此次应收账款证券化融资，中集集团的财务状况得到明显的改善：增强了偿债能力，提高了资金流动的效率，提高了盈利能力，具体见表5-2。

表5-2 中集集团应收账款证券化前后财务指标变化情况表 单位：万元

时间 指标	证券化前		当年	证券化后		
	1998	1999	2000	2001	2002	2003
总资产	430 737.17	662 251.06	663 979.15	593 685.08	773 722.78	993 196.87
流动资产	224 797.47	384 462.28	366 091.07	260 539.25	456 444.19	653 620.10

续表

指标 \ 时间		证券化前		当年	证券化后		
		1998	1999	2000	2001	2002	2003
应收账款		108 269.28	191 855.81	191 911.71	111 617.98	250 187.44	324 282.28
存货		61 017.10	115 398.87	140 539.18	92 910.15	130 002.66	147 381.43
待摊费用		2 758.07	599.74	561.91	295.93	1 194.62	284.20
负债总额		256 731.33	446 847.79	399 962.55	297 475.68	427 361.12	395 644.09
流动负债		216 271.62	336 160.18	319 157.62	179 904.69	417 332.62	352 583.50
营业收入		491 350.02	519 686.94	895 427.48	676 550.68	907 867.02	1 380 022.30
营业成本		405 171.18	437 486.50	738 358.62	519 035.16	784 409.22	1 190 013.50
股东权益		142 954.91	169 611.90	213 940.62	239 985.66	285 372.93	529 094.03
利润总额		33 204.44	29 572.09	63 186.06	69 474.35	62 082.84	88 018.92
净利润		24 576.35	25 763.38	46 196.51	54 300.67	46 485.46	68 268.80
偿债能力	流动比率	1.04	1.14	1.15	1.45	1.09	1.85
	速动比率	0.74	0.80	0.70	0.93	0.78	1.43
	资产负债率	59.60%	67.47%	60.24%	50.11%	55.23%	39.84%
	股东权益比率	33.19%	25.61%	32.22%	40.42%	36.88%	53.27%
经营能力	存货周转率	6.20	4.96	5.77	4.45	7.04	8.58
	应收账款周转率	4.86	3.46	4.67	4.46	5.02	4.80
	总资产周转率	1.20	0.95	1.35	1.08	1.33	1.56
盈利能力	净资产周转率	18.28%	16.49%	24.09%	23.92%	17.70%	16.76%
	总资产报酬率	8.12%	5.41%	9.53%	11.05%	9.08%	9.96%

5. 其他微观利益分析

(1) 股权和控制权

相对于股权融资来说，中集集团通过应收账款证券化融资有不分散股权和控制权的好处。

(2) 应收账款的风险

中集集团虽然在全球市场所占份额达35%，但一直苦于应收账款影响资产流动性，这限制了其进一步做大的前景，而通过荷兰银行来进行应收账款证券化迅速解决了整个问题，从而使得向优质客户的销售得到根本保证。以应收账款作抵押，发行票据，不会形成追索权，从而将应收账款能否回收的风险转嫁给认购票据的投资者，降低了中集集团的财务风险，使得其财务更为稳健。

(3) 融资成本

证券化可降低中集集团的融资成本，使企业获得较高的资信评级。当时，中国银行发行的三年期美元债券成本为LIBOR+274BPS，中国财政部发行的三年期美元债券成本为LIBOR+120BPS。中集集团1998年在国际资本市场续发的5 700万美元一年期商业票据的综合成本为LIBOR+91.22BPS，这是以整个集团作为信用评级的结果。而中集集团将企业的收账款作为资产出卖，其信用评级只需要单独考量应收款资产的状况。经过包装后，中集集团应收款资产信用等级达到了国际资产证券化的最高评级，中集集团三年期8 000万美元应收账款，付出的综合成本为LIBOR+85BPS，比同期银团贷款低100多个BPS。（LIBOR是伦敦金融同业拆借利率London Inter-Bank Offered Rate的缩写，是国际贸易市场最主要的短期参考利率；BPS是衡量资金成本的单位，表示的是一个基本点的利差，即0.01%的利差。）

当然，证券化过程的成本还是相当高的，除了定的发行票据折扣、一定的发行和结算费用、票据利息外，还有中介费用（作为服务方的荷兰银行可收取200多万美元的费用）。因此，资产证券化只有具有一定的规模才能有效降低资金成本。

6. 总结

通过对中集集团贸易应收账款资产证券化项目的分析，总结出进出口企业对应收账款证券化进行跨国证券化的优点如下：首先，证券化缩短了进出口企业应收账款的回收期，增加了企业的流动资金，从整体上提高了企业的财务状况，同时促进企业扩大贸易规模，有利于增强进出口企业的竞争能力和发展对外贸易；其次，可以避免货币兑换风险；最后，将外汇应收账款证券化符合我国外汇管理的基本原则。因为应收账款代表一种对境外消费者或中间商的求偿权或债权，不会额外增加外债负担。如果把这类资产“真实销售”给境外的特殊目的载体（SPV），那么这种跨国资产证券化不会对我国国际收支平衡产生任何影响。

中集集团此次利用海外成熟的融资系统成功地将优质的应收账款证券化，改善了自身的财务状况，提高了集团的信誉，为其扩大业务和进一步融资创造了有利条件。

案例5-9

中信证券与苏宁合作资产证券化

2015年2月6日，首只商业地产REITs“苏宁云创”挂牌，该产品是资产证券化业务备案制后深交所挂牌的首个房地产信托投资基金，也是深交所继“中信启航专项资产管理计划”后推进REITs发展的又一次创新尝试。

苏宁云商拟以不低于人民币40.1亿元的价格将11家全资子公司的全部相关权益转让给中信金石基金拟发起设立的私募投资基金或/及相关方，以开展相关创新型资产运作模式。

1. 交易概述

苏宁云商子公司以11家自有门店物业的房屋所有权及对应的土地使用权分别出资设立，门店包括北京通州世纪联华店、北京刘家窑店、常州南大街店、武汉唐家墩店、重庆观音桥步行街店、重庆解放碑店、昆明小花园店、成都春熙路店、成都万年场店、成都西大街店和西安金花路店，具体见表5-3。

苏宁将按照市场公允价值确定交易对价，可获得优质门店增值收益和现金回笼，另外公司以稳定的租赁价格和长期租约获得门店物业的长期使用权。

私募投资基金管理人为中信金石基金，中信金石基金于2013年7月8日在天津市武清开发区注册成立，是金石投资有限公司的全资子公司。门店物业的租金收入及该私募投资基金未来处置股权或门店物业的增值收益，将成为该私募投资基金或/及相关方的收益分配来源。

本次交易是公司创新资产运营的一次良好尝试。通过资产证券化等金融创新，优质物业存量资产得以盘活，公司可回笼巨额现金并以稳定租金保持门店长期运营。我们预期该交易完成后，公司将继续以轻资产模式加速转型互联网。

2. 交易标的

交易标的：①本次交易标的为11处物业房地产权属分别过户至11家全资子公司后，公司对11家全资子公司享有的全部相关权益。②本次交易不涉及人员安置、土地租赁情况，交易完成后公司将按照市场价格租用11处物业继续经营。

交易结构如图5-13所示。

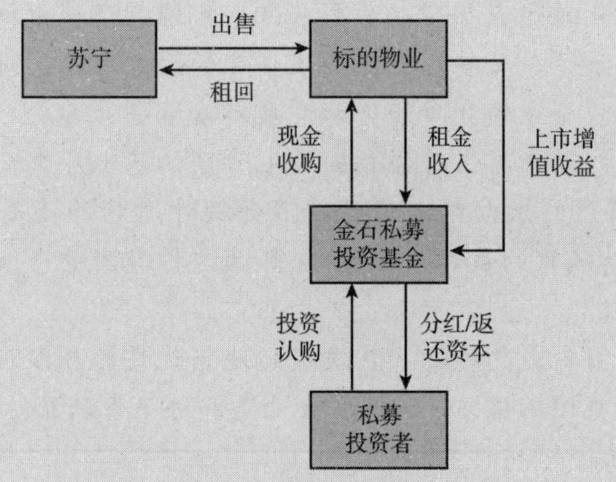

图5-13　交易结构

表5-3　11处物业资产状况

单位：万元

截至2014年7月31日，未经审计数据：

门店物业名称	资产原值	累积折旧	资产净值
北京刘家窑店物业	10 684.24	885.23	9 799.01
常州南大街店物业	15 072.31	3 492.59	11 579.72
武汉唐家墩店物业	16 359.92	419.34	15 940.58
重庆观音桥步行街店物业	34 507.58	10 599.58	23 908.00
重庆解放碑店物业	29 080.70	3 486.98	25 593.72
昆明小花园店物业	20 602.79	2 589.48	18 013.31
成都春熙路店物业	22 804.59	3 456.32	19 348.27
成都万年场店物业	4 446.89	1 365.94	3 080.95
成都西大街店物业	6 714.84	1 981.16	4 733.68
西安金花路店物业	12 311.87	1 169.37	11 142.50
北京通州世纪联华店物业（注）	26 430.31	—	26 430.31
合计	199 016.04	29 445.99	169 570.05

注：截至2014年7月31日，北京通州世纪联华店会计核算计入在建工程科目，账面价值为26 430.31万元，该处物业于2014年9月30日开业运营，会计核算上已由在建工程科目转入固定资产科目。

定价情况及公平合理性分析：公司聘请北京天健兴业资产评估有限公司以2014年7月31日作为基准日，采用市场比较法对11处物业房产及对应的土地使用权于评估基准日的市场价值进行了评估，具体见表5-4。

表5-4　物业估值情况

单位：万元

物业名称	物业评估值
北京通州世纪联华店	41 147.43
北京刘家窑店	33 976.68
常州南大街店	29 285.80
武汉唐家墩店	31 902.94
重庆观音桥步行街店	81 239.68
重庆解放碑店	39 708.05
昆明小花园店	37 264.66
成都春熙路店	50 266.18
成都万年场店	18 956.74
成都西大街店	15 921.91
西安金花路店	21 453.63
合计	401 123.70

3. 中信证券的REITs突破

苏宁云商披露上述创新型资产运作模式，将作为中信证券旗下"中信启航"的一款REITs产品进行运作。

"中信启航"是中信证券今年5月上市的国内首个房地产信托投资基金产品（REITs）。该项交易也将是2014年5月中信证券在国内率先上市"中信启航"产品以来，其推出的又一款REITs产品。

中信此次瞄准苏宁云商的O2O门店，可以看作是中信证券REITs模式向商业化迈出的重要一步。在5月上市时"中信启航"只是一个私募版本，到此次跟苏宁云商合作，依然是以金石私募投资为平台的私募版本。这就意味着，对于投资人会做出一定要求，并非是面向大众的公募型产品。合作的金石私募投资基金作为中间方，面对私募投资者同时也对接标的物业，完成整个地产投资基金产品闭环。

此外，为增强投资者对本次资产运作中拟设立的创新金融产品的投资信心，中信金石基金必要时将可能引进有实力的具备一定资信条件的大型企业（包括但不限于苏宁电器集团有限公司）为该金融产品提供增信，且相关增信措施在特定条件下将可能使得上述企业（包括但不限于苏宁电器集团有限公司）获得与门店物业相关的权益，因此苏宁电器集团有限公司未来可能成为中信金石基金拟设立的金融产品相关交易参与方。

思　考　题

1. 如何理解项目融资的概念？它有哪些特点及主要模式？

2. 项目融资的主要参与者有哪些？相互之间有什么样的关系？

3. 按照项目担保在项目融资中承担的经济责任的不同，信用担保可划分为哪些类型？试进行比较分析。

4. 试结合近年来项目融资的发展，谈谈项目信用保证结构的可能创新趋势。

5. TOT 与 BOT 有哪些主要区别？各有何优势？并分析它们当前在我国应用中存在的难点。

6. 比较 BOT 与 PFI 的相同点与区别。

7. ABS 的融资特点是什么？它有哪些优势？

8. 试分析我国实行 ABS 的可行范围及存在问题。

第 6 章

吸引风险投资

内容摘要

风险投资是指由职业金融家投入到新兴的、迅速发展的、有巨大竞争潜力的中小企业，尤其是高新技术企业的一种权益资本。风险投资有不同于一般权益投资的特点。吸引风险投资有其特有的运行过程。我国风险投资的实践从无到有，在不断改进和完善。私募股权融资和风险投资都是对上市前企业的投资，虽然两者在投资阶段、投资规模、投资理念和投资特点等方面有所不同，但在实际业务中两者的界限变得越来越模糊。

6.1 风险投资概述

6.1.1 风险投资与私募股权投资

风险投资，也叫“创业投资”，英文原名是 venture capital，简称 VC。广义的风险投资泛指一切具有高风险、高潜在收益的投资；狭义的风险投资是指以高新技术为基础，生产与经营技术密集型产品的投资。根据全美风险投资协会的定义，风险投资是由职业金融家投入到新兴的、迅速发展的、具有巨大竞争潜力的企业中的一种权益资本。

风险投资和风险融资（venture financing）是同一个问题的两个不同描述角度。风险投资机构进行风险投资的过程也是风险企业进行风险融资的过程，二者是相辅相成的关系。因为企业有风险融资的需求，风险投资者才会产生；因为风险投资者提供风险资金，企业才能进行风险融资。

风险投资是一种以股权投资为主要方式，对以创新技术为主要手段的高新技术企业提供的资金、技术和市场支持的活动。风险投资主要包括以下三个方面的内涵。

① 风险投资以为高新技术提供资金基础为首要目的，大力鼓励技术密集型创新产品的推出。

② 风险投资主要是股权投资，在整个投资的过程中，投资者有权参与公司的经营与治理。

③ 风险投资的目标是通过股权增值后转让股权获得超额收益，而不是为了利润分配的收益。

私募股权投资（private equity，PE），也叫私募股权融资、私募资本投资、股权私募融资、直接股权投资等，是指通过私募形式对私有企业即非上市企业进行的权益性投资，在交易实施过程中附带考虑了将来的退出机制，即通过上市、并购或管理层回购等方式出售持股获利。

广义的私募股权投资包括发展资本（development finance）、夹层资本（mezzanine finance）、基本建设（infrastructure）、管理层收购或杠杆收购（MBO/LBO）、重组（restructuring）和合伙制投资基金（PEIP）等。

私募股权投资具有以下特点。

① 对非上市公司的股权投资，因流动性差被视为长期投资，所以投资者会要求高于公开市场的回报。

② 没有上市交易，所以没有现成的市场供非上市公司的股权出让方与购买方直接达成交易。持币待投的投资者和需要投资的企业必须依靠个人关系、行业协会或中介机构来寻找对方。

③ 资金来源广泛，如富有的个人、风险基金、杠杆收购基金、战略投资者、养老基金、保险公司等。

④ 投资回报方式主要有三种：公开发行上市、售出或购并、公司资本结构重组。

综上，凡是在一家企业上市前所涉及的股权投资都属于私募股权投资。

广义的私募股权投资是指涵盖企业首次公开发行前各阶段的权益投资，即对处于种子期、初创期、发展期、扩展期、成熟期和 Pre-IPO 各个时期企业所进行的投资；而狭义的私募股权投资主要指对已经形成一定规模，并产生稳定现金流的成熟企业的私募股权投资部分，主要是指创业投资后期的私募股权投资部分。目前在中国，私募股权投资主要界定于狭义概念，并据此与风险投资相区别。业界大多认为，内地第一起典型的私募股权投资案例是 2004 年 6 月美国著名的新桥资本（new bridge capital）以 12.53 亿元人民币，从深圳市政府手中收购深圳发展银行 17.89%的控股权，这也是国际并购基金在内地的第一起重大案例。后来，软银亚洲赛富基金管理公司投资盛大、凯雷投资携程、摩根等三家投资机构投资蒙牛、高盛等投资尚德电力，这些人们耳熟能详的投资案例都出自国际 PE 投资机构之手。近年来，出现了中外合资的 PE 投资机构和我国本土的 PE 投资机构，也相继有了一些成功的投资案例。

现在国内活跃的 PE 投资机构大致可以归纳为以下几类：一是专门的独立投资基金，如 The Carlyle Group（凯雷）、3ipuorgetc；二是大型的多元化金融机构下设的直接投资部，如 Morgan Stanley Asia（摩根士丹利亚洲公司）、JP Morgan Partners（JP 摩根）、Goldman Sachs Asia（软银亚洲）、CITIC Capital 等；三是中外合资产业投资基金的法规出台后新成立的私募股权投资基金，如中瑞合作基金、赛富成长基金；四是本土基金，如鼎晖投资、弘毅投资、渤海产业投资基金、申滨投资等；五是大型企业的投资基金，服务于其集团的发展战略和投资组合，如 GE Capital 等；六是其他基金，如 Temasek、GIC（新加坡政府产业投资有限公司）。

广义的私募股权投资是指各阶段的私募股权投资，包括风险投资。一般研究中，私募股权投资特指狭义的私募股权投资。两者在投资阶段、投资规模、投资理念和投资特点等方面有不同，二者的关系如图 6-1 所示。

但是，很多传统上的 VC 投资机构现在也介入 PE 业务，而许多传统上被认为专做 PE 业务的机构也参与 VC 项目。二者的共同特点都是私募股权投资，也就是说 PE 与 VC 只是

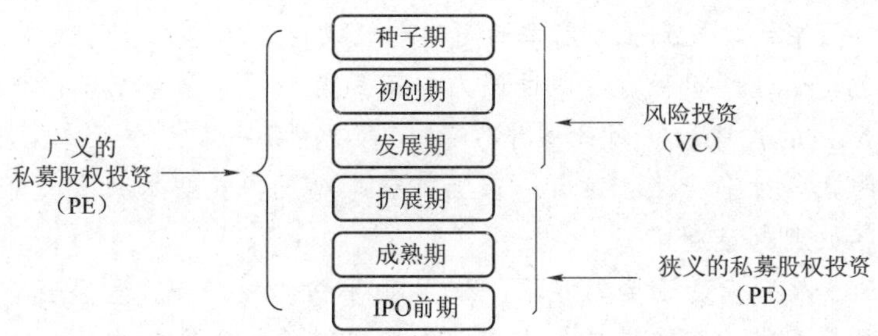

图 6-1　广义的私募股权投资与狭义的私募股权投资的关系

概念上的一个区分，在实际业务中两者的界限越来越模糊。比如著名的 PE 机构如凯雷也涉及 VC 业务，其投资的携程网、聚众传媒等便是 VC 形式的投资。

案例 6-1

私募股权融资的成功典范——蒙牛乳业的 PE 之路

我国是世界上牛奶占有量较低的国家之一。近年来，人们对于健康、营养的需要呈日益上升的趋势，中国巨大的消费需求基础，使得牛奶的需求量逐年上升。蒙牛乳业适时地抓住了这一历史性的机遇，创造了中国乳业市场最大的奇迹。1999 年 1 月，从“伊利”退出的牛根生和几个原“伊利”高管成立了蒙牛乳业有限责任公司。同年 8 月，“内蒙古蒙牛乳业股份有限公司”（以下简称“蒙牛乳业”）宣告成立。从 1999 年到 2002 年短短的 3 年时间内，它的总资产从 1 000 多万元增长到近 10 亿元，年销售额从 1999 年的 4 365 万元增长到 2002 年的 20 多亿元，在全国乳制品企业的排名从第 1 116 位上升到第 4 位，并且以 1 947.3%的成长速度获得《当代经理人》“2002 年中国成长企业百强”第一名。

但是此时的蒙牛乳业资金来源非常有限，资金的制约已经严重影响了企业的发展，蒙牛迫切需要突破融资瓶颈。

蒙牛乳业总裁牛根生曾说：“我们的资本路线走了其他企业曾经想也不敢想的道路”，这条不寻常的道路就是私募股权融资。私募股权融资为蒙牛乳业的迅速成长提供了重要的资金支持和管理支持。

蒙牛乳业刚成立时，它的竞争对手“伊利”在主板上市已经 3 年。2001 年和 2002 年蒙牛乳业投资的资金基本靠小规模的扩股增资所得，但这样风险和成本较大且可持续性不好确定，而且融到的资金有限。2001 年，蒙牛乳业相对于“伊利”等主要竞争对手还相差很远：2001 年伊利集团的销售收入在 27 亿元以上，而蒙牛乳业只有 7 亿元。所以蒙牛乳业只有努力扩大市场才有可能与竞争对手抗衡。从 2002 年和 2003 年蒙牛乳业的投资情况看，仅凭蒙牛乳业自身的资金积累远远不能满足自身发展的需要。蒙牛乳业必须想办法解决融资困境，以支持企业的发展。

由于蒙牛乳业股份注册资本太少，只是一个刚成立的小乳品厂，即使在中小板市场短期内也是不可能上市的。更重要的是，只要变成股份公司，发起人的股份 3 年内就既不能出售也不能转让，除非有把握一定能在这 3 年内上市，否则，保持股权结构相对自由开放的有限公司形式，直到上市有眉目再进行股改也许才是正确的选择。

蒙牛乳业也尝试过民间融资。不过国内一家知名公司来考察后，对蒙牛团队说他们一定要求掌握51%的控股权，对此蒙牛乳业不答应；另一家大企业本来也准备要投资，但被蒙牛乳业的竞争对手劝住；还有一家上市公司对蒙牛乳业本来有投资意向，结果又因为其主管突然被调走而搁置。

为解决快速发展带来的资金的瓶颈，2002 年年初，股东会、董事会均同意，在法国巴黎百富勤的辅导下准备在香港二板上市。因为当时蒙牛乳业历史较短、规模小，不符合上主板的条件。

这时，摩根士丹利与鼎晖出现了，表现出的良好发展潜力和专业化从业水准是海外投资者投资蒙牛乳业的关键。1999—2002 年，蒙牛不到 4 年就过了年销售额 15 亿元的大关，加入中国乳品行业第一大集团（见图 6－2）。

另外，蒙牛乳业自创立之始，就解决了股权结构不清晰这一许多中国企业先天不足的问题——没有政府性投资和国内投资机构入股，是一家完全由 100%自然人持股的企业。蒙牛乳业是一个纯民营的股份制企业，在体制上具有先天的优越性。

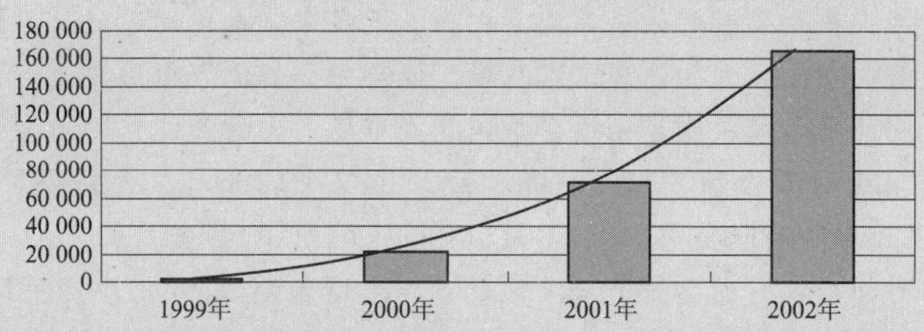

图 6－2　蒙牛集团 1999—2002 年销售收入增长图（单位：万元）

摩根士丹利与鼎晖劝其不要去香港二板上市。理由是：香港二板除了极少数公司以外，流通性不好，机构投资者一般都不感兴趣，企业再融资非常困难。摩根士丹利与鼎晖建议蒙牛乳业应该引入私募股权投资者，以求资金及时到位，帮助企业成长与规模化，达到一定程度后再直接在香港主板上市。

蒙牛乳业最终采纳了摩根士丹利的投资建议，主要是基于以下三个方面的考虑。

① 引入外部战略投资者，提供持续扩张的资金及外部约束机制。

② 重组公司股权结构，使其具有较强的拓展边界。

③ 利用多种金融工具建立公司内部激励机制，强化内部凝聚力。

2002 年经过七八个月的接触、讨论和一次又一次的谈判，蒙牛乳业最后选定了三家私募权益基金（private equity）机构（摩根士丹利、鼎晖、英联）为自己的合作伙伴。为了接受这三家机构的投资，必须重新进行一系列的股权设计，从而使得“蒙牛”以合资企业的身份在海外上市。摩根士丹利等设计的方案是——以红筹股的形式在境外上市。在这三家机构的帮助下，经过一系列复杂的公司股权结构的设计和运作，蒙牛搭建了三层结构，最上面由三个投资机构及境外注册的“金牛”“银牛”公司及牛根生作为出资者，持有蒙牛乳业的股份，蒙牛乳业投资控股蒙牛股份（真正的业务企业）。

2002年12月19日，这三家机构与蒙牛签订了投资合同，第一轮投资2 600万美元，第二轮又增加投资3 500万美元，这是当时中国乳制品行业接受的最大一笔国际投资。2004年6月10日，“蒙牛乳业”（02319.HK）在香港挂牌上市，取得了非常可观的融资效应。与此同时，摩根士丹利、鼎晖、英联三家国际投资机构也在IPO中出售股票逐步退出，回报率也达到了500%左右。

至此，中国乳品行业的几大主要公司都通过资本市场开辟了广阔的资金来源市场，为其迅猛发展奠定了坚实的资金基础（见表6-1）。

表6-1 中国乳品行业主要公司资本运作情况比较

	伊利股份（600887）	光明乳业（600597）	三元股份（600429）	蒙牛乳业（02319.HK）
上市日期	1996.3.12	2002.8.28	2003.9.15	2004.6.10
上市地点	上海	上海	上海	香港
发行价	5.95元/股	6.5元/股	2.6元/股	3.925港元/股
IPO融资额	1.02亿元	9.75亿元	3.9亿元	13.49亿港元
IPO市盈率	12倍	20倍	20倍	19倍
持股公司		达能		摩根士丹利、鼎晖、英联

资料来源：新浪财经。

6.1.2 风险投资的特点

就风险投资的实践来看，它主要选择未公开上市的有高增长潜力的中小企业，尤其是具有创新性或高科技导向的企业，以可转换债券、优先股、认股权的方式参与企业的投资，同时参与企业的管理，使企业获得专业化的管理及充足的财务资源，促进企业快速成长和实现目标。在企业发展成熟后，风险资本通过资本市场转让企业的股权获得较高的回报，继而进行新一轮的投资运作。风险投资不同于一般投资，有其自身的特点，具体概括如下。

1. 高风险

风险投资的高风险性是与其投资对象相联系的。传统投资的对象往往是成熟的产品，风险很小。而风险投资的对象则是刚刚起步或还没有起步的中小型高新技术企业的技术创新活动，看重的是投资对象潜在的技术能力和市场潜力，因此具有很大的不确定性，即风险性。这种风险由于来源于技术风险和市场接纳风险、财务风险等的串联组合，因此表现出一着不慎、满盘皆输的高风险性。高新技术企业通常来讲大部分都是中小型企业，没有固定资产或资金作为贷款的抵押或者担保，再加之企业的创新思想有时只是一时的灵感，缺乏长远成熟的考虑，尚未经受市场的考验，前景尚未明晰，所以投资这类企业的成功率往往不高。

2. 高收益

投资者们对于所投资项目的高风险性并非视而不见，风险背后蕴含的巨额利润即预期的高成长、高增值是其投资的动因。一般来说，投资于“种子”式创立期的公司，所要求的年投资回报率在40%左右；对于成长中的公司，年回报率要求在30%左右；对于即将上市的公司，要求的回报率在20%以上，这样才能补偿风险，否则不会进行投资。虽然风险投资的成功率较低，但一旦成功，一般足以弥补因为投资失败而导致的损失。美国1996年风险投资的回报率为19.7%，英国则为42.9%。风险投资所追求的收益，一般不体现为红利，而体现为风险资本退出时的资本增值，即追求资本利得。而资本收益税低于企业所得税，从而使投资产生更大的收益。

3. 大多数都投向高新技术领域

风险投资是以高风险为代价来追求高收益的，传统产业无论是劳动密集型的轻纺工业还是资金密集型的重化工业，由于其技术、工艺的成熟和产品、市场的相对稳定，风险相对较小，是常规资本大量集聚的领域，因而收益也就相对稳定。而高新技术产业，由于其风险大、产品附加值高，收益也高，符合风险投资的特点，因而成为风险投资的热点。

4. 低流动性

风险资本往往在风险企业初创之时投入，直至企业股票上市，投资期较长，通常为5～7年。据对美国157家由风险资本支持的企业的调查资料表明，风险投资企业平均用30个月实现收支平衡，用75个月恢复原始股本价值。正因如此，人们将风险资本称为“有耐心和勇敢”的资金。另外，在风险资本最后退出时，如果相应的退出机制欠缺，撤资将令投资者处于两难的处境，这也使得风险投资具有较低的流动性。

5. 专业性和参与性

与传统工业信贷只提供资金而不介入企业或项目管理的方式不同，风险投资者在向高新技术企业投资的同时也参与企业项目的经营管理，因而表现出很强的“参与性”。风险投资者一旦将资金投入风险企业，它与风险企业就结成了一种风险共担、利益共享的共生体，这种一荣俱荣、一损俱损的关系，要求风险投资者参与风险企业全过程的管理。这对于风险投资者自身的素质要求很高，要求其不仅要有相当的高新技术知识，还必须掌握现代金融和管理知识。

风险投资者既是投资者又是经营者。风险投资者与银行家不同，他们不仅是金融家，而且是企业家，他们既是投资者，又是经营者。风险投资者在向风险企业投资后，便加入企业的经营管理。也就是说，风险投资者为风险企业提供的不仅仅是资金，更重要的是专业特长和管理经验。风险投资者在风险企业持有约30%的股份，他们的利益与风险企业的利益紧密相连。风险投资者不仅参与企业长期或短期的发展规划、企业生产目标的测定、企业营销方案的建立，还要参与企业的资本运营过程，为企业追加投资或创造资金渠道，甚至参与企业重要人员的雇用、解聘。

6. 风险投资有其明显的周期性

在风险企业初创阶段，往往出现亏损；随着产品开发成功和市场的不断开拓，产品能以高价格出售，因而可获得高额利润；当产品进入成熟期，生产者逐渐增多，超额利润消失，风险投资者此时要清理资产，撤出资金去从事其他的投资。

7. 风险投资是融资与投资的有机结合

风险投资在现实中是融资与投资相结合的一个过程，风险这一概念不仅体现在投资上，也体现在融资上。从某种意义上说，风险投资过程中最重要的也是最困难的不是投资，而是融资，融资比投资更重要。

风险投资融资的对象主要为：公共的和私人的养老基金、捐赠基金、银行持股公司、富有的家庭和个人、保险公司、投资银行、非金融机构或公司、外国投资者。风险投资能否融得资金，很大程度上取决于风险投资家个人的魅力。投资者是本着对风险投资家个人的信赖出资的，风险投资家融得这些资金后，就会产生无形的压力，如果对这些资金运作不成功，将来难以再从这些人手中融得资金。因此，风险投资中的风险既体现在投资方，也体现在融资方。

风险投资既是投资也是融资，是以融资为首的投资和融资的有机结合。融资中有投资，投资中又有融资。投资方向的选定是融到资金的关键。投资的过程往往伴随着第二轮或第三轮的融资。融资和投资构成了不可分割的有机整体是风险投资的特征之一。

6.1.3 风险投资的产生与发展

20 世纪 40 年代初期，美国有很多新兴公司成立。这些公司规模较小，各方面不成熟，加上刚刚经历 20 世纪 30 年代的“大萧条”，资本市场发展不健全，政府监管也不完善，这些新兴中小公司很难从银行和其他金融机构贷款，因而它们需要新的融资方式。此时，一些有远见的富有者开始认识到这些创新型企业的巨大潜力和它们对美国经济发展的重要意义。在这样的经济文化背景下，1946 年 6 月 6 日，美国波士顿联邦储备银行行长拉尔夫·弗兰德斯（Palph Flanders）和哈佛商学院教授乔吉斯·多奥里特（Georges Dorit）共同创建了世界上第一家风险投资公司——美国研究与发展公司（American Research and Development Corporation，ARD）。该公司的宗旨是：组织资金，支持波士顿周边众多的科学家将实验室里的科研成果尽快转化为消费者所能接受的市场产品。作为一家上市的封闭型投资公司，其成立的使命就是为新兴的企业提供权益性的启动资金，推动新兴企业的发展。ARD 在成立的前十年遇到了很大的困难和挫折。在不止一次的现金流危机中，他们把拥有的受资企业的股票以 20%甚至更多的折扣出售以获取现金。然而，凭借着他们的毅力和精神，ARD 终于在投资 DEC 后出现了大的转机。1957 年，ARD 向 DEC 投资 7 万美元，占 77%的股份。1971 年，ARD 在 DEC 公司中的股票价值增值为 3.55 亿美元。1972 年，ARD 将其持有的 DEC 公司的股票出售给 Textron 公司，功成身退。ARD 公司的诞生是美国风险投资业发展的一个里程碑，从此风险投资迈入制度化与专业化的发展轨道。

在美国风险投资发展的几十年中，大体经历了以下四个阶段。

① 20 世纪五六十年代的兴起。1946 年美国就有了第一家风险投资公司，1958 年美国国会通过了《国内所得法》和《中小企业投资法》。由小企业管理局（SBA）批准成立小企业投资公司（SBIC）。美国还在税制方面进行改革以促进风险投资基金对高新技术的投资。美国在税制方面采取的主要措施是：对风险投资额的 60%免除征税，其余 40%减半征收所得税。这项措施使得风险投资税率从 49%下降到 20%。制度环境和政策环境的改善不仅极大地推动了高新技术的发展，同时也为风险投资公司的规范和成熟提供了保证，而且为高新技术及风险投资的良性互动创造了条件。

② 20 世纪 70 年代的衰退。1969 年年末股市开始迅速跌落，经济出现衰退，尤其是美国国会把长期资本收益税率从 29%骤增到 49%，这个决定给风险投资业带来了毁灭性的打击。

③ 20 世纪 80 年代的复兴。20 世纪 80 年代以后，美国政府采取了税收优惠、政府担保、提供补贴、放宽限制、预签购货合同等扶持政策，为风险投资的发展创造了有利的条件，还制定了《中小企业技术革新促进法》，不仅规定政府按法定比例对高技术企业提供资助和发展经费，支持高技术企业的技术创新，资助具有技术专长和发明创新的科技人员创办

高新技术企业，而且以法律的形式规定有关优惠政策，更大程度地吸引了风险资本进入高新技术领域。

④ 20世纪90年代的蓬勃发展。筹资额连年上升，进入20世纪90年代以来，美国投资机构风险投资的信心不断增加，风险投资行业分布分散化，风险投资企业购并明显增加。进入20世纪90年代以来经济持续增长，掀起了新一轮的购并浪潮，风险投资企业的购并事件也不断增多，通信、计算机等是购并的主要行业。

日本野村证券20世纪80年代初进入美国，投资高科技产业，这个在硅谷的风险投资公司的市场价值目前已超过40亿美元，成为日本最权威的风险投资公司。我国的风险投资业开始于20世纪80年代。1985年1月11日，我国第一家专营新技术风险投资的全国性金融企业——中国新技术创业投资公司在北京成立。

案例 6-2

美国苹果公司的风险投融资

美国苹果公司起步发展的故事已经是风险融资领域的一段佳话。

1976年，当时就职于阿塔里公司的乔布斯和就职于惠普公司的沃兹尼克共同设计出一块计算机线路板（苹果一号），他们在斯坦福大学的一个家用计算机俱乐部展示时，许多人表示要购买。于是，乔布斯卖掉汽车，沃兹尼克卖掉计算机，筹得1 300美元，这是他们创业的种子资本。苹果一号的销售情况出乎意料的好，乔布斯和沃兹尼克开始意识到，他们的小资本根本不足以应付这急速的发展。为此，他们分头去找自己在阿塔里和惠普的老板，请这些大公司接受他们的苹果计算机原型，但均未受到重视。1976年秋，他们决定设立自己的公司。瓦伦丁经考察后决定不投资，但将其介绍给从英特尔公司提前退休的马古拉。

时年38岁的马古拉是百万富翁，他与乔布斯和沃兹尼克共同讨论，花两个星期时间研拟出一份苹果公司的经营计划书，马古拉自己投资9.1万美元，还争取到美国商业银行25万美元的信用贷款。然后，三人共同带着苹果公司的经营计划，走访马古拉认识的风险投资家，结果又筹集了60万美元的创业投资。马古拉出任苹果公司的董事长，乔布斯任副董事长，沃兹尼克出任研究与发展副总经理，总经理则由马古拉推荐的生产专家斯科特担任。1977年4月，苹果公司在旧金山举行的西岸计算机展览会上，首次公开展示了新产品——苹果二号，1977年销售额为250万美元，1978年为1 500万美元，1979年达7 000万美元，1980年达1.17亿美元，1981年达3.35亿美元，1982年达5.83亿美元，成为《幸福》杂志500强大公司之一。这是第一次，一家新公司，在五年之内，就进入《幸福》杂志500强大公司排行榜。1983年年初，乔布斯公开宣称，苹果公司创造了300个百万富翁。此时，乔布斯自己在苹果公司的权益为2.84亿美元。

从这个案例中可以看出，风险投资者是先融资再投资。风险投资者的融资对象是养老基金、捐赠基金、银行持股公司、富有的家庭和个人、保险公司、投资银行、非金融机构或公司。融资后风险投资者的投资过程是被投资企业的融资过程。以上表明风险投资的整个过程存在多层委托代理关系。

6.1.4 风险投资的功能与作用

风险投资自产生以来便得到了迅速的发展，成为高科技企业成长的高效“孵化器”，也得到了各国政府的鼎力支持，并逐渐成为金融活动中一种不可或缺的投资方式，这些足以证明风险投资对于社会的大力发展具有很大的促进作用与功能。独特的功能是由其独特的本质所决定的，主要体现在对高新技术产业、创新产品研发的支持上，其主要功能和作用体现在以下几个方面。

1. 合理配置资源

风险投资机构往往都具有雄厚的资金及丰富的经验，可以吸引众多的高新技术企业，促进高新技术产业化的进程。由于吸引风险投资者进行风险投资的重要原因在于风险投资的效益功能，因此与以高效益为主的高新技术产业结合在一起的风险投资就自然具有高效益功能。

2. 资金增值功能

风险投资可以使资金的用途得到不同形式的转化，如可以将社会闲散的资金有效地集合起来转化为所需的建设资金，将短期性投资转化为长期投资资金。在这样的转化过程中，资金的使用效率得到了有效的提高，诸多资金的转化放大了资金原本的价值，拓宽了其使用范围，使风险投资不断得到发展。

3. 有利于形成高效和创新的产业

由于高新技术企业存在固有的技术风险、产品风险、市场风险及经营风险等，使得该类企业面临着较大的生存压力。但是一旦该类企业由于技术的创新等原因得到了市场的认可，其发展的态势将势不可挡，其发展必然带来高额的收益。由于高新技术企业往往存在较大的不确定性及风险性，因此一般的投资资本普遍不愿介入。而基于高额回报的预期，风险投资机构往往愿意将资金投资于高新技术企业，去帮助该类企业在创立之初渡过财务等方面的难关，它就在高新技术企业最为困难的时候起到了相当大的帮助作用，从而促进了高新技术创新产业的发展。多年来的成功实例表明，风险投资是高新技术产业发展的原动力，是其发展的强大保证和基础。

4. 风险调控

首先，风险投资来源的多样性使得高新技术产业所面临的风险可以被有效地转移到投资者的身上，而通过风险投资者的合理运作，将资金投放在不同的项目上以达到分散风险的目的；其次，风险投资机构往往通过严格的项目选择和运作管理，再加上先进的技术辅助及专家作用，来减少企业的技术风险、市场风险及经营风险，避免因遭遇风险而造成不必要的损失。国际经验表明，通过风险投资机构的有效运作，风险投资失败率大大降低。

5. 对新兴企业的支持

由于高新技术企业在成立之初存在诸多不同于传统企业的不确定性风险因素，因而在发展初期，企业往往很难获得发展所需要的资金，而风险投资基于对其未来强势发展的预期，在该类企业成长过程中都起着重要的辅助作用，有力地帮助了企业在每一个环节的运作与发展。实践证明，风险投资可以为资本市场源源不断地输送新兴企业，促进资本市场的繁荣与发展。

6.1.5 风险投资的基本要素

风险资本、风险投资者、投资对象、投资期限、投资目的和投资方式构成了风险投资的六要素。

1. 风险资本

风险资本，指的是投资于未上市的、快速增长的且具有很大升值空间的新兴企业的一种资本。

风险资本是一种有组织、有中介的长期资本，通常情况下采取渐进投资的方式，选择灵活的投资工具进行投资，在风险投资的运作过程中处于基础核心的地位。它的作用是将投资者、风险投资机构和风险企业紧密结合在一起，使资本市场顺畅发展。

2. 风险投资者

风险投资者（venture capital investors），是风险资本的原始提供者。它的主体主要包括：政府、大企业、金融机构、民间私人投资者、科研单位及外国投资者等。

3. 投资对象

风险投资的产业领域主要是高新技术产业。以美国为例，计算机和软件行业占据了风险投资的大部分，医疗保健、通信、生物科技产业也是风险投资的主要对象。

4. 投资期限

风险投资者帮助企业成长，但他们最终会寻求渠道将投资撤出，以实现增值。风险资本从投入被投资企业起到撤出为止所间隔的时间就称为风险投资的投资期限。作为股权投资的一种，风险投资的期限一般较长。

5. 投资目的

风险投资虽然是一种股权投资，但投资的目的并不是获得企业的所有权，不是控股，更不是经营企业，而是通过投资和提供增值服务把投资企业做大，然后通过公开上市（IPO）、兼并收购或其他方式退出，在产权流动中实现投资回报。

6. 投资方式

从投资性质看，风险投资的方式有三种：一是直接投资；二是提供贷款或贷款担保；三是提供一部分贷款或担保资金同时投入一部分风险资本购买被投资企业的股权。但不管采用哪种投资方式，风险投资者一般都附带提供增值服务。风险投资还有两种不同的进入方式：一种是将风险资本分期分批投入被投资企业，这种情况比较常见，既可以降低投资风险，又有利于加速资金周转；另一种是一次性投入。后一种方式不常见，一般风险资本家和天使投资人可能采取这种方式，一次投入后，很难也不愿提供后续资金支持。

6.1.6 风险投资机构

1. 风险投资机构概述

在风险投资过程中，风险投资机构扮演着重要的角色。风险投资机构一般是指风险投资公司或风险投资基金。风险投资机构可以说是一种利用创业资本生产新企业的企业。加工性质的企业组织各种资源生产出工业产品，而风险投资机构则是组织各种资源生产出新企业。

2. 风险投资机构的特点

作为专门从事风险投资的投资机构，风险投资机构具有以下特点。

① 风险投资机构投资的对象是非上市的中小企业，并主要以股权的方式参与投资，但并不取得企业的控股权，通常投资额占被投资企业股份的15%～20%。

② 风险投资机构的投资属于长期投资，待投资的企业发挥潜力和股权增值后，将股权转让，实现投资的利益。

③ 投资对象属于高风险、高成长、高收益的新创企业或风险投资计划。

④ 风险投资项目的选择是高度专业化和程序化的。风险投资机构的投资是高度组织化和精心安排的过程，其目的是尽可能锁定投资风险。

⑤ 风险投资机构与创业者的关系是建立在相互信任与合作的基础上，从而保证投资计划顺利执行。风险投资实际上通过风险投资机构特有的评估技术和眼光，将创业者具有的有发展潜力的投资计划和资本充裕的资金相结合，在这一过程中，风险投资机构为创业者提供所需的资金，提供管理咨询服务与专业人才中介，协助进行企业内部管理与策略规划，参与董事会，协助解决重大经营决策，并提供法律与公关咨询，运用风险投资机构的关系网提供技术咨询与技术引进的渠道，介绍有潜力的供应商与购买者，辅导上市等。

⑥ 在企业发展过程中，风险投资机构需要不断对所投资企业进行融资。

3. 风险投资机构的组织形式

国际上常见的风险投资机构主要有以下四种组织形式。

（1）有限合伙制

有限合伙制是美国风险投资机构最主要的组织形式。依照《合伙企业法》，由普通合伙人和有限合伙人按照合同组建。普通合伙人一般是高级经理人，是风险投资的专业人员，管理日常业务，包括投资、投资管理和退出；一般提供出资总额的1%，分享20%左右的投资收益和相当于风险资本总额2%左右的管理费，并且承担无限责任。有限合伙人一般是机构投资者，提供剩下约99%的风险资本，不负责具体经营，分享80%左右的投资收益，承担有限责任。

（2）公司制

公司制是指按照《中华人民共和国公司法》的规定，采取私募方式设立封闭型创业投资基金。公司制创业投资基金的特点是：在股东与董事会、董事会与经理之间实行双重委托—代理关系及相应的利益激励和风险约束机制。

（3）信托基金制

信托基金制是指依据《信托法》《中华人民共和国证券投资基金法》等相关法律设立的风险投资基金，再以信托契约方式将风险投资者（持有人）、风险投资基金管理公司（管理人）和受托金融机构（托管人）三者的关系书面化、法律化，以约束和规范当事人的行为。投资基金由一定的组织发起设立，从广大投资者手中募集资金交给风险投资基金管理公司进行运作和管理。

（4）天使投资制

天使投资制是指一些富有的个人直接投资于风险企业。这种投资一般规模很小，是由富有的个人和家庭来进行投资的，这些人被称为天使投资人。他们本身既拥有大量资金，又拥有一定的管理经验和管理特长，他们所投资本是资本与经验的天然结合。天使资本含有相当大的所有权的股份，并在所投公司的管理方面起到巨大的作用。

案例 6-3

凯雷投资集团

凯雷投资集团（The Carlyle Group）（以下简称凯雷）是世界上最大的投资公司之一。成立于1987年的凯雷，总部位于美国华盛顿，15年来，凯雷已经由最初专注航空、电讯和国防领域的收购基金逐渐发展为一个多样化的基金组合，连续15年收益率达到30%以上。在美国，凯雷主要投资于管理收购、创业投资、房地产及高收益债券。

自1997年起，凯雷的业务范围扩展到国际市场，在欧洲、亚洲先后设立了投资基金。目前，该公司拥有来自55个国家的440位投资者，以及500名为这些投资者服务的员工。此外，凯雷还包括130名各下属公司的首席执行官，300名公司主管及70名专业顾问，他们为所投资公司及客户提供强有力的技术支持和专业支持。

自1999年以来，凯雷已通过其在香港、首尔、东京、新加坡及班加罗尔的办事处进行泛亚地区的企业收购投资、创业投资及房地产业投资运作。凯雷旗下的三家亚洲基金拥有超过10亿美元的资金，以投资于泛亚地区。

凯雷通过旗下的21个基金，管理着160亿美元的资产，投资领域涉及国防、航天、通信、媒体、消费品和医疗保健等。凯雷给投资者的年均回报率高达34%，这也使凯雷被称作“全球最具吸引力的赚钱机器”。但是，媒体对凯雷的高关注度不止是来自其令人垂涎的高额投资回报，还由于该公司与白宫之间非同寻常的关系。在凯雷的投资回报人中包括两位总统，一位是美国前总统小布什，另一位则是小布什的父亲美国前总统老布什。曾担任国务卿的詹姆斯·贝克曾担任凯雷高级顾问并为其大股东之一，美国前国防部长弗兰克·卡路奇曾任其董事长，前白宫预算主任迪克·达尔曼也曾担任其顾问。除此以外，在凯雷的顾问名单上还有英国前首相约翰·梅杰、菲律宾前总统拉莫斯等，因此投资界戏称凯雷的顾问委员会是“总统俱乐部”。

成立于1999年7月的携程网是国内最早“落地”的网站。在2000年11月凯雷投入800万美元前，携程网曾获得了包括在国内高科技行业普遍撒网的IDG的第一轮投资及以软银集团为首的第二轮投资。携程网无疑是中国互联网行业中最擅长利用融资获得高速增长的企业。但凯雷的适时进入才使其最终成功地走上了境外上市的融资道路。作为直接投资，凯雷投入携程的资金规模为800万美元，回报是占有携程30%的股份。而在3年后上市退出，凯雷得到的则是超过14倍的投资回报。

6.1.7 风险投资的资金来源与配置

风险投资的基本运行机制是“融资—投资—退出”。可见，风险投资首先要融资。融资的来源主要是政府财政资金、机构投资者（包括证券公司、投资公司、养老基金、福利基金、保险公司、金融财团等）、企业和富有的个人等。

美国风险投资的最主要来源是包括养老基金、保险公司、捐赠基金等在内的机构投资者。这些机构投资者长期拥有大量资金，很适合风险投资风险大、周期长的特点。

德国风险投资的资金主要来源于银行和保险公司。德国企业和政府的养老基金不参与风险投资。风险投资基金大部分投向风险企业的后期阶段。风险资本的退出方式以风险企业回购风险投资公司所持股份或者出售风险企业为主。

日本风险投资基金主要来自金融机构和大公司。日本目前仍禁止共同基金投资于风险投资基金。此外，日本个人对风险投资业的出资比例较小。

6.1.8　风险投资的环境分析

1. 技术市场

技术市场包括技术开发、技术转让、技术服务、技术承包、技术招标、技术入股等。进行风险融资的企业主要是高新技术企业。技术市场虽然不直接参与风险资本的运作，但是它对风险企业的发展、高科技项目的孵化、投融资决策的制定起到了重要的支持作用。可以说，没有完善的技术市场，风险投资业就失去了方向。

2. 资本市场

资本市场是技术市场发展的必要条件。技术成果转化的瓶颈往往在于资金缺乏。随着市场经济的发展，其对资金的需求会越来越大，也越来越多样化，因而金融市场的作用更加重要，金融创新更加重要。当前资本市场的发展，改变了过去投资主体单一、风险不能分散的状况，从而为技术市场提供了源源不断的资金支持。

3. 中介服务体系

中介服务机构具有专业性、独立性、灵活性等特点。中介服务机构的专业性是风险投资机构或是风险企业都无法具有或是超越的。独立性使投资机构和被投资企业在透明、公平、公正的环境里合作，建立基于独立第三方的信任。灵活性使信息在投资方和融资方之间快速传递。中介服务体系一般包括投资银行、风险投资咨询公司、律师事务所和会计师事务所、券商等。

（1）投资银行

投资银行是主营业务为资本市场业务的金融机构。就目前而言，投资银行业务主要包括证券承销、证券交易、兼并收购、资金管理、项目融资、风险投资、信贷资产证券化等。要促进风险资本市场的发展，就必须有投资银行的介入。投资银行是资金需求者和资金提供者之间的中介。它为投资者指明投资方向，降低投资风险，促进资本增值；为融资者开辟融资渠道，扩大资金来源，降低融资成本。

（2）风险投资咨询公司

风险投资咨询公司通过提供策略性的专业咨询顾问和管理顾问进行服务，为风险企业和风险投资公司制定发展战略、产品定位、市场研究、投融资方案、财务分析和经营管理等提供一系列服务，为项目直接引入资金。现在风险企业往往不再选择新的咨询公司，而期望风险投资公司同时扮演这个角色。

（3）律师事务所和会计师事务所

风险融资中风险的重要组成部分（即法律风险的排除）需要律师事务所和会计师事务所。在硅谷的管理顾问公司和律师事务所专门为硅谷公司服务，从公司注册到经营、销售，从公司战略发展到股票上市都是其服务范围，有着一整套的服务程式。在硅谷，律师事务所和会计师事务所已成为企业发展的最重要组成部分。

（4）券商

券商往往都有丰富的投资银行业务经验，拥有持续提供资金的能力、大量的信息资源和专业的高素质人才队伍。

根据现在世界投资银行业的发展情况，中介服务机构的很多职责，投资银行都能够完成。

6.2 风险投资的运行过程

6.2.1 企业引入风险投资的必备条件

企业要获得风险投资，需要具备一些基本条件，这些条件是创业企业获得资本家青睐的必要条件。

1. 新技术、新产品、新项目有较好的市场前景

风险投资的基本原则是高风险、高回报。但是，从根本上说，规避风险是所有企业和个体的需要。广阔的潜在市场需求是投资成功的必要条件之一，这可以保证风险资本获得高增值。然而技术上可行也是不容忽视的重要因素。如果一项新技术从创意阶段到市场成熟需要相当长的一段时间，在这个过程中因一个难题没有攻克而使新产品不能开发成功，对风险投资者和风险企业来说损失都是很大的。也只有产品有较大的成功推向市场的可能性，风险资本才有相应的顺利退出的可能性。

2. 一份切实详尽、有远见、有说服力的商业计划书

商业计划书应充分展示创业企业实现创业计划的实力和信心。通常，一份完整的商业计划书至少应该包括以下九方面的内容。

① 公司介绍。介绍公司的成立时间、主营业务、性质、所有者构成、各阶段发展目标、经营战略、盈利水平、市场地位等。

② 产品（服务）介绍。介绍产品和服务的顾客群或潜在顾客群、技术壁垒（专利等）、新产品（服务）功能和价值等。例如，新产品面对怎样的技术挑战？如何应对这些挑战以保证开发成功？

③ 行业和市场。公司属于哪个行业？最好找到一个相应典型的对比。新产品或项目的市场潜力有多大？市场上的竞争者是谁？替代品有哪些？

④ 创新研发路径。创新研发路径自然是依不同的企业各异，在描述创新研发路径的时候既要真实、明确、可靠，也不要泄露技术机密。

⑤ 市场营销策略。

⑥ 管理团队。创业者和主要管理人员的背景、学历、经验和分工等，以及管理团队已经取得的成绩。

⑦ 机会和风险。主要介绍企业存在的技术风险、市场风险、管理风险，指出风险产生和变动的因素，并提出控制风险的途径；外部存在什么样的机会有利于企业的发展和创新项目的成功。

⑧ 资金需求。进行科学合理的财务分析，通过资金预算明确需要资金的数量和时间；表明资金需求的依据和各部分资金的用途；指出公司在获得投资后的盈利能力；拥有的其他资金来源。因为没有良好的资本结构（比如说创业者和管理者的股份比例太小）可能会引发道德风险和逆向选择等问题。

⑨ 其他优势条件。如企业在高新区、经济开发区享有的优惠政策；企业享有的国家规

定的税收优惠政策、国家及相关机构的扶持等。一般来看，在我国对风险投融资的优惠政策还是针对区域的。

3. 高素质的创业者和管理人员

除了关注创业者的创业领域，创业者的个人素质也是考察重点。一般来说，创业者要具有以下“特征”才容易受到风险投资者的青睐。

① 出色的个人条件。在风险投资者的眼里，创业者的个人素质尤为重要。一般来说，风险投资者在挑选投资对象时，除了关注创业者手中的技术外，还看重其创新意识、敬业精神、诚信程度、合作交往能力、应变决断能力等“软因素”。

② 足够的盈利能力。风险投资者是商人，他们投资是因为风险企业能赚钱。因此，创业者的技术必须是市场所需要的，而且有足够的盈利能力，才能引起风险投资者的兴趣。风险投资者会对投资项目进行详细而周密的调查与评估，包括企业的总体状况及发展规划、企业所在行业的情况、竞争对手分析、企业管理方面的调查、市场销售分析、财务分析等。

③ 高科技的背景。虽然，现在风险投资者对创业者技术优势的关注度有所减低，但那些在高科技领域具有领先优势的企业，仍能获得风险投资商的青睐。

④ 创业者是风险企业的灵魂。风险企业发展过程中会面临各种不确定因素，要想带领团队走向成功，创业者应该拥有冒险精神和驾驭风险的能力。只有具备了这样的素质才能使大家团结起来，敢于克服技术难题。

⑤ 一定的资金实力。投资者是要规避风险的，即使对风险投资者而言。企业具备一定的资金实力，可以分散投资者的风险。

案例 6-4

英国 3i 公司挑选风险企业的标准

管理团队、行业趋势和公司潜力是 3i 公司选择投资对象时考虑的主要因素，而管理团队的诚信是 3i 公司最为看重的。无论是 3i 公司已经投资的东莞手机电池、无锡华晶上华，还是新投的两家上海公司，包括今后的投资，3i 公司都会遵循以上原则。

首先，对企业管理层诚信问题和企业诚信管理的考察，是在国内投资时需要关心的一个重要方面。国外投资者最担心的就是有些企业把融资看作是一个“淘钱的途径”，而不是为了把企业做大、做好、做强。

其次，要看企业的经营理念，尤其是企业扩展业务的方向。早些年，国内一些企业看到家电市场有利可图，便去投资家电行业，而不去考虑自己的本业是否与其相关。到最后，家电行业做不长，也错过了本业发展的时机。3i 公司的投资始终注重这一点，往往更看好长期专注于自身业务发展的公司。因此，3i 公司会非常谨慎地判断企业的意图，对企业并购与自己本业不相关领域的行为会认为投资风险较大。但是如果企业真有一个非常强的本业，而且管理层也有经验，3i 公司也会考虑去支持做一些并购扩展的。

最后，还要看企业的管理规范和业绩。

总之，3i 公司投资评估的标准就是：有一个好管理层、处在好行业里、成长中的好企业。

6.2.2 风险企业获得投资的过程

1. 一般程序

(1) 整合公司并准备相关文件

整合公司，规范股权结构和法人治理结构，整合产品和相关的业务，并将相关的法律文件备齐。

相关的文件主要包括商业计划书、公司营业执照等。

(2) 选择合适的风险投资公司

由于不同的风险投资公司有不同的优势及特点，其针对性也呈现出较大的差异，不同性质的风险投资公司对于风险企业的帮助也呈现出不同的优势。因此，对于风险企业来讲，选择适合自身发展特点及发展阶段特点的风险投资公司对于企业的发展至关重要。通常情况下，规模大、资金丰厚、资源丰富、资历深的风险投资公司对于风险企业具有较大的吸引力。

(3) 双方会晤，进行相关事宜的洽谈

对于风险企业递交的申请书，风险投资公司往往通过研究，对于有一定投资价值的公司，会安排相关的负责人与风险企业的负责人进行会晤，商洽相关事宜，风险投资公司相关负责人就有关主要问题听取风险企业的陈述，并将最终结果通过与风险投资公司其他相关人员的共同协商，形成一个初步的书面分析报告。

(4) 专家审评

风险投资公司通过与风险企业会晤，听取相关的陈述，形成初步的分析报告后，接下来就要针对初步形成的分析报告组织专家小组对项目从技术、市场、财务等方面进行深入的审核，以确定项目的可行性与风险。

(5) 签订协议

如果项目经过专家小组的深入审核后得到通过，那么风险投资公司与风险企业就要就相关的融资额度、期限、法人治理结构、退出方式等进行沟通和谈判，以期达成共识，并在此基础之上签署投资协议。

(6) 风险资本的进入与管理

投融资双方在投资合作意向达成一致后，会签署正式的协议，内容包括：风险资本进入后企业的性质、股权分配，资金到位时间和投资方式，董事会的组成，管理层的安排，经营方针和管理，退出条款等。

风险投资协议主要包括投资交易的表述、风险企业及其原股东的陈述与保证、风险投资公司履行投资义务的前提条件及风险投资的经营管理等方面。

2. 具体的实施过程

根据投资的一般程序（见图 6－3），风险投资的流程可以具体分为以下几个步骤。

① 准备好一份商业计划书。很多创业者和风险企业拥有先进的技术、好的产品创意或创新产品，但是不能很好地陈述自己的优势，缺乏吸引风险投资的经验和方法，结果是商业计划书被投资者否决，面谈等后续的融资环节更无从谈起。

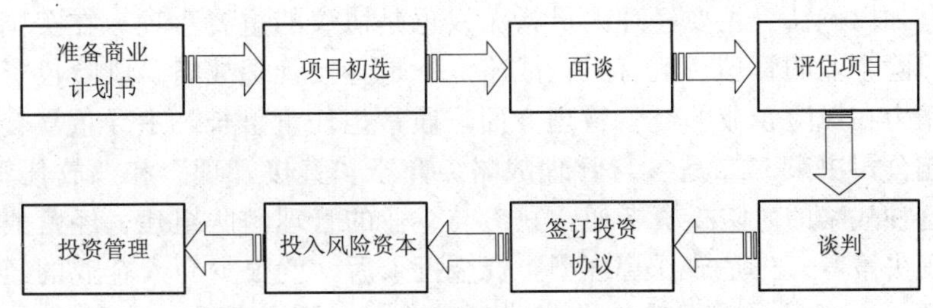

图6－3　风险投资的流程

② 风险投资者会收到很多的商业计划书，需要从中进行筛选。项目初选的主要依据就是商业计划书。

③ 商业计划书如果通过初选，风险投资者就会联络风险企业进行面谈。面谈时，创业者的个人素质和魅力会对结果起到很大的作用，这种面谈往往是双方的第一次直接接触，会在宽松的气氛下进行。面谈是一个相互了解的过程，如果投资者和创业者达成了共识，就会进入正式、严格、认真的评估和谈判。

④ 投资者对项目进行调研后，再结合自身的经验，给出一个评估结果。如果觉得项目前景好，就会与风险企业展开谈判。在与备选投资者谈判前，为了争取在谈判过程中主动性，提高风险融资效率，除了加强对投资机构的了解外，企业在谈判前应该做好必要的准备。这些准备除了上述的商业计划书等文件材料外，还要确定谈判的方式、方法、技巧和原则。

⑤ 通常谈判应遵守“四要”和“四不要”原则。

“四要”原则是：

- 要对企业发展和项目前景充满信心；
- 要明确自己的交易底线；
- 要加强对投资方的询问和了解；
- 要公正合理地考虑投资方的利益，并给予信任。

“四不要”原则是：

- 不要回避投资者的问题，回避必然造成怀疑；
- 不要提供虚假或夸张的信息，风险投资者都是很有经验的，除了实地调研外，他们还有获取信息的其他渠道；
- 不要透露核心技术和商业机密；
- 不要急于求成，给对方一定的思考时间。

⑥ 谈判结束后，如果风险企业与风险投资者达成合作意向，双方便进入签订投资协议阶段。此时，风险企业通常会收到风险投资机构提交的条款清单，内容主要涉及以下方面。

- 双方的出资方式、出资额与股份分配。
- 风险企业的技术开发设想和最初研究成果的股份评定、技术股所有权的限制与应承担的责任。
- 股权保障方式。主要内容包括：董事、监事席位的分配，董事会的权利、义务与财务责任，重大资本预算的决策和确认方式。
- 参与经营管理的方式。对风险投资者参与决策及协助经营管理的范围和介入程度等事宜加以确认。主要经理人员指派权也是协议的重要事项。在美国，风险投资者对风险企业的管理一般有三种战略。一是直接管理战略。风险投资者会花费大量的精力在风险企业的经营管理方面，通常担任董事长，主导董事会，直接有力地影响公司决策。二是参与管理战略。介于“直接管理”和“放任管理”之间。采用这种战略的风险投资者通常只参与企业的管理团队组建、经营战略制定和重大管理决策等。三是放任管理型。资金投入后，就很少介入企业的经营决策和日常管理。一般只要求风险企业提供经营方针、财务报告、市场占有情况等书面文件。

- 资金退出时机与方式。即对于投资回收年限、出售持股的时机与规定、被投资公司股票上市的时机与方式及被投资公司无法达到预期财务目标时所应承担的责任等事宜达成协议。

另外，风险投资者为了保护自身利益，协议中通常还有以下规定：企业定期向投资方提供财务报告和其他重要生产经营情况汇报；投资方有拒绝新增外来投资的权力和出售股份的权力；投资方要求企业以已有的资产作抵押等事项。

投资协议在风险融资过程中具有重要地位，这主要是因为风险融资的高风险性。中小企业发展中可能面临无法克服的经营困难甚至失败，此时企业与风险投资者之间由于各自利益着眼点的不同，可能发生利益冲突。如果在此前将双方的权利义务界定清楚，则事后就能有理有据、公平公正地解决彼此之间的摩擦。

⑦ 投资协议签订后，风险投资就进入实质操作阶段，风险投资者根据投资协议规定的出资方式和出资额投入风险资金，并参与企业管理。

⑧ 投资管理。

6.2.3 风险投资的退出机制

风险投资投入的是权益资本，但它的投资目的并不是获得企业所有权，而是退出，以退出的方式获取盈利。

风险投资的退出方式有四种：公开发行股票上市（IPO）、股份认购、兼并收购和清算。

1. 公开发行股票上市

公开发行股票上市是最理想的退出方式。风险企业在成长成熟后可以在主板市场或二板市场向社会公开发行股票上市。主板市场对公司有较高的上市要求和条件限制。然而，高新技术企业往往资金实力不够雄厚，整体实力不够强劲，加上技术和产品市场的不确定性，很难符合以成熟大规模上市企业为主的主板市场的要求，因此创业板市场也就应运产生了。创业板市场主要适应于创新型中小科技企业的需求，上市门槛相对较低。风险投资的主要对象就是这些高风险、高收益的创新型企业，因而创业板市场对风险投资而言是最重要的退出平台。

公开发行股票上市可以使风险企业募集到大量资金，并提高企业的知名度，但是要上市就必须披露大量的企业内部信息。根据股票交易所的规定，上市公司必须每年定期向公众报告其年度和季度的经营活动、财务状况和公司的重大事件。这都有可能让竞争者猜测到一些商业秘密和技术进展机密。

2. 股份认购

如果企业不能在创业板市场上市，就要寻求别的退出途径了。股份认购有两种形式：创业者股份认购和风险企业股份认购。创业者股份认购，即创业者以现金或票据等形式购买风险投资者所持有的风险企业的股份。风险企业股份认购，即其他风险企业以现金或票据等形式购买风险投资者所持有的股份。

3. 兼并收购

兼并收购即创业者和风险投资者把风险企业出售给其他公司。对风险投资者而言，兼并收购的退出方式可以获得现金或是可流通证券，具有较大的吸引力。但是对于创业者而言，把自己花费心力培养起来的企业出售不仅意味着管理层的变更，在感情上也是不愿意接受的。

4. 清算

最后一种无可奈何的退出方式就是清算。风险企业的成活率相对较低，如果企业经营恶化、资不抵债，企业就会主动或是被迫进入清算程序。主动清算也称普通清算，即在确定企业前景暗淡，继续下去只能带来更大损失的时候，企业会申请进入清算，以减少损失。如果企业资不抵债，就要被迫进入破产清算。

6.3　我国风险投资的发展

6.3.1　我国风险投资的发展历程

我国的风险投资是在20世纪80年代才逐渐发展起来的。

1. 实践探索阶段（1985—1996年）：单一投资主体（政府）示范和引导

1985年我国成立了第一家全国性专营风险投资的机构——中国新技术创业投资公司。此后，一些地方和部门相继成立了以科技融资为主要业务的各类投资公司，如广州技术创业公司、江苏高新技术投资公司及中国经济技术投资担保公司等。这些公司自成立之日起就以崭新的经营机制进行运作，积极帮助了一大批具有独创性和超前性的高科技企业，对推动我国高科技产业的发展起到了重要的推动作用。

2. 逐步兴起阶段（1997—2001年）：多元投资主体探索

1998年中央提出《关于加快发展我国风险投资事业》的提案，1999年先后出台了《关于促进科技成果转化的若干规定》及《关于建立风险投资机制的若干意见》等，促进了全社会在该领域多元化的实践探索，除政府出资外，许多大公司、大企业及证券公司也涉足风险投资，境外风险投资基金也加大了在中国的投人。随着各界对风险投资的进一步重视，全国风险投资机构的数量和资金规模得到了快速的增长。

3. 调整阶段（2002—2005年）

受世界经济发展减缓及国际风险投资退潮的影响，从2001年开始，我国风险投资发展进入了调整阶段。

4. 快速扩张阶段（2006－2011年）

2006年，中国股权分置改革基本完成，中小板重新开市；《国家中长期科学和技术发展规划纲要（2006－2020）》中明确提出：“探索以政府财政资金为引导，政策性金融、商业性金融资金投入为主的方式，采取积极措施，促进更多资本进入风险投资市场。”《公司法》《合伙企业法》《证券法》相继修订，极大地改善了风险投资从设立到投资、退出的全产业链环境。2009 年，为应对全球金融危机，我国政府采取了一系列宏观调控手段，境内资本市场 IPO 重启、创业板开启，以及风险投资行业相关税收优惠政策的出台，无疑极大地刺激了中国风险投资的发展，中国风险投资业迎来了黄金发展期，整个创投行业在募资、投资、退出方面均出现了大幅增长。2011 年，各类创投机构总量突破 1 000 大关，管理资本总量达到 3 198 亿元。

这一时期，风险投资业的组织模式日益丰富，风险投资机构之间联系的复杂程度和关联程度显著增加，主要表现为：一是创业投资机构呈现出伞形化、集团化的发展趋势，一些大型创业投资企业（集团）通过设立母子基金的方式，加大资金杠杆化率。2010 年，全国共有 61 家创业投资企业（集团），通过与地方政府合作或与其他投资主体（如大型生产、商贸企业）联合设立子基金 278 只，总资产规模达到 987.6 亿元，形成了具有中国特色的风险投资资金网络。二是风险投资机构之间的委托和外包管理方式开始盛行，机构向专业化发展。2011 年，全国共有 261 家创投基金委托了 236 家创投管理公司进行管理，委托管理资金规模达1 417.8亿元，管理机构平均规模为 6.0 亿元。

5. 理性发展阶段（2012 年至今）

2012 年以来，受国内外宏观经济环境影响，资本市场低迷不振，行业的快速扩张带来的隐患开始显现，业内出现深度盘整，行业发展开始放缓。2014 年，中国经济发展步入“新常态”，经济结构转向“调存量”与“优增量”并举，经济发展动力转向新的增长点，更加注重科技进步和改革创新。A 股 IPO 重新开闸，多层次资本退出，市场发展不断完善，再度激发了投资者的热情和信心，中国创投业进入了理性发展的扩张期。截至 2016 年年底，中国从事风险投资的各类机构数已达到 2 045 家，较 2015 年增加 270 家，增长 15.2%，其中，风险投资基金 1 421 家，风险投资管理机构 624 家（占比 30.5%）。相比而言，同期美国共有 898 家风险投资管理公司（占比 36.5%），管理着 1 562 家活跃的风险投资基金，机构总数为 2 460 家，如德丰杰、红杉资本、IDG 资本等。

6.3.2 我国风险投资的现状

1. 募资规模稳步上升

截至 2016 年年底，我国风险投资管理资本总量达到 8 277.1 亿元，增幅为 24.4%；管理资本占 GDP 比重增加到 1.11%，较上年增加 0.15 个百分点。相比而言，同期美国创业风险投资管理资本总额为 3 330 亿美元，占 GDP 总量的 1.93%。比较发现，经过十余年发展，我国风险投资的机构数与美国已经较为接近，且管理型公司日益增多，其结构占比也与美国企业较为相似，管理资本总量在 GDP 中的占比日益接近。2006 年至 2016 年我国创业风险管理资本总额如表 6-2 和图 6-4 所示。

表 6-2 我国创业风险管理资本总额（2006—2016）

年 份	管理资本总额/亿元	较上年增长/%	管理资本占 GDP 比重/%	较上年增长/%
2006	663.8	5.1	0.3	—

续表

年　份	管理资本总额/亿元	较上年增长/%	管理资本占 GDP 比重/%	较上年增长/%
2007	1 112.9	67.7	0.42	40.0
2008	1 455.7	30.8	0.46	9.5
2009	1 605.1	10.3	0.46	0.0
2010	2 406.6	49.9	0.59	28.3
2011	3 198	32.9	0.66	11.9
2012	3 312.9	3.6	0.62	−6.1
2013	3 573.9	7.9	0.61	−1.6
2014	5 232.4	31.7	0.82	34.4
2015	6 653.3	27.2	0.96	17.1
2016	8 277.1	24.4	1.11	15.6

数据来源：历年《中国创业风险投资发展报告》。

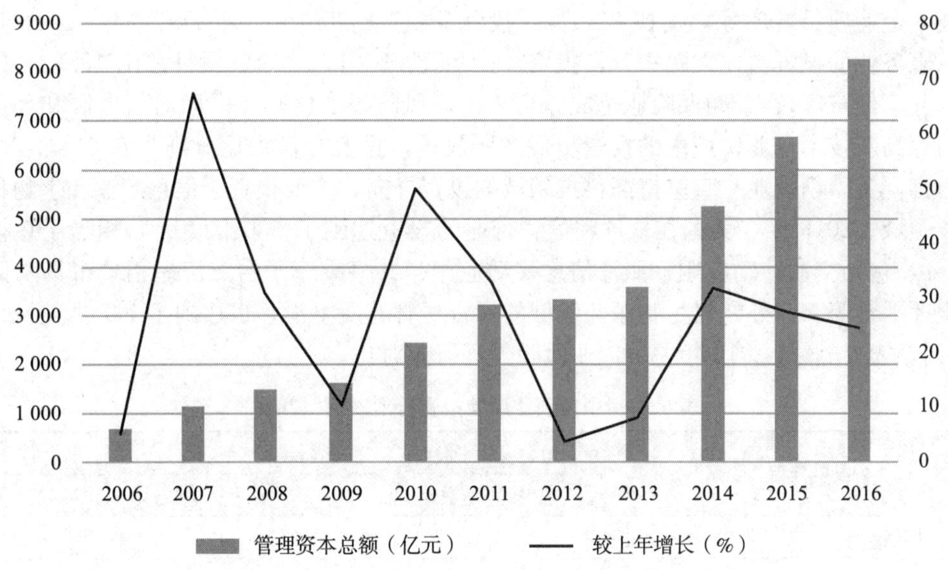

图 6-4　我国创业风险管理资本总额（2006—2016）

数据来源：历年《中国创业风险投资发展报告》。

2. 非金融类企业成内地风险资本来源的主渠道

在来源于中国内地的风险资本中，政府引导基金吸引了更多的社会资金的融入，各非金融类企业和个人更多地把闲置的资金投入到 VC/PE 行业中来。2015 年，来自非金融类企业的资金占 68.6%，其他金融资本以 28.6%的比例紧随其后，如图 6-5 所示。

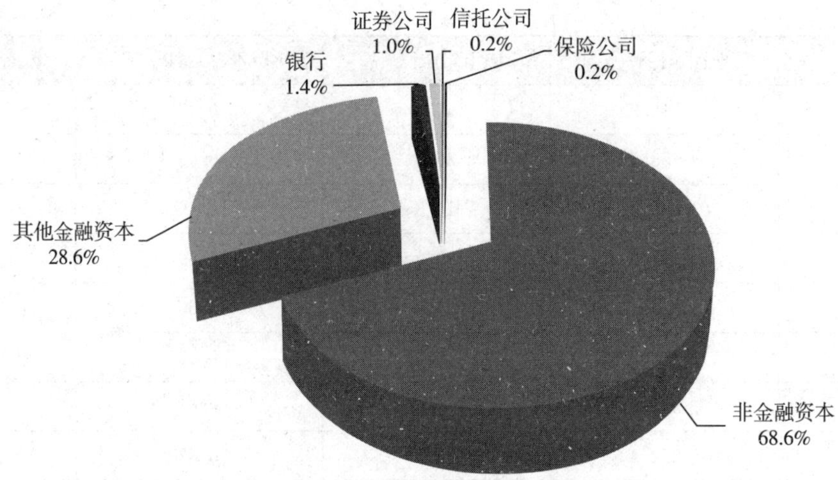

图 6-5　我国创业风险管理资本来源构成（2015）

数据来源：历年《中国创业风险投资发展报告》。

3. 高新技术企业仍是投资的主战场

近年来，我国创业风险投资行业对高新技术企业的投资占比持续下滑，2016 年投资于高新技术企业项目 634 家，占比 23.1%，投资金额占比 18.2%。按行业划分，2016 年软件和信息服务业的投资占比大幅提升，投资金额占比 43.61%，投资项目占比 18.93%；其他行业（共享经济等）、金融保险业也成为当年创业风险投资的热点；而对新能源和环保、生物医药等高新技术产业领域内的投资步伐有所放缓，投资金额占比分别为 6.84%、5.54%。相比而言，美国创投业一直坚持高科技领域的投资导向，主要投资于信息产业和生物科技等高科技领域。2016 年，美国在软件和信息行业的投资达到了 330 亿美元，相当于总投资的 47.73%，包括交通移动应用、照片信息移动应用、共享乘车平台、房屋租赁市场及商业智能云服务平台等。此外，对生物医药领域的投资尽管有所下滑，也达到了 117 亿美元，占比 16.86%。表 6-3 是 2016 年中美创业风险投资行业对比。

表 6-3　中美创业风险投资行业对比（2016）

投资行业	投资金额比重/%	
	中国	美国
软件、网络产业	43.61	47.73
生物科技	1.89	11.27
医药保健	3.65	5.59
医疗服务系统	—	4.8
商业服务	—	5
消费产品和服务	1.43	3.08
计算机硬件产业	1.27	3.65
传播与文化娱乐	3.02	2.05
新能源、高效节能技术	1.97	1.95

续表

投资行业	投资金额比重/%	
	中国	美国
金融保险业	6.97	14.88
新材料工业	3.36	
IT服务业	3.3	
传统制造业	1.99	
其他行业	27.54	

数据来源：根据历年《中国创业风险投资发展报告》《NVCA yearbook》整理。

4. 投资阶段仍以早期项目为主

创业风险投资是一项长期投资，为一些最具创意和成功的公司提供资本，通常以早期项目为主。我国风险投资经过十余年的发展，投资者日趋理性，早期项目投资逐年增长，2016年投资于种子期和起步期的项目占比58.5%，金额占比34.6%，平均投资时间为4.1年。但与美国相比仍然显得偏后端，对早期项目的挖掘能力仍有待增强。美国的风险投资者一直坚持长期投资，项目平均投资年限为5～8年，2016年退出项目平均投资时间达到8.3年，且投资于天使/种子项目和早期项目进一步增长，投资项目数占比达到81%，投资金额占比44%。

5. IPO退出受较大影响

退出是创业风险投资实现收益的主要方式，在中美两国同样面临挑战。2016年，中国创业风险投资行业实现IPO退出101项（占全年IPO的41%），占全部退出项目的17.3%；完成并购退出交易173项，占比29.7%；回购和清算的项目有281项，占比48.2%。总体而言，中国创业风险投资界一直以追求IPO高回报项目为目标，项目投资较为靠后，并购退出渠道有限，且整体投资成功率较低，回购和清算项目占了近半数。相比而言，美国创业风险投资界一直以并购退出为主，通过大企业对初创企业的兼并收购获得收益，实现企业的滚动式发展。大企业为初创公司提供人才和技术的持续发展机会，同时从创业公司的技术创新和运营调整中受益。2016年，美国创业风险投资通过并购退出的交易完成687起，占退出项目的82%；IPO仅39起（占全年IPO的28%），占比4.6%；回购与清算项目占比13.3%。表6-4是2016年中美创业风险投资退出方式及项目数对比。

表6-4 中美创业风险投资退出方式及项目数对比（2016）

	中国		美国	
	项目数	占比/%	项目数	占比/%
上市（IPO）	101	17.3	39	4.6
并购	173	29.7	687	82.1
回购	234	40.1	111	13.3
清算	47	8.1		
其他（含新三板）	28	4.8		
合计	583	100	837	100

数据来源：根据历年《中国创业风险投资发展报告》《NVCA yearbook》整理。

6.3.3　我国发展风险投资的现实意义

1. 发展风险投资是我国实现“科教兴国”战略的必然选择

高科技产业的兴旺会极大地推动一国经济持续快速增长，所以许多国家和地区都把依靠科技进步发展经济作为一项基本国策。美国政府把科学技术视为经济增长的火车头；日本提出“技术立国”；欧盟把积极推进科技产业化作为区域政策的主旋律。高科技产业是一个高投入、高风险的行业，从发达国家和地区的成功经验来看，发展高科技产业必须依靠风险资本的扶持。风险资本是高科技产业的血液，只有高科技产业和风险资本的有机结合才能产生真正的高科技产业和真正的高科技产品。

2. 发展风险投资是解决高科技企业融资难的一条有效途径

有关资料显示，近年来我国高科技产业虽然发展较快，但与发达国家相比有明显差距。据统计，我国每年有专利技术 7 万多项，但科技成果转化为现实商品并取得规模效益的比例仅为 10%～15%，远远低于发达国家 60%～80%的水平。其根本原因就在于我国高科技公司缺乏成果转化资金。另外，发行证券是企业筹措外部资金的重要方式。从我国目前的情况来看，这仅仅适用于大型企业，中小型企业由于达不到规定的规模，既不能发行股票，由于信用条件较差，也不能发行债券。要使高科技企业获得资本，达到高速增长的目的，只有利用风险投资。

3. 发展风险投资有利于资源配置，提高资金使用效率

风险投资公司在对风险项目投资前，出于自身利益的考虑要严格审查项目的可行性，在很大程度上减少了盲目投资的损失；风险投资公司有一套严格的风险控制机制、利益和责任约束机制及严谨的风险投资操作程序和规范，资金投入风险企业后，风险投资公司要进行严格的监督和管理，控制资金流向和流量，以保证风险公司真正把资金用于高科技创业活动。风险投资公司的运作机制有利于克服重复开发、重复建设现象，从而保证资金得以有效利用。

4. 发展风险投资有助于优化和改善我国产业结构

风险资本投入我国的高科技产业，扶持这一产业的发展，不仅使它们获得了必要的发展资金，更主要的是高科技产业因此而得到发展，从而优化和改善了我国的产业结构。

6.3.4　我国风险投资业目前存在的问题和建议

随着风险投资业相关税收优惠政策的出台，金融危机后中国经济率先企稳、IPO 重启、创业板开闸等一系列积极信号的释放，中国 VC/PE 市场迎来了令人欣慰的复苏和发展。募资、投资规模均逐步回升，从退出情况看，伴随创业板的推出再添退出渠道，IPO 退出再次迎来高潮，绝大多数的风险投资机构认为中国的风险投资行业将平稳发展，但仍面临一系列挑战。

① 风险投资企业数量少、资金少。目前我国风险投资企业数量少、资金少，一些风险投资公司只有几千万元资本，受资本实力的限制，只能支持投资少、风险低的“短平快”项目，难以承担高技术产业化所需风险资本的重任，更谈不上进行投资组合来分散风险，形成自我发展的运行机制。

② 缺乏多元化的风险投资主体。我国现有风险投资企业和资本主要由政府科技、财政部门及银行等创办，各地出现了高技术开发区热，产业结构雷同，资金重复投入同类行业和

技术，造成了大量浪费。

③ 有关风险投资的法律法规滞后，不健全。相关的风险投资产业法，如《风险投资法》《风险投资基金法》等一直未出台。在市场进入、税收优惠、投融资管理等方面没有对风险投资的扶持性政策法规。

④ 缺乏一支专业的风险投资队伍。风险投资者应该是具备科研、金融、证券和市场等专业知识，并且具有风险投资意识、竞争意识和资本市场实践经验的复合型人才。从我国目前风险投资人才资源现状看，这方面的人才缺乏已是一个十分突出的现象。

⑤ 风险资本退出缺乏有效渠道。

基于我国风险投资存在的问题，本书提出了以下建议与对策。

1. 实现投资主体多元化

资金来源是制约风险投资发展的至关重要的问题，要广开渠道吸引私人资本进入风险投资领域，使其成为私人权益资本的重要组成部分。国外有大量旨在寻求高收益的闲置资本，而国内有众多有潜力的新兴企业。目前已经按市场经济的运行机制建立了以民为主、官民结合的风险投资机构，官方资金主要是作为种子资金用来吸引风险投资者的。拓宽风险投资资金来源渠道，必须实现投资主体多元化，如积极探索发展私募市场，吸引民间资本；吸引国际风险资本的投资；鼓励金融机构进行风险投资。

2. 设计合理的风险投资退出机制

完善创业板市场，让风险投资企业公开上市；建立规范化的收购兼并市场，让风险投资企业通过股份转让退出市场；建立健全法律体系，让风险投资企业通过破产清理退出市场。

3. 鼓励民营科技企业建立多元化技术创新体系

民营科技企业是以科技人员为主体、以发展高新技术产业为目标的非政府经营的科技型企业。这些企业机制灵活，重视技术创新，科技创新能力强，拥有一批敢为人先、开拓进取的科技企业家。发展壮大民营科技企业，给予他们宽松的政策，鼓励民营科技企业的创立，减少政策性壁垒，加强信息、中介等支援性增值服务，促进新兴企业的发展，是解决风险投资选择对象缺乏的主要途径。

4. 对风险投资基金进行管理审核

在鼓励依法组建专业的风险投资公司的同时，在执业资格、投资方向、风险控制等方面进行必要的监管和引导。

5. 建立良好的法律环境

我国必须积极地推动立法支持风险投资。此外，要适当调整管理层与职工持股的法律规定和有限合伙公司的法律保障问题。

6. 做好创业投资人才的培育工作

针对我国目前专业人才短缺的现状，可通过招聘留学生回国或国际交流的方法，引进国外的管理人才和技术人才，弥补国内人才的不足，并建立合理的人才流动机制，实现人才的合理配置。此外，应鼓励创业投资家组建私营基金管理机构。

7. 完善中介机构的作用

应加快中介组织的发展，促使它们通过市场竞争提高自身素质。

8. 建立良好的政策环境

一是在财政方面给予补贴，通过建立科学基金的形式，专门为风险投资者资助的高技术风险企业提供各种补贴，以分担风险投资者的部分风险。二是在利率方面给予优惠，如给予风险企业以低息或无息贷款等。三是税收减免，即在创立初期免税，在正常发挥效益时减税，使风险投资者享受较高的收益。同时，应抓紧研究和制定有关风险投资法律法规及风险投资管理条例等，以规范风险投资的行为，同时还要探索建立风险投资监管系统和执法系统。

案例 6-5

中国的风险投资家——沈南鹏

1. 成功吸引风险资本，带领携程、如家叩响纳斯达克

沈南鹏，1992 年毕业于耶鲁大学商学院，之后，先后供职于花旗银行、雷曼兄弟、德意志银行等国际级投资银行。1999 年，沈南鹏同梁建章、季琦等人一同创立了携程网，并于后来创建如家，投资分众传媒等项目。如今，这三家企业均已经在纳斯达克上市。

沈南鹏，耶鲁 MBA 出身，时任德意志银行中国资本市场主管，多年的工作经历让他具有相当的融资能力和宏观决策能力；梁建章，曾在甲骨文公司做过研发工作，技术背景深厚；季琦，有丰富的创业经验，擅长交际，对管理、销售都有一套。对互联网经济的共同看好，让三人聊得格外投缘。

携程创始之时，沈南鹏等三人共投资了 200 万元。不过靠这点资金，携程不可能得到快速的发展。沈南鹏便去和 IDG 接触，在他的努力下，携程成立才 3 个月，便得到了 IDG 第一笔 50 万美元的风险投资。1999 年年底，沈南鹏正式辞掉投资界工作，专心于携程的融资与发展，并考虑第二轮融资。因为第一笔投资只能支撑几个月的开销，如果融不到资，携程就要关门。2000 年 3 月，携程吸引到了以软银集团为首的 450 万美元的第二轮融资；11 月，引来了美国凯雷集团 1 100 万美元的第三笔投资。携程网三轮融资共计吸纳海外风险投资近 1 800 万美元。

较大的资金实力为携程带来了巨大收益，一年的时间里，携程发展了 2 000 多家签约酒店。2001 年订房交易额达到 5 亿元，2002 年交易量再翻一番，成为国内最大的宾馆分销商。携程最基本的生存已经不再是问题。2002 年 4 月，沈南鹏再出奇招，收购了有名的散客票务公司——北京海岸，从而奠定了携程机票预订的基础。联合互联网的优势，沈南鹏将原来的票据业务放到了网上。这一转变再次获得成功，携程开始在全国复制业务。短短的一年后，票据业务激增了 6 倍。同时建立起全国统一的机票预订服务中心，并在主要城市建起了机票配送队伍。

美国纽约时间 2003 年 12 月 9 日上午 10:45，携程旅行网在美国纽约纳斯达克股票交易所正式挂牌交易。上市首日，开盘价 24 美元，随即摸高到 37.35 美元，最后收盘价为 33.94 美元，涨幅 88.6%，创下了 3 年内纳斯达克市场 IPO 首日股价涨幅的纪录。

在互联网泡沫破裂之后，2006 年 10 月 26 日，如家快捷酒店（纳斯达克代码：HMIN，下称如家）再度开启了中国公司通向纳斯达克的道路。作为如家的创始人和联席董事长，沈南鹏三年内两度叩响纳斯达克的大门，如家获得了 30 倍的超额认购，得到了资本市场热烈的回应，在纳斯达克成功上市。此次如家共发行了 790 万股美国存托凭证，融资 1.09 亿美元；上市当日如家开盘价为 22 美元，高出发行价 13.8 美元 59.4%。

2. 成立风险投资基金——红杉资本中国基金

2005 年 9 月，沈南鹏辞去在携程的职务，转投红杉资本中国基金（Sequoia Capital China）。

红杉资本创始于 1972 年，总部在美国旧金山的门罗公园，共有 18 只基金，超过 40 亿美元总资本，总共投资超过 500 家公司，200 多家成功上市，有 100 多个通过兼并收购成功退出的案例。红杉资本作为全球最大的 VC，曾投资了苹果计算机、思科、甲骨文、雅虎和 Google、Paypal 等众多在网络时代具有里程碑意义的公司。红杉资本投资的公司总市值超过纳斯达克市场总价值的 10%。

2005 年，沈南鹏和德丰杰全球基金原董事张帆与 Sequoia Capital（红杉资本）一起创立了红杉资本中国基金。红杉资本在印度、以色列等国家设有独立运作的风险投资基金。红杉资本的投资风格，一般是让最了解当地情况的人来决策。在印度，红杉资本就是收购了当地一家经营多年、业绩出众的风险投资基金，把名字改成红杉印度，然后仍以同样的团队独立决策。

3. 寻找风险投资对象

"中国经济过去 20 年发生的最根本变化，是从制造业向服务业的转变。国内消费市场将带动起一批企业，这个主旋律现在刚刚开始，可能会延续很长时间。"这是沈南鹏的"消费需求拉动"理论，亦是他如今投资的主线之一。"除了中国，只有美国有这样广阔的市场，携程、如家、新东方和盛大都是满足了不同的消费需求。"IT 技术，则为服务到更广大的客户群提供了一个可能的通道。

红杉资本中国基金的网站上列出了沈南鹏投资的九个项目，其中有三个是传统意义的互联网企业，余下的项目分布在保险、农业、交通、动漫、户外媒体、彩票制作等各种传统行业。

提起这些项目，沈南鹏如数家珍："一个新的商业模式，就是对原有模式的创新和否定。每个好的项目的竞争力的角度都是不同的，没有先例可以照搬。"在他看来，项目选择的过程，主要是一个对创业团队、行业、商业模型的多层次考察的过程。要看创业者的背景、经历，了解客户、合作伙伴对创业者的评价；要尽量拿到行业的统计数据，理解行业内的各种政策法规；对于已经进入成长期的企业，财务数据的规范性也是考察的重点。

"为什么有些公司只有几倍的市盈率，而有些商业模式可以获得 30 多倍的市盈率，仍有人追捧？辨识各种商业模型的差异和潜力，是风险投资的精髓所在。"沈南鹏说，"不是所有有利可图的行业都适合风险投资基金进入。在一些行业，政策影响较多，可能不适合民营企业发展。"

实际上，风险投资亦要注重投资项目的平衡，按照市场情况的变化调整在不同创业周期内的资金分布。另外，行业要分散，要注重传统行业和新兴行业的平衡。

在沈南鹏投下的九个项目中，高德软件（地图软件）、掌信彩通（开发与彩票业相关的软件）、福建利农集团（蔬菜种植）都已经进入或者接近成长期，余下的企业仍处于种子期。

目前，红杉资本中国基金投资的一些企业，在某种程度上正是美国同类成功企业的翻版，而印度的互联网潮流落后中国三至五年，中国的经验刚好又可以供它们借鉴。

案例 6-6

ofo 共享单车的投融资之路

（1）第一阶段：企业的种子期

这一阶段指的是技术或者新商业模式的开发阶段，也可以理解为创业初期。这个时期创业者会产生新的想法，开始研发新的产品。同时，企业自身的资金不够，很有可能找风险投资机构寻求专门的资金。这一时期的风险投资也可以叫做“天使投资”。获得这笔投资之后，企业才能顺利迈开第一步。为了得到这笔钱，创业者必须进行详尽的市场研究和预测，做出合适的报告，向投资者说明自己产品的独到之处及市场的潜力，这样才可以说服投资者进行风险投资。ofo 共享单车是北大学生的创业项目。由于高校内的主要交通工具是单车，但高校学生又面临买车、修车和丢车等痛点，在 Uber 和 Airbnb 的共享经济启发下，2015 年 9 月，ofo 最早在北大开始了它们的“试验”。效果非常不错，吸引了风险投资机构的注意，因此吸引了唯猎资本和东方弘道 900 万元的 pre—A 轮融资，迈开了企业发展的第一步。

（2）第二阶段：企业的导入期

这个阶段企业的产品基本成型，步入试销阶段。创业者根据市场的需要不断调整产品，使其不断创新，满足消费者的需要。这个时期的风险投资资金叫创业资金，资金额有着明显的上升。这一时期有着来自管理、技术及市场等多方面的风险。因此，投资人关注企业经营方案的可行性及产品的功能和市场的竞争力。在金沙江创投领投和东方弘道的帮助下，ofo 共享单车在 2016 年 2 月完成了第 A 轮的融资。这轮融资给公司的发展带来了很大的帮助，使得公司的订单突破了 500 万辆。于是在 8 月，真格基金、天使投资人王刚等又联合注资 A＋轮融资。由于公司的前景被投资人看好，在接下来一个月里，ofo 共享单车又获得了由经纬中国领投，金沙江、唯猎资本跟投的数千万美元的 B 轮融资，这使得它的总订单数登上 1 000 万辆，日均突破 40 万辆，并在同月建立了共享单车平台，企业开始扩大。

（3）第三阶段：企业的成长期

这一阶段指的是技术的发展或生产的扩大。这个时期的资本需求和之前两个阶段相比有所剧增。一方面是扩大生产，另一方面是拓宽营销方式，扩大市场。因为企业已经达到一定的规模，开始盈利。该阶段的资本被称为成长资本。通过销售等手段也可以收回一定的资金，传统金融机构如银行也会因企业做大而进入，因此该阶段的资金来源更加多样化，技术风险减少，市场风险和管理风险加大。

2016 年 10 月，ofo 共享单车获得 Coatue、小米、顺为资本、中信产业基金领投，元璟资本、Yuri Milner、滴滴、经纬、金沙江等老投资方进行的 C 轮 1.2 亿元的融资。这一轮融资使得该企业从校园走向城市，并且在 11 月 17 号，ofo 共享单车推出了“城市大共享计划”。该计划主张全球各大自行车厂商将自己的技术和服务在 ofo 共享单车上使用，这样可以给不同的群体提供差异化的体验。

(4) 第四阶段：企业的成熟期

这个阶段指的是企业技术成熟后进入大规模生产阶段。这个时期风险资本减少，处在这个阶段的企业生产经营可以带来大量的现金流，同时技术进步，生产成熟，企业具备了向银行等金融机构融资的能力，甚至上市。该阶段风险大大降低，风投的利润率也减少，投资人也开始撤资。这个时期是 ofo 共享单车发展的下一个阶段。随着单车市场竞争的火热化，不断的技术进步，制定更好的战略，才能使得 ofo 共享单车居于不败之地。

案例 6-7

小米科技风险投融资案例

目前小米的业务主要包括三大类：硬件方面有电视、路由器、手机，互联网方面包括互娱、影业、MIUI、金融、云服务；新零售方面有小米商城、全网电商及小米之家、小米有品（见图 6-6）。小米生态链已经发展成为全球最大的智能硬件平台。截至 2017 年 6 月 30 日，小米生态链已经投资了 89 家生态链公司，不管是产品还是年收入小米生态链上的公司都获得了较大成功，而且有 4 家独角兽公司。

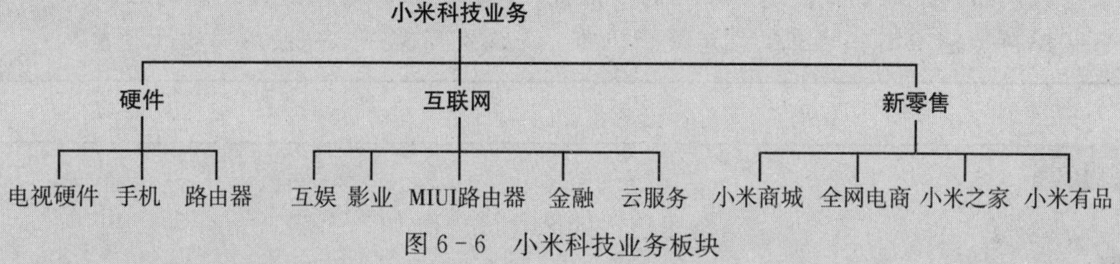

图 6-6 小米科技业务板块

1. 小米生态链的投资方向

小米生态链的投资主要围绕以下 6 个方面：手机类产品，如手机的耳机、移动电源、蓝牙音响；智能可穿戴设备，如小米手环、智能手表；传统白电智能化，如净水器、净化器；优质的制造资源；极客酷玩类产品，如平衡车、3D 打印机；生活方式类，如小米插线板。

从以上小米的投资方向来看，小米生态链投资的基本都是自己熟悉的硬件设备领域。这符合小米生态链让工程师从他们的产品角度看公司而非传统的投资人从行业、团队角度看公司，因为小米生态链认为工程师基于对公司产品及技术的了解更能把握未来走向，他们从趋势及产品看公司优于投资人从数据角度看公司。

2. 小米生态链的投资标准

小米生态链的投资标准有别于传统基金风险投资，小米生态链企业的选择方法则主要有以下几项：该公司所做产品属于大类，这样才能保证市场足够大，发挥空间大；现有产品有较为明显的痛点和不足，这样才能有改善及开发新的消费者的余地；该公司所做产品能被粉丝追逐，具有互联网的传播属性；该公司产品要符合小米用户群的心理；团队实力足够强；要有共同的价值观。

3. 小米生态链的退出机制

小米生态链的退出机制同样有别于传统基金投资的退出机制。小米生态链把对其生态链上的公司看作是战略联盟，也就相当于是孵化器。小米生态链把链上的所有公司看作一个整体，看重的是共同成长，共同做出好的产品，所以小米本身并不会关注退出。小米不会去干预这些公司的未来走向，投资这些公司不是以投资为目的，而是为了共同成长。

4. 小米生态链初期成功的原因

小米生态链在短短几年内就已经投资将近 90 家公司，且其中有三分之一的公司是从零做起的初创公司，多家企业年收入过亿，其中不乏独角兽公司。其成功的原因有四个方面。一是小米自身的优势。小米拥有最好的创新团队，品牌热度、供应链、电商平台、用户群及资本等都有极大的优势，可以为加入的公司提供全方位、多渠道的帮助。二是小米的合作机制。小米会给小米生态链上的公司提供一定的帮助，会充当公司的引路人，但是又不会去控制公司，会让这些公司按照自己的成长路径自由生长，这就有别于传统意义上会有干涉的母子公司关系，更像是兄弟公司。三是小米生态链的“孵化矩阵”。对于生态链上的每一个公司小米都会根据初创公司的实际情况提供帮助，包括设计、用户研究、产品经理、供应链管理、品牌营销、渠道、资本等，让企业在小米的帮助下自由生长。四是具有相同的价值观。小米生态链上的公司和小米具有相同的价值观，即立志做最好的产品；不赚快钱；追求产品的高性价比；提升效率，改造传统制造业。

2018 年 7 月 9 日小米正式在港交所上市，是港交所第一只同股不同权的股票。

案例 6-8

阿里巴巴的风险投融资

1999 年年初，马云决定回杭州创办一家能为全世界中小企业服务的电子商务网站。回到杭州后，马云和最初的创业团队开始谋划一次轰轰烈烈的创业。大家集资了 50 万元，在马云位于杭州湖畔花园的 100 多平方米的家里，创立了阿里巴巴。由于建立期初的推广和运营都需大量资金，而刚开始他们只有 50 万元，他们遭遇了发展的瓶颈：公司账上没钱了。那时候我国对新兴产业和高新技术企业的扶持力度不大，再加上银行对这类企业基本上不会投资，最终迫于无奈引入了风险投资。

第一轮融资中，高盛联合富达投资、新加坡政府科技发展基金、Invest AB 等，向阿里巴巴注入了 500 万美元，这一笔“天使基金”让马云喘了口气。2000 年 2 月，马云与日本软银总裁孙正义见面，软银愿意提供 2 000 万美元，同时富达、汇亚资金、TDF、瑞典投资等五家 VC 投入 500 万美元，靠这笔第二轮融资资金，马云的阿里巴巴熬过长达两年的互联网寒冬。互联网的春天在 2003 年开始到来。第三轮融资很快到了，2004 年 2 月，软银出资 6 000 万美元，富达、Granite 和 TDF 共出资 2 200 万美元。2005 年 8 月，雅虎以 10 亿美元+雅虎中国进行投资。

之后，阿里巴巴创办淘宝网，创办支付宝，收购雅虎中国，创办阿里软件，一直到阿里巴巴上市。

在 2005 年，阿里巴巴并购雅虎中国，其代价却是雅虎持有阿里巴巴 40%左右的股份，成为其单一最大股东，软银集团对阿里巴巴的控制力也超过马云，这不能不让人怀疑这场并购的结果到底谁才是胜利者。对于阿里巴巴的发展，马云并没有把上市的计划列为紧急的步骤，阿里巴巴的上市显然受到了风险投资商的巨大压力，也证明了马云已经不能按自己的方式控制公司。

2007 年 11 月 6 日，全球最大的 B2B 公司阿里巴巴在香港联交所正式挂牌上市，正式登上全球资本市场舞台。随着这家 B2B 航母登陆香港资本市场，此前一直受外界争论的“B2B 能不能成为一种商务模式”也有了结果。11 月 6 日 10 时，港交所开盘，阿里巴巴以 30 港元，较发行价 13.5 港元涨 122%的高价拉开上市序幕。小幅震荡企稳后，一路单边上冲，最后以 39.5 港元收盘，较发行价涨了 192.59%，成为香港上市公司上市首日涨幅最高的“新股王”，创下香港 7 年来科技网络股神话。当日，阿里巴巴交易数达到 14.4 万多宗，输入交易系统的买卖盘为 24.7 万宗，两项数据都打破了中国工商银行 2006 年 10 月创造的纪录。按收盘价估算，阿里巴巴市值约 280 亿美元，超过百度、腾讯，成为中国市值最大的互联网公司。

在此次全球发售过程中，阿里巴巴共发行了 8.59 亿股，占已发行 50.5 亿总股数的 17%。按每股 13.5 港元计算，共计融资 116 亿港元（约 15 亿美元）。加上当天 1.13 亿股超额配股权获全部行使，融资额将达 131 亿港元（约 16.95 亿美元），接近谷歌纪录（2003 年 8 月，谷歌上市融资 19 亿美元）。

引进风险投资后阿里巴巴面临两个问题：一个是股权分散的问题，从招股说明书中的股权结构可知，马云连同阿里巴巴七名高管兼董事共持有公司 12.79%的股权，马云个人持股 6.98%；最大股东雅虎持有 33.57%；投资机构软银对公司间接持股 24.32%，但风险投资最终将退出风险企业；另一个是公司控制权的外移。风险投资家不仅参与企业的长期或短期的发展规划、企业生产目标的测定、企业营销方案的建立，还要参与企业的资本运营，为企业追加投资或创造资金渠道，甚至参与企业重要人员的雇用、解聘。

从 2010 年秋开始，雅虎原 CEO 卡罗尔·巴茨（Carol Bartz）借媒体炮轰马云，对回购提议表示强势拒绝。而马云想要从雅虎手中回购股权的各种努力，也自此由暗转明。

马云以骄人的融资成绩单，从过去常生嫌隙的外资股东雅虎手中赎回控制性股权，再次掌舵阿里巴巴集团。9 月 18 日，阿里巴巴集团宣布，对雅虎总价值 76.5 亿美元的股份回购计划已全部完成。

阿里巴巴在最近的一份新闻通稿中首次对外披露，集团内部将此次回购计划的代号命名为“Long March（长征）”，以示艰苦卓绝之意。

一位阿里巴巴集团内部人士向记者确认，为了完成这桩庞大的股权回购，阿里巴巴总计对外募资 59 亿美元，其中银行贷款 20 亿美元，股权融资 39 亿美元，只有 9.5 亿美元现金来自集团自有资金。面对“蜂拥而来的投资财团”，马云只从总股本中拿出了约 10%的股份分散给了数家国内有较深背景的投资机构，且要求它们不能拥有投票权。

2012 年 2 月 21 日，阿里巴巴的股东阿里巴巴集团及阿里巴巴联合宣布，阿里巴巴集团（“要约人”）已向阿里巴巴董事会提出私有化要约。

这时，阿里巴巴已发行股本 5 002 039 375 股普通股，阿里巴巴集团持有 2 611 760 638股，占阿里巴巴已发行股本的 52.21%左右。一致行动人持有1 062 224 676

股，占阿里巴巴已发行股本的21.24%左右，二者合计持有73.45%的股份。阿里巴巴集团提出以每股13.5港元的价格回购阿里巴巴剩余的13.28亿股股份（占总股本的比例为26.55%），预计将耗资约180亿港元。

2012年5月25日，阿里巴巴的私有化建议已获足够多数独立股东批准通过，投票赞成私有化建议的股票数量占独立股东所持股票总数的95%。

2012年6月15日，阿里巴巴注册地开曼群岛大法院批准了阿里巴巴的私有化计划，据此港交所批准撤销阿里巴巴的上市地位。

2012年6月20日，阿里巴巴正式从港交所退市。

纽约时间2014年9月19日上午，阿里巴巴在纽约证券交易所上市，开盘价92.7美元，较发行价上涨超过36%。随后，承销商行使超额配售选择权，使得本次募集资金高达250亿美元，刷新了首次公开发行募资新纪录。

上市是初级战术，退市是高级战术，退市后再上市则是最高级的战术。“上市—退市—再上市”则是马云为阿里巴巴打造的资本战略。

案例6-9

京东上市的风险投融资

京东在电商市场开疆扩土的过程中，离不开资本的助推。从今日资本给的第一桶金开始，京东就开始了野蛮式的成长。作为今日资本投资的第一家电子商务公司，彼时，京东只有50个员工，年销售额只有6 000万元人民币。2007年4月，京东商城获今日资本1 000万美元投资。

2008年，金融危机已经蔓延到中国。虽然京东保持着高速增长，但是受宏观经济的影响，投资者的心态已经发生变化。京东一方面承担着扩张后带来的高额成本，一方面希望自建物流，提升用户体验。就在这个时候，今日资本再度出手。2009年1月，今日资本与雄牛资本及亚洲著名投资银行家梁伯韬的私人公司领投了第二轮2 100万美元的投资。这也是金融危机后，中国电子商务企业获得的第一笔融资。2010年1月27日，京东商城获得老虎基金第三轮投资，首期7 500万美元到账。2010年12月3日，京东商城第三轮融资中的第二期金额为7 500万美元的资金到账。2011年4月1日，京东完成C2轮融资，投资方是DST、老虎基金等六家基金和一些社会知名人士。融资金额总计15亿美元，11亿美元到账。

在没有竞争对手的市场上，京东用新融的资金在全国做配送网点，成立物流中心。70%以上用于仓储、配送及物流上，30%作为研发。截止到2012年年底，京东商城在全国已建成25个城市仓储中心，储备产能每日超过120万单，囊括六大物流中心、360座核心城市、850个配送站点和300个自提点。经过自建仓储中心后，京东已经成长壮大。易观国际的数据显示，2012年中国B2C市场交易规模达4 792.6亿元，较2011年增长99.2%，京东以16%的交易份额位列第二。

2012年11月13日，京东商城证实获得新一轮融资，该轮融资由加拿大安大略教师退休基金领投，老虎基金继续跟投，金额达4亿美元。这一轮的投资标志着京东IPO的道路可能不太远了。2013年2月16日，京东商城确认已完成新一轮约7亿美元的普通股股权融资，投资方包括加拿大安大略教师退休基金和沙特王国控股集团（Kingdom Holdings Company），公司的主要股东也进行了跟投。腾讯于2014年3月10日收购京东上市前在外流通的15%的普通股，成为其一个重要股东，联姻后，京东保持独立。2013年12月，京东对自己的估值为8.03亿元，而在2014年3月与腾讯联姻后，估值迅速增长为15.7亿元。估值增长96%明显不是因为业绩的自然增加，而是因为腾讯在2014年3月10日和京东达成的一系列合作。也就是说，这次合作，京东让出了15%的股份，同时也让自己价值接近翻番。

2014年5月22日，京东在纳斯达克正式挂牌上市，股票代码为“JD”，开盘报价为21.75美元，较发行价19美元上涨14.47%，盘中一度突破22.69美元，市值一度超过300亿美元。截至收盘，报20.9美元，较发行价上涨10%。

京东成功IPO，大赢家之一是它的投资人。投资一家数次陷入资金链危机传言、仍未盈利的公司是一场豪赌，现在他们面前已经堆满了筹码。一个B2C网站，在十年的时间内就做到1 000亿元的规模，增长速度平均每年近300%，靠的就是低价战略形成的资金循环和不断投资。但这种“融资—扩张—再融资”的发展模式将给其未来发展带来极高的风险。

思　考　题

1. 什么是风险投资？风险投资的特点有哪些？
2. 国外风险投资的资金来源有哪些？
3. 简述风险投资机构的组织形式。
4. 简述风险资本机构退出的几种途径。
5. 针对我国风险机构投融资事业的现状谈谈自己的看法。

第 7 章

资本结构理论及企业资本结构的优化

内容摘要

本章介绍西方资本结构的各种理论，各种资本成本的计算、最佳资本结构的融资原则、决策方法及所要考虑的因素。最佳资本结构的主要决策方法有综合资金成本比较法、每股收益分析法、综合分析法。

融资结构，也叫资金结构，是指资金总额中各种资金来源的构成及其比例关系。它不仅包括长期资金，也包括短期资金。资本结构是指企业各种长期资金筹集来源的构成和比例关系，也叫狭义的融资结构，如图 7 - 1 所示。

由于长期资金时间长、数量大，对于企业的发展意义重大，因此本书主要讨论资本结构，本书的融资方式也主要讨论长期融资。

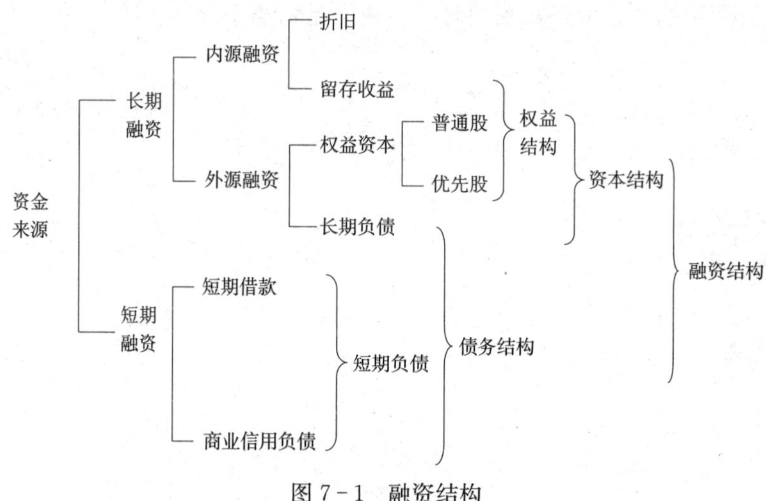

图 7 - 1　融资结构

7.1 资本成本

7.1.1 资本成本概述

1. 资本成本的概念

在市场经济条件下，企业筹措和使用任何来源渠道和方式的资金都必须付出相应的代价。所谓资本成本，是指企业为筹措和使用一定量的资金而付出的代价。这种代价通常由以下两部分构成。

(1) 资本使用费用

资本使用费用即企业在使用资金过程中发生的代价，如向投资者支付的报酬、向债权人支付的利息。资本使用费用构成了资本成本的主要部分。

(2) 筹资费用

筹资费用即企业在整个筹资过程中为获得一定量资金而付出的代价，如代销证券单位佣金、印刷费、广告费、注册费、手续费等。筹资费用通常在筹资过程中一次发生，在使用过程中不再发生。

2. 资本成本的意义

(1) 资本成本是评价投资方案的经济标准

确定资本成本是进行投资决策的重要条件。资本成本的性质决定了它是一个投资方案必须达到的最低报酬率。只有内含报酬率高于资本成本的投资方案在经济上才是可行的，否则没有必要考虑投资。

(2) 资本成本是拟订筹资方案的依据

企业资金可通过各种渠道，采取不同的筹资方式筹得。各种筹资方式因其资金提供者面临的风险不同而有不同的资本成本。最佳筹资方案是使综合资本成本最低的各种筹资方式的最优组合。

3. 公司资本成本和项目资本成本的区别

区别：公司资本成本是投资人针对整个公司要求的报酬率，或者说是投资者对于企业全部资产要求的必要报酬率；项目资本成本是公司投资于资本支出项目所要求的必要报酬率。

关系：如果公司新的投资项目的风险与企业现有资产平均风险相同，则项目资本成本等于公司资本成本；如果新的投资项目的风险高于企业现有资产的平均风险，则项目资本成本高于公司资本成本；如果新的投资项目的风险低于企业现有资产的平均风险，则项目资本成本低于公司的资本成本。

4. 资本成本的用途

公司的资本成本主要用于投资决策、筹资决策、营运资本管理、企业价值评估和业绩评价。

(1) 用于投资决策

评价投资项目最普遍的方法是净现值法和内含报酬率法。采用净现值法时，项目资本成本是计算净现值的折现率；采用内含报酬率法时，项目资本成本是其“取舍率”或最低报酬率。因此，项目资本成本是项目投资评价的基准。

(2) 用于筹资决策

筹资决策的核心问题是决定资本结构。最优资本结构是使股票价格最大化的资本结构。能使公司价值最大化的资本结构就是加权平均资本成本最小化的资本结构。

(3) 用于营运资本管理

可以把各类流动资产看成不同的"投资项目",它们也有不同的资本成本。

(4) 用于企业价值评估

评估企业价值时,主要采用折现现金流量法,需要使用公司资本成本作为公司现金流量折现率。

(5) 用于业绩评价

以市场为基础的业绩评价,其核心指标是经济增加值,计算经济增加值需要使用公司资本成本。在"筹资决策—资本成本—投资决策—资本成本—筹资决策"的循环中,为了实现股东财富最大化的目标,公司在筹资活动中寻求资本成本最小化,与此同时,投资于报酬高于资本成本的项目并力求净现值最大化。

5. 资本成本的影响因素

在市场经济环境中,多方面因素的综合作用决定着企业资本成本的高低,其中主要有:利率、市场风险溢价、税率、资本结构、股利政策和投资决策。这些因素发生变化时,就需要调整资本成本。

(1) 外部因素

① 利率。市场利率上升,公司的债务成本会上升,根据资本资产定价模型,市场利率上升也会引起普通股和优先股的成本上升。

② 市场风险溢价。根据资本资产定价模型可以看出,市场风险溢价会影响股权成本。

③ 税率。税率变化直接影响税后债务成本及公司加权平均资本成本。

(2) 内部因素

① 资本结构。增加债务的比重,会使平均资本成本降低,同时会加大公司的财务风险,还会引起债务成本和股权成本上升。

② 股利政策。公司改变股利政策,会引起股权成本的变化。

③ 投资政策。如果公司向高于现有资产风险的新项目大量投资,公司资产的平均风险就会提高,并使资本成本上升。

7.1.2 资本成本的计算

通常所说的资本成本,是指企业的综合资本成本,即各种筹资方式的个别资本成本的加权平均值。但是要计算这一加权平均值需要先计算各项个别资本成本。

企业取得的资金及各年度向投资者支付的报酬和本金与资本成本之间的关系可以通过下面的公式表示。

$$P_0 \cdot (1-f)=\frac{C_1}{1+K}+\frac{C_2}{(1+K)^2}+\cdots+\frac{C_n}{(1+K)^n}$$

式中:P_0——企业以某种方式筹措的资金;

f——筹资费用率;

C_n——企业在第 n 年向该种筹资方式的资金提供者支付的本金报酬（$n=1，2，\cdots，n$）；

K——该种筹资方式的资本成本。

即以资本成本作为折现率进行计算，各年支付的报酬和本金恰好等于企业实际使用的资金。这一基本公式应结合各种筹资方式的特点加以具体运用。下面介绍企业主要筹资方式的资本成本的计算方法。

1. 长期债券资本成本

长期债券资本成本包括债券利息的支付和企业债券筹资费用等。由于长期债券资本利息作为财务费用可以在税前扣除，起到抵税作用，因此企业实际承担的成本应为税后债券成本。长期债券资本成本的计算公式如下。

$$K_{\mathrm{d}}=\frac{I(1-T)}{1-R}$$

式中：K_{d}——长期债券资本成本；

I——长期债券年利息率；

T——企业适用的所得税税率；

R——筹资费用率。

债券可以按平价、溢价和折价发行，债券利息按面值（本金）和票面利率决定，但债券的筹资额应按具体发行价格确定。

【例7-1】 假设某公司拟发行总面值为3 000万元的10年期债券，票面利率为10%，发行费率为4%，公司所得税税率为25%。根据市场环境的不同，公司采取平价发行1 000万元、溢价发行1 200万元和折价发行800万元。计算该债券的资本成本。

平价发行债券的资本成本为

$$K_{\mathrm{d}}=\frac{1\ 000\times10\%\times(1-25\%)}{1\ 000\times(1-4\%)}=7.81\%$$

溢价发行债券的资本成本为

$$K_{\mathrm{d}}=\frac{1\ 000\times10\%\times(1-25\%)}{1\ 200\times(1-4\%)}=6.51\%$$

折价发行债券的资本成本为

$$K_{\mathrm{d}}=\frac{1\ 000\times10\%\times(1-25\%)}{800\times(1-4\%)}=9.77\%$$

---

2. 长期借款资本成本

长期借款与长期债券同属于长期负债，二者资本成本所考虑的因素大体相同，但长期借款往往要考虑相称存款余额比率，但无折价、溢价问题。另外银行手续费所占比例很小，通常忽略不计。

一般而言，长期借款有以下特点：第一，利息率是预先约定的，不受企业经营业绩的影响；第二，利息费用可以在税前扣除；第三，债务本金应按期偿还。

据上述资本成本计算的基本公式，当长期借款每年年末付息一次、到期归还本金时，其资本成本的计算公式为

$$M \cdot (1-f)=\sum_{t=1}^{n} \frac{I_t \cdot (1-T)}{(1+K_d)^t}+\frac{M}{(1+K_d)^n}$$

式中：M——借款额（本金）；

f——相称存款余额比率；

K_d——长期借款资本成本；

I_t——第 t 年债券年利息；

T——企业适用所得税税率。

【例 7-2】 某公司向银行借入年利率为 13%、贷款期限为 15 年的款项 10 万元，相称存款余额比率为 8%，公司所得税税率为 25%。计算资本成本。

$$M(1-f)=100\ 000\times(1-8\%)=$$
$$100\ 000\times13\%\times(1-25\%)\times(\mathrm{P/A},\ K_d,\ 15)+100\ 000\times(1+K_d)^{-15}=92\ 000(\text{元})$$

设 $K_d=10\%$，则有：

$$M(1-f)=100\ 000\times13\%\times(1-25\%)\times(\mathrm{P/A},\ 10\%,\ 15)+100\ 000\times(1+10\%)^{-15}=98\ 059(\text{元})$$

设 $K_b=11\%$，则有：

$$M(1-f)=100\ 000\times13\%\times(1-25\%)\times(\mathrm{P/A},\ 11\%,\ 15)+100\ 000\times(1+11\%)^{-15}=91\ 012(\text{元})$$

运用插值法，可求出 $K_d=10.86\%$。

---

3. 可转换债券资本成本

计算可转换债券的资本成本与求公司普通债券资本成本的方法相同。

4. 优先股资本成本

优先股是权益资金的一种。权益资金是指企业所有者投入企业的资金。权益资金的成本也包括两部分：一是投资者的预期报酬率；二是筹资费用。

优先股是享有某种优先权利的股票。它同时兼有普通股和债券的双重性质，其特征表现为股利固定，本金不需要偿还，而其股息要定期支付。与债券利息不同的，优先股股息从税后利润支付，不具有抵税作用。

优先股的资本成本包括企业支付的优先股股利及其发行费用。但与负债不同的是，优先股没有一个确切的到期日且股利不具节税作用。

根据资本成本计算的基本公式，优先股资本成本的计算公式为

$$P_0 \cdot (1-f)=\sum_{t=1}^{n} \frac{D_t}{(1+K_p)^t}+\frac{P_n}{(1+K_p)^n}$$

式中：K_p——优先股资本成本；

P_0——优先股的发行价格；

f——优先股筹资费用率；

P_n——第 n 年后企业收回优先股的价格；

D_t——第 t 年支付的优先股股利。

显然，K_p 的计算比较复杂。若优先股为长期发行且年股利固定，则可用下列公式计算优先股资本成本的近似值：

$$K_p=\frac{D}{P_0 \cdot (1-f)}$$

式中：D——固定的优先股股利。

【例 7-3】 某公司发行面值为 15 元的长期优先股，筹资费用率为 5%，年股利率为 12%，发行价格为 20 元。计算该长期优先股的资本成本。

$$K_p=\frac{15\times 12\%}{20\times(1-5\%)}=\frac{1.8}{19}=9.47\%$$

---

5. 普通股资本成本

普通股是构成股份公司原始资本和权益的主要资金来源。普通股的特征与优先股相比，除了具有参与公司经营决策权外，主要表现为股利的支付是不确定的。

确定普通股成本通常比确定债务成本及优先股成本更困难，这是因为支付给普通股股东的现金流量难以确定，即普通股股东的收益是随着企业税后收益额的大小而变动的。普通股股利一般是一个变动值，每年股利可能都不相同，这种变化深受企业筹资意向与投资意向及股票市场股价变动因素的影响。

1）确定普通股成本的三种基本方法

(1) 股利折现模型法

理论上，普通股价值可定义为预期未来股利现金流按股东要求的收益率贴现的现值。由于普通股没有到期日，故未来股利现金流是无限的。股利估价模型为

$$P_0=\sum_{t=1}^{n}\frac{D_t}{(1+K_e)^t}$$

式中：P_0——当前普通股市场价格；

D_t——第 t 年的现金红利；

K_e——普通股股东要求的收益率。

如果现金红利以年增长率 g 递增，且增长率 g 小于投资者要求的收益率，则有

$$K_e=\frac{D_1}{P_0}+g$$

若发行新的普通股，则应考虑筹资费用，假定公司普通股股利逐年增长，则有

$$K_e=\frac{D_1}{P_0(1-f)}+g$$

式中：D_1——第一年股利；

f——普通股筹资费用率；

g——普通股股利每年预期增长率。

(2) 资本资产定价模型（CAPM）法

假定普通股股东的投资风险与市场风险相关，其投资风险取决于所投资股票在证券市场组合中的风险系数。这种根据无风险报酬率和某股票在证券市场的风险系数来计算普通股资本成本的方法，称为资本资产定价模型（CAPM）法，计算公式为

$$R_i = R_F + \beta_i (R_M - R_F)$$

式中：R_i——第 i 种普通股股票或第 i 种证券组合的必要报酬率；

R_F——无风险报酬率；

R_M——证券市场的平均期望报酬率；

β_i——第 i 种股票的风险系数，亦称为 β 系数。

股票的 β 系数表示该股票风险相对于证券市场风险的程度。

【例 7-4】 市场证券组合的平均期望报酬率为 15%，无风险报酬率为 10%，某公司普通股的 β 系数为 1.2，则

$$R_i = 10\% + 1.2 \times (15\% - 10\%) = 16\%$$

---

(3) 债券收益加风险报酬法（风险溢价法）

根据风险和收益相匹配的原理，普通股股东要求的收益率是以债券投资者要求的收益率为基础，同时追加一定的风险溢价。

$$K_e = K_d + RP_e$$

式中：K_e——普通股资本成本；

K_d——债务资本成本；

RP_e——股东对于其承担比债券持有人更大的风险而要求追加的收益率。

RP_e 并无直接的计算方法，只能从经验获得信息。资本市场经验表明，普通股的风险溢价对公司自己的债权而言，大部分在 3%～5%。

2) 计算普通股资本成本的简化公式

(1) 年股利固定的情形

若每年股利固定不变，则有

$$P_0 \cdot (1-f) = \frac{D}{K_e}$$

即

$$K_e = \frac{D}{P_0 \cdot (1-f)}$$

【例 7-5】 某公司普通股市价为 15 元/股，每年固定股利为 1.2 元，筹资费用率为

3%。则

$$K_e=\frac{1.2}{15\times(1-3\%)}\approx 8.25\%$$

(2) 固定增长股利的情形

若年股利按固定的增长率逐年提高，则有

$$P_0\cdot(1-f)=\frac{D_1}{K_e-g}$$

即

$$K_e=\frac{D_1}{P_0(1-f)}+g$$

式中：D_1——在第一年年末发放的股利；

g——股利年增长率。

【例7-6】 某公司普通股市价为12元/股，筹资费用率为3%，预计第一年年末将发放股利1.2元，以后每年按5%增长。则

$$K_e=\frac{1.2}{12\times(1-3\%)}+5\%\approx 15.3\%$$

6. 留存收益资本成本

留存收益又称保留盈余或留存利润，是指留存于企业的税后利润。留存收益资本成本是指公司股东对内部留存收益要求的报酬率。留存收益为什么也有成本呢？这主要是由机会成本原则决定的。从理论上讲，公司税后利润自然归股东所有，公司管理当局或者以股息形式支付给股东，或者将收益留存下来，再投资于公司。如果有留存收益，就会给股东带来机会成本。因为如果股东取得股息，就可以投资于其他有价证券或不动产，并获取一定的收益，而留存收益完全消除了股东取得这种收益的机会。股东在其他可供选择的投资机会中可能取得的收益就是留存收益的机会成本。

从企业筹资的角度来看，留存收益资本化与发行普通股具有相互替代的作用，两种筹资方式的区别只在于资金的来源渠道不同，而且留存收益无须去筹措，没有筹措费用的负担。故留存收益资本成本可参照普通股资本成本进行计算，若股利按固定比率递增，则

$$K_e=\frac{D_1}{P_0}+g$$

7. 综合资本成本

前面介绍的个别资本成本的计算方法是针对某一种特定的筹资方式而言的。实际上企业经常采用不同的方式筹集资金，其资金的成本和融资风险各不相同。为了正确进行投资和筹资决策，就必须计算企业的综合资本成本（也叫加权平均资本成本）。企业的综合资本成本是各种筹资方式的资本成本的加权平均数，其通常以各种资金占全部资金的比重为权数，对各种资金的成本进行加权平均确定。综合资本成本的计算公式如下。

$$K_w = \sum_{j=1}^{n} K_j W_j$$

式中：K_w——综合资本成本，可用 WACC 表示；

K_j——第 j 种筹资方式的资本成本；

W_j——第 j 种筹资方式来源占全部资金来源的比重（权重）。

从上式可以看出，综合资本成本受个别资本成本和权重两个因素的影响。因此，在实际计算时，可以分三个步骤进行：第一，计算个别资本成本（如前所述）；第二，计算个别资本成本的权重；第三，按照上述公式计算加权平均资本成本。

在综合资本成本计算中，个别资本成本相对容易确定，权重可分别选用账面价值权重、市场价值权重和目标价值权重。

账面价值权重是指以账面价值为依据确定各种长期资金的权重。使用账面价值，资料可以从资产负债表中取得，数据真实可靠。使用账面价值主要是为了分析过去的资本成本。但是当债券、股票的市场价值与账面价值差别较大时，计算出的权重会偏离实际，不利于筹资决策。

市场价值权重是指债券、股票及留存收益以市场价格确定的权重。使用市场价值权重计算的加权平均资本成本能够反映企业目前的实际情况，有利于企业在目前的情况下做出恰当的决策。但是，市场价值在不断波动，因此资本成本受市场价格的影响很大。可以选用平均的市场价格，也可以采用现行市场价格，但不一定能反映未来的市场价格情况。所以选用市场价格权重不利于企业在未来做出适当的筹资决策。

目标价值权重是债券、股票以目标市场价格确定的权重，能体现目标资本结构，而不是像账面价值权重和市场价值权重那样只反映过去和现在的资本结构。因此，目标价值权重更适用于企业筹措新资金。但是企业很难客观、合理地确定债券、股票的目标价值。

综上所述，由于账面价值数据容易取得，且真实可靠，因此在实际工作中企业一般使用账面价值权重。

【例 7-7】 某公司有关资料如表 7-1 所示。

表 7-1　某公司账面数据

筹资方式	账面价值/元	权重(W_j)	资本成本(K_j)
公司债券	2 500 000	25%	11%
长期借款	2 000 000	20%	10%
优先股	1 000 000	10%	13%
普通股	2 500 000	25%	15%
留存收益	2 000 000	20%	14%
合　计	10 000 000	100%	—

将表中数据代入上面的公式：

$$K_w = 11\% \times 25\% + 10\% \times 20\% + 13\% \times 10\% + 15\% \times 25\% + 14\% \times 20\% = 12.6\%$$

---

8. 边际资本成本

边际资本成本（MCC）定义为筹措每1元新资金的成本。边际资本成本通常在某一筹资区间内保持固定，然后开始逐级上升。边际资本成本也是按加权平均成本计算的，是追加筹资时所使用的综合资本成本，是筹措新的资金时的资本成本。

当企业拟筹资进行某项目投资时，应以资本成本作为评价该投资项目可行性的经济标准，这里所说的资本成本应该是边际资本成本而不是企业全部的资本成本。只有用新筹资金的成本即边际资本成本与投资项目的内含报酬率进行比较，才能对投资项目的可行性做出准确的评价。一般来说，随着企业筹资规模的扩大，企业资本成本也会增加，追加筹资的加权平均资本成本也会增加。但是，在追加投资中，并非每增加1元的资金都会引起资本成本的变动，而是有一定的范围。在原有资金的基础上，追加筹资在某一范围内，其资本成本仍保持原有资本结构的平均资本成本；当某种新增资金突破某一限度时，边际资本成本将会提高。

【例7-8】 某公司目前拥有长期资本10 000万元，其中长期借款2 500万元，公司债券2 000万元，普通股5 500万元。为了适应扩大投资的需求，公司准备筹措新款。按目前资本结构计算追加融资的边际资本成本。

第一步，确定目标资本结构。应根据原有的资本结构和目标资本结构的差距，确定追加筹资的资本结构。假设公司目前的资本结构即为公司的目标资本结构，计算目标资本结构如下。

长期借款：
$$\frac{2\ 500}{10\ 000}\times 100\% = 25\%$$

公司债券：
$$\frac{2\ 000}{10\ 000}\times 100\% = 20\%$$

普通股：
$$\frac{5\ 500}{10\ 000}\times 100\% = 55\%$$

第二步，测算各种筹资方式的资本成本及其分界点，假定该公司的具体数据如表7-2所示。

表7-2　个别资本成本及其分界点

资本种类	个别资本成本	新筹资额/万元
长期借款	6% 7%	≤100 >100
公司债券	8% 9%	≤200 >200
普 通 股	14% 16%	≤330 >330

第三步，计算筹资突破点。所谓筹资突破点，是指在保持其资本结构不变的条件下可以筹集到的资金总额，即在筹资突破点以内，资本成本不会改变；一旦超过了筹资突破点，即使保持原有的资本结构，资本成本也会增加。计算筹资突破点的公式为

$$\text{筹资突破点} = \frac{\text{可用某一特定成本筹集到的资金额}}{\text{该种资金在资本结构中所占的比重}}$$

该公司筹资突破点的计算如表7-3所示。

表 7-3 筹资突破点计算表

资本种类	目标资本结构	资本成本	新筹资额/万元	筹资突破点/万元	筹资范围/万元
长期借款	25%	6% 7%	≤100 >100	$\frac{100}{25\%}=400$	≤400 >400
公司债券	20%	8% 9%	≤200 >200	$\frac{200}{20\%}=1\ 000$	≤1 000 >1 000
普通股	55%	14% 16%	≤330 >330	$\frac{330}{55\%}=600$	≤600 >600

第四步，计算边际资本成本。

根据表 7-3 的计算结果，可得到四组筹资总额范围：400 万元以下；400 万～600 万元；600 万～1 000 万元；1 000 万元以上。分别计算各筹资范围的边际资本成本。

筹资总额在 400 万元以下的边际资本成本 =6%×25%+8%×20%+14%×55%=10.8%

筹资总额在 400 万～600 万元之间的边际资本成本 =7%×25%+8%×20%+14%×55%=11.05%

筹资总额在 600 万～1 000 万元之间的边际资本成本 =7%×25%+8%×20%+16%×55%=12.15%

筹资总额在 1 000 万元以上的边际资本成本 =7%×25%+9%×20%+16%×55%=12.35%

该公司各筹资范围的边际资本成本如表 7-4 所示。

表 7-4 边际资本成本计算表

筹资范围	筹资方式	资本成本	目标资本结构	边际资本成本
0～400 万元	长期借款 公司债券 普通股	6% 8% 14%	25% 20% 55%	10.8%
400 万～600 万元	长期借款 公司债券 普通股	7% 8% 14%	25% 20% 55%	11.05%
600 万～1 000 万元	长期借款 公司债券 普通股	7% 8% 16%	25% 20% 55%	12.15%
1 000 万元以上	长期借款 公司债券 普通股	7% 9% 16%	25% 20% 55%	12.35%

第五步，根据上述各融资方案的融资总额、边际资本成本及其边际投资报酬率的比较，判断及选择有利的投资及融资机会。

7.2 资本结构理论

资本结构不仅与公司财务风险、资本成本和每股收益紧密相关，而且还会影响公司的普通股市价和公司总体价值。资本结构理论是研究资本结构变动与股票市价及公司总体价值关系的理论。

公司总体价值（V）由公司股东和公司债权人共享，普通股总市价（S）和债券总市价（B）构成公司总体价值，即 $V=S+B$。由于债权人对公司价值的求偿额是固定的，故 S 随 V 的变动而变动，即每股市价最大化取决于公司价值最大化。所以，西方资本结构理论研究者往往将资本结构变动对普通股每股市价的影响归结到资本结构变动对公司总体价值的影响上。

7.2.1 资本结构的早期理论

1952年，美国的戴维·杜兰德（David Durand）将当时资本结构研究的主要观点归纳为三种基本理论，称为早期的资本结构理论。

1. 净利理论

净利理论是资本结构理论中的一种极端理论。其基本观点是：企业价值或财富取决于企业资本结构和资产盈利能力（息税前利润），股东净收益的大小由这两个因素共同决定，而不是只取决于企业资产盈利能力。它假设当年资本结构中的负债比例提高时，负债成本（K_d）和股票成本（K_e）保持不变，债权人和股东均不会因为负债增加而感到风险增大，或对于因为负债增加带来的风险不作反应。由于负债成本低于股票成本，所以当负债比率（D/V）上升、股票比重下降时，企业综合资本成本（K_w）就会下降，企业的价值（V）就会增大。当负债比率为100%时，企业的综合资本成本最低，企业价值达到最大，如图7-2所示。

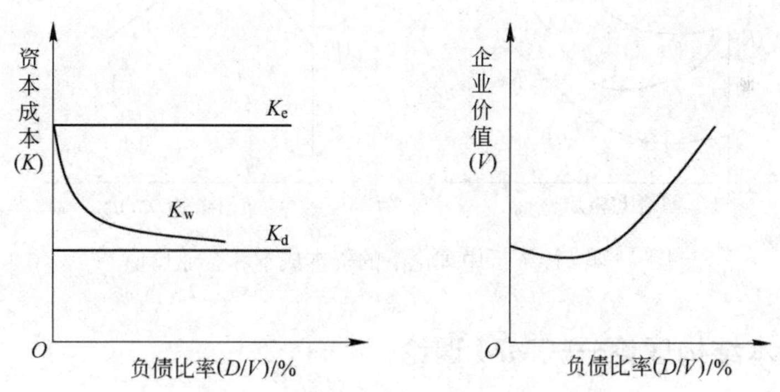

图7-2 净利理论下的资本成本和企业价值

2. 营业净利理论

营业净利理论是资本结构理论中的另一种极端理论。其基本观点是：企业价值或股东财富与由企业资本结构和资产盈利能力（息税前利润）共同决定的归于股东的净收益无关，仅取决于企业资产盈利能力，是营业净利（经营收益）而非净利决定企业价值。它假设负债成本不变而股票成本会随着负债的增加而上升，负债带来的利益刚好被负债增大所引起的股票成本的上升所抵消。这是因为企业利用财务杠杆时，随着负债比率的上升，即使负债成本本身保持不变，但由于加大了股票风险，使股票成本上升，抵消了负债比率对综合资本成本的影响，使企业综合资本成本保持不变，企业价值也保持不变。营业净利理论如图7-3所示。

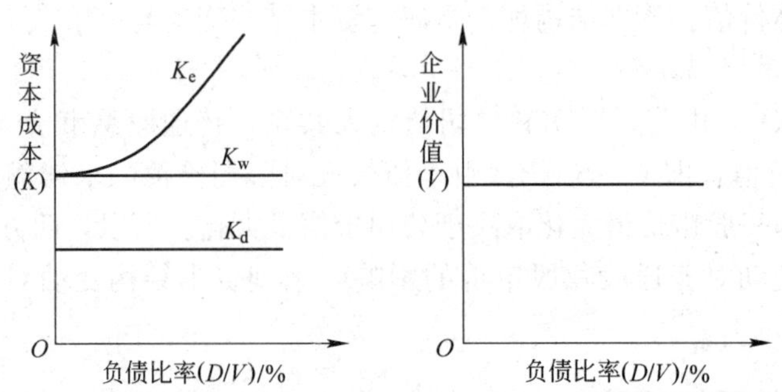

图 7-3　营业净利理论下的资本成本和企业价值

3. 传统折中理论

传统折中理论是一种介于净利理论和营业净利理论之间的理论。它认为，尽管企业利用财务杠杆会导致股票成本上升，但在一定程度内却不能完全抵消负债的低成本所带来的好处，因而会使综合资本成本下降，企业价值上升。但负债增加引起的财务风险的增加往往有个“度”。超过这个“度”后，股票成本的上升就不再为负债的低成本所抵消，综合资本成本便会上升，企业价值就会下降。在 20 世纪 50 年代西方发达国家不论是在理论上还是在实践中都采用传统折中理论，但传统折中理论不是基于严密的数学方法，而是按经验得出的。传统折中理论下的资本成本和企业价值如图 7-4 所示。

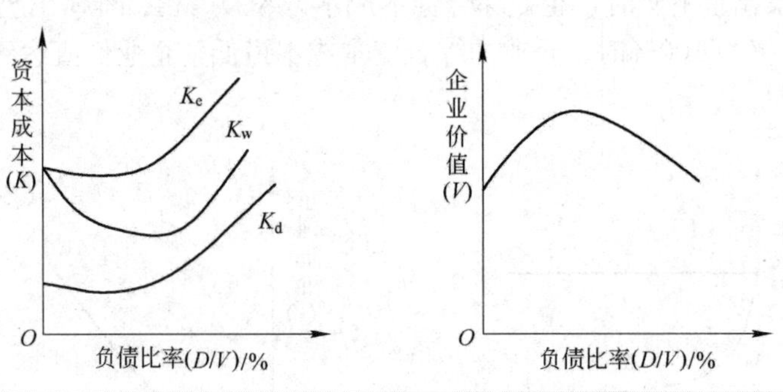

图 7-4　传统折中理论下的资本成本和企业价值

7.2.2　现代资本结构理论——MM 理论

现代资本结构理论是 1958 年由两位美国著名的财务学教授 Franco Modigliani 和Merton Miller 提出来的，因此简称 MM 理论。MM 理论的建立开创了现代资本结构理论的先河，使资本结构理论的研究进入了一个新的阶段。

MM 理论的基本论点如下。

1. 在不课税的情况下，公司无法通过财务杠杆获利

在不课税的情况下，公司总体价值大小与负债比率高低无关。导致这一结论的假设条件如下。

① 资本市场是完美的，没有交易成本、破产成本等。

② 投资者个人和公司可以用相同的市场利率借款。

③ 负债利率为无风险利率，不随负债比率增加而上升。

④ 负债的杠杆利益全部支付给股东，增加普通股成本。

⑤ 公司未来的经营利润额预测值构成年金而不受负债比率的影响。

⑥ 所有投资者都可以获得与企业管理者相同的关于企业未来发展的信息。

⑦ 投资者可按个人意愿进行套利活动而不受法律和有关制度的限制，即个人运用财务杠杆和公司运用财务杠杆完全可以相互替代。

⑧ 经营风险可以用息税前利润的方差来衡量，具有相同经营风险的公司称为风险同类(homogeneous risk class)。

⑨ 全部现金流是永续的，即所有公司预计是零增长率，因此具有“预期不变”的息税前利润，所有债券也是永续的。

根据上述假设，MM 理论提出以下两个定理。

定理Ⅰ：

$$V=\frac{\text{EBIT}}{K_w}$$

式中：V——企业价值；

EBIT——息税前利润；

K_w——综合资本成本。

显然，这一定理与营业净利理论相同，即负债经营对公司总价值没有影响，公司的总价值取决于其息税前收益和既定的综合资本成本。

定理Ⅱ：

$$K_s=K_w+(K_w-K_d)\cdot\frac{D}{E}$$

式中：K_s——普通股资本成本；

D——企业债务价值；

E——企业权益的市场价值。

即普通股资本成本等于固定的综合资本成本加上风险补偿率$\left[(K_w-K_d)\cdot\frac{D}{E}\right]$，而风险补偿率的高低取决于财务杠杆程度（$D/E$）。定理Ⅱ表明当 D/E 提高时，普通股资本成本也增加，即财务杠杆利益全部转化为股利。

以上两个定理表明，在不课税的情况下，综合资本成本及其总价值完全不受资本结构的影响。

MM 理论利用投资者的套利能力来支持其定理。根据其假定，如果两家公司的融资方式及市场价值不同，那么投资者会卖掉价值较高的公司的股票（使其股票市价下跌），转而买进价值较低的公司的股票（使其股票市价上涨），这种套利的情形不断进行下去，直至两家公司的市场价值完全相等为止。

无课税条件下的 MM 理论可用图 7-5 表示。

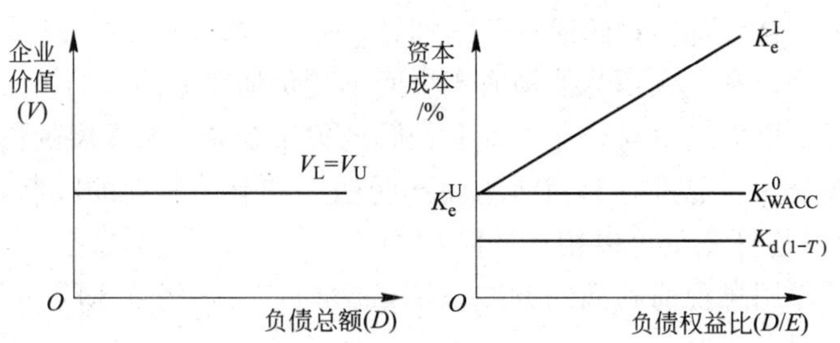

图 7－5　无课税条件下的 MM 理论

2. 在考虑课税的情况下，使用财务杠杆的公司有较高的价值

在引入所得税因素之后，MM 理论的论点改变了。因为负债利息的节税作用使运用财务杠杆的公司有较高的价值。用公式表示为

$$V_L=V_U+D_L\cdot T$$

式中：V_L——有负债公司的价值；

V_U——无负债公司的价值；

D_L——有负债公司的负债额；

T——所得税税率。

债务利息的抵税价值（$T\cdot D$）又称为杠杆收益，是企业为支付债务利息从实现的所得税抵扣中获得的所得税支出节省，等于抵税收益的永续年金现金流的现值，即债务金额与所得税税率的乘积（将债务利息率作为贴现率）。

若此方程式被破坏，套利行为便会发生，迫使其左右平衡。

显然，在课税的情况下，举债融资比发行股票融资有利。因为利息支出有节税作用，而股利则不节税。按此方程式，负债增加意味着两公司价值差异的扩大。似乎公司应尽量增加负债以提高其总体价值，即最佳资本结构应主要由负债构成。然而，这种结论显然不能令人满意。而之所以导致此结论，是因为 MM 理论的假设不切实际。在考虑课税情况下，MM 理论的命题如图 7－6 所示。

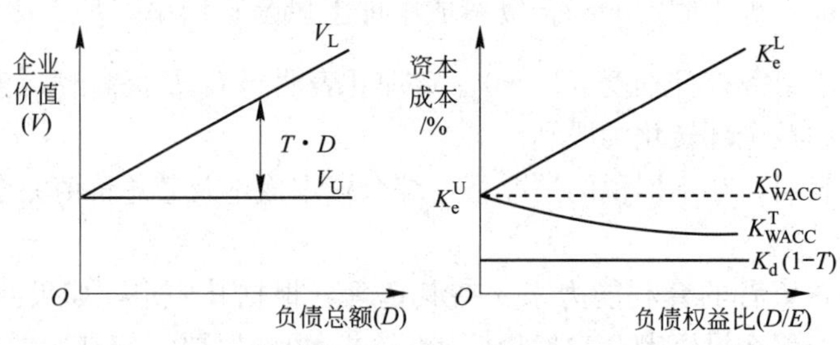

图 7－6　考虑企业所得税条件下 MM 的命题Ⅰ和命题Ⅱ

上述修正的 MM 理论考虑了企业所得税，但是并没有考虑个人所得税对债务比例与企业价值之间关系的影响。米勒在 1977 年进一步提出了同时考虑个人所得税和企业所得税的资本结构理论模型。他认为：在其他条件不变时，个人所得税会降低无负债公司的价值，并且当普通股投资收益的有效税率低于债券投资的有效税率时，有负债企业的价值会低于 MM 理论考虑所得税时有负债企业的价值。

7.2.3　权衡理论

如上所述，在考虑税收因素后，MM理论认为企业的负债比率越高，其总体价值越大。然而，在现实生活中，几乎没有一家企业使用100%的债务。因为市场并不像MM理论所假设的那么完美。因此，MM理论及后来的研究者通过放松MM理论的假设对MM理论进行了修正，其中最重要的修正是财务拮据成本和代理成本。

权衡理论认为，MM理论忽略了现代社会中的两个因素，即财务拮据成本和代理成本。而只要运用负债经营，就可能会发生财务拮据成本和代理成本。

1. 财务拮据成本

所谓财务拮据，是指公司清偿到期债务时的困境，其极端情形即为企业破产。企业财务拮据会给企业带来财务拮据成本，财务拮据成本是企业出现支付危机的成本，又称破产成本。它包括两方面内容：直接成本和间接成本。

（1）财务拮据的直接成本

形成财务拮据的直接成本的主要原因如下。

① 负债过度所导致的负债利息率的升高。

② 被迫出售固定资产以满足营运资本需要及生产规模的萎缩。

③ 企业破产时所承担的法律费用、会计费用、破产管理费用及清算财产变现损失等。

（2）财务拮据的间接成本

财务拮据的间接成本主要包括以下情形。

① 由于发生财务拮据，企业管理部门在处理各种债务纠纷上必然要花费更多的精力，从而放松正常的经营管理，这必然会对企业未来的现金流量产生不利的影响。

② 财务拮据会影响企业经营管理部门的决策行为，对企业整体利益产生不利的影响。比如，企业可能会采取一些短期行为来迅速获利而损害企业的长远利益。

③ 供销双方的客户会由于企业的财务状况而采取回避的态度，导致供销渠道减少或中断，从而加速企业的破产。

④ 关键管理人员的流失。

⑤ 融资困难。

有关研究表明，破产成本、破产概率与公司负债水平之间存在非线性关系，在负债比率较小时，破产成本和破产概率增长极为缓慢；而当负债达到一定程度之后，破产成本与破产概率加速上升，从而增加企业的财务拮据成本。也就是说，财务拮据成本是企业无限制扩大负债的重要障碍。

2. 代理成本

詹森和麦克林最早利用代理理论来对企业资本结构问题做出解释。他们在1976年发表的经典论文《企业理论：管理行为、代理成本和所有权结构》中，将代理成本定义为“代理成本包括为设计、监督和约束利益冲突的代理人之间的一组契约所必须付出的成本，加上执行契约时成本超过利益所造成的剩余损失”。詹森和麦克林认为，代理成本几乎存在于所有的企业中。

（1）负债代理成本

由于债权人没有参与企业经营决策的权利，所以当贷款或债权投入企业后，企业经营者或股东就有可能改变契约规定的贷款用途去进行高风险投资，使债权人承担了契约之外的附加风险而没有得到相应的风险报酬补偿。因此，债权人需要利用各种保护性合同条款和监督贷款正确使用的措施来保护其利益免被企业股东侵占。但是，增加条款和监督实施会发生相应的代理成本，这些成本随企业负债规模的扩大而增加。债权人一般以提高贷款利率等方式将代理成本转移给企业，所以企业在选择负债比率进行资本结构决策时要考虑这些负债的代理成本。

（2）股权代理成本

股权代理成本是指与企业外部股权相关联的代理成本。对于内外部股权并存的企业，其内部股东往往会利用各种信息上的便利谋取自身利益的最大化，从而挤占外部股东利益。若出现内外部股东的利益冲突，外部股东将被迫采取必要的措施，监督企业按照使全体股东利益最大化的目标行事。这方面支出的费用也是一种代理成本，它随外部股权比例的增大而增加。

总代理成本是这两类代理成本的叠加，因为这两类代理成本与资本结构的关系正好相反，所以在不考虑税收和财务拮据成本的情况下，对应于总代理成本最小的资本结构即为最优的资本结构，此时的负债规模较为适当。确定企业的最佳资本结构要在负债节税作用及其产生的财务拮据成本和代理成本之间进行权衡，故称为权衡理论或发展的 MM 理论。

权衡理论认为，在考虑以上两个影响因素后，运用负债筹资的企业的价值应按以下公式确定：

$$V_L=V_U+D_L\cdot T-(\text{财务拮据成本预期现值}+\text{代理成本预期现值})$$

上式表明，负债可以给企业带来减税效应，使企业价值增加。但是，随着负债节税利益的增加，财务拮据成本和代理成本的预期现值也会增加，从而抵消负债节税利益。

如图 7-7 所示，如果公司为无杠杆公司，其市场价值为 V。随着公司债务资本的出现，公司财务杠杆开始发挥效应，税盾效应使公司的价值提高。在公司价值低于 B' 点时，不发生破产成本，公司的价值是无杠杆企业价值与税盾效应现值之和。但是，当企业负债超过 B' 时，财务杠杆的负债作用就开始显现，出现了破产成本。企业价值和财务杠杆之间的关系就不再是线性关系了。一开始，由于边际税盾效应大于边际破产成本，公司还会继续增加债务资本。当债务达到 B^* 点时，由于边际税盾效应等于边际破产成本，因此公司价值达到最大化，这时公司有了最佳资本结构。过了 B^* 点，边际税盾效应小于边际破产成本，公司价值开始呈现下降趋势。

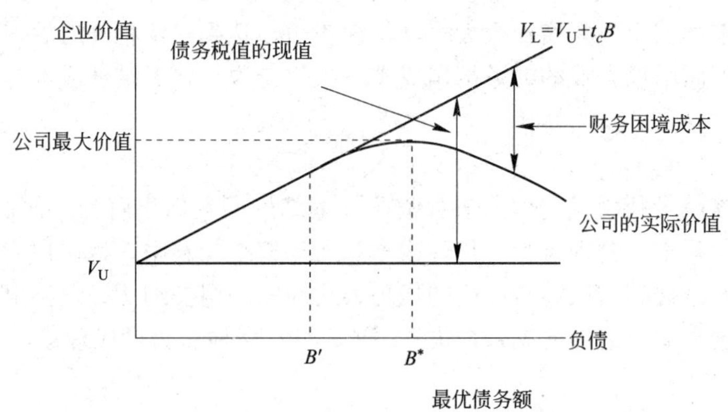

图 7-7　财务杠杆与企业价值的关系

财务困境成本的现值由两个重要因素决定：一是发生财务困境的可能性；二是企业发生财务困境的成本大小。一般情形下，发生财务困境的可能性与企业收益现金流的波动程度有关。现金流与资产价值稳定程度低的企业，因违约无法履行偿债义务而发生财务困境的可能性相对较高，而现金流稳定可靠、资本密集型的企业，如公用事业公司，就能利用较高比率的债务融资，而债务违约的可能性很小。企业财务困境成本的大小取决于这些成本来源的相对重要性及行业特征。如果高科技企业陷入财务困境，由于潜在客户与核心员工的流失及缺乏容易清算的有形资产，致使财务困境成本可能会更高。相反，不动产密集型的企业财务困境成本可能较低，因为企业价值大多来自相对容易出售和变现的资产。

权衡理论有助于解释有关企业债务的难解之谜。财务困境成本的存在有助于解释为什么有的企业负债水平很低而没有充分利用债务抵税收益。财务困境成本的大小和现金流的波动性有助于解释不同行业之间的企业杠杆水平的差异。

7.2.4 信号传递理论

信号传递理论的基础是信息不对称理论。最早将信息不对称理论引入资本结构研究的是Leland和Pyle（1977）。他们认为在存在信息不对称的情况下，为了使投资项目能够顺利进行，债权人和债务人需要交流信息，而这种信息的交流可以通过信号的传递来进行。例如，了解内幕信息的管理层或者大股东对需要筹资的项目进行投资，说明这种投资活动向投资者传递了一个利好的信息，即管理人员和大股东的行动可以作为表示一个投资项目优劣的信号。在实践中，企业经营者通常比投资者更为全面、更为具体地了解企业，双方处于不对称的信息环境中。从20世纪70年代末开始，不对称信息理论被应用到企业融资决策中，形成了信号传递理论 。

信号传递理论探讨的是在信息不对称条件下，企业选择何种方式向市场传递企业价值信息。其中最具代表性的是罗斯模型。1977年，罗斯通过建立负债权益比这一信号传递模型来分析企业资本结构问题，并创造性地将经理人激励机制引入信号传递模型，提出了资本结构信号传递理论。该模型中，在保留了完全信息以外的所有假定的前提下，假设企业经营者比投资者更多地了解企业内部的经营信息，投资者只能通过经营者输出的信息来间接地评价企业的市场价值。在不对称信息条件下，企业经理人为了使自身收益最大化，在选择融资方案时权衡价值与激励报酬，运用企业负债比率向市场传递企业利润分布信号，由于破产概率与企业质量呈负相关、与企业负债比率呈正相关，而低质量的企业通常不敢用过度负债方式模仿高质量企业，所以投资者会将较高的负债比率视作企业高质量的表现，资本结构成为信号传递工具。投资者会根据资本结构的变化来评价企业，并决定是否进行投资。信号传递理论明确了企业市场价值与资本结构相关，但未提出防止经营者向外输送错误信号的内在约束机制。

7.2.5 优序融资理论

优序融资理论放宽了MM理论信息完全的假设，把信息不对称引入资本结构理论的研究。其理论的基本观点如下。

在信息不对称情况下，① 企业将以各种借口避免发行普通股或其他风险证券来取得对投资项目的融资；② 为使内部融资能满足正常权益投资的需要，企业必须确定一个目标股利比率；③ 在确保安全的前提下，企业才会计划向外部融资以解决其部分的融资需要，而且会从发行风险较小的证券开始。

优序融资理论认为，企业所有权与经营权的分离会导致经营管理者和外部投资者之间的信息不对称。经营管理者比外部投资者拥有更多的关于企业未来收益和投资风险的信息，外部投资者只能根据企业经营者所传递的信息来进行投资决策。如果企业经营者代表现有股东利益，只有当股价被高估时，经营者为了新项目融资才会发行股票。这时就会出现逆向选择的问题，外部投资者会把企业发行新股当作一个坏消息，股权融资会使股价下跌。如果企业被迫发行新股对项目进行融资，股价过低可能严重影响新项目的融资效率。因此，优序融资理论的核心观点是：企业偏好内部融资；如果需要外部融资，企业偏好债权融资，最后才不得不采用股权融资。这一结论可通过下面的例子证明。

如表7-5所示，情况一是在企业前景较好而股票价值被低估时发行股票，新投资者将获得超额收益，而现有股东会蒙受损失；相反，情况二是在企业前景看淡而股票价值被高估时发行新股，能维护现有股东的价值。如果企业管理层站在现有股东的立场，代表现有股东的利益，只有当企业预期业绩并不乐观且股票价值又被高估时，才会为了新项目进行股权融资。如果企业股票价值被低估，将会偏好使用留存收益或债务为投资项目筹资，而不是依赖股权融资。由此，外部投资者会产生逆向选择的心理：认为当企业预期业绩好并且确定性程度较高时，经理人员会选择债务方式筹资，以增加每股收益，提高企业价值；而一旦经理人员对外宣称企业拟发行新股，实际上是在向市场传递其未来投资收益并非有把握实现经理人员预期目标的信号，是经理人员在企业价值被高估条件下的行为。于是，这种信号传递的结果降低了投资者对发行股票企业价值的预期，导致股票市价下跌。

表7-5 优序融资理论

	当前股价	管理层预期	权益定价结果	增发新股票结果
情况一	50元	60元	股票价值被低估	新投资者仅支付50元便可获得价值60元的股票
情况二	50元	40元	股票价值被高估	新投资者支付50元却只能获得价值40元的股票

既然投资者担心企业在发行股票或债券时价值被高估，经理人员在筹资时为摆脱利用价值高估进行外部融资的嫌疑，尽量以内源融资方式从留存收益中筹措项目资金。如果留存收益的资金不能满足项目资金需求，有必要进行外部融资时，在外部债务融资和股权融资之间总是优先考虑债务融资，这是因为投资者认为企业股票被高估的可能性超过了债券。因此，企业在筹集资本的过程中，遵循着先内源融资后外源融资的基本顺序。在需要外源融资时，按照风险程度的差异，优先考虑债务融资（先普通债券后可转换债券），不足时再考虑权益融资。

西方经济发达国家的融资结构与优序融资理论的融资模式基本一致。美国、英国和德国的企业都具有明显的内源融资的特征，在其融资结构中，内源融资的比重分别为64.1%、66.2%和59.2%，都超过50%，日本相对较低，为35.3%；外源融资中，美、英、日、德四国都以银行贷款为主，比重都在20%以上，日本高达40.7%；而通过发行股票和债券融资的比重不到10%，且主要以债券融资为主，美国为9.3%，股票融资仅占0.8%。

优序融资理论只是考虑了信息不对称与逆向选择行为对融资顺序的影响，解释了企业筹资时对不同筹资方式选择的顺序偏好，但该理论并不能够解释现实生活中所有的资本结构规律。

7.2.6　控制权理论

20 世纪 80 年代以来，随着企业兼并与接管活动的深入进行，人们发现资本交易不仅会引起剩余收益分配问题，而且还会引起剩余控制权分配问题。基于普通股股东有投票权而债权人无投票权的事实，管理者经常通过改变资本结构来改变企业投票权的分布。

控制权理论认为，管理者占有的股份越多，其控制能力就越强。控制权理论把资本结构作为解决股东、管理者之间代理冲突的手段。如果用债务限制管理者对现金流的权利，而管理者可以自由做出资本结构决策，管理者就不会自愿分红。债务是减少自由现金流量代理成本、最大化公司价值的事前措施。管理者可以利用自愿举债，避免控制权的挑战。

控制权理论有很多具体的研究成果。Cubbin 和 Leech 提出了控制权的度量方法，他们认为对于最大的若干股东来说，该指标与这些股东的持股比例成正比，同时也与其他股东的分散度成正比。Williamson 认为，股本和债务与其说是融资工具，不如说就是控制和治理结构的工具。股本和债务均对企业形成控制权，有着不同的控制权形式，共同构成公司治理结构的基本内容。股本和债务既然是一种控制权基础，那么二者特定的比例就会构成特定的控制权结构。股本和债务比例的变化主要与融资方式的选择有关，选择什么样的融资方式就会形成什么样的股本一债务比例，从而就会形成什么样的控制和治理结构。

Stulz 模型具有以下三个显著特点：第一，它高度强调管理者对表决权的控制在决定企业价值中的作用；第二，它突出了管理者对表决权的控制对收购方行为的影响；第三，它表明当企业价值达到最大化时存在一个最优比例的 α 。

Israel 模型认为，资本结构应是通过对有表决权证券和没有表决权证券之间在现金流分布上的影响进而影响收购的结果。

Hart 模型在契约不完全的条件下，引入“公司持续经营与公司被清算”的矛盾，研究了最优融资契约和相应的最优控制权结构，并得出了三个重要结论：一是如果融资方式是发行带有投票权的普通股，则股东掌握控制权；二是如果融资方式是发行不带有投票权的优先股，则管理者掌握控制权；三是如果融资方式是发行债券和银行借款，则控制权仍由管理者掌握，但前提是按期偿还债务本息，否则，控制权就转移到债权人手中，即出现破产。此外，该模型还注意到了短期债务具有控制管理者道德风险的作用，而长期债务（或股权）具有支持公司扩张的作用，因此认为最优资本结构要在这两者之间加以权衡。Hart 具体探讨了公司资本结构的最优债务规模的确定。

Zwiebel 的研究结论表明，盈利能力强的项目需要较少的债务即可抵御接管威胁，而盈利能力差的项目则需要较高的债务以抵御接管威胁，所以企业的债务水平、债务期限和债务频率与项目的盈利能力密切相关，并且随管理者的任期而改变。

Muller 和 Warneryd 运用寻租理论的分析方法证明，当企业内部的合约不完全时，管理者会耗费企业的资源用于掠夺企业所创造的剩余，由此导致管理者和控制性股东为获得有利的剩余分配而展开的寻租行为。

7.2.7　市场时机选择理论

由于权衡理论和优序融资理论都是建立在半强式有效市场和理性人假设基础上进行研究的，因此它无法解释市场处于非有效状态下上市公司的融资行为。在此基础上，从 20 世纪

90 年代起，大量实证研究开始分析与有效市场假说相背离的现象，如市场对信息的反应不足和反应过度、时间效应、羊群效应等，进而形成了近年来对盈余管理等行为财务的研究。通过对公司股权融资时的公司财务决策、长期绩效分析、企业经理人理性行为等方面的实证研究，“市场时机选择”假说得到了验证。

此外，一些研究发现企业的债务融资也存在时机选择行为。例如 Graham 和 Harvey 研究发现经理人在发行新债券时倾向于根据债券的期间价差来选择债券偿还日。

学者 Huang 和 Ritter 在放弃“市场有效假设”的前提下，总结了市场存在机会时企业的融资顺序选择情况，如表 7-6 所示。

表 7-6　市场时机选择下企业融资顺序选择情况

一般情况	外部权益成本低于债务成本	外部权益成本很低	债务成本很低	外部权益成本很低、债务成本也较低	债务成本很低、外部权益成本也较低
内部融资	内部融资	股权融资	债务融资	股权融资	债务融资
债务融资	股权融资	内部融资	内部融资	债务融资	股权融资
股权融资	债务融资	债务融资	股权融资	内部融资	内部融资

以上论及的四类典型融资理论涵盖了理论界从“MM 定理”至“市场时机选择”的理论体系发展过程与范围。对比而言，前三个理论由于假设与实际存在一定差距，因此似乎都无法独自解释企业的融资行为。而市场时机选择理论则放宽了假设，研究了人的非理性行为和市场定价不准对企业融资决策的影响，更利于解释新兴资本市场中的上市公司融资行为。

7.3　最优资本结构决策

资本结构是指各种长期资本来源占资本总额的比率。企业的长期资本来源主要有长期负债和所有者权益，故企业的资本结构可以用负债比率来反映。负债比率的高低将对企业的资本成本、股票市价和企业总价值产生不同的影响，故负债比率是确定最优资本结构的核心问题。

不同企业的最佳负债比率不同，但最优资本结构却可以用统一的标准来衡量。一个企业的资本结构是否最优可通过以下标准来进行考察：

① 综合资本成本最低；

② 股票市价和企业总价值最大；

③ 普通股每股收益最高。

实际上，对于一个企业而言，最优资本结构是一个理论值，无法精确计算，但是，可以分析影响资本结构的因素，分析其融资原则，尽可能去获得一个优化的资本结构。

7.3.1　影响资本结构因素的定性分析

企业在决定资本结构时要考虑各种因素的影响，选取能使企业资本成本最低、收益率最高的最优资本结构。影响资本结构的因素有社会经济与政治环境、资本市场的发展情况、企业所处的行业状况。

影响资本结构的因素较为复杂，大体可分为企业的内部因素和外部因素。内部因素通常有营业收入、成长性、资本结构、盈利能力、管理层偏好、财务灵活性及股权结构等；外部因素通常有税率、利率、资本市场、行业特征等。一般而言，收益与现金流量波动较大的企业要比现金流量较稳定的类似企业的负债水平低；成长性好的企业因其快速发展，对外部资金需求比较大，要比成长性差的类似企业的负债水平高；盈利能力强的企业因其内源融资的满足率较高，要比盈利能力较弱的类似企业的负债水平低；一般性用途资产比例高的企业因其资产作为债务抵押的可能性较大，要比具有特殊用途资产比例高的类似企业的负债水平高；财务灵活性大的企业要比财务灵活性小的类似企业的负债能力强。这里财务灵活性是指企业利用闲置资金和剩余的负债能力应付可能发生的偶然情况和把握机会（新的好项目）的能力。

需要强调的是，公司实际资本结构往往受企业自身状况与政策条件及市场环境多种因素的共同影响，并同时伴随着企业管理层的偏好与主观判断，从而使资本结构的决策难以形成统一的原则与模式。

1. 企业管理人员的态度

企业管理人员的态度对资本结构有着重要的影响，因为资本结构的决策最终由他们决定。

管理人员的财务风险意识是影响资本结构的一个重要因素。在经营状况良好时，管理人员一般不愿意通过增发新股来筹集资金，希望尽可能用债务筹资的方式来增加资本。他们这样做往往出于两个方面的考虑：一方面，由于普通股股东拥有表决权，不愿意使企业的控制权分散；另一方面，为了得到财务杠杆利益，提高每股收益和权益资本报酬率。

管理人员的态度也将影响融资决策。这种态度主要取决于其在企业的控制权。对企业的控制权甚微的管理人员往往不热心于财务的杠杆作用，因为如果销售额上升，得到剩余收益的是股东而不是他们。而假如出现财务杠杆的副作用，股东丧失的只是有限的股份，而经营者们可能要丢掉这份工作，那么他们为了自己的利益会把资产负债比率控制在一定的限度内(不一定是最优的资本结构)。而对于那些拥有公司50%以上的控制权的管理人员，为了避免权力被稀释，可能倾向于债务筹资。另外，资本结构还受管理人员对风险态度的影响。风险偏好型的管理人员具有较强的冒险精神，进而追求较高的风险水平，而风险回避型的管理人员会采取保守的措施，较少采用债务融资。

2. 税收政策

税收是影响资本结构的重要因素。按照税法规定，债务的利息可以在所得税前扣除，而股票的股利不能。因此，所得税率越高，利息的抵税效应越显著，企业债务融资的好处就越大。相反，对于一个低税负或者免税的企业，债务资本所带来的好处不太明显，企业就不会倾向于债务筹资。因此，税收政策对债务资本的使用产生一种刺激作用。

3. 资本结构的行业差别分析

在资本结构决策中，所处行业的特点及该行业资本结构的一般水平对企业资本结构的确定有着重要的影响。不同行业及同一行业的不同企业运用债务筹资的方式和策略不尽相同，也会产生不同的资本结构。因此，企业在进行资本结构的决策时，应以行业资本结构的一般水平为参照，具体分析，以确定合理的资本结构，并根据实际情况进行及时的调整。

4. 企业经营状况

企业提高负债比率以获得财务杠杆利益的前提是该企业息税前收益率高于其权益资金收

益率。因此，企业的经营状况如何与最优资本结构的选择有密切的关系。企业经营状况良好，就可以增加债务资本的比例，以获得财务杠杆利益。因此，在确定最优资本结构时，企业必须将其获利能力与资本成本进行比较。

企业在确定最优资本结构时，不仅要考虑目前的获利能力，还要考虑未来获利能力的成长情况。一般情况下，处于成长阶段的企业获利能力强，对资金的需求大，权益资金不能满足其需要且成本较高时，可以考虑使用较多的负债。

5. 各种筹资方式的资本成本

筹资方式不同，其资本成本也不会一样。一般来说，债务的资本成本低于权益资金的资本成本。但是过度使用债务筹资会增加企业的财务压力，导致不能还本付息的风险，对企业造成不利影响。因此，不能认为债务比例越高，资本成本就越低。应该考虑综合资本成本，选择合适的筹资方式。

6. 企业的财务状况

财务状况包括企业的资产结构、资产的周转速度、资产的变现能力等因素。财务状况好的企业能够承受较大的财务风险，因为债务到期时，必须用现金偿还本金，而现金支付能力不仅取决于企业的盈利能力，还取决于企业资产的变现能力和现金流状况。如果企业已经具有较高的负债水平，举债筹资就不如发行股票等股权融资方式有利。因为股票不需要定期支付利息，可以长期使用，也不需要偿还本金。

7. 企业信用等级和金融机构的态度

虽然企业对如何最优地使用财务杠杆、选择资本结构决策有自己的观点，但是涉及大规模的债务筹资时，企业的信用等级和金融机构的态度会成为决定资本结构的关键因素。如果企业的信用等级不高或者金融机构认为企业的负债过高，债权人就会要求更高的利率甚至不愿提供资金，进而使企业无法达到期望的资本结构。

7.3.2 优化资本结构的融资原则

优化企业的资本结构，需要遵循以下基本融资原则。

1. 收益与风险相匹配

企业融资的目的是将所融资金投入企业运营，最终获取经济效益，实现股东价值最大化。在每次融资之前，企业往往会预测本次融资能够给企业带来的最终收益，收益越大往往意味着企业利润越多，因此融资总收益最大似乎应该成为企业融资的一大原则。然而，“天下没有免费的午餐”，实际上在融资取得收益的同时，企业也要承担相应的风险。对企业而言，尽管融资风险是不确定的，可一旦发生，企业就要承担百分之百的损失。

企业取得最佳资本结构的最终目的是提高资本运营效益，而衡量企业资本结构是否达到最佳的主要标准是企业资本的总成本是否最小、企业价值是否最大。加权平均资本成本最小时的资本结构与企业价值最大化时的资本结构应该是一致的。一般而言，收益与风险共存，收益越大往往意味着风险也越大。而风险的增加将会直接危及企业的生存。因此，企业必须在考虑收益的同时考虑风险。企业的价值只有在收益和风险达到均衡时才能达到最大。企业的资本总成本和企业价值的确定都直接与现金流量、风险等因素相关联，因而两者应同时成为衡量最佳资本结构的标准。

2. 融资规模要量力而行

确定企业的融资规模，在企业融资过程中非常重要。筹资过多，可能造成资金闲置浪费，增加融资成本；或者导致企业负债过多，使其无法承受，偿还困难，增加经营风险。而企业筹资不足，又会影响企业投融资计划及其他业务的正常开展。因此，企业在进行融资决策之初，要根据企业对资金的需要、企业自身的实际条件及融资的难易程度和成本情况，确定企业合理的融资规模。

融资规模的确定一般要考虑以下两个因素。

(1) 资金形式

一般来讲，企业的资金形式主要包括固定资金、流动资金和发展资金。

固定资金是企业用来购买办公设备、生产设备和交通工具等固定资产的资金。这些资产的购买是企业长期发展所必需的，但是这些生产必需设备和场所的购买一般会涉及较大资金需求，而且期限较长。企业由于财力薄弱应尽可能减少这方面的投资，通过一些成本较低、占用资金量小的方式来满足生产需要，比如初创的企业可以通过租赁的方式来解决生产设备和办公场所的需求。

流动资金是企业在短期内正常运营所需的资金，因此也称营运资金，比如办公费、职员工资、差旅费等。结算方式和季节对流动资金的影响较大，为此企业管理人员一定要精打细算，尽可能使流动资金的占用最少。

发展资金是企业在发展过程中用来进行技术开发、产品研发、市场开拓的资金。这部分资金需求量很大，仅仅依靠企业自身的力量是不够的，因此，对于这部分资金可以采取增资扩股、银行贷款的方式解决。

(2) 资金的需求期限

不同的企业、同一个企业不同的业务过程对资金需求期限的要求是不同的。比如，高科技企业由于新产品从推出到被社会所接受需要较长的过程，对资金的需求期限一般要求较长，规模也较大，而传统企业由于产品成熟，只要质量和市场开拓良好，一般情况下资金回收也快，这样实际上对资金的需求量也较小。

企业在确定融资规模时，一定要仔细分析本企业的资金需求形式和需求期限，做出合理的安排，尽可能压缩融资的规模。

在实际操作中，企业确定筹资规模一般可使用经验法和财务分析法。经验法是指企业在确定融资规模时，首先要根据企业内部融资与外部融资的不同性质，优先考虑企业自有资金，然后再考虑外部融资。此外，通常要考虑企业自身规模的大小、实力强弱，以及企业处于哪一个发展阶段，再结合不同融资方式的特点，选择适合本企业发展的融资方式。例如，对初创期的企业，可选择银行融资；如果是高科技企业，可考虑风险投资基金融资；如果企业已发展到相当规模，可发行债券融资，也可考虑通过并购重组进行企业战略融资。财务分析法是指通过对企业财务报表的分析，判断企业的财务状况与经营管理状况，从而确定合理的筹资规模。由于这种方法比较复杂，需要有较高的分析技能，因而一般在筹资决策过程中存在许多不确定因素的情况下运用。使用该种方法确定筹资规模，一般要求企业公开财务报表，以便资金供应者能根据财务报表确定提供的资金额，而企业本身也必须通过财务报表分析确定可以筹集到多少自有资金。

案例 7-1

迪士尼公司融资案例

1. 背景介绍

1922 年 5 月 23 日，创始人沃尔特·迪士尼用 1 500 美元组成了“欢笑卡通公司”(迪士尼公司的前身)。现在，迪士尼公司已经成为全球最大的一家娱乐公司。其创始人沃尔特·迪士尼，被誉为“奇特的天才”“百年难遇的欢乐使者”，美国前总统约翰逊称“他所创造的真、美、欢乐是永世不朽的，是全世界的一笔宝贵财富”。

1928 年，迪士尼公司首次大胆使用配音的动画片《蒸汽船威利号》取得巨大成功，那可爱又顽皮的米老鼠在世界各地受到前所未有的欢迎。其后，一系列经典卡通片如《白雪公主和七个小矮人》《皮诺曹》等俘获了一代又一代观众的心。迪士尼的品牌迅速树立起来。

1955 年，迪士尼把动画片所运用的色彩、刺激、魔幻等表现手法与游乐园的功能相结合，推出了世界上第一个现代意义上的主题公园——洛杉矶迪士尼乐园。这是老迪士尼给迪士尼帝国留下的最宝贵的财产之一。1966 年老迪士尼的去世带走了迪士尼激情四溢的创作灵感。但是，迪士尼公司还是延续老迪士尼的思路，在本土建成了由 7 个风格迥异的主题公园、6 个高尔夫球俱乐部和 6 个主题酒店组成的奥兰多迪士尼世界。1983 年和 1992 年，迪士尼以出卖专利等方式，分别在日本东京、法国巴黎建成了两个大型迪士尼主题公园，迪士尼终于成为主题公园行业的巨无霸级跨国公司。

然而，整个 20 世纪 70 年代对迪士尼公司来说几乎是“失去的 10 年”。迪士尼公司一直徘徊在低增长甚至亏损的边缘。直到 1984 年，出身于美国广播公司（ABC）的迈克尔·艾斯纳成为迪士尼董事会主席和首席执行官，情况才被彻底改变。

艾斯纳的就职是迪士尼帝国真正建立的起点。由于艾斯纳的出色运作，迪士尼公司的利润在两年内迅速翻了两番。

目前，迪士尼公司已经成为全球性的多媒体公司。它是好莱坞最大的电影制片公司，而且不仅仅局限在卡通影片，开始真人实景影片的制作；迪士尼乐园已成为迪士尼王国的主要收入来源，提供了总利润的 70%；1995 年迪士尼公司收购美国广播公司，全面进入电视领域；出售依卡通形象制造玩偶的特许经营，每年的营业额在 10 亿美元上下；迪士尼唱片公司致力于唱片、录影带、影碟及连环画等儿童出版物的经营，其中将过去几十年出品的影片制成影像带出售，每年即可收入 1.7 亿美元。

在 1995 年收购美国广播公司之前，迪士尼公司当年的营业额达到 121.28 亿美元，利润达 13.937 亿美元，市场价值达 470.4 亿美元，分别比 1994 年增长了 14.1%、13.8%和 63.5%。而与 1922 年相比，则是几千万倍的增长。在艾斯纳任职的前 13 年中，迪士尼公司的股价平均每年增长 27%，资产回报率一直保持在 18.5%，迪士尼帝国的市值也由 20 亿美元涨至 2000 年的 900 亿美元。

艾斯纳和迪士尼的首席财务官 Tom Staggs 告诉分析家和股东，到 2002 年，公司希望每年的现金流将增长到 20 亿美元。

如何处理每年拥有 20 亿美元的现金似乎是所有人都热爱的局面。按照迪士尼的做法，公司可能会回购一些股票。在 2001 年过去的几个季度，公司的确回购了大约价值

2.35亿美元的股票，表明公司管理层对迪士尼的信心，公众持有者多年来也习惯股票持续上升的情况了。但是对艾斯纳来说，也许到了买点别的东西的时候了。

迪士尼公司1997—2001年的财务状况如表7-7、表7-8、表7-9所示。

表7-7 迪士尼公司1997—2001年年度总收入 单位：百万美元

年 份	2001	2000	1999	1998	1997
一季度	7 433.00	6 932.00	6 589.00	6 339.00	6 278.00
二季度	6 049.00	6 303.00	5 510.00	5 242.00	5 481.00
三季度	5 975.00	6 051.00	5 522.00	5 248.00	5 194.00
四季度	5 812.00	6 116.00	5 781.00	6 147.00	5 520.00
全年合计	25 269.00	25 402.00	23 402.00	22 976.00	22 473.00

表7-8 迪士尼公司1997—2001年每股收益 单位：美元

年 份	2001	2000	1999	1998	1997
一季度	0.16	0.17	0.30	0.36	0.36
二季度	−0.26	0.08	0.11	0.18	0.16
三季度	0.19	0.21	0.18	0.20	0.23
四季度	0.03	0.11	0.04	0.14	0.20
全年合计	0.11	0.57	0.62	0.89	0.95

表7-9 迪士尼公司1997—2001年利润表主要数据 单位：百万美元

年 份	2001	2000	1999	1998	1997
总收入	25 269	25 402	23 402	22 976	22 473
营业收入	4 586	5 043	7 010	7 533	8 903
折旧	1 754	2 195	3 323	3 754	4 958
利息费用	417.00	558.00	717.00	685.00	741.00
税前利润	1 283	2 633	2 314	3 157	3 387
税率	82.54%	60.99%	43.80%	41.40%	41.95%
净利润	120	920	1 300	1 850	1 966

2. 融资投资历程

1995年迪士尼公司以190亿美元巨资收购了美国广播公司，分别进行了93.7亿美元的长期债务融资和94.4亿美元的股权融资。收购成功后，1996年的迪士尼公司收入达190亿美元。之后，迪士尼公司在有线电视领域迅速发展，目前旗下已拥有著名的ESPN体育频道、迪士尼频道、“A&E”和“生活时代”等。

1998年，迪士尼公司在还不算晚的时候购买了Infoseek搜索引擎，建立Go.com，而且顺手买下了ESPN的互联网部分Espn.com，并宣布开展互联网业务，目标是以Infoseek为基础建立自己的门户网站来和Yahoo及AOL竞争。但该网站在第一年亏损9.91亿美元，第二年亏损10亿美元，资金黑洞越来越大，而业界地位却无法与两位竞争对手相提并论。2000年1月，迪士尼公司放弃了这一宏图，将该网站定位在娱乐和休闲网站上，以与竞争对手有所区别，并希望借卡通人物吸引儿童、青少年上网。尽管Go.com一度是位居Yahoo、MSN和AOL之后的美国第四大门户网站，但始终未达到迪士尼公司的期望，最终在2001年2月关门大吉。Go.com的最终失败是迪士尼公司互联网业务崩溃的起点。2001年4月，迪士尼发布电影及电视方面消息的MrshowSiz.com和音乐网站WallofSound.com也相继倒掉。艾斯纳说浪费在Go.com门户网站的钱只有1.5亿美元，而不是报道上所说的8亿美元。

2001年7月23日，迪士尼公司以53亿美元资金，包括30亿美元现金外加承担23亿美元的债务，收购新闻集团和塞班娱乐公司拥有的福克斯家庭全球公司。该公司的“福克斯家庭娱乐频道”经营了20年，以儿童节目为主。加入迪士尼后，福克斯频道改名为“ABC家庭频道”。

其他相关资料如表7-10、表7-11、表7-12（数据均摘自邓剑琴的文章）所示。

表7-10　迪士尼公司1992—2001年长期融资行为统计表　　单位：百万美元

项目＼年份	1992	1993	1994	1995	1996	1997	1998	1999	2000	2001
股权融资	829	324	475	1 152	9 440	1 198	2 100	1 577	3 134	−1 432
长期债融资	−54	68	686	82	9 367	−1 999	−662	−284	−2 319	1 981
总融资	775	392	1 161	1 233	18 808	−801	1 438	1 293	815	549

注：2001年数据来源于Businessweek.com公布的2001年迪士尼公司年报，其他来源于Valveline.com。

表7-11　迪士尼公司1992—2001股权数额统计表　　单位：百万股

年份	1992	1993	1994	1995	1996	1997	1998	1999	2000	2001
发行股数	1 573.2	1 606.5	1 572.3	1 573.2	2 022	2 025	2 050	2 064	2 069	2 050

注：股票数据已经根据分红和股票分割调整过。

表7-12　迪士尼公司融资额同投资需求额比较表　　单位：亿美元

1995年收购美国广播公司	99.0%
2001年并购福克斯公司	103.8%

该案例充分说明，迪士尼公司的融资数量完全是依据投资的需求确定的，因此，融资规模的确定要符合投资的要求。

3. 降低融资成本

融资成本是指企业实际承担的融资代价（或费用），具体包括两部分：融资费用和使用费用。融资费用是企业在资金筹集过程中发生的各种费用，如向中介机构支付中介费；使用费用是指企业因使用资金而向其提供者支付的报酬，如向股东支付的股息、红利，向债权人支付的利息。企业资金的来源不同，则融资成本的构成不同。

4. 融资期限要适宜

企业融资按照期限来划分，可分为短期融资和长期融资。究竟是选择短期融资还是长期融资，主要取决于融资用途和融资成本等因素。

从资金用途来看，如果融资是用于企业流动资产，由于流动资产具有周期短、易于变现、经营中所需补充数额较小及占用时间短等特点，企业宜选择各种短期融资方式，如商业信用、短期贷款等。如果融资是用于长期投资或购置固定资产，这类用途要求资金数额较大、占用时间长，因而适宜选择各种长期融资方式，如长期贷款、企业内部积累、租赁融资、发行债券和股票等。

从风险偏好角度来看，管理者有稳健型、激进型和保守型三种类型，不同风险偏好类型的管理者，所做出的决策也是不同的。

稳健型的管理者一般对波动性资产采用短期融资的方式筹资，对永久性资产则采用长期融资的方式筹资。这种融资决策的优点是：企业既可以避免因资金来源期限太短引起的还债风险，也可以减少由于过多借入长期资金而支付的高额利息。

激进型管理者则用长期资金来满足部分永久性资产对资金的需求，余下的永久性资产和全部波动性资产都靠短期资金来融通。激进型融资的缺点是具有较大的风险性，这个风险既有旧债到期时难以偿还和可能借不到新债的风险，也有利率上升、再融资成本升高的风险。当然，高风险也可能带来高收益，如果企业的融资环境比较宽松，或者企业正遇上利率下调的好时机，则具有短期融资多的企业会获得较多利率成本降低的收益。

保守型的管理者不但用长期资金融通永久性资产，还融通一部分甚至全部的波动性资产。当企业处于经营淡季时，一部分长期资金用来满足波动性资产的需要；在经营旺季的时候，波动性资产的另一部分资金需求可以用短期资金来解决。这种融资决策固然可以使企业保证资金的供给，但是无形中也增加了企业的融资成本，毕竟长期融资的利率要高于短期融资。

5. 保证企业拥有控制权

企业控制权是指相关主体对企业施以的不同程度的影响力。控制权的掌握具体体现在以下几个方面。

① 控制者拥有进入相关机构的权利，如进入公司制企业的董事会或监事会。

② 能够参与企业决策，并对最终的决策具有较大的影响力。

③ 在有要求时，利益能够得到体现，如工作环境得以改善、有权参与分享利润等。

在现代市场经济条件下，企业融资行为所导致的企业不同的融资结构与控制权之间存在紧密联系。融资结构具有明显的企业治理功能，它不仅规定着企业收入的分配，而且规定着企业控制权的分配，直接影响着一个企业的控制权争夺。比如在债权、股权比例既定的企业里，一般情况下，股东或经理是企业控制权的拥有者；在企业面临清算、处于破产状态时，企业控制权就转移到债权人手中；在企业完全是靠内源融资维持生存的状态下，企业控制权就有可能被员工所掌握（实际中股东和经理人员有可能仍在控制企业）。由此可见，上述控制权转移的有序进行，依赖于股权与债权之间的比例构成，而这种构成的变化恰恰是企业不同的融资行为所导致的。

企业融资行为造成的这种控制权或所有权的变化不仅直接影响企业生产经营的自主性、独立性，而且还会引起企业利润分流，损害原有股东的利益，甚至可能会影响到企业的近期效益与长远发展。

6. 把握最佳融资机会

所谓融资机会，是指由有利于企业融资的一系列因素所构成的有利的融资环境和时机。企业选择融资机会的过程，就是企业寻求与企业内部条件相适应的外部环境的过程。从企业内部来讲，过早融资会造成资金闲置，而过晚融资又会造成投资机会的丧失。从企业外部来讲，由于经济形势瞬息万变，这些变化又将直接影响企业融资的难度和成本。因此，企业若能抓住内外部变化提供的有利时机进行融资，会使企业比较容易地获得成本较低的资金。一般来说，企业必须充分发挥主动性，积极地寻求并及时把握住各种有利时机。由于外部融资环境复杂多变，企业融资决策要有超前性，企业要能够及时掌握国内和国外利率、汇率等金融市场的各种信息，了解国内外宏观经济形势、国家货币及财政政策，以及国内外政治环境等各种外部环境因素的变化，合理分析和预测能够影响企业融资的各种有利条件和不利条件，以及可能的各种变化趋势，以便寻求最佳融资时机。

7.3.3 最优资本结构的确定

1. 综合资本成本比较分析

这种方法是通过计算和比较不同资本结构下的综合资本成本，以综合资本成本最低为标准来确定最优资本结构。

(1) 初始资本结构决策

初始资本结构决策是指初次利用债务资本筹资时的资本结构决策，可先计算各方案的综合资本成本，然后选择综合资本成本最低的资本结构作为最佳的资本结构。

【例 7-9】 某个公司初创时有三个筹资方案可供选择，有关资料如表 7-13 所示。

表 7-13 三个筹资方案

筹资方式	A方案		B方案		C方案	
	筹资额/万元	个别资本成本	筹资额/万元	个别资本成本	筹资额/万元	个别资本成本
长期借款	500	6.50%	600	6%	700	7%
债　券	1 000	8%	1 400	8%	1 800	10%
优先股	500	12%	500	12%	500	12%
普通股	3 000	15%	2 500	15%	2 000	15%
合　计	5 000		5 000		5 000	

首先分别计算三个方案的综合资本成本。

A方案：$K_w=\frac{500}{5\ 000}\times6.50\%+\frac{1\ 000}{5\ 000}\times8\%+\frac{500}{5\ 000}\times12\%+\frac{3\ 000}{5\ 000}\times15\%=12.45\%$

B方案：$K_w=\frac{600}{5\ 000}\times6\%+\frac{1\ 400}{5\ 000}\times8\%+\frac{500}{5\ 000}\times12\%+\frac{2\ 500}{5\ 000}\times15\%=11.7\%$

C方案：$K_w=\frac{700}{5\ 000}\times7\%+\frac{1\ 800}{5\ 000}\times10\%+\frac{500}{5\ 000}\times12\%+\frac{2\ 000}{5\ 000}\times15\%=11.78\%$

在这三个方案中，B方案的综合资本成本最低，应将该方案的资本结构作为最佳资本结构。

(2) 追加资本结构决策

企业在持续的生产经营过程中经常会发生新的资金需求，原来所谓最优的资本结构也许就不再是最优的了。因此，最优资本结构是一个动态的概念。企业必须根据条件的变化对原有的资本结构进行调整，以保持最优的资本结构。

【例7-10】 某公司有两个备选追加筹资方案，资料如表7-14所示。

表7-14　两个备选追加筹资方案

筹资方式	原资本结构		A方案		B方案	
	筹资额/万元	个别资本成本	筹资额/万元	个别资本成本	筹资额/万元	个别资本成本
长期借款	500	6.50%	200	6%	200	7%
债　券	1 000	8%	200	8%	300	10%
优先股	500	12%	200	12%	300	12%
普通股	3 000	15%	400	15%	200	15.5%
合　计	5 000		1 000		1 000	

直接比较备选追加筹资方案的综合资本成本。

A方案：$K_w=\frac{200}{1\ 000}\times6\%+\frac{200}{1\ 000}\times8\%+\frac{200}{1\ 000}\times12\%+\frac{400}{1\ 000}\times15\%=11.2\%$

B方案：$K_w=\frac{200}{1\ 000}\times7\%+\frac{300}{1\ 000}\times10\%+\frac{300}{1\ 000}\times12\%+\frac{200}{1\ 000}\times15.5\%=11.1\%$

方案B追加筹资的综合资本成本较低，故应选择方案B。

还可以通过比较各追加条件下汇总资本结构的综合资本成本进行方案的选择。

2. 每股收益分析

每股收益分析是财务管理中常用的分析资本结构和进行融资决策的方法，它通过研究分析息税前收益与每股收益的关系，为确定最优资本结构提供依据。一般而言，当企业实现的息税前利润足够大时，企业多负债会有助于提高每股收益；反之，则会导致每股收益下降。那么息税前利润为多少时负债有利，息税前利润为多少时发行普通股有利呢？可以通过计算无差别点的息税前利润（即能使负债融资与股票融资产生同样大小每股收益的息税前利润）确定。

$$EPS_1=\frac{(EBIT-I_1)(1-T)-D_{p1}}{N_1}$$

$$EPS_2=\frac{(EBIT-I_2)(1-T)-D_{p2}}{N_2}$$

令 $EPS_1=EPS_2$，求出此时的EBIT。

式中：EBIT——息税前利润（无差别点）；

I_1，I_2——两种融资方式下的年利息；

D_{p1}，D_{p2}——两种融资方式下的年优先股股息；

N_1，N_2——两种融资方式下流通在外的普通股股数；

T——企业所得税税率。

【例7-11】 某公司原有资本700万元，其中债务资本200万元（每年负担利息24万元），普通股资本500万元（发行普通股10万股，每股面值50元）。由于扩大业务，需追加筹资200万元，其筹资方式如下。

一是全部发行普通股：增发4万股，每股面值50元。

二是全部筹借长期债务：债务利率仍为12%，利息24万元。

公司的变动成本率为60%，固定成本为180万元，企业所得税税率为25%。将上述资料中的数据代入公式：

$$\frac{(S-0.6S-180-24)\times(1-25\%)}{10+4}=\frac{(S-0.6S-180-24-24)\times(1-25\%)}{10}$$

得

$$S=720(万元)$$

因此

$$EPS=\frac{(720-720\times0.6-180-24)\times(1-25\%)}{10+4}=4.50(元)$$

根据图7-8中的每股收益无差别分析，当销售额 S 小于720万元时，运用权益筹资可获得较高的每股收益；当 S 大于720万元时，运用负债筹资可获得较高的每股收益。

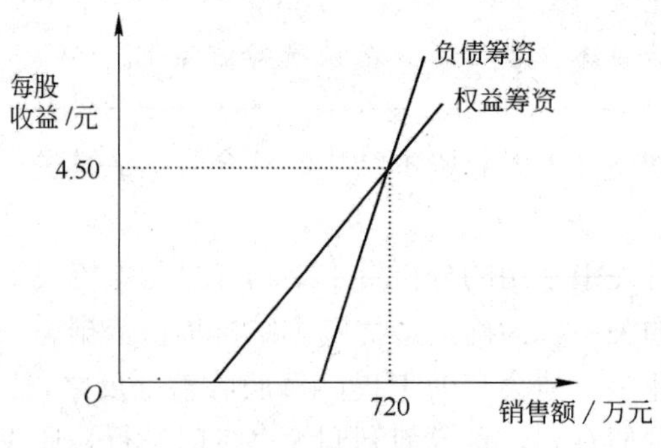

图7-8 每股收益分析图示

---

3. 公司总价值比较分析

财务管理的基本目标是企业价值最大化。每股收益分析的缺陷在于没有考虑风险因素，只有在风险不变的前提下，EPS的增加才会导致股票市价上涨，企业价值增大。但实际上风险与收益是同向变动的。因此，最优资本结构应是使公司价值最大而不一定是使EPS最大的资本结构。由资本结构理论可知，使公司总价值最大的资本结构同时也是加权平均资本成本最小的资本结构。

公司的市场总价值（V）应该等于其股票的总价值（S）加上债券的价值（B），即

$$V=S+B$$

为简化起见，假设债券的市场价值等于它的面值。再假设净投资为零，净利润全部作为股利发放，则股票的市场价值可通过下式计算。

$$S=\frac{(\mathrm{EBIT}-I)(1-T)}{K_e}$$

式中：EBIT——息税前利润；

I——年利息额；

T——企业所得税税率；

K_e——权益资本成本。

采用资本资产定价模型计算股票的资本成本（K_e）如下。

$$K_e=R_e=R_F+\beta(R_M-R_F)$$

式中：R_F——无风险报酬率；

β——股票的β系数；

R_M——平均期望报酬率。

而公司的资本成本则用加权平均资本成本（K_w）来表示，其公式如下。

$$K_w=K_d\left(\frac{B}{V}\right)(1-T)+K_e\left(\frac{S}{V}\right)$$

式中：K_d——税前债务资本成本。

【例7-12】 某公司年息税前利润为500万元，资金全部由普通股资本组成，股票账面价值为2 000万元，所得税税率为40%。该公司认为目前的资本结构不够合理，准备以发行债券购回部分股票的办法予以调整。经咨询调查，目前的债务利率和权益资本的成本情况如表7-15所示。

表7-15　不同债务水平对公司债务资本成本和权益资本成本的影响

债券的市场价值B/百万元	税前债务资本成本K_d	股票β值	无风险报酬率R_F	平均期望报酬率R_M	权益资本成本K_e
0	—	1.20	10%	14%	14.8%
2	10%	1.25	10%	14%	15%
4	10%	1.30	10%	14%	15.2%
6	12%	1.40	10%	14%	15.6%
8	14%	1.55	10%	14%	16.2%
10	16%	2.10	10%	14%	18.4%

根据表 7－15 的资料，可以利用一系列公式计算出不同金额债务下公司的市场价值和资本成本（见表 7－16）。

表 7－16　公司市场价值和资本成本

债券的市场价值 B/百万元	股票的市场价值 S/百万元	公司的市场价值 V/百万元	税前债务资本成本 K_d	权益资本成本 K_e	综合资本成本 K_w
0	20.27	20.27	—	14.8%	14.80%
2	19.20	21.20	10%	15%	14.15%
4	18.16	22.16	10%	15.2%	13.54%
6	16.46	22.46	12%	15.6%	13.36%
8	14.37	22.37	14%	16.2%	13.41%
10	11.09	21.09	16%	18.4%	14.23%

从表 7－16 可以看到，在没有债务的情况下，公司的市场价值就是股票的市场价值。在有债务的情况下，公司的市场价值上升，综合资本成本下降，在债务达到 600 万元时，公司价值达到最大；债务超过 600 万元时，公司的市场价值下降，综合资本成本上升。因此，债务为 600 万元时的资本结构为最优资本结构。

思　考　题

1. 如何理解传统的资本结构理论？
2. 什么是 MM 理论？什么是权衡理论？
3. 什么是代理成本？
4. 什么是优序融资理论？
5. 如何计算长期债券资本成本、普通股资本成本、留存收益资本成本？
6. 如何理解个别资本成本、综合资本成本、边际资本成本？
7. 如何进行最优资本结构决策？

计　算　题

1. 甲公司拟发行总面额为 3 000 万元的 10 年期债券，票面利率为 10%，发行费率为 2%，企业所得税税率为 25%。根据市场环境的不同，公司采取平价发行 1 000 万元、溢价发行 1 200 万元和折价发行 800 万元。要求：计算该债券的资本成本。

2. 某公司目前拥有资金 1 500 万元，其中长期借款 800 万元，年利率为 10%；优先股 200 万元，年股息率为 15%；普通股 50 万股，每股市价为 10 元；企业变动成本率为 40%，固定成本 60 万元。企业所得税税率为 33%。现准备追加筹资 360 万元，有两种筹资方式可供选择：一是发行债券 360 万元，年利率为 12%；二是发行普通股 360 万元，增发 30 万股，每股发行 12 元。

要求：

(1) 根据以上资料计算两种筹资方式的每股息税前利润无差别点的销售收入。

(2) 如果该公司预计年销售收入为400万元，确定最佳筹资方案。

3. F公司2017年度的普通股和长期债券资金分别为8 400万元和5 600万元，资本成本分别为14%和8%。本年度拟增加资金1 250万元，现有以下两种方案。

方案一：保持原有资本结构筹集普通股资金和长期债券资金，预计普通股资本成本为15%，债券资本成本仍为8%。

方案二：平价发行长期债券1 250万元，票面年利率为12%，没有筹资费用；预计债券发行后企业的股票价格为每股18元，每股股利为2.7元，股利增长率为3%。适用的企业所得税税率为25%。要求：

(1) 计算采用方案一时，F公司的平均资本成本；

(2) 计算采用方案二时，F公司的平均资本成本；

(3) 利用资本成本比较法，判断F公司应采用哪种方案。

4. 某公司原有资本700万元，其中债务资本200万元（每年负担利息24万元），普通股资本500万元（发行普通股10万股，每股面值50元）。由于扩大业务，需追加筹资300万元，假设没有筹资费用。其筹资方案有三个。

方案一：全部按面值发行普通股，增发6万股，每股发行价50元。

方案二：全部增加长期借款，借款利率仍为12%，利息36万元。

方案三：增发新股4万股，每股发行价47.5元；剩余部分用发行债券筹集，债券按10%溢价发行，票面利率为10%。

公司的变动成本率为60%，固定成本为180万元，所得税税率为25%。

要求：用每股收益无差别点法计算确定公司应当采用哪种筹资方式。

5. 某股份公司拥有长期资金100万元，其中债券40万元，普通股60万元。该结构为公司的目标资本结构。公司拟筹资50万元，并维持目前的资本结构。随着筹资额的增加，各种资金成本变化如表7-17所示。

表7-17 各种资金成本变化

资金种类	新筹资额	资金成本
债 券	20万元及以下	7%
	20万元以上	8%
普通股	42万元及以下	16%
	42万元以上	17%

要求：计算各筹资突破点及相应各筹资范围的边际资金成本。

第 8 章

融资风险管理及规避

内容摘要

企业的融资风险是指企业因融入资金而产生的丧失偿债能力的可能性和企业利润（股东收益）的可变性。融资风险有多种分类，按照常见的融资方式，可分为债券融资风险、股票融资风险和项目融资风险。

8.1 风险与风险管理概述

8.1.1 风险的基本概念

1. 风险的定义

“风险”一词由来已久，在远古时期，以打鱼捕捞为生的渔民们，每次出海前都要祈祷，主要内容就是让神灵保佑自己在出海时能够风平浪静、满载而归；他们深深体会到“风”给他们带来的无法预测的危险，“风”即意味着“险”，因此有了“风险”一词。

人们对风险有不同的理解。美国学者威雷特首次给出风险的定义为：“风险是关于不愿发生的事件发生的不确定性之客观体现”；A. H. Mowbray 称风险为不确定性；C. A. Williams 将风险定义为在给定的条件下和某一特定的时期，未来结果的变动；March&Shapira 认为风险是事物可能结果的不确定性，可由收益分布的方差测度；Brinmiley 认为风险是公司收入流的不确定性；Markowitz 和 Sharp 等将证券投资的风险定义为该证券资产的各种可能收益率的变动程度，并用收益率的方差来度量证券投资的风险，通过量化风险的概念改变了投资大众对风险的认识。由于方差计算的方便性，风险的这种定义在实际中得到了广泛的应用。国家发展改革委与建设部于 2006 年 8 月发布的《建设项目经济评价方法与参数》（第三版）定义风险为：“风险是指未来发生不利事件的概率或者可能性。”

本书认为：风险是指在一定条件下和一定时期内可能发生的各种结果变动程度的不确定性。这种不确定性又可分为客观的不确定性和主观的不确定性。客观的不确定性是指实际结果与预期结果的离差；主观的不确定性是指个人对客观风险的评估，它同个人的知识、经验、精神和心理状态有关。人类从事任何经济社会活动都有风险。在现实生活中，人们常常要认识、判断、比较和权衡客观风险的利益与代价。不同的人面临相同的客观风险时会有不同的主观不确定性。

总的来说，风险是对不确定性的描述，风险产生的结果可能带来损失、获利或是无损失也无获利。但是，一般来说，损失给人们带来的危害和影响较大，所以人们格外重视风险带来的损失和危害。因此，实践中，风险偏重于研究不确定性引发的不利结果，并研究对其预防和控制。在本书中，融资风险是指在融资过程中存在的不确定性，而且这种不确定性主要指带来损失的不确定性。

2. 风险的特征

风险的特征是人类活动内在规律的外在表现。正确认识风险的特征，对于识别和量化风险、加强风险管理具有重要意义。

① 客观性。不确定性是客观事物和人类活动发展变化过程所固有的，因而它们决定了风险的产生具有客观性，风险无处不在、无时不有。

② 潜在性。风险往往不显露在表面。正是由于这种潜在性，人们才不容易注意到它们的存在。对风险的认识只有通过无数次观察、比较、分析和积累总结，才能发现和揭示风险的内在运行规律。

③ 可测性。人们可以通过观察和监视，进而做出合理的判断，对可能发生的潜在风险进行预测、估量和评价，就有可能较为准确地把握风险，并在此基础上，制定出相应的防范、管理和控制措施。

④ 相对性。人们面临的风险是与其从事的活动、在活动中的行为方式和决策密切相关的。同一风险事件对不同的活动主体会带来不同的后果；同一活动主体，如果行为方式、决策或措施不同，也会面临不同的风险后果；不同的活动主体对待同一风险的态度可能是不同的。因此，风险是相对的。

⑤ 随机性。即使客观条件相同，风险事件有可能发生，也有可能不发生。风险事件带来的后果也是多种多样的。每种后果出现的可能性大小（概率）都有其客观规律。这种规律称为概率分布。掌握了这种概率分布，就有可能对风险后果做出数量上的估计。

⑥ 可控性。风险在一定程度上是可以控制的，风险是在特定条件下不确定性的一种表现，当条件改变时，引起风险事件的结果可能也会改变。

⑦ 风险与收益的对称性。在完全有效市场中，由于每个人对风险的识别结果都一样，每一程度上的风险均被赋予了同样的期望收益，因此，从总体上来说高风险对应着预期的高收益，低风险对应预期的低收益。

收益同风险是存在天然联系的，但是直至现代金融学的产生，风险和收益的关系才被明确提出。风险和收益是一对矛盾的统一体，收益的减少缘于风险，同样超额收益也同样来源于高风险的报酬。不同的投资者对风险和收益的选择是不同的。在一个完全竞争的市场，风险和收益往往是同方向变化的，风险高的投资收益率高，风险低的投资收益率低，即高风险高收益，低风险低收益。高收益低风险的投资必然会吸引更多的投资者介入而逐渐降低收益。这是市场中最常见的两种状态。当然，现实市场信息的不对称性和垄断的存在，会出现风险与收益方向的背离，也会存在高风险低收益，如赌博；低风险高收益，如垄断企业。但这属于非正常市场的反映，是少数情况。

⑧ 风险的偏好不同。人类对风险的偏好不同。市场常见的两种状态为高风险高收益和低风险低收益，高风险的额外收益实际上是投资者承担更多风险的报酬。保守的投资者青睐于低风险低收益的投资，激进的投资者会从事高风险高收益的投资。投资者对风险的接受程度是不同的，这就是投资者的风险偏好。

3. 风险的种类

风险可以从不同的角度、按照不同的标准进行多种分类。

（1）按风险所致的后果分类

按风险所致的后果分类，可将风险分为纯粹风险和投机风险。

① 纯粹风险是指只有损失机会而无获利机会的不确定性状态。纯粹风险只有两种可能的后果：造成损失和不造成损失，它并无获利的可能性。纯粹风险造成的损失是绝对损失。活动主体蒙受了损失，全社会也随之蒙受损失。例如火灾、水灾、旱灾、爆炸、火山爆发、地震、交通事故等，属于纯粹风险，它们造成损失，而不能带来利益。这种风险可以通过参与保险来减少损失。

② 投机风险是指那些既存在损失可能性，也存在获利可能性的不确定性状态。投机风险有三种可能的结果：造成损失、不造成损失和获得利益。投机风险可能使活动主体蒙受了损失，但全社会不一定随之蒙受损失。例如企业经营风险、财务风险等均属于投机风险，投机风险主要依靠人们的风险处理技巧加以防范，是一种复杂多变的风险。

纯粹风险和投机风险在一定条件下可以相互转化。活动主体必须避免投机风险转化为纯粹风险。

（2）按风险的损害对象分类

按风险的损害对象分类，可将风险分为人身风险、责任风险和财产风险。

① 人身风险是指人们因早逝、疾病、残疾、失业或年老无依无靠而遭受损失的不确定性状态。

② 责任风险是指人们因过失或侵权行为造成他人的财产损毁或人身伤亡，在法律上必须负有经济赔偿责任的不确定性状态。

③ 财产风险是指财产发生毁损、灭失和贬值的风险。与财产风险相关的损失包括直接损失和间接损失。

（3）按风险发生的原因划分

按风险发生的原因划分，可将风险分为系统风险和非系统风险。

系统风险也叫经营外部风险，是指风险事故发生的原因是企业外部事故，如雷电、地震等自然灾害事故，禁止某种产品生产、提高税率等政策变动，国内动乱等。这样一类自然、政策、政治等风险是从企业外部，通过市场机制、流通过程而介入企业经营，导致企业财产损失。

非系统风险也叫经营内部风险，是指风险事故发生的原因是企业内部经营不善、管理不善。

（4）按企业管理的内容划分

按企业管理的内容划分，可将风险分为财务管理风险、营销管理风险、人事管理风险、物资管理风险等。财务管理风险又可以进一步划分为投资风险、融资风险、资产经营风险、股利分配风险等。投资和融资是紧密相关的经济行为，有投资方就有融资方，而且投资和融资是同一主体在不同阶段的行为，因此投资风险和融资风险也是紧密相关的，有时合称为投融资风险。

8.1.2　风险管理

1. 风险管理的概念

风险管理（ risk management ）是指有目的地通过计划、组织、协调和控制等管理活动来防止风险损失发生、减小损失发生的可能性及削弱损失的大小和影响程度，同时又要创造条件，促使有利后果出现和扩大，以获取最大利益的过程。良好的风险管理有助于降低决策错误的概率，避免损失发生的可能，相对提高企业本身的附加价值。

风险管理作为企业的一种管理活动，起源于 20 世纪 50 年代的美国。当时美国一些大公司发生了重大损失，从而使公司高层决策者开始认识到风险管理的重要性。其中一次是 1953 年 8 月 12 日通用汽车公司在密歇根州的一个汽车变速箱厂因火灾损失了 5 000 万美元，成为美国历史上损失最严重的 15 起重大火灾之一。这场大火与 20 世纪 50 年代其他一些偶发事件一起，推动了美国风险管理活动的兴起。1979 年 3 月美国三里岛核电站的爆炸事故，1984 年 12 月 3 日美国联合碳化物公司在印度的一家农药厂发生的毒气泄漏事故，1986 年苏联切尔诺贝利核电站发生的核事故等一系列事件，大大推动了风险管理在世界范围内的发展。目前，风险管理已经发展成企业管理中一个具有相对独立职能的管理领域，在围绕企业的经营和发展目标方面，风险管理和企业的经营管理、战略管理一样具有十分重要的意义。

2. 风险管理的程序

风险管理的基本环节包括风险识别、风险估量、应对措施、风险管理实施和总结风险管理成果。

1）风险识别

风险识别就是在各种风险发生之前，对风险的类型及风险的生成原因进行判断、分析，以便实现对风险的估量和处理。风险识别是融资风险管理的前提和基础，是正确进行风险管理决策的基本依据。风险识别分两步，第一步是收集资料；第二步是根据直接或间接症状，应用风险识别技术将潜在风险识别出来。

常见的风险识别技术有以下几种类型。

（1）专家评估法

专家评估法也称专家调查法，是以专家为索取未来信息的对象，组织各领域的专家运用专业方面的知识和经验，通过直观的归纳，对预测对象过去和现在的状况、发展变化过程进行综合分析与研究，找出预测对象变化、发展规律，从而对预测对象未来的发展状况做出判断。

（2）个人判断法

个人判断法又称专家个人判断法，是指依靠专家的微观智能结构对政策问题及其所处环境的现状和发展趋势、政策方案及其可能结果等做出自己判断的一种创造性政策研究方法。这种方法一般先征求专家个人的意见、看法和建议，然后对这些意见、看法和建议加以归纳、整理而得出一般结论。

（3）头脑风暴法

头脑风暴法出自“头脑风暴”一词。头脑风暴（brain-storming），最早是精神病理学上的用语，是针对精神病患者的精神错乱状态而言的，而现在则成为无限制的自由联想和讨论的代名词，其目的在于产生新观念或激发创新设想。

（4）德尔菲法

德尔菲法是一种采用通信方式分别将所需解决的问题单独发送到各个专家手中，征询意见，然后回收汇总全部专家的意见，并整理出综合意见；随后将该综合意见和预测问题再分别反馈给专家，再次征询意见，各专家依据综合意见修改自己原有的意见，然后再汇总。这样多次反复，逐步取得比较一致的预测结果的决策方法。

（5）事故树分析法

事故树分析法是从分析特定事故或故障开始（顶上事件），层层分析其发生原因，直到找出事故的基本原因，即故障树的底事件为止。这些底事件又称为基本事件，它们的数据是已知的或者已经有过统计或实验的结果。采用事故树分析法能对各种系统的危险性进行辨识和评价，不仅能分析出事故的直接原因，而且能深入地揭示出事故的潜在原因。用事故树分析法描述事故的因果关系直观、明了，思路清晰，逻辑性强，既可定性分析，又可定量分析。

（6）幕景分析法

幕景分析法是一种能识别关键因素及其影响的方法。一个幕景就是一项事业或组织未来某种状态的描述，可以在计算机上计算和显示，也可用图表等描述。它研究当某种因素变化时，整体情况会怎样？有什么危险发生？像一幕幕场景一样，供人们比较研究。

幕景分析的结果大致分为两类：一类是对未来某种状态的描述，另一类是描述一个发展过程及未来若干年某种情况一系列的变化。它可以向决策者提供未来某种机会带来的最好的、最可能发生的和最坏的前景，还可详细给出三种不同情况下可能发生的事件和风险。

（7）筛选-监测-诊断技术

筛选是依据某种程序对具有潜在危险的影响因素分类和选择的风险识别过程；监测是对某种险情及其后果进行监测、记录和分析显示的过程；而诊断则是根据症状或其后果与可能的起因等之间关系进行评价和判断，找出起因并进行仔细检查。

具体循环顺序是：监测—仔细检查—筛选—症候鉴别—诊断—疑因估计—监测。

（8）核对表

将自己或其他组织做过的相关项目经历过的风险事件及其来源书面罗列开来，写成一张核对表，通过过去与现在项目的对照识别潜在风险。

（9）项目工作分解结构法

项目工作分解结构法就是将项目分成各个单元，弄清楚各个单元的性质、它们之间的关系、项目同环境之间的关系等，然后识别风险。

2）风险估量

风险估量就是度量和评估有关风险对活动目标可能产生的有利影响和不利影响的程度和大小，判断其产生的可能性及对企业的影响程度，按其重要性进行排队或赋予权重。为此，需要知道风险后果发生的概率、严重程度和大小。风险是可以度量的，其大小是活动的各种后果出现的概率与后果本身大小的乘积之和。

常用的风险评估方法有以下几种。

（1）风险矩阵分析法

风险矩阵分析法由美国空军在20世纪90年代首创，因为该方法操作起来较简单，在美国军械装备研发项目的风险管控中得到了广泛的使用。该方法借助风险库列出项目潜在的风险单元后，识别人员根据项目风险识别清单按照不同维度排布的格式制作风险矩阵。

风险矩阵法是项目风险管理中常用的一种风险识别和风险分析的方法，该方法以定性判断和定量分析的方式综合考察风险对目标的影响，还可以多维度进行多因素的影响分析。但对于风险较多、较复杂的项目，在风险单元太多的情况下，很难从区分度不大的风险单元中找出关键风险因素。

（2）基于统计理论的评价方法

基于统计理论的评价方法是利用统计理论和概率分析进行风险评价的方法，主要有图表分析法、专家打分法等。该方法主要适用于对项目风险出现的概率进行统计并分析、项目工期保证及不确定因素的分析及项目若干风险因素统计分布分析。该方法在实际情况中较常用，计算较简单直观，既能够应用于既定风险，也能够应用于未定风险。该方法的主要缺陷是数据的规范性不足，无法对复杂项目的关键风险因素进行不足分析。

（3）基于模糊数学的评价方法

基于模糊数学的评价方法是处理不确定性的有力定义工具，其建立在风险成分层级结构基础之上，结合相关专家建议，把定性描述的风险特征进行量化分析。该方法在实践中有非常广泛的适用范围，如在经济因素评价，大型环境工程质量、技术的风险评估等，在政治风险、经济风险、技术风险评估领域都可作为量化工具采用。

该方法的主要优势是可以将针对一些复杂的、定性描述不清的问题，通过量化的方法解决。但是该方法确定隶属度比较困难，隶属度的相关变化会使风险评估结果有一定变化，同时对于波动信息利用不够。该方法通常应用在风险因素性质难以通过数字来定量分析的项目。

（4）蒙特卡洛模拟方法

蒙特卡洛模拟法是通过集成数理统计、计算机运算来评估风险出现概率或风险影响程度的定量评估方法。该方法主要是将要研究的问题用数学建模并模拟出来。该方法将实际工作中遇到的各种相互影响的问题元素，通过数学模型表达出来，并以一种状态或过程进行模拟。其在复杂过程或系统中反复模拟，可以逼近真实的过程。该方法对于数理取值要求高，输入数据不准确容易导致模拟结果错误。

（5）敏感性分析法

敏感性分析法是通过将项目收益的众多不确定因素建立现金流量模型，在不同影响因素中找到相对重大、收益最具敏感性的因素，并计算其对项目的敏感性程度。敏感性分析法可用于项目管理中对不同经济指标、成本收入、时间日期等要素的分析，以确定其敏感程度。该方法通过建立模型、计算敏感系数可确定最重要的敏感系数。但是该方法的数据来源渠道匮乏，有些风险因素难以仅通过某一经济指标来反映。

3）应对措施

识别和估量风险之后，就应考虑对各种风险采取的对策，即针对各种类型的风险及其可能的影响程度，寻找和拟定相应的应对措施。

应对风险的方法可分为两大类：一是制定改变风险的措施，如避免风险、损失管理、转移风险；二是风险补偿的筹资措施，对已发生的损失提供资金补偿，如保险和包括自保方式在内的自担风险。应对风险的方法主要有以下几种：风险回避、风险减轻、风险自留、风险分散和风险转移等。

① 风险回避。当风险估计的结果表明风险太大时，就应该主动放弃项目或设法消除造成损失的根源。

② 风险减轻。即降低风险出现的可能性。例如，利用成熟技术减少产品无法生产出来的可能性。

③ 风险自留。即主动承担风险事件的后果，如在风险事件发生时实施经济计划或被动地接受。

④ 风险分散。即设法让项目各有关甚至无关的单位或个人共同承担风险。例如，要求承包单位提交履约保证书等。

⑤ 风险转移。即将风险转移到项目以外的某些实体身上。例如，向保险公司投保。

4）风险管理实施

这是风险管理过程的第四阶段。比较各种应对措施并做出选择之后，活动主体的决策层应根据所选应对措施的要求，制订具体的风险管理计划并付诸实施。

图 8-1 是风险管理的流程图。

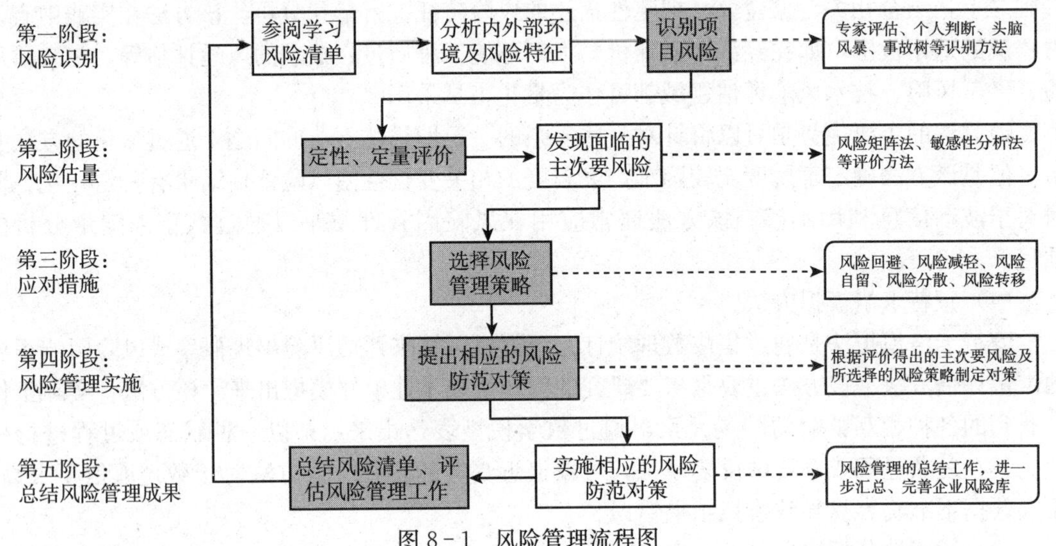

图 8-1　风险管理流程图

5）总结风险管理成果

这是风险管理过程的最后阶段，主要是对风险管理的总结，进一步汇总、完善企业风险库。

8.2　企业融资风险管理

8.2.1　企业融资风险概述

1. 企业融资风险的概念

企业融资风险是指企业因融入资金而产生的丧失偿债能力的可能性和企业利润（股东收益）的可变性。

资金是企业持续从事生产经营活动的前提条件，融资是企业理财的起点，融资直接制约着投资和分配。企业在融资、投资和生产经营活动中的各环节上无不承担着一定程度的风险，融资风险是财务风险的重要组成部分。企业承担的风险因负债方式、期限及资金使用方式等不同，所面临的偿债压力也有所不同。因此，融资决策除规划资金需要数量，并以合适的方式筹措到所需资金以外，还必须正确权衡不同筹资方式下的风险程度，并提出规避和防范风险的措施。如果企业决策正确，管理有效，就可以实现其经营目标。在市场瞬息万变的经济条件下，任何不利于企业的情况的发生，都会使筹集的资金使用效益降低，从而产生融资风险。

2. 融资风险的种类

1）按企业融资方式的不同

按企业融资方式的不同，融资风险主要可分为以下几类。

（1）银行贷款融资风险

银行贷款融资风险是指经营者利用银行借款方式筹集资金时，由于利率、汇率及有关筹资条件发生变化而使企业盈利遭受损失的可能性。银行贷款融资风险主要包括利率变动风险、汇率变动风险、资金来源不当风险和信用风险等，这些风险具有一定的客观性，如利率的调整非企业自身所能决定，同时也具有可估计性，可以根据宏观经济形势、货币政策走向等估计利率、汇率等的变动趋势。

（2）债券融资风险

债券融资风险是指企业在利用债券方式筹集资金时，由于对债券发行时机、发行价格、票面利率、还款方式等因素考虑欠佳，使企业经营成果遭受损失的可能性。债券融资风险主要包括发行风险、通货膨胀、可转换债券的转换风险等。由于债券具有偿付本息的义务性，决定了债券融资必须充分依托企业的偿债能力和获利能力。因此，相对于股本的无偿还性，股息支付的非义务性、非固定性，债券融资的风险要大得多。这种风险同样具有一定的客观性。

（3）股票融资风险

股票融资风险是指股份制企业在利用股票融资的过程中，由于股票发行数量不当、融资成本过高、时机选择欠佳等给企业造成经营成果损失，并且因经营成果无法满足投资者的投资报酬期望，引起企业股票价格下跌，使再融资难度加大的可能性。这种风险与债务融资风险相比，风险较小。股票融资风险可由更多的股东承担。我国许多股份制企业以配股方式支付股利而无须支付现金，从而避免了负债偿息带来的财务风险。

（4）租赁融资风险

租赁融资风险是指企业利用租赁方式融资时，由于租期过长、租金过高、租期内市场利率变化等原因给企业带来一定损失的可能性。租赁融资风险主要包括技术落后风险、利率变化风险、租金过高风险等。其中有些风险具有必然性，如技术落后风险，由于科学技术的飞速发展，这种风险是必然的。承租人承担风险有一定的被动性，因为如租期、租金、偿付租金的方式主要是由出租人来定的。

（5）项目融资风险

项目融资风险是指企业利用项目融资方式融资时，由于单独成立项目法人，而且项目融资参与者众多，所涉及的风险要在发起人、项目法人、债权人、供应商、采购商、用户、政府相关部门及其他利益相关者等之间进行分配和严格管理。项目风险可分为系统风险和非系统风险两大类，每类中又包含多种风险。

2）按照风险的来源不同

按照风险的来源不同，企业融资风险可以分为以下几类。

（1）利率风险

利率风险与因利率变动而使企业融资成本发生的变化有关，所以利率风险的产生需满足以下两个条件：一是企业的债务融资业务。如果企业没有采取债务融资方式来筹集资金，则利率变动不会对企业债务利息产生任何影响，企业也就不会因债务负担过重而形成融资风险。二是市场利率发生始料未及的变动。企业在融资活动中产生利率风险，可以说主要是因为企业对利率走势的预期与实际并不相符造成的。如果企业对市场利率走势的预期能够与实际情况完全相符，那么企业就完全可以避免利率变化给自身带来的影响。但事实上企业是做不到这一点的，因为引起市场利率变动的因素很多。总的来说，利率水平由市场上资金的供求关系决定。而资金的供给与需求又相应地受一国的货币与财政政策，以及借贷双方对未来经济活动的预期等因素的影响。因此，借贷的期限、风险、流动性、物价水平、宏观政策等的变化都有可能引起市场利率波动。

由此可见，在现代社会中任何企业都会面临利率风险。企业以货币资金方式融资交易的规模越大，利率市场化程度越高，企业面临的利率风险就越大。

（2）外汇风险

从表面上看，外汇风险起源于汇率的变动，但汇率变动又受到外汇供求关系的影响。所以，凡是影响外汇供求关系变化的因素都是外汇风险产生的原因。这些因素包括以下几方面。

① 经济发展状况。在现代货币制度下，货币价值稳定与否取决于一国的经济发展状况。当一国经济发展稳定、货币供应适当时，其对内价值稳定，对外价值——汇率也会稳定；反之，汇率的对内价值和对外价值都难以保持稳定。

② 国际收支变化。国际收支是一国一定时期内对外交易的系统记录，它的变化直接影响着汇率变动。一般来说，当一国出现国际收支逆差时意味着外汇需求增加、外汇供给减少，将导致外汇汇率上升；反之，会导致外汇汇率下跌。

③ 物价水平变化。物价表现为一国货币的对内价值。在市场经济条件下，一国物价大幅度上涨，也就代表了货币的对内贬值，而货币的对内贬值也必然影响一国货币的对外价值，并最终导致本币对外贬值，即本国货币汇率下跌。

④ 利率变化。利率作为一种重要的经济杠杆，会作用到社会经济生活的各个领域，包括汇率。实际上利率与汇率是相互影响、相互作用的。利率对汇率的影响主要表现在因各国利率水平存在不一致而导致外汇资金供求状况的改变，从而影响汇率变动。

⑤ 各国中央银行对汇率的干预。各国中央银行为了维持汇率稳定或想通过汇率变化来实现自身的某种经济目标，往往会干预外汇市场，这会影响到外汇的市场供求，并最终使汇率向有利于自身的方向变化。

（3）信用风险

造成信用风险的因素很多，有的来自主观原因，由债务人的道德品质决定，如部分企业信用观念淡薄，虽然有能力偿还债务，但故意拖欠债务不还；有的来源于客观原因，由债务人所处环境决定，如经济情况恶化、市场萧条，公司产品销售不出去，导致企业破产倒闭，难以偿还应付的贷款等。

（4）市场风险

市场风险是企业投资的对象由于市场价格变动而给企业带来损失的风险。由于所投资的产品在市场上的价格受到诸多因素的影响，变数极多，因此当市场价格突变时会导致企业市场份额急剧下降，利润减少甚至亏损，从而形成市场风险。

（5）流动性风险

企业在融资活动中之所以会产生流动性风险，主要原因是企业的资产负债结构配置不当。企业在融资过程中负债结构配置不当是形成企业流动性风险的一个主要原因。在实际的投融资活动中，一方面很多企业主要依靠各类期限的负债来弥补资金不足；另一方面企业的投资对象多种多样，既有现金、银行存款、短期证券等流动性较强的金融资产，也有投资期限长、回收慢的房地产、基础设施等流动性较差的固定资产类的实物资产。如果企业将资金运用于大量的流动性较强的投资项目中，虽然能保证较好的流动性，满足企业偿债能力的需求，但会影响企业的盈利水平，这种盈利水平的降低又会反过来影响企业的偿债能力，产生财务风险。反之，如果企业将大量的资金运用于流动性较差的长期投资项目中，又会因各种不确定因素导致企业资金周转困难，并由此产生流动性风险。避免流动性风险最好的办法就是资产与负债的完全匹配，但实际上企业要在投融资活动中真正做到这一点往往是非常困难的。

（6）购买力风险

企业在融资活动中之所以会产生购买力风险，主要是因为经济生活中出现通货膨胀，投资者的投资收益尽管表面上并未减少，但因为货币的贬值，导致其实际收益大幅度下降，由此形成实质上的投资损失，从而影响到企业的偿债能力。

（7）政策风险

企业在融资活动过程中会遇到政策风险，主要是因为政府各项政策、法律法规出现变动和调整，企业触及法律、政策或政策在传递、执行过程中存在偏差，给企业投资收益带来不确定性而形成的。

（8）内部管理风险

企业在融资过程中之所以会遭受风险损失，还有可能是由于企业决策失误或内部管理秩序混乱等内部因素引起的，这类风险统一称为内部管理风险。它主要包括因公司组织结构不健全、决策机制不合理、内部管理存在漏洞与失误所导致的决策风险与操作风险。这种风险的形成是由企业的经营机制、管理水平及投资者的决策能力等因素决定的。当经营环境出现对企业的不利变化时就会成倍地放大这种风险，导致企业投资遭受更加严重的损失。

（9）国家风险

一般认为，企业在从事国际投融资活动中会面临国家风险，这主要是由于以下因素造成的。

① 经济因素。经济因素主要是指一国国民经济的发展状况会极大地影响该国市场或对外履行债务的能力，如果国际投资中东道国存在外债偿还能力不足的情况，就会给在该国从事投资的跨国投资者带来投资收益的不确定性，从而形成国家风险。

② 政治因素。政治因素是指各种政治力量使一个国家的经营环境发生超常变化的可能性。它作为非市场性的不确定因素，直接影响海外企业的投资目标、实施情况及最终投资

收益。

③ 社会因素。引起国家风险的社会因素主要表现为民族主义与原教旨主义问题。

3. 融资风险管理的原则

(1) 规模适度原则

企业的融资活动，首先应根据企业或项目对资金的需求，预先确定资金的需要量。在确定资金的需要量时，要坚持规模适度原则，使融资量与需要量相互平衡，防止融资不足而影响生产经营活动的正常开展，同时也要避免融资过剩而降低资金的使用效益。

(2) 结构合理原则

企业在融资时，应尽量使企业的权益资本与负债资本保持合理的结构关系。一方面，要防止负债过多而增大财务风险，增加偿债压力；另一方面，要利用负债经营，充分发挥权益资本的使用效益。

(3) 成本节约原则

企业在融资行为中，要认真地选择融资来源和方式，根据不同的资金需要和融资政策，综合考虑融资风险、资金成本和其他约束条件，使企业的融资成本降低，直接提高融资效益。

(4) 时机得当原则

企业在融资过程中，必须按照融资机会和投资机会来把握融资时机，确定合理的融资计划与融资时机，以避免因取得资金过早而造成投资前的闲置，或者取得资金相对滞后而影响投资时机。融资时机是否恰当，也直接影响融资成本。

8.2.2 融资风险产生的原因分析

企业融资风险的形成既有举债本身因素的作用，也有举债之外因素的作用。前一类因素称为融资风险的内因，后一类因素称为融资风险的外因。

1. 融资风险的内因分析

(1) 负债规模过大

负债规模是指企业负债总额的大小或负债在资金总额中所占的比例的高低。企业负债规模大，利息费用支出增加，由于收益降低而导致丧失偿付能力或破产的可能性也增大。同时，负债比重越高，企业的财务杠杆系数越大，股东收益变化的幅度也随之增加，所以负债规模越大，财务风险越大。

(2) 资本结构不当

这是指企业资本总额中自有资本和借入资本比例不恰当对收益产生负面影响而形成的财务风险。企业借入资本比例越大，资产负债率越高，财务杠杆利益越大，伴随其产生的财务风险也就越大。合理地利用债务融资，控制好债务资本与权益资本之间的比例关系，对于企业降低综合资本成本、获取财务杠杆利益和降低财务风险是非常关键的。

(3) 筹资方式选择不当

目前在我国，可供企业选择的筹资方式主要有银行贷款、发行股票、发行债券、融资租赁和商业信用。不同的举债筹资方式，取得资金的难易程度不同，资本成本水平不一，对企业的约束程度也不同，从而对企业收益的影响是不同的。如果选择不恰当，就会增加企业的额外费用，减少企业的应得利益，影响企业的资金周转而形成财务风险。

(4) 负债的利息率

在同样的负债规模下，负债的利息率越高，企业所负担的利息费用支出就越多，企业发生的偿付风险就越大，企业的破产风险也就越大。同时，负债的利息率对股东收益的变动幅度也有较大影响。因为在息税前利润一定的情况下，负债的利息率越高，财务杠杆作用越大，股东收益受影响的程度也越大。

(5) 信用交易策略不当

在现代社会中，企业间广泛存在商业信用。如果对往来企业资信评估不够全面而采取了信用期限较长的收款政策，就会使大批应收账款长期挂账。若没有切实、有效的催收措施，企业就会缺乏足够的流动资金来进行再投资或偿还到期债务，从而增大企业的财务风险。

(6) 负债期限结构不当

这一方面是指短期负债和长期负债的安排，另一方面是指取得资金和偿还负债的时间安排。如果负债期限结构安排不合理，如应筹集长期资金却采用了短期借款，或者应筹集短期资金却采用了长期借款，则会增大企业的筹资风险。具体原因如下。

① 如果企业使用长期负债来筹资，利息费用在相当长的时期将固定不变，但如果企业用短期负债来筹资，则利息费用会有很大幅度的波动。

② 如果企业大量举借短期资金，将短期资金用于长期资产，则当短期资金到期时，可能会出现难以筹措到足够的现金来偿还短期借款的风险。此时，若债权人由于企业财务状况差而不愿意将短期借款延期，则企业有可能被迫宣告破产。

③ 举借长期资金的融资速度慢，取得成本较高，而且还会有一定的限制性条款。

所以在举债时也要考虑债务到期的时间安排及举债方式的选择，使企业在债务偿还期不至于因资金周转出现困难而无法偿还到期债务。

(7) 筹资顺序安排不当

这种风险主要针对股份有限公司而言。在筹资顺序上，要求债务融资必须置于流通股融资之后，并注意保持间隔期。如果发行时间、筹资顺序不当，则必然会加大筹资风险，对企业造成不利影响。

(8) 币种结构不当

由于各国的经济、政治等情况影响其货币的保值问题，因此企业的币种结构也会影响到企业债务风险的程度。币种结构选择不当，则要承担汇率波动的风险，从而影响企业偿还债务的能力。

2. 融资风险的外因分析

(1) 经营风险

经营风险是企业生产经营活动本身所固有的风险，其直接表现为企业息税前利润的不确定性。经营风险不同于融资风险，但又影响融资风险。当企业完全采用股权融资时，经营风险即为企业的总风险，完全由股东均摊。当企业采用股权融资和债务融资时，由于财务杠杆对股东收益的扩张性作用，股东收益的波动性会更大，所承担的风险将大于经营风险，其差额即为筹资风险。如果企业经营不善，营业利润不足以支付利息费用，则不仅股东收益化为泡影，而且还要用股本支付利息，严重时企业将丧失偿债能力，被迫宣告破产。

(2) 预期现金流入量和资产的流动性

负债的本息一般要求以现金偿还，因此即使企业的盈利状况良好，但其能否按合同规定偿还本息，还要看企业预期的现金流入量是否足额、及时和资产流动性的强弱。现金流入量反映的是现实的偿债能力，资产的流动性反映的是潜在的偿债能力。如果企业投资决策失误或信用政策过宽，不能足额、及时地实现预期的现金流入量以支付到期的借款本息，就会面临财务危机。此时，企业为了防止破产可以变现其资产。各种资产的流动性（变现能力）是不一样的，其中库存现金的流动性最强，固定资产的变现能力最弱。企业资产的整体流动性，即各类资产在资产总额中所占比重，对企业的财务风险影响甚大，很多企业破产不是没有资产，而是因为其资产不能在较短时间内变现，结果不能按时偿还债务而宣告破产。

（3）金融市场

金融市场是资金融通的场所。企业负债经营要受金融市场的影响，如负债的利息率就取决于取得借款时金融市场的资金供求情况。金融市场的波动，如利率、汇率的变动，会导致企业的筹资风险。除此之外，金融政策的调整也是影响企业融资风险的重要因素。当企业主要采取短期贷款方式融资时，如遇到金融紧缩、银根抽紧、短期借款利率大幅度上升，就会引起利息费用剧增、利润下降，更有甚者，一些企业由于无法支付高涨的利息费用而破产清算。

融资风险的内因和外因相互联系、相互作用，共同诱发融资风险。一方面，经营风险、预期现金流入量和资产的流动性及金融市场等因素的影响，只有在企业负债经营的条件下，才有可能导致企业的融资风险，而且负债比率越大，负债利息越高，负债的期限结构越不合理，企业的融资风险越大。另一方面，虽然企业的负债比率较高，但如果企业已进入平稳发展阶段，经营风险较小，且金融市场的波动不大，那么企业的融资风险相对就较小。

8.2.3 融资风险的控制

企业常见的规避风险的方法不外乎三种：风险回避、损失控制及风险转嫁。融资风险的规避也主要采用这些方法。但融资风险与其他风险相比较，有其特殊性，因而在具体采用这些方法时，也要注意结合企业融资的特点。

1. 融资风险的回避方法

企业融资活动中的风险回避方法，主要是指在各种可供选择的筹资方案中进行风险分析，选择风险小的筹资方案，设法回避一些风险较大而且很难把握的融资活动。同时，通过实施必要的债务互换，采用利率互换、货币互换等方法来预防因利率、汇率变动给企业筹资造成的风险。

风险回避是风险控制最彻底的方法，采取有效的风险回避措施能够在风险事件发生之前完全消除某一特定风险来避免损失。

2. 融资风险的损失控制方法

就企业融资来看，要合理地进行融资风险的控制，需要采取多元化的融资政策，合理安排负债比例与结构，实现风险分散化，降低整体筹资方案的风险程度。这是控制融资风险的关键。需要强调的是，尽管债务资金越多，企业筹资风险越大，但那种为避免风险而拒绝举债的做法也是不恰当的，这会失去财务杠杆利益。反之，为获得财务杠杆利益而盲目举债也是不可取的，这无形中增大了融资风险。因此，企业必须合理安排资金结构，适度举债。同时，为防止企业因经营行为不当导致资不抵债，企业应设法实现投资多元化，多生产、经营一些利润率独立或不完全相关的商品，使高利和低利项目、旺季和淡季、畅销商品和滞销商品在时间上、数量上能够相互补充或抵消，以弥补因某一方面的损失给公司整体经营带来的风险。

3. 融资风险的转嫁方法

风险转嫁是指企业将自己不能承担的或不愿承担的及超过自身承担能力的风险损失，通过若干技术和经济手段转嫁给他人承担的一种方法。风险转嫁的目的是将可能由自己承担的风险损失转由其他人来承担。在企业融资活动中主要通过保险、寻找借款担保人等方法将部分债务风险转嫁给他人。也可考虑在企业因负债经营失败而陷入财务困境时，通过实施债务重组，将部分债券转换为股权，或通过其他企业优质资产的注入，挽救企业经营不利的局面，从而避免因资不抵债而导致的破产风险。

4. 选择正确的筹资时机、规模、价格与发行方式

企业在筹集资金时，首先要确定企业的融资规模。筹资过多，可能造成资金闲置浪费，增加融资成本；或者可能导致企业因负债过多，超过其偿还能力而增加融资风险。而筹资不足，又会影响企业投融资计划及业务的正常运作。因此，企业在进行融资决策之初，要根据企业对资金的需要、企业自身的实际条件及融资的难易程度和融资成本情况，量力而行来确定合理的融资规模。其次是选择企业最佳筹资机会。企业要在掌握国内和国际利率、汇率等金融市场的各种信息，了解宏观经济形势、经济政策及国内外政治环境等各种外部环境因素的基础上，合理分析和预测影响企业融资的各种有利条件和不利条件及各种可能的变化趋势，寻求最佳筹资时机，果断决策。最后，企业要考虑当前金融市场的价格情况，并结合具体的融资方式所具有的特点和企业自身的实际情况，制定出合理的发行价格。

8.3　债务融资风险管理

8.3.1　债务融资风险的种类、影响因素和识别

1. 债务融资风险的种类

债务融资风险就是指因企业的举债经营而导致偿债能力的丧失或企业举债后资金使用不当导致企业遭受损失及到期不能偿还债务的可能性。

债务融资风险主要有两种表现形式：一是支付性债务风险。它是指在某一特定时期内，负债经营的企业现金流出量超过现金流入量，从而造成企业没有现金或没有足够的现金偿还到期债务的可能性。由此可见，支付性债务风险是由于一时的现金短缺，或债务的期限结构与现金的流入期限结构不匹配所引发的。这是一种个别风险、现金风险、企业理财不当的风险，主要是企业财务管理上的责任。二是经营性债务风险。它是指企业在收不抵支的情况下，出现的不能偿还到期债务的风险。一般来说，意味着企业经营出现了亏损，如不能及时扭转亏损状况，势必会产生终极经营性债务风险，从而陷入财务困境，最终导致企业破产。具体表现为企业破产清算时的剩余财产不足以支付债务。主要存在两方面的责任：一是企业的经营获利能力低下；二是企业的财务管理不当。

债务风险同其他财务风险一样具有客观性、普遍性、不确定性、可控性、双重性（它既可能给企业带来满意的收益，也可能使企业遭受损失，是一把双刃剑）。

2. 债务融资风险的影响因素

企业债务融资风险的形成既受企业举债融资的影响，也受举债之外因素的影响。有主观因素，也有客观因素，有企业内部影响因素，也有企业外部影响因素。

内部影响因素，一般也是企业举债筹资主体的主观因素，主要包括以下方面：一是负债规模；二是利息率；三是期限结构；四是债种结构；五是利率结构；六是币种结构。

外部影响因素，一般是企业只能适应而无法改变的客观因素。企业外部环境的不确定性对企业举债筹资活动有重大影响。主要包括以下方面：一是经济环境；二是利率的变动；三是汇率的变动；四是法律环境；五是政治环境；六是社会环境；七是自然环境；八是其他关联方的重大变化，如合作方的破产及坑、蒙、拐、骗行为等。

由此可见，债务融资风险的发生是企业外部因素和内部因素、客观因素和主观因素共同作用的结果。企业所处的环境复杂多变是发生风险的外部因素、客观因素；企业举债筹资主体的局限性所导致的决策失误、管理失当，以及防范、控制、规避风险的措施不力，是发生风险的内部因素、主观因素。

3. 债务融资风险的识别

债务融资风险的识别方法有很多，在这里主要介绍资产负债表结构识别法。企业资产负债表（B/S）的结构主要有四种类型：保守型、稳健型、风险型、非正常型。企业的管理者可根据不同的结构类型来识别债务融资风险程度的大小。

（1）保守型资产负债表结构

这种类型的资产负债表在企业的实际业务中并不多见。企业用长期负债来满足短期资金的需要，投资者投入资金来满足长期资金的需要。在这种情况下，企业的整体风险较小，但资本成本最高，相对而言使企业的收益达到最低，而且企业的资本结构的弹性非常弱，具有很强的刚性，很难调整。保守型资产负债表结构如图 8-2 所示。

（2）稳健型资产负债表结构

拥有这种类型的资产负债表的企业比较多见，企业用短期负债和部分的长期负债投资于流动资产，而用其余的长期负债和股权资本投资于长期资产。一般采用该种资金使用方式的企业会保持一个良好的财务信用，而且其资本成本具有可调性，其中包括了对企业债务融资风险的调整，并且相对于保守型来说，因为有了流动负债，其资本结构就具有了一定的弹性。稳健型资产负债表结构如图 8-3 所示。

（3）风险型资产负债表结构

拥有这种类型的资产负债表的企业的债务融资风险比较明显。它用部分流动负债满足了所有短期资金的需要，用其余部分流动负债和所有长期负债及所有者权益来满足长期资金的需要。流动资产变现后并不能全部清偿流动负债，那么企业便会被要求用长期资产变现来满足短期债务偿还的需要，但长期资产并不是为了变现而存在的，所以企业的债务融资风险极大，可能会导致企业黑字破产（一般是指资金周转困难而发生的破产，如企业负债结构安排不当造成债务集中到期而发生偿付困难）。风险型资产负债表结构如图 8-4 所示。

（4）非正常型（处于财务危机）资产负债表结构

图 8-5（a）描述的是企业经营亏损，未分配利润为负数；图 8-5（b）描述的是企业

股权资本全部被经营亏损所侵蚀。如果没有外来资金支持，企业破产无疑。由于经营亏损发生的破产，一般称作红字破产。

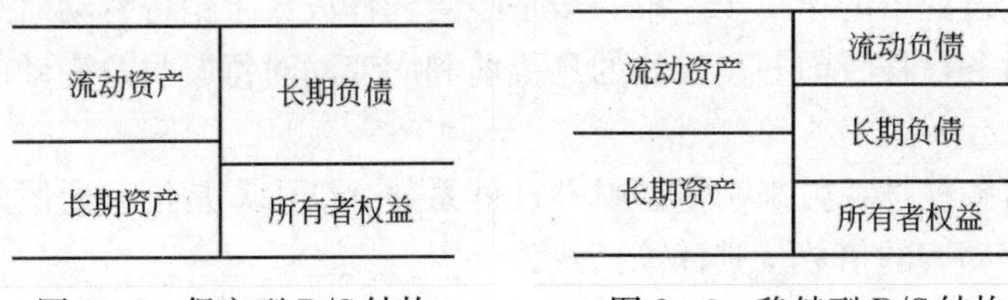

流动资产
长期负债
长期资产
所有者权益

图 8-2　保守型 B/S 结构

流动资产
流动负债
长期负债
长期资产
所有者权益

图 8-3　稳健型 B/S 结构

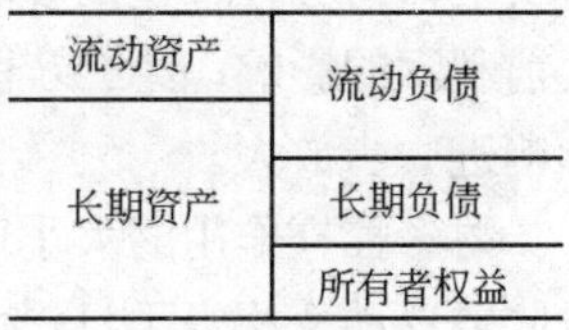

流动资产
流动负债
长期资产
长期负债
所有者权益

图 8-4　风险型 B/S 结构

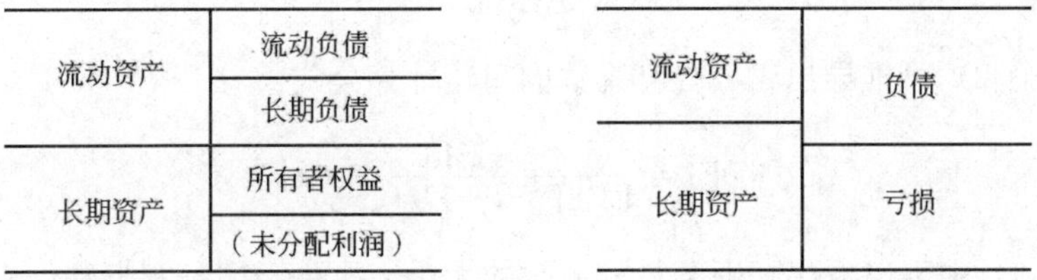

流动资产
流动负债
长期负债
长期资产
所有者权益
（未分配利润）
流动资产
负债
长期资产
亏损

(a) 第一种非正常型 B/S 结构　　(b) 第二种非正常型 B/S 结构

图 8-5　非正常型 B/S 结构

8.3.2　债务融资风险的评估

企业融资风险是客观存在的，但有时可以在一定程度上加以控制。而风险控制的前提则是准确估计融资风险。融资风险的估计主要包括两个方面：一是估计风险事件发生的概率；二是估计风险可能造成的损失。

融资风险估计的方法很多，归纳起来主要有以下几种。

1. 财务杠杆系数法

所谓财务杠杆利益，是指在企业的资金结构中，运用优先股和长期负债这两类债务融资在股息和利息方面的稳定性这个财务杠杆支点，对企业普通股或者投资者收益的影响。之所以在研究融资风险时，要考虑财务杠杆利益，是因为普通股每股收益能力的提高，是以相应提高融资风险为代价的。这是因为：在总的长期资金额不变的条件下，企业需要从经营收益中支付的债务资金成本（优先股股息、银行贷款利息和租赁中的租金）是固定的，当经营收益增大时，每一元经营收益所负担的负债成本就会相对减少，这将给每股普通股或者说每一个投资者带来更多的收益。反之，则会形成更大的损失。因此在实际中，往往以企业财务杠杆利益的大小来评价融资风险的高低。

财务杠杆主要反映息税前利润与普通股每股收益之间的关系，用于衡量息税前利润变动对于普通股每股收益变动的影响程度。两者之间的关系如下

$$\mathrm{EPS}=\frac{(\mathrm{EBIT}-I)(1-T)-D}{N} \tag{8-1}$$

式中：EPS——每股收益；

EBIT——息税前利润；

I——债务利息；

T——税率；

D——优先股股息。

经营杠杆是由于企业固定经营成本的存在产生的，而财务杠杆则来自固定的融资成本。事实上，财务杠杆是两步利润放大过程中的第二步，第一步是经营杠杆放大了销售变动对息税前利润的影响；第二步是利用财务杠杆将前一步导致的息税前利润变动对每股收益变动的影响进一步放大。

财务杠杆作用的大小可通过财务杠杆系数来衡量。财务杠杆系数（DFL）是指普通股每股收益变动率相当于息税前利润变动率的倍数。其计算公式为

$$\mathrm{DFL}=\frac{\Delta \mathrm{EPS}/\mathrm{EPS}}{\Delta \mathrm{EBIT}/\mathrm{EBIT}} \tag{8-2}$$

根据式（8－2）可推导出财务杠杆系数的简化计算公式：

$$\mathrm{DFL}=\frac{\mathrm{EBIT}}{\mathrm{EBIT}-I-D/(1-T)} \tag{8-3}$$

从式（8－3）中可以看出，财务杠杆系数的大小，取决于债务利息和优先股股息等固定资金成本的大小，当企业没有借入资金和优先股时，其财务杠杆系数为1；企业的负债比例越大，财务杠杆系数越大，对财务杠杆利益的影响也越大，融资风险也就越大。

【例 8－1】 某企业的融资总额为1 000万元，有三种融资方案：全部为自有资金；自有资金与借入资金各占一半，均为500万元；自有资金为300万元，借入资金为700万元。假定该企业预计息税前利润为200万元，借入资金利率为10%，所得税税率为25%，则三个方案的财务杠杆和自有资金收益率如表8－1所示。

表 8－1　不同融资方案财务杠杆分析表

单位：万元

项　　目	方案1	方案2	方案3
资金总额	1 000	1 000	1 000
其中：自有资金	1 000	500	300
借入资金	0	500	700
EBIT	200	200	200
利息（利率为10%）	0	50	70
税前利润	200	150	130
所得税	50	37.5	32.5
税后利润	150	112.5	97.5
自有资金收益率	15%	22.5%	32.5%
财务杠杆系数	1	1.33	1.54

从例8－1中可以看出，由于该企业的投资报酬率20%要大于借入资金的利息率10%，因此随着借入资金比重的增加，财务杠杆系数越来越大，自有资本收益率也越来越大，即在此情况下，企业可利用财务杠杆获得正向利益。但要注意，当企业借入资金的利息率超过企

业的税前收益率时，企业就会因财务杠杆得到负利益。

例如，当企业的息税前利润由 200 万元下降到 80 万元时，三种融资方案的自有资金收益率分别为

方案 1：$\dfrac{80\times(1-25\%)}{1\ 000}\times100\%=6.0\%$

方案 2：$\dfrac{(80-50)\times(1-25\%)}{500}\times100\%=4.5\%$

方案 3：$\dfrac{(80-70)\times(1-25\%)}{300}\times100\%=2.5\%$

三种方案的自有资金收益率下降的幅度分别为：方案 1 下降 60%，方案 2 下降 80%，方案 3 下降 92%。可见，当企业息税前利润下降至低于借入资金成本时，企业会因借入资金而造成自有资本收益率的下降，且财务杠杆系数越大的方案，自有资本收益率下降幅度越大。

由以上的分析可以看出，在企业资金总额一定的情况下，借入资金的比例越大，财务杠杆系数越大，由于企业投资报酬率的不确定性，相应的融资风险越大；反之，借入资金比例越小，财务杠杆系数越小，相应的融资风险越小。

2. 概率分析法

衡量企业融资风险的大小，除了可以用杠杆原理外，还可以通过计算企业自有资金利润率的期望值及标准差来衡量。标准差是自有资金收益率偏离其期望值（均值）的程度大小，标准差越大，表明自有资金收益率偏离其期望值（均值）的程度越大，说明融资风险越大；标准差越小，说明融资风险越小。具体步骤如下。

① 根据企业对经营业务进行预测的数据来分析各种情况可能出现的概率和可能获得的利润额及利润率。

② 计算企业自有资金利润率的期望值，其公式如下。

$$\begin{array}{c}\text{自有资金}\\\text{收益率的期望值}\end{array}=\left[\begin{array}{c}\text{期望的资金利润率}\\\text{(期望的息税前利润率)}\end{array}+\text{借入资金}\div\text{自有资金}\times\left(\begin{array}{c}\text{期望的资金利润率}\\\text{(期望的息税前利润率)}\end{array}-\text{借入资金利息率}\right)\right]\times(1-\text{所得税税率})$$

式中：

$$\text{期望的资金利润率}=\sum(\text{各种可能情况的概率}\times\text{各种情况下息税前利润率})$$

③ 计算方差和标准差（或变异系数），判断企业的债务筹资风险程度。

$$\text{方差}(\sigma^2)=\sum\left[\left(\begin{array}{c}\text{各种情况下的}\\\text{资金利润率(自有)}\end{array}-\begin{array}{c}\text{期望的自有}\\\text{资金利润率}\end{array}\right)^2\times\begin{array}{c}\text{各种情况可能}\\\text{出现的概率}\end{array}\right]$$

$$\text{标准差}(\sigma)=\sqrt{\sigma^2}$$

根据统计学原理，在期望值相同的情况下，标准差越小，表明偏离期望值的幅度越小，即风险越小；反之，标准差越大，表明偏离期望值的幅度越大，即风险越大。但这只是表示风险的一个绝对数。如果以此来进行融资方案的选择，尚不准确。因为标准差较小时，尽管风险也较小，但不一定是所要选择的方案，大的标准差可能被较高的期望值所抵消。为此，引出变差系数的概念，即用各种可能方案下自有资金利润率偏离其期望值的相对程度来反映

其融资风险的相对大小。变差系数的计算公式为

变差系数=标准差/期望值

因此，应该通过期望利润率、标准差、变差系数的计算来判断融资风险的大小，从而根据企业的实际情况，做出合理的融资决策。

3. 指标分析法

指标分析法通常有单一指标分析法和综合指标分析法两种。单一指标分析法或称单变量分析法，如采用流动比率、速动比率、现金支付比率、资产负债率、利息保障倍数、应收账款周转率、投资收益率等财务指标进行比较分析。在分析时应注意与同行业平均水平进行比较，如果偏离同业平均水平较大，如流动比率、速动比率过低，资产负债率过高，一般意味着企业存在偿付风险。

反映企业当期财务实力的财务指标主要有流动比率和速动比率。前者是企业流动资产和流动负债的比值，后者是速动资产和流动负债的比值。一般来说，流动比率越大，说明资产的流动性越强，短期偿债能力越强；流动比率越小，说明资产的流动性越差，短期偿债能力越弱。由于各企业的经营性质不同，对资产的流动性的要求也不同。例如，商业零售企业所需的流动资产往往要高于制造企业。一般认为，生产企业合理的流动比率为2。流动比率作为衡量偿债能力的指标还存在一些不足。过高的流动比率，也许是存货超储积压、存在大量应收账款的结果。此外，较高的流动比率可能反映企业拥有过多的现金，不能将这部分多余的现金充分利用，有可能降低企业的获利能力。考虑到企业存货变现速度较慢，企业部分存货或许已经损失但未来得及处理，或是企业已将存货抵押给债权人，同时存货存在市价与成本相差悬殊的问题。作为流动比率的补充，企业可使用速动比率指标。速动资产是指容易转变为现金的资产，即从流动资产中扣除了流动性较弱的存货。一般认为，企业的速动比率至少要维持在1左右，这样才算具有良好的财务状况。

从长远来看，如果一个企业连债务利息都难以偿付，那么其债务偿还能力一定不高。因此，首先可用利息保障倍数予以评判。利息保障倍数是企业息税前利润与利息费用的比值，既反映企业获利能力对到期债务偿还的保证程度，也是衡量企业举债经营、长期偿债能力的重要标志。从较长时间来看，利息保障倍数必须大于1。同样，资产负债率揭示资产与负债的依存关系，是人们用以衡量债权人贷款安全程度的另一个重要指标。企业资产负债率越高，说明企业利用债权人提供资金进行经营活动的能力越强，而债权人发放贷款的安全程度越低，企业偿还债务的能力越弱；资产负债率越低，说明企业利用债权人提供资金进行经营活动的能力越弱，而债权人发放贷款的安全程度越高，企业偿还债务的能力越强。

综合指标分析法又称为多变量分析法，就是利用多重财务指标分析企业的偿债能力。它是从宏观角度检查企业财务状况有无呈现不稳定的现象。

8.3.3 债务融资风险的管理

1. 债务融资风险的防范

负债经营是现代企业的主要经营手段之一，运用得当会给企业带来收益，成为发展经济的有力杠杆。但是，如果运用不当，则会使企业陷入困境，甚至会使企业陷入破产的境地。

因此，企业对负债经营的风险应有充分的认识并采取必要的防范措施。

企业要真正达到防范债务融资风险的目的，首先就要切实从自身情况出发建立相应的企业债务融资风险管理责任制度，在可能的情况下，企业要在财务部门下设立债务融资风险管理小组。该小组的主要职责是分析企业债务的结构，编制债务现金流量表，分析债务融资风险的来源，拟定风险的管理策略，建立债务融资风险管理体系，收集资本市场的资料，分析市场走势。该小组的设立是建立和完善债务融资风险管理责任体制的第一步。其次，企业必须立足于市场，建立一套完善的风险预警机制和财务信息网络，及时地对财务风险进行预测和防范，制订适合企业实际情况的风险规避方案。

2. 债务融资风险的控制

① 筹资风险控制的根本途径——提高资金使用效益。控制筹资风险的根本途径在于提高资金的使用效益。因为企业资金使用效益的提高，意味着企业盈利能力和偿债能力的增强。有了它作保障，无论企业选择何种筹资结构，都可及时地支付借入资金的本息和投资者的投资报酬。在此前提下，再考虑筹资资本结构的优化问题，就可以更有效地控制筹资风险，提高经济效益。

② 筹资结构风险的事前控制——最优资本结构决策。所谓最优资本结构，是指企业在一定时期内，使加权平均资本成本最低、企业价值最大时的资本结构。对于股份公司而言，企业价值也可以表述为股东财富最大化，即股票价格最高，而股票价格的高低在正常情况下则主要取决于每股收益的大小。

③ 筹资风险的事中控制——筹资结构的及时调整。无论企业按照什么标准和原则进行决策，最终总会选择一定利润水平下的筹资方案，这就决定了企业总是存在一定的风险，这就需要进行筹资风险的事中控制。筹资达不到既定目标就应及时调整筹资结构，以使资本成本尽可能小，股本收益率尽可能大，但这一措施往往受到许多客观条件的限制。在我国，目前企业借款尚有许多先决条件，发行债券也必须经过有关部门的审批。对于发行了的股票，如果是内部发行，在法律上收回可能并无问题，但若是公开发行上市的股票，收回还需要经过证监会的批准。

④ 负债性筹资风险的控制——适度的负债规模、控制筹资期限结构、维护资产流动性、合理调度货币资金及建立偿债基金。

8.4　股权融资风险管理

股权融资通常有私募和公募两种方式，因而其风险管理大致可以分为私募股权融资风险管理和公开发行股票融资风险管理。

8.4.1　私募股权融资风险管理

1. 私募股权融资的风险

在融资阶段，私募股权投资机构需要完成对被投资企业的初选、审慎调查和价值评估，并与被投资企业签署相关的投资协议。由于存在较高的委托-代理成本和企业价值评估的不确定性等，私募股权融资具有较高的风险。

（1）信息不对称与委托-代理问题

委托-代理问题的存在是由于投融资双方的信息不对称，被投资方作为代理人与作为投资方的私募股权投资机构之间存在利益不一致的情况，在代理人以自身利益最大化为目标的情况下，很可能会损害到委托人的利益，由此产生了投资方因为委托-代理问题而蒙受的利益损失及投资方为了尽可能防止和减少这种利益损失而付出的成本，即代理成本。一般认为，非上市企业投资中所具有的委托-代理问题相对要更高一些。其可能的原因如下。一是财务数据可信度。由于作为私募股权投资对象的企业大多处于非上市阶段，其企业的会计制度一般不是十分健全，企业财务报表的质量也不是很高，因而信息不对称的程度相对较高，从而相应带来较高的代理成本。二是市场前瞻能力。由于私募股权投资的对象都是特定产业领域内的企业，判断被投资企业的商业风险需要相应的专业知识及对特定市场未来发展趋势的把握，而在这方面被投资方显然比私募股权投资机构拥有更大的优势，这也相应增大了出现委托-代理问题的可能性。三是处于初创期的科技企业，其核心管理团队往往具有较丰富的科技专业背景而不是企业管理背景，这一点对于技术与产品的开发比较有利，而对于企业整体的未来发展却未必有利。此外，缺乏企业管理的经验也降低了企业家与私募股权投资机构沟通的质量，从而增加了信息不对称的程度。

（2）私募股权的投资价值评估风险

在私募股权投资过程中，对被投资项目进行的价值评估最终决定了投资方在投资企业中的股权比重，过高的评估价值将导致投资的收益率下降。风险投资中融资方在其“商业计划书”中的美好盈利前景描述和并购投资中并购方盲目追求协同效应都可能会使得私募股权投资的价值出现高估。由于未来市场、技术和管理等方面都存在很大的不确定性，这些不确定性的存在使得投资的价值评估风险成为私募股权融资的直接风险之一。

2. 私募股权融资的风险控制策略

近年来私募股权逐渐发展成为一种高效的资金配置机制，这与其风险控制策略有着密切的关系。在私募股权融资中，投资方最主要的风险控制策略都包括在双方签署的投资协议中。投资协议是一份具有法律约束力的合同，其中合同制约的风险控制策略是制定投资人优先保护条款，这主要包括陈述与保证、承诺、违约补救等。控制风险的另一个重要方法是股份调整。

1）投资人优先保护条款

（1）陈述与保证

陈述与保证是对企业过去的行为做出的保证。该条款明确规定融资企业所提供给投资人的所有财务和经营信息是真实、确定、充分、完全的，是按照有关标准制定的，这些信息涉及公司的资本、股东权益、资产、或有负债、未决诉讼、未定专利权等。这种书面保证的目的是明确不管投资人有没有做尽职调查、做到什么程度，他们所做出的决策从法律上来说取决于企业提供的资讯，对于投资人根据融资方提供的错误信息所做出的投资决策，融资方必须承担相应的法律责任。这就为投资人提供了充分的保护，避免了融资方利用虚假或不确定的信息圈钱。

（2）承诺

承诺是对企业在融资后的营运模式、营运目标、应该做或不应该做的行为、目标、结果做出的肯定性条规和否定性条规。例如肯定性条规中规定企业应定时提供详细的财务和经营报告，规定公司必须在不同时期达到一定的盈利目标，维持一定的流动资金、净资产和流动比率等；再如否定性条规中限制企业未经投资方同意做出变更企业经营性质和资本结构的交易，如企业并购、资产重组等。

(3) 违约补救

违约补救是指私募股权投资人有权对管理层施加压力，如果经营状况进一步恶化，甚至会接管整个董事会，调整公司和管理层。由于在私募股权投资一开始，投资者一般处于少数股东的地位，而企业家处于控股地位，当企业管理层不能按照业务计划的各项目标来经营企业时，私募股权投资就有权实施上述的违约补救措施，以实现投资风险的控制。私募股权投资者往往与企业家签订一份投票权协议来给予私募股权投资在一些重大问题上的特别投票权。如果发现企业违反投资协议，或是提供的信息存在明显错误，或是疏忽造成误导，或是发现大量负债，企业家都要承担责任。同时投资者会对企业管理层提出更高的要求，并可能采取如下违约补救措施：一是调整优先股转换比例；二是提高投资者的股份比例，或减少企业家个人的股份；三是投票权和董事会席位转移到私募股权投资者手中；四是调整或解雇公司管理层。

2) 股份调整

私募股权投资控制风险的另一个重要策略是股份调整。所谓股份调整，是指在私募股权投资过程中，调整投资家优先股转换比例或投资家、企业家在公司股份中的比例等所有与股份变动相关的风险控制方法。其运用过程中，具体的方式包括以下几方面。

(1) 反稀释股权法

所谓股权稀释，是指当企业由于分段投资的策略再追加投资时，后期投资者的股票价格低于前期投资者，或产生配股、转增红股而没有相应的资产注入时，前期投资者的股票所包含的资产价值被稀释了，即股权稀释。在私募股权投资过程中发生股权稀释时，必须增加前期投资者优先股转换成普通股时最后所获得的股票数来平衡，即调整转换比例，使前期投资者的股票价格与所有融资过程中所发行股票的加权平均价或最低价相同。在可能存在有后期投资者的情况下，私募股权投资者们通常都是采用反稀释股权法来防范自身股权被稀释的风险的。

(2) 变现调整法

可能存在这样的情况，即企业原本可以上市或被其他大企业收购，而企业家却不愿意这么做。在这种情况下，投资者只能通过企业回购股票来实现退出和变现，这时候需调高优先股转换成普通股的比例。同时，企业必须允许投资者向企业出售更多的股份。通过变现调整法，投资者可以有效控制其投资的退出变现风险。

(3) 盈利目标法

即将双方持股比例和股价的确定与企业经营的业绩挂钩。根据经营目标的完成情况，通过调整转换比率来调整双方的持股比例。投资协议中可能规定企业达到的某一盈利目标，企业可以持有的最多股份或达不到目标时，私募股权投资者可以拥有的最多股份等，通过调整转换比率来调整双方最后的股份比例。因此，实现了股份价格和双方比例与经营业绩和及时完成任务挂钩，从而也实现了投资者有效防范企业管理层经营不力的风险。

(4) 分段投资中的股份调整

这是指前一轮投资后企业如果没有达到规定的盈利目标，下一轮投资的转换比例就会增大。这样可以促使经营层在下一轮投资前务实经营，实现既定盈利目标，从而也控制了投资者的风险。

以上诸多股份调整的策略可配合使用，主要都是鼓励企业家在寻求投资中做出一个客观现实的盈利预期、业务目标和预算方案，同时也有效地激励了创业企业家去追求企业增长的最大化。

显然，融资风险控制最关键的还是选择具有投资价值的项目。实际上融资的风险根本上来自投资的风险。所以企业进行融资时，首先应该考虑的是融资后的投资收益。其次，企业在进行融资决策时，应根据企业资金的实际需要和融资成本来确定选择合适的融资规模。最后，要根据企业自身的发展阶段、经营状况和外部环境因素，确定最佳的融资机会。

8.4.2 公开发行股票融资风险管理

我国上市公司在进行长期筹资决策时普遍存在“轻债重股”的筹资偏好，即拟上市公司上市之前，有着极其强烈的冲动去谋求公司首次公开发行股票并成功上市；公司上市之后，在筹资方式的选择上，往往不顾一切地选择配股或增发等股权融资方式，以致在过去的不同时期一度形成上市公司集中性的“配股热”或“增发热”。事实上，企业进行股票筹资，在获取社会资源这个“馅饼”的同时，也可能存在风险这一“陷阱”。因而就出现了许多上市公司股权融资后，并没有换来公司经营业绩的持续增长和资源配置效率的有效改善。

狭义上讲，公开发行股票融资风险是指发行股票融资时，由于发行数量、发行时机、融资成本等原因造成损失的可能性。广义上讲，公开发行股票融资风险还包括融资后资金营运风险和退市风险等。

1. 公开发行股票融资风险的防范

公开发行股票是股份有限公司筹措资金普遍而重要的手段，但要想通过发行股票筹措到所需资金，还要充分认识到股票筹资中存在的风险，同时要采取积极有效的措施加以防范，这样才能达到筹资的目的。

(1) 股票发行的规模

关于股票发行的数量，除了要符合国家有关股票发行数量的最低限额的规定外，还要注意以下两点。

① 与企业实际的资金需要量相符。企业筹资规模取决于未来发展中对资金总的需要量，如果超过实际的需要量，就会造成资金的闲置，加大企业的资金成本；如果低于实际的需要量，则会使企业在发展中受到资金短缺的限制，遏制企业的发展。

② 企业的资本结构。企业在发行股票时还要考虑发行后对企业资本结构及对未来财务状况的影响，以达到资本结构的最优化。

(2) 股票发行的方式

我国法律规定，企业在公开发行股票时应当由证券经营机构承销，因此企业在决定采用包销还是代销的方式上应当考虑以下影响因素。

① 企业自身的社会知名度和影响力。如果发行人的社会声誉好、知名度高，该次发行的股票质量高，并且对该次发行的成功把握很大，那么企业就可以选择代销的方式，反之最

好采用包销的方式。

② 对发行成本的考虑。包销和代销这两种方式，由于承销机构所面临的风险不同，因而承销费用也不同。由于包销方式对于承销机构来说风险较大，因此费用也比较高；反之，代销方式的发行费用比较低。此外，在包销发行方式下，股票发行时可能得到的溢价收入将被承销机构获得。所以综合来说，包销方式发行成本较高。

③ 企业自身对资金需求的缓急。如果企业急需该笔资金的使用，那么建议采用包销的方式。

（3）股票发行的价格

股票的发行价格是影响企业股票发行成功的一个关键因素。在给拟发行股票定价时，除要符合国家有关对股票发行价格的规定（不允许折价发行；同一次发行的股票发行价格必须相同）外，还要考虑以下因素。

① 发行时所处的经济周期。由于社会的经济周期会直接影响股票的发行价格、人民的购买力水平，因此处于经济繁荣期时可以把股票价格定得略高一些，相反在经济萧条期可以把股票价格定得略低一些。

② 发行时的股市行情。发行股票时，如果股市交易活跃、价格指数上扬，那么可以把股价定得高些；反之，股市低迷，则要定得低些了。

③ 企业的经营业绩。如果企业的经营状况良好，有足够的利润支持高额股利，那么企业可以把股价定得相对高些，反之就低一些。

④ 企业的发展前景。如果该公司所属的行业属于国家大力扶持发展的产业，并且有广阔的发展前景，产品适销对路，那么股价也可以定得高些，反之就低一些。

（4）股票发行的时机

在选择股票发行时机时应考虑的主要因素有以下几方面。

① 股市行情。企业在选择股票发行时机时应选择股票交易活跃、价格上涨的时机。

② 社会经济阶段。股票发行应选择经济繁荣、政府经济政策宽松的时期。

③ 银行利率水平。投资者的资金是有限的，在银行利率水平较高的情况下，会吸引投资者将大量的资金存入银行；当银行利率较低的时候，一部分投资者就会将其资金投放到股市上来。

（5）证券承销机构

根据我国相关的法律规定，企业向社会公开发行的证券票面总值超过人民币 5 000 万元的，应组织承销团承销。此外，企业在选择证券承销机构时还应该考虑以下因素。

① 证券承销机构的资本实力。一般来说，证券承销机构的资本实力越强，其承担风险的能力越强。

② 证券承销机构的销售网络。股票的发行与交易大多借助于计算机网络，因此承销机构的计算机网络遍及范围及其网络的稳定性便成为一个影响承销机构实力的因素。承销机构的网络遍及范围广、系统稳定、服务周到，股票发行成功的概率便会高些。

③ 承销机构员工的整体素质。由于股票发行工作是一项需要发行企业与承销机构合作完成的工作，因此承销机构员工的专业水平、工作经验、组织协调能力、处理应急事务的能力、研究分析能力、敬业精神等都会直接影响到股票承销工作的质量，所以企业应认真了解、比较后再做出选择。

股票发行是一项非常复杂并且风险较高的工作，所以股票发行的企业应根据企业自身的实际情况，结合多方面因素，做出合理的判断，以保证股票发行的成功。

2. 资本运营风险与防范

这里的资本运营风险是指企业筹得股权资本后，由于使用不当发生损失的可能性，主要表现在以下几方面。

① 部分上市公司筹集到资金以后，轻易地把资金投到自己毫不熟悉、与主业无关的产业中；在项目环境发生变化后，又随意地变更投资方向。由于投资项目失误，经营效益低下，盈利水平下跌，投资资本价值下降。“一年优、两年平、三年亏”就是我国上市公司持续盈利能力较弱的写照。

② 上市公司在发行新股或配股中，没有考虑所投项目对资金的实际需求，融资活动中往往最大限度地多筹资金。由于筹集资金数量大，而公司项目实际所需资金少，剩余资金大部分存入银行，造成了资源的巨大浪费。

③ 很多上市公司改变募集资金投向，有的进行证券投资，有的用配股资金还贷或被大股东占用等。由于这些资金没有按照招股说明书的承诺投向相应项目，使得资金没有真正发挥其功能，造成资源的巨大浪费，同时也扭曲了证券市场的资源配置功能。

上市公司如何提高资本的使用效率，降低资本运营风险呢？最关键的问题是上市公司要从战略角度出发，以公司的持续增长为前提，综合考虑，确定投资和融资决策。这里的战略是指企业根据自身的条件和资源制定符合自己实际发展方向的目标，选择投资项目，确定融资时机、融资方式、融资数量、融资成本等。如果战略目标制定得不对，企业的运作就会陷入危机。实际上，企业最大的风险往往是由战略决策或战略运作失误引起的。

提高上市公司募集资金使用效率、防范融资风险的另一个重要方面是设置合理的资本结构和公司治理结构。我国国有企业资本结构和上市资本结构呈现相反的格局，前者负债资本较高，后者股权资本较高。根据资本结构理论，当投资项目预期收益率大于举债成本时，应该选择债务筹资；反之则应该选择股权筹资。但事实上，一些上市公司很少利用财务杠杆调整资本结构，提高经营效益。

3. 退市风险与防范

公司退市并不等同于破产、解散。公司终止上市后，如果没有破产，证监会将准许合格的证券公司在进行股份的转托管工作后，为终止上市的公司提供代办股份转让服务，以使股东权益得到法律保护。公司退市也不是损害中小投资者的权益。公司退市虽然在形式上使上市公司的中小投资者权益受到损失，但这种损失只不过是使这些中小投资者实际已损失的权益公开化、明晰化，其实质上有利于维护绝大多数中小投资者的根本权益，使公司长期运作中忽视中小投资者权益或政府部门长期对上市公司“干预”或疏于规范化监督所导致的后果暴露出来，有利于中小投资者识别风险、谨慎投资、确保其权益。

8.5 项目融资风险管理

8.5.1 项目融资风险的识别

在项目融资中，风险的合理分配和严格管理是项目成功的关键，因此是项目各参与方谈判的核心问题。了解项目融资的风险及其分配和管理是项目融资活动最重要的方面。

项目融资风险管理的内容是：识别风险；估计风险；制定应对措施；编制风险管理计划并付诸实施。

项目融资风险大体上可分为两类：系统风险和非系统风险。系统风险是指与市场客观环境有关的、超出了项目自身范围的风险；非系统风险是指可由项目实体自行控制和管理的风险。系统风险不能通过增加或调整不同类型的投资数量而排除，非系统风险可以通过多样化、分散化的投资战略加以避免或降低。然而，这两种风险的划分并不绝对。有时候系统风险也可以通过一定的手段予以消减，而另外一些时候非系统风险是无法避免的。

1. 项目融资的系统风险

项目融资所涉及的系统风险主要有政治风险、获准风险、法律风险、违约风险、经济风险和自然风险。

（1）政治风险

政治风险是指那些由于战争、国际关系变幻、政权更迭、政策变化而导致的项目的资产和利益受到损害的风险。政治风险主要涉及三大类：政治稳定性风险、政策变更风险、政府信用风险。

① 政治稳定性风险。政治稳定性风险的判断主要基于项目所在国是不是处于战争、武装冲突或存在其他动荡事件中，抗议示威游行事件是不是频繁发生，是否将有选举事件，是不是存在革命、动乱因素，是否存在恐怖分子武装袭击等方面。如果所在国政治稳定性较差，将使我国企业面临巨大的政治风险，致使项目被迫停止或违约，正在进行的项目遭到破坏，员工人身安全面临威胁，最终导致巨额损失。

② 政策变更风险。政策变更风险主要是指项目所在国某些有关该项目的政策突然发生变化致使该项目的进行受到影响。该风险因素主要包括相关产业政策变化、税收政策变化、企业相关经营许可变化等因素。BOT 项目运营期间较长，不确定性因素较多，在项目运营期间东道国政府很有可能对有关的政策做出改变，如税收政策的变化很有可能加大运营成本，使项目收益减少；而严重的如产业相关政策变化或者是企业经营许可变化将可能使项目停止运营，从而给企业带来重大损失。

③ 政府信用风险。政府信用风险体现为以下几点：对项目进行无偿征收、项目国有化及其他违约形式。项目所在地政府考虑当地经济和政治，以立法或行政命令等措施，对企业在该国的项目进行征收或收归国有。还有一种常见形式是当地政权更迭变动，新政府对旧政府签订的合同不予承认，废弃前政府对 BOT 项目特许协议并拒绝偿还债务，从而给我国企业带来巨额损失。此外，如果项目所在国政府腐败、寻租现象严重致使国家机器无法运转，当地经济社会环境恶化，项目公司之间平等竞争原则无人维护，造成已经中标的企业将在没有赔付的情况下就被转给其他企业，使得企业白白付出。

（2）获准风险

获准风险是指项目的开发和建设得不到或不能及时得到项目东道国政府的授权或许可的风险。无法或推迟获准的主要原因有设计缺陷、环保缺陷、不符合政策导向、地方政府反对、突破了基建或外债计划等各种因素。如果不能及时得到政府的批准，就会使整个项目无法按计划进行，造成拖延。这种风险就是获准风险。

(3) 法律风险

法律风险是指由于东道国法律体系不完善和法律变动给项目带来的风险。当法律不完善时，项目融资所依赖的各种担保可能无法有效地起作用，贷款方和投资者对项目资产和其他抵押品的控制权难以得到法律保护。东道国法律变动给项目带来的风险主要体现在以下几个方面。

① 当出现纠纷时，东道国是否具有完善的法律体系提供仲裁，解决纠纷。

② 东道国是否具有独立的司法制度和严格的法律执行体系执行仲裁结果。

③ 根据东道国的法律规定，项目发起人能否有效地建立起项目融资的组织结构和日后的项目经营。

由此可见，法律健全对约束项目融资各参与方的行为关系极大。因此，东道国法律的变动可能引起各参与方约束的变动，进而改变各参与方的地位，带来的风险是不言而喻的。

(4) 违约风险

违约风险是指项目参与方因故无法履行或拒绝履行合同规定的责任和义务，它可能表现为项目发起人资金不能按时到位、贷款方贷款不及时拨付、承建商无法按要求完工、借款人无力偿债等多种形式。在法制不健全的国家，有关违约屡见不鲜，由于缺乏对违约者制裁的强有力手段而导致违约风险大增。

(5) 经济风险

经济风险主要是指在经济活动中项目外部经济条件变化而导致的风险，主要包括市场风险、外汇风险和利率风险。

① 市场风险。市场风险是指项目公司建成后由于市场需求下降、竞争加剧或价格条件恶化导致项目产品无法按预测价格出售，项目效益无法实现的风险。项目投产后的效益取决于其产品在市场上的销售情况和其他表现。因此，项目公司必须直接面对市场风云变幻的挑战。产品在市场上的销路和其他情况的变化就是市场风险。市场风险主要有价格风险、竞争风险和需求风险。这三种风险很难截然分开，它们之间相互关联、相互影响。

市场风险不仅同产品销售有关，而且还存在于原材料及燃料的供应方面。如果项目投产后原材料及燃料价格的涨幅超过了项目产品价格的增幅，那么项目的收益势必下降。

② 外汇风险。外汇风险包括外汇的自由兑换、汇出限制和汇率波动（货币贬值）对项目参与方的损害。外汇风险通常包括三个方面：东道国货币的自由兑换、经营收益的自由汇出及汇率波动所造成的货币贬值。项目融资各参与方都十分关心外汇风险。境外的项目发起人希望将项目产生的利润以自己本国的货币或硬通货汇回国内，避免因为东道国货币贬值而蒙受损失。同样，贷款方也希望项目能以同种货币偿还贷款。

③ 利率风险。利率风险是指项目在经营过程中，由于利率变动直接或间接地造成项目价值降低或收益受到损失。如果投资方利用浮动利率融资，一旦利率上升，项目生产成本就会攀升；如果采用固定利率融资，日后万一市场利率下降便会造成机会成本的提高。

④ 通货膨胀风险。通货膨胀风险即基础设施项目所在地经济政治环境发生变化，造成当地货币贬值，使投资人在合同到期时无法获利甚至收回成本的风险。由于基础设施海外BOT项目在合同中确定了总价，因此需要研究东道国短期内物价变动范围，还需研究进口的各种材料、设备价格的变化趋势。

（6）自然风险

自然风险是指由于自然条件恶化或突然改变而引起的经济活动的不确定性，有的甚至可能对项目运营甚至人身安全造成危险。自然风险主要可分为自然环境风险和不可抗力风险。

① 自然环境风险。自然环境风险主要指项目国家缺乏良好的地质（沙地、石地、山地、湿地、河流、山谷等）水质条件（水源短缺、水质差、水位低），或者是当地温度过低或过高，这些风险都会加大当地项目的难度和建设成本，处理不当甚至会造成巨大经济损失。

② 不可抗力风险。不可抗力风险主要指协议订立时难以预见、难以躲避且发生后基本无法克服的自然风险，包括地震、火山爆发、台风、暴雨、雷电、山洪、水灾等。由不可抗力引发的自然灾害，往往具有极大的毁灭性并且难以抵挡，轻则对项目造成一定破坏，重则有可能将项目完全摧毁。

2. 项目融资的非系统风险

与项目融资有关的非系统风险主要有完工风险、经营和维护风险、运营收入不足风险、运营失误风险、环保风险等。

（1）完工风险

完工风险是指项目建设无法完工或延期完工、成本超支或完工后无法达到预期运行标准的风险。其主要表现形式为：项目建设延期；项目建设成本超支；由于种种原因，项目迟迟达不到设计规定的技术指标；在极端情况下由于技术和其他方面的问题，项目完全停工放弃。

（2）经营和维护风险

经营和维护风险是指在项目的经营、维护过程中，由于经营者的疏忽或能力低下导致重大问题，使项目无法按计划运营，获利能力受到影响的风险。例如，原材料的供给中断，设备安装、使用不合理，产品质量低劣，管理混乱，等等。这些问题都可能直接使项目无法按计划运营，最终将影响项目的获利能力。除了与经营者相关的问题之外，经营和维护风险还包括技术风险和生产条件风险。

① 技术风险。技术风险是指存在于项目生产技术及生产过程中的那些问题，如技术工艺是否在项目建设期结束后依然能够保持先进、会不会被新技术所替代，厂址选择和配套设备是否合适，原材料来源是否有保证，工程造价是否合理，技术人员的专业水平与职业道德是否达到要求，等等。

② 生产条件风险。生产条件风险包括：原材料、能源的供应是否可靠，交通、通信及其他公用设施是否便利。

（3）运营收入不足风险

运营收入不足风险主要体现为项目所在国市场需求低于原计划，从而导致没有有效需求。项目的价格和需求通常是互相平衡、互相制约的，倘若项目运营的现金流入不足，那么项目将难以完成债务清偿并良好运营，甚至导致企业将项目提前交付给项目所在地政府以避免其自身的持续亏损。

收入不足主要是由于在项目运行阶段，项目产品的市场需求发生巨大改变，通常是实际需求量比预测需求量低，致使项目收入不足。产生需求不足的主要原因有可能是当地居民对项目提供的服务、产品不太满意，或是对某项目或某国家有所抵制，甚至举行抗议游行等反对活动。例如水电站项目给当地环境带来较大污染或是供电质量较差，或是地铁项目选址不方便、换乘站的换乘问题等都会导致市场需求不如预期。

（4）运营失误风险

运营失误风险是指企业在项目运营期间由于自身管理失误造成项目收入不足或是产生额外成本。例如，轨道交通项目定价如果超过当地居民的实际购买力，将使项目所在地居民采用其他方式出行。

（5）环保风险

环保风险是指项目在建设或投产阶段，因违反环保法规的规定而对项目预期收益的影响。当项目没有对承担环保责任的成本费用进行预算或有意逃避环保责任时，都可能因环保问题而给项目带来重大损失。

近年来，工业对自然环境及人们生活和工作环境的破坏已经越来越引起社会公众的关注，许多国家都制定了严格的环境保护法律来限制工业污染对环境的破坏，并强制肇事者对自己造成的污染进行清理，同时交纳巨额罚款。对项目公司来说，要满足环保的各项要求，就意味着成本的增加，尤其是对那些利用自然资源或生产过程中污染较为严重的项目来说更是如此。但从长远来看，项目必须对增加的成本自行消化，这就意味着提高生产效率，努力开发符合环保标准的新技术和新产品。

8.5.2 项目融资风险管理

项目融资存在各种风险，但到底有哪些风险，则与项目本身及其环境的具体情况有关。某些风险的发生概率及其后果可以通过采取措施来改变。例如，通过加强质量保证体系来降低经营和维护风险，还可以通过保险或担保等手段转移或分散某些风险。但是，这些技术性措施不可能根除所有风险，这也就是风险的客观性。可见，在尽可能地采取了各种措施降低各种风险水平之后，还必须考虑如何在项目各参与方之间分配那些不能根除的风险。风险管理与分担的一般原则是：在参与项目活动的过程中，谁最有能力控制该项风险，且能产生最好的整体效益，就将该风险分配给谁。例如，东道国政府不愿意承担商业风险，只愿意承担政治风险；而境外投资者却正好相反，它们有能力承担商业风险而对政治风险望而却步。在这种情况下，如果能够通过各种协议让参与方各得其所，使风险各就各位，那么境外投资者和东道国政府都不会因为不得不面对自己不熟悉的风险而将风险成本估计过高。

在进行项目融资风险管理时，必须注意如下问题。

① 确定关键风险因素。

② 各方的风险承担能力。

③ 风险在谁的控制范围内。

④ 由谁处理风险对整个项目最经济有效。

⑤ 谁可以享有处理风险的最大收益。

⑥ 若风险发生，损失将由谁负责。

风险管理有两条明确的基本原则：将风险分配给最有能力承担这种风险的一方；承担风险的一方努力降低风险，并应获得与风险相应的回报。在这两条原则下，风险管理的方法有以下几种。

1. 风险预防

在项目融资早期，应努力致力于降低风险出现的可能性，即防患于未然，如做好市场调查、场地调查、备用计划等，以适应可能的技术或市场变化所引起的风险冲击。

2. 风险分配

风险通常分配给政府和项目公司，后者再将风险分配给公司的各个股东。

1）政府

政府通过担保、承诺的形式承担一部分企业不能把握的风险；政府还可通过各种支持手段促进项目的运行，降低项目公司的风险。政府采用的手段有以下几类。

① 支持贷款。政府直接向项目贷款，但有的政府不直接贷款，如广东省政府在沙角电厂项目中，承诺在不可抗力情况下提供一笔紧急贷款。

② 最低限额的运营收入。例如，对于交通运输项目，政府可向项目公司做出承诺，担保最小的交通收费收入或类似的协议。

③ 外汇兑换保证。

④ 利息率保证。如在马来西亚的项目融资中，政府提供利率保证，利率增幅如果超过一定值，承包商在偿还费用时将得到差额补偿。

⑤ 运行现有设施的许可。有的项目上马是因为现有的同类收费设施不能满足需求，这时政府可以考虑让项目公司运营现有设施，利用运营收入补贴新项目的开发。

⑥"无第二个设施"保证。如在建设英吉利海峡海底隧道工程时，英、法隧道公司要求政府保证在 38 年内不会有第二条跨越英吉利海峡的通道。

⑦ 商业自由。如在交通设施建设项目中，允许项目公司开发沿路房地产，这一条不符合项目融资规定，但有的发展中国家对项目公司有这样的承诺。

2）项目公司

项目公司一般承担建设成本、建设进度、经营成本、服务质量、设备采购、原材料及燃料采购、环保等风险，并通过商务合同和承包合同或者通过保险将风险再分散给项目公司的各个股东及保险公司。

① 承包商。承包商与项目公司一般签订一份固定价格的施工合同，由承包商承担施工成本超支风险、施工延期风险、施工阶段的技术风险。

② 设备供应商。在建设期间设备供应商将作为承包商的分包商，在整个项目期间或在项目的早期他们以合理的价格提供备件，承担有关风险。

③ 运营商。在项目的早期运营商就应参加到项目的工作中来，并在设计阶段就考虑到运营成本，这样能降低运营风险。

3）保险

保险分为不能保险的风险和可保险的风险。

（1）不能保险的风险

不可抗力不能保险，或者不能按合理的成本保险。在 BOT 项目中，贷方通常要求当地政府为不可抗力事件提供保障。

（2）可保险的风险

可保险的风险包括商业风险保险和政治风险保险。

① 商业风险保险。BOT 项目一般都有工厂和设备的意外保险、第三方责任保险、工人的赔偿保险及其他可保险的风险。依靠当地政府的支持，项目公司可以寻求包括项目中断、现金流入中断等类似风险的商业保险。

② 政治风险保险。BOT 项目中，通常的外国商业贷方和外国股本投资者都会向他们自己的出口信贷机构或者多边国际组织（如世界银行）寻求因动乱、暴力等原因造成的政治风险的保险。

4）保证与保函

保证和保函的形式有很多，如投标保函（保证）、履约保函（保证）、预付款保函（保证）、置留保函（保证）、完工保函（保证）、维修保函（保证）等。项目公司通过金融机构提供的保函（保证）来降低项目的风险。

3. 主要风险的管理

（1）国家风险管理

① 贷款银行与世界银行等多边金融机构和银行联合发放贷款。

② 形成一个国际性的投资和贷款集团。

③ 投保政治风险。

④ 在项目融资前期做好充分的调研，对项目所在国政治局势有更深层次的分析和研判。

⑤ 紧密关注项目所在国家或地区的政治情况，进一步增强与驻外使领馆及相关政府部门（如商务部、外交部）的联系，构建全面的信息通道，尽快找到风险苗头以确定相应风险对策并进行管理。

⑥ 从项目主办国政府获得固定期限内自由利用财产的许可。

⑦ 把各种担保尽量置于东道国管辖之外。

⑧ 选择外国法律为依据。

⑨ 和政府部门谈判给予补贴。

⑩ 政治风险担保。

努力寻求东道国政府、中央银行、税收部门及其他有关政府机构的书面保证，争取得到他们的政策支持，即在税收和外汇管制等方面尽量采取有利于项目的措施。

（2）金融风险管理

对金融风险的防范和分担，贷款人应视具体情况采取不同的措施：对汇率和利率风险，可以通过使用金融衍生工具进行套期保值，锁定风险。不过，这种方法在东道国金融市场不完善的情况下会受到限制。此时，境外项目发起人和贷款银行一般会要求东道国政府或国家银行签订远期外汇兑换合同，把汇率水平锁定在某一价位上，从而降低汇率波动带来的风险。但东道国政府和国家银行一般不愿意承担这个风险，此时需要项目公司同政府及银行签订专门的合同，规定在一定范围内由各方分摊相应的汇率风险。具体表现如下。

① 构造不同的合同结构使项目的收入与债务支出货币相匹配，尽量减少货币贬值风险。

② 通过在当地举债，尽量减少债务偿还时货币兑换引起的货币贬值。

③ 取得东道国政府保证项目公司优先获得外汇的协议和出具外汇可获得的担保。

④ 利用金融衍生工具，如掉期、期权、期货、远期等合约减少货币贬值风险。

⑤ 利用硬通货支付。

⑥ 采取固定汇率底线结算或与金融机构合作，通过锁定远期汇率，利用金融衍生工具规避汇率风险。

⑦ 针对利率风险，寻求中国进出口银行提供低息的两优贷款，我国经济形势稳定，贷款利率波动较小。

（3）决策风险管理

决策风险的管理和防范：一是要提高决策者的风险意识，谨慎决策；二是要建立有效的决策机制；三是要建立风险预警监控体系。

意识决定行为。在成熟的现代企业的企业文化中要注入风险防范的内容，使得从企业决策者到普通员工，都树立风险防范的意识。申能集团多年来秉持的“稳健运作，锐意开拓”的企业经营理念中，即蕴含着重视风险控制，为防范决策风险奠定了良好基础。

企业建立良好有效的决策机制是防范决策风险的重要保证。有效的决策机制主要表现在：适当分权，有效监督，管理层级减少。适当分权，可以使企业决策者集中精力于企业的重大决策事项，避免因为决策事项过于集中于企业高级决策机构而导致决策失效；建立有效的决策监督机制，可以防止企业决策者滥用决策权，或者由于道德风险而产生决策风险；减少管理层级，可以减少决策信息的损耗，增加决策的及时性和准确性。例如，申能集团按照上述原则在建立有效决策机制方面做了积极努力，并取得了较好的效果。比如明确通过章程、内部决策制度等，明确董事会、总经理及部门经理的分级决策权限；建立严格的董事会决策程序和制度；建立集团公司、控股核心子公司、投资企业的三级决策管理层级等。

建立风险预警监控体系是决策风险进行全过程控制的重要一环。这个体系应当是覆盖企业经营的各个方面，兼有风险预测、风险识别、风险处置等职能。这个体系的核心功能在于决策信息的及时收集和分析，为决策提供决策信息。

（4）完工风险管理

相应的风险管理是：在招投标阶段，承包商可以通过风险分析明确承包中的所有招标风险，有助于确定应付风险的预备费数额，或者核查自己受到风险威胁的程度，招标后，投资业主通过风险分析可以查明承包商是否已经认识到项目可能会遇到的风险，是否能够按照合同要求如期完成项目。

（5）经营风险管理

事先在相关领域挑选有丰富经验的运营方可在很大程度上降低项目的运营风险，可选择对当地情况较为熟悉的当地企业或是聘用国际知名公司对项目进行运营。

经营风险的具体表现形式有以下几种。

① 技术风险。银行原则上为采用经市场证实的成熟生产技术或有较强技术保证的先进生产技术的项目安排具有有限追索性质的项目融资，以降低技术风险，而操作工艺低劣或者新工艺则会提高技术风险。

② 资源风险。足够的资源覆盖率（即可采资源总储量/计划开采资源量）和最低资源储量担保也能降低资源风险，尤其对资源消耗性项目，贷款银行要求项目的可供开采的已证实资源总储量与项目融资期间内所计划采掘或消耗的资源量之比要保持在风险警戒线之下。

③ 能源和原材料供应风险。长期的能源和原材料供应协议或将能源和原材料供应价格与项目产出品价格直接挂钩（即能源和原材料价格指数化）都能够减少能源和原材料供应风险。

④ 经营管理风险。经营管理风险主要用来评价项目投资者对所开发项目的经营管理能力，而这种能力是决定项目的质量控制、成本控制和生产效率的重要因素。主要表现在：第一，项目经理在同一领域的工作经验和资信；第二，项目经理是否为项目投资者之一，如果项目经理是项目的最大投资者之一（40%以上），那么对于项目会有很大帮助；第三，项目经理所建立的强有力的项目管理系统，有助于对所开发项目的有效工期控制、质量控制、成本控制、生产

效率提升和建立激励机制控制（利润分成或成本控制奖）等，这些都能降低经营管理风险。

案例 8-1

缅甸密松 BOT 水电站案例

1. 案例简介

缅甸密松水电站位于缅甸伊洛瓦底江干流上游，是世界上第 15 大水电站，该项目在 2009 年 12 月开始动工建造。由缅甸电力部、中国电投及缅甸亚洲世界公司一同组建项目公司负责项目融资、建造、运营。该项目总装机容量达 60 MW，平均每年提供电量可达 300 亿度，如果在满足缅甸需求后仍有富裕电量可将缅甸无法接纳的电力转至邻国。

2009 年，中国电投（CPI）作为该水电站项目的主要投资者，与缅甸电力部（DH-PP）签订了备忘录协议（MOA），随后与缅甸政府和企业组建了项目公司负责该项目的建造和运营。由于当地电量匮乏严重，2007 年 4 月，为该电站项目建造而设计的 9.9MW 的小型水电站开始建造，2011 年 9 月建造完毕。2009 年 12 月，密松水电站启动动工典礼，缅甸与我国政府共同签订了《合作开发缅甸水电资源的框架协议》，在该协议中明确表示了对中国电投公司建造经营密松水电站项目的支持，由此该项目在我国及缅甸的一切相关合同、资料已准备完毕。

2. 风险识别及风险因素分析

该项目的风险因素为政治风险中的政府信用风险。尽管密松项目几乎认真履行了缅甸方一切合同协议要求，但在 2011 年 9 月缅甸政府宣称该项目会“对密松的自然景观、民营企业自营的果园和培育的庄稼农作物带来极大影响，同时由于自然因素引起的大坝坍塌会对水电站附近人民的生产生活甚至人身安全造成极大隐患，对当地人民的生活造成影响”，在没有事先通知我国企业的情况下单方面停止该 BOT 水电站项目建设，给中国电投带来了极大的被动和损失。

当地反对该项目的人员认为水坝距离实皆断层仅约 100 公里，会给水坝下游的伊洛瓦底盆地，尤其是当地住民，造成极大的溃坝风险。然而中缅双方政府协议准许的可行性研究报告中对水坝安全问题进行了特殊的考虑，将水坝地震抗御等级标准设计到可抵抗 9 级地震。此研究报告认为，以国际标准而言，水坝区附近 25 公里范围内不存在对水坝安全有危险的活动断层，此区位是非常安全的。反对派的主要观点是通过建设两座较小水电站更换该水电站项目。而设计大坝的专家表示，经过多年的考虑，包括对两座较小规模水电站的更换替代方案均进行了研究，对比发现密松水电站在安全、环境、经济等各个指标上来看皆是最好的选择。中国电投集团总经理表示密松水电站的建造标准可以承受 9 级地震强度，超过汶川大地震中紫坪铺水电站 2 个级别。

该风险因素主要是因为国际环保组织和当地居民认为该项目将对当地自然环境、庄稼农作物及当地居民的利益产生严重影响，因此不同意建设该项目。而对案例进一步深入研究能够得出，该风险因素的潜在原因是该项目建设完成后主要是为我国电网而不是缅甸当地电网提供服务，因此给当地人民带来了中国企业是破坏当地环境为中国服务的印象，反对派以此为由对项目发起抨击并由此给缅甸政府施加压力。项目所在地的反对派组织中央委员会常委基罗在接受记者采访时说：“缅甸政府订立下来的事情一定要做，但在此事件中政府越强硬，百姓越反对，如果缅甸政府不停止该水电站项目，有可能会造成第二个利比亚事件，因此缅甸当局被迫改变了决定。”缅甸政府在本国人民、反对派和国际势力三方压力下被迫违约，停止了我国 BOT 水电站项目的建设，给我国投资者造成了巨大的经济损失。

3. 风险相应防范对策

从此案例中可以得出以下两方面政治风险因素的相关对策。一是在对外宣传及政府公关方面的经验：缅甸是我国邻国，两国政府关系良好。但也正因如此，我国投资方只重视与政府的关系而轻视了对当地群众、反对人员和国际组织的宣传澄清工作。由此忽略了这一点：当政府内部出现反对派、东道国内群众舆论压力过大甚至国际组织插手等情况时，项目所在地政府随时有可能承受不住内外的巨大压力而被迫违约。由此，在项目所在地做好宣传澄清工作同样重要。同时应注意到 BOT 项目最终是要转移给当地政府、是服务于当地经济的，因此我们对当地人民应做好安抚工作，同当地政府一起想办法解决当地人民的生计问题。二是由环境保护问题导致的政治风险：一些大型的基础设施 BOT 项目很可能对当地的自然环境及人文景观带来一定的不利影响，由此环保问题极有可能成为东道国反对派不同意项目投资的主要借口之一，因此在项目前期要做好环境评估、调研选址和设计规划等工作。

4. 案例启示

在考虑 BOT 项目融资的政治风险时，我国企业对项目所在国政治局势要有更深层次的分析、研判，在前期做好充分的调研，对该国情况做出尽可能详细的分析。对政治局势不稳或不稳定因素较大的国家，在前期调研时就应尽可能避免采用风险较大的 BOT 模式承包工程，可以通过 EPC 模式或提供技术、出口产品等方式，避免参与经营活动或减少经营期限来规避部分风险。同时我国企业还应充分利用中国出口信用保险公司的海外投资保险，根据境外投资项目所涉及的政治风险及风险程度，对海外 BOT 项目战争、动乱、违约等风险因素进行有针对性的投保，以转移部分政治风险。

思 考 题

1. 什么是风险？风险的特征有哪些？
2. 风险管理的程序和内容有哪些？
3. 简述融资风险的种类。
4. 融资风险管理的原则是什么？
5. 企业融资风险产生的原因有哪些？
6. 简述融资风险的风险回避方法。
7. 如何利用资产负债表结构识别债务融资风险？
8. 如何控制债务融资风险？
9. 如何防范股票融资风险？
10. 项目融资风险管理的内容包括哪几个方面？

参考文献

[1] FINNERTY J D. Project finance: Asset-based financial engineering. New York: Wiley, 1996.

[2] 英国 Clifford Chance 法律公司. 项目融资. 龚辉宏，译. 北京：华夏出版社，1997.

[3] TIONG P. Evaluation of proposal for BOT project. International journal of project management，1997 (15).

[4] LERNER J. Venture capital and private equity: A casebook. New York: John Wiley&Sons，2000.

[5] GOMPERS P A，LERNER J. The venture capital cycle. Cambrige，MA: MIT Press，1999.

[6] OADES E M. 中小企业境外上市指南. 北京：中信出版社，2007.

[7] 哈珀. 董事会运作手册. 李维安，李胜楠，牛建波，译. 北京：中国财政经济出版社，2006.

[8] MACMILLAN I C，ZEMANN L. Criteria distinguishing successful from unsuccessful ventures in the venture screening process. Journal of bussiness venturing，2009 (11).

[9] BOWMAN R G. The debt equivalence of lease: An empirical investigation. Accounting review，1980 (4).

[10] RAJAN R G，ZINGALES L. What do we know about capital structure? Some evidence from international data. Journal of finance，1995 (5).

[11] 杨大楷. 投融资学. 上海：上海财经大学出版社，2006.

[12] 肖翔. 铁路投融资理论与实践. 北京：中国铁道出版社. 2003.

[13] 王守清，柯永建. 特许经营项目融资. 北京：清华大学出版社，2008.

[14] 赵国富，李威. 某 BOT 项目特许协议关键要素设计. 建筑经济，2007 (11).

[15] 肖翼. 掘金新三板. 北京：北京理工大学出版社，2016.

[16] 高太平. 中小企业发展探析. 长春：吉林人民出版社，2016.